Die Geschichte der Medien

Band 1

Werner Faulstich

Das Medium als Kult

Von den Anfängen bis zur Spätantike
(8. Jahrhundert)

Vandenhoeck & Ruprecht

Die Deutsche Bibliothek – CIP-Einheitsaufnahme

Die *Geschichte der Medien*. – Göttingen: Vandenhoeck und Ruprecht
Bd. 1. Faulstich, Werner: Das Medium als Kult – 1997

Faulstich, Werner:
Das Medium als Kult : von den Anfängen bis zur Spätantike
(8. Jahrhundert) / Werner Faulstich. –
Göttingen: Vandenhoeck und Ruprecht, 1997
(Die Geschichte der Medien; Bd. 1)
ISBN 3-525-20785-9

Satz: Competext, Heidenrod
Druck und Bindung: Hubert & Co., Göttingen

Inhalt

Vorbemerkungen

Erstmals wird hier der Versuch unternommen, die Geschichte der Medien in ihrer kulturellen Schlüsselbedeutung von den Anfängen der Menschheit bis zum Jahr 2000 in mehreren Bänden umfassend darzustellen. Band 1 rekonstruiert die Entwicklung von der Frühgeschichte bis zur Spätantike (8. Jahrhundert). Band 2 – bereits erschienen (Faulstich 1996) – entwickelt den Zusammenhang von Medien und Öffentlichkeiten im Mittelalter (800–1400). Band 3 wird sich der Rolle der Medien im Widerstreit von Herrschaft und Revolte in der frühen Neuzeit widmen.

Mediengeschichtliche Ansätze hat es bislang nur in zwei Formen gegeben: als Einzelmediengeschichte, z.B. als Geschichte des Films oder des Theaters, und als allgemeine Kommunikationsgeschichte. Bei *Einzelmediengeschichten* erscheint der Blickwinkel jedoch zu eingeschränkt, um übergreifende Bedeutungen zu erkennen; Umbrüche oder Veränderungen beispielsweise in der Entwicklung eines einzelnen Mediums hängen oft mit der Entstehung oder dem Wandel anderer Medien zusammen und lassen sich erst in diesem Kontext angemessen erklären. Für eine allgemeine *Kommunikationsgeschichte* ist demgegenüber bislang noch kein begrenzendes Kriterium in Sicht, das sie als machbar erscheinen ließe; vorliegende Versuche hantieren in aller Regel beispielsweise mit völlig verschiedenen Kommunikations- und Medienbegriffen (z.B. Sprache, Schrift, Film), die nicht kompatibel sind, so daß die Darstellungen arbiträr erscheinen.

Deshalb soll Mediengeschichte hier – in Fortführung eigener Ansätze (Faulstich 1982a, 241ff.; Faulstich/Rückert 1993; Faulstich 1994a) – auf einem mittleren Abstraktionsniveau geschrieben werden, zwischen Einzelmediengeschichten auf der einen und einer allgemeinen Kommunikationsgeschichte auf der anderen Seite: als *Medienkulturgeschichte*. Diese Ebene unterscheidet sich von der etablierten Ebene traditioneller Gegenstandsbereiche (Literatur, Musik, Theater etc.) bzw. Disziplinen (Literaturwissenschaft, Musikwissenschaft, Theaterwissenschaft etc.). Medienkulturgeschichte meint nicht die Geschichte des Buchs plus die Geschichte des Theaters plus die Geschichte des Fernsehens und so fort, sondern – holistisch – die Geschichte aller Medien in ihrer Vernetzung, als System. Gegenüber den Einzelwissenschaften ist Medienkulturwissenschaft also eine Metawissenschaft – ebenso wie sie selbst gegenüber einer übergreifenden Kulturwissenschaft nur als Baustein zu gelten hat, denn Medien bilden nur einen Teil von Kultur, freilich einen wichtigen.

Eine solche Mediengeschichtsschreibung der mittleren Ebene versucht, auf gesichertem Wissen aufzubauen und daraus neue Einsichten zu generieren. Das hat Konsequenzen für ihre Bewertung: An erster Stelle und als Voraussetzung steht die *Selektion* von Befunden zahlreicher Einzelwissenschaften. Sie erscheint unverzichtbar, um dem Stand der Forschung Rechnung zu tragen. Ihre Überprüfbarkeit und Kritisierbarkeit durch die jeweilige Fachwissenschaft muß durch exakte Quellenangaben gewährleistet sein. Den Einzelwissenschaften gebührt Kontrollfunktion, um jeden bloß subjektiv-willkürlichen Konstruktivismus einer solchen übergreifenden Geschichte der Medien auszuschalten. Um die herangezogenen Erträge angemessen zu würdigen, kommen hier die Forscher auch möglichst selbst zu Wort. Zugleich aber kann die Auswahl auch nicht besser sein als ihr Ausgangsmaterial, von dem sie auszugehen hat, das sie freilich durch neue Gewichtungen wieder bereichern kann. An zweiter Stelle steht dieses Neue: die *Verarbeitung*, mit der eigenständige Gegenstände, Fragestellungen, Antworten etabliert werden. Der Wert einer solchen Mediengeschichte ist also weniger im singulären Angeeigneten begründet als vielmehr im holistischen Zugriff auf das Totum der Medien als einem zentralen Bestandteil von Kultur und Gesellschaft.

Der Versuch, dieses komplizierte Puzzle aus vorliegenden Bausteinen, aus bestehenden Erkenntnissen zusammenzusetzen, hat sich zwangsläufig zahlreichen Problemen zu stellen:

– insbesondere dem Problem der Selektion, denn im Prinzip steht die komplette Fülle von derart vielen Befunden zahlreicher kulturwissenschaftlich relevanter Einzelwissenschaften zur Verfügung, daß sie für einen einzelnen heute längst nicht mehr überschaubar sind;

– dem Problem der Gewichtung oder Proportionierung – sowohl der Bedeutung von Medien im Rahmen von Kultur insgesamt als auch im Verhältnis der einzelnen Medien untereinander;

– dem Problem der Abstraktion, d.h. der Größe oder Detailliertheit der im einzelnen, oft nur exemplarisch, herangezogenen und genutzten Einzelbefunde;

– schließlich, nicht zuletzt, auch dem Problem der Interpretation des Materials.

Jeweils im konkreten Fall wird zu belegen sein, ob und in welchem Maße diese Probleme gelöst werden konnten.

Medien werden im folgenden verstanden als komplexe institutionalisierte Systeme um organisierte Kommunikationskanäle von spezifischem Leistungsvermögen (Saxer 1991). Es geht dabei primär um zentrale oder dominante Vermittlungsmechanismen kultureller und sozialer Interaktionsprozesse, d.h. um die gesellschaftlichen Funktionen von Medien und ihre Veränderungen im Kontext der allgemeinen Geschichte der Menschheit. Mediengeschichte meint hier also die *Funktionsgeschichte von Medien in der Gesellschaft*. Die Frage nach der jeweiligen Funktion eines Mediums zu einer gegebenen Zeit in einem bestimmten Kontext bezieht sich auf die Entstehung und Entwicklung eines Mediums, aber auch auf seinen realen Einsatz im Netz unterschiedlicher Interessen wie z.B. der Sicherung von politischer Herrschaft, der Konstituierung von Kommunikations- und Handlungsräumen, der Verwirklichung subjektiver Spielbedürfnisse, der Etablierung kommerzieller Märkte, der Befreiung oder der Errichtung von Zwängen und Tabus, der Gestaltung von Freizeit, der Manipulation und Unterdrückung von Randgruppen, der revolutionären Veränderung von Machtkonstellationen, der Konstituierung von Teilöffentlichkeiten, der Strukturierung kultureller und sozialer Binnenräume, und so weiter. Mediengeschichte als Funktionsgeschichte muß ihre Akzente entsprechend verschieden setzen, nicht zuletzt gemäß dem jeweiligen Stand der Forschung.

Der Versuch einer umfassenden Geschichte der Medien durch einen einzelnen Verfasser muß Ende des 20. Jahrhunderts, angesichts eines weitgefächerten und kaum noch überschaubaren Forschungsstandes auf diesem Problemfeld, im Grunde als ein Anachronismus erscheinen. Er erklärt sich aus einer Zwickmühle: Einerseits ließ sich das Konzept einer arbeitsteiligen Kooperation zahlreicher fachspezifisch kompetenter Beiträger, wie für solche Großprojekte üblich, bewährt und vom Verfasser auch erfolgreich erprobt (z.B. Faulstich/Korte 1990–1995), in diesem Fall nicht verwirklichen. Eine Vielzahl angesprochener Verlage war zu einem solchen Unternehmen, dem sie wenig kommerzielle Chancen einräumten, einfach nicht bereit: »Das nimmt uns der Markt nicht ab«, war die allgemeine Tendenz (Ausnahme: Vandenhoeck & Ruprecht, unter der Voraussetzung eines einzelnen Verfassers). Auch private und öffentliche Stiftungen konnten zur Unterstützung des Projekts nicht gewonnen werden, weil die Gutachter offenbar seinen Sinn und Wert bezweifelten: »Medien werden hier zu wichtig genommen und in ihrer historischen Bedeutung überschätzt«, hieß es mehrfach (Ausnahme: die Deutsche Forschungsgemeinschaft, die Vorbereitungsarbeiten zum hier vorgelegten Band 1 im Schwerpunkt »Theatralität« gefördert hat). Andererseits schien es angesichts der jüngsten Entwicklungen der Medien, ihrer ganz offensichtlich zunehmenden gesellschaftlichen Relevanz sowie steigender Unsicherheiten bei ihrer kulturellen Bewertung geradezu dringlich, die historische Dimension aus der Perspektive einer umfassenden Mediengeschichtsschreibung einzuholen. Daß es bis heute keine hinreichend komplexe Medientheorie gibt (vgl. Faulstich 1991), ist nicht zuletzt darauf zurückzuführen, daß deren diachrone Fundierung noch aussteht – weshalb ein angemessenes Verständnis der Medien, geschweige eine Kompetenz im Medienhandeln, entschieden blockiert wird. Von den eigenen Vorarbeiten des Verfassers her war eine umfassende Mediengeschichte sozusagen zur zwingenden Aufgabe formuliert. Erste Vorschläge aus der historisch interessierten Medienwissenschaft zur Beseitigung dieses Desiderats,

11

Anfang der 90er Jahre, waren zudem derart unbefriedigend ausgefallen, daß sie eine möglichst rasche Korrektur unumgänglich erscheinen ließen. Wenn im folgenden besonderer Wert gelegt wird auf eine allgemeinverständliche Sprache und visuelle Anschaulichkeit und Prägnanz in Gestalt von Bildern, dann verbirgt sich dahinter die Hoffnung, nicht nur Fachkollegen anzusprechen, sondern jenes größere Publikum, das an einer kritisch reflektierten Auseinandersetzung mit den Medien interessiert ist.

Die Nachteile eines solchen Versuchs »aus einer Hand« sind ebenso bitter wie unvermeidlich: die Begrenztheit des Blicks, der arbeitsökonomische Zwang zur Beschränkung, die weitestgehende Abhängigkeit von vorliegenden bzw. verfügbaren Arbeiten zu Einzelfragen und Teilen (um nur einige wichtige zu nennen). Selbstverständlich konnte auf die Primärquellen nicht mehr zurückgegriffen werden. Angestrebt wurde vielmehr die Nutzung jeweils der wichtigsten einschlägigen Sekundärarbeiten – aber in der Darbietung selektiv gehalten, um die Darstellung quantitativ nicht auf ein Vielfaches aufzublähen. Erstens werden dicke Fachbücher heute offenbar nicht mehr gelesen, und zweitens sollten die großen Linien der Entwicklung durch Materialreichtum nicht gleich wieder verschüttet werden. Entsprechend wurde auf explizite Auseinandersetzungen mit den zum Teil konträren, häufig widersprüchlichen Positionen verzichtet. Stattdessen ist die Positionsbestimmung eine implizite: Das jeweils Dargestellte wurde akzeptiert, wurde als das jeweils Plausibelste ausgewählt. Insofern ist auch die angegebene Sekundärliteratur begrenzt auf die positiv genutzten Titel. Zahlreiche andere Arbeiten, die zwar rezipiert, aber nicht als hilfreich angesehen wurden (etwa das Dreifache der genannten Titel), wurden deshalb in das Literaturverzeichnis nicht aufgenommen.

Unbestreitbar bringt dieser Versuch aber auch einige Vorteile mit sich: eine Konstanz im Medienbegriff, die Kohärenz der Perspektive, eine größere Ausgewogenheit in der proportionalen Gewichtung der einzelnen Medien, nicht zuletzt bessere Möglichkeiten zur Offenlegung langfristiger Entwicklungen (um nur die wichtigsten herauszustellen).

Ob diese Art von wissenschaftlicher Kompilation nach derzeitigen Forschungs- und Publikationskonventionen toleriert werden kann oder nicht, muß wohl noch diskutiert werden. Hier wird die Auffassung vertreten, daß sie zwingend erforderlich ist – angesichts der ins Unüberschaubare angewachsenen Fülle von Einzelbefunden in sich immer stärker ausdifferenzierenden Einzelwissenschaften. Immerhin werden die Ansprüche aufs äußerste zurückgenommen: Als Gesamtkonzept kann jede Bemühung um das historische Ganze der Medien nach derzeitigem Forschungsstand wenig mehr sein als ein erster Entwurf, ein Rahmen als Diskussionsvorschlag, der zu Kritik und Widerspruch herausfordern muß, der weitere Arbeiten anregen will, bestenfalls eine Zwischenbilanz. Wenn es gelingt, der verbreiteten Neigung zur Beschränkung auf das eigene Fachgebiet, der zunehmenden Tendenz zur medienhistorischen Spezialisierung, der

exklusiven Konzentration aufs Detail wieder einmal den Appell entge-
genzuhalten, fächer- und zeitübergreifend das Totum der Medien in den
Blick zu nehmen, ist ein wesentliches Ziel dieser Geschichte der Medien
erreicht.

Einführung:
Kulturgeschichte und Medien?

Die traditionelle Kulturgeschichtsschreibung nahm bislang den Bereich *Arbeit* und die Entwicklung von Werkzeugen zum zentralen Bezugspunkt und suggerierte eine in dieser Hinsicht plausible »Entwicklung« oder »Evolution« von der Steinzeit über die Bronze- bis zur Eisenzeit, von der Wildbeuterkultur über die Höhere Jäger- und Sammlerkultur und die Bauernkultur bzw. Herrenkultur bis zur vollen »Hochkultur«. Gelegentlich stand auch der Bereich *Kunst* im Mittelpunkt, mit einer charakteristischen Verengung von Kultur auf Kultur*produkte*. Dabei handelt es sich allerdings zum wesentlichen Teil jeweils um Konstruktionen, die vieles unterstellen, manches unterschlagen und Entscheidendes offenlassen.

Unterstellt wird etwa, der »primitive« Mensch der Urgeschichte sei zu nennenswerter »spezifisch menschlicher Geistigkeit« offenbar noch nicht imstande gewesen. Oder umgekehrt: Kunst entspreche der menschlichen Natur und sei deshalb von Anfang an »vollendet« da gewesen. Unterstellt wird dabei einmal ein Modell von Geschichte als Fortschritt, zum andern ein anthropologisches Wesens-Konzept, die beide heute im Ernst nicht mehr vertreten werden können. Unterstellt wird auch: »Am Anfang war die Angst« – wobei von der Urangst, unter Rekurs auf heutige sogenannte »Naturvölker«, gleich auf die »natürliche« Entstehung von Religion abgehoben wird. Unterschlagen werden dabei alle Befunde, die nicht ins Schema passen – zum Beispiel Nachweise über korrekte astronomische Berechnungen durch die Menschen vor weit über 30.000 Jahren oder Belege für ein frühes Matriarchat. Ausgelassen wird die Reflexion der Reflexion, kaum überwunden ist die Parteilichkeit des fast ausnahmslos männlichen Historikerblicks, die etwa an einer naturgegebenen Dominanz des Mannes und der Priorität seiner Jagd in keiner Sekunde zweifelt. Unterschlagen wird die Befangenheit des positivistischen Zugriffs, der nur gelten läßt, was man sieht. Und offengelassen wird (von z.B. Edward B. Tylor 1871 bis z.B. Walter L. Bühl 1987) fast alles, was mit Kommunikation und Medien zu tun hat. Das ist die eine Seite des Ausgangsbefunds: In den allermeisten kulturhistorischen Arbeiten kommen Medien nur rudimentär oder überhaupt nicht vor (mit wenigen Ausnahmen, etwa des antiken Theaters). Haben Menschen früher nicht kommuniziert? Gab es keine Informationsübertragung, keine Nachrichten, keine Speicherung von

Wissen, keine Unterhaltung, keine Werbung, keine Propaganda – nur weil man ohne Computer, Fernsehen, Radio, Film oder Zeitung lebte? Könnten Medien – möglicherweise ganz *andere* Medien – vor zwei oder fünf oder vierzig Jahrtausenden nicht eine ähnlich dominante Rolle für den kulturellen und gesellschaftlichen Wandel gespielt haben, wie wir ihn heute, zum Ausgang des 20. Jahrhunderts, erleben?

Im folgenden wird an die Stelle des Werkzeugs ein anderer Bezugspunkt als kulturell zentral gesetzt, der nicht den Bereich Arbeit akzentuiert, sondern den Bereich *Kommunikation*: das Medium. Immerhin ist anzunehmen, daß die Menschen der Ur- und Frühgeschichte und ganz gewiß der Antike noch vor der Bearbeitung (als Handlungsrolle) die Kommunikation (als Handlungsrolle) entwickelt haben. Lange vor einer Werkzeug-, Geräte-, Jagd- oder Arbeitskultur muß es eine Kommunikationskultur gegeben haben. Sie aufzuzeigen, ist das wesentliche Ziel dieser Studie – ohne daß damit etwa eine neue Kulturgeschichte beabsichtigt wäre. Es soll nur versucht werden, mit der Geschichte der *Medien* eine »Leerstelle« der klassischen *Kultur*geschichtsschreibung aufzuzeigen und möglichst zu füllen. »Die Geschichte der Menschheit ist auch eine Geschichte ihrer Medien«, formuliert Klaus Boeckmann sehr treffend (1994, 16).

Wendet man den Blick weg von Kulturgeschichte und hin auf die einschlägigen Disziplinen wie Medien-, Publizistik- und Kommunikationswissenschaft, so fällt die Bilanz ähnlich ernüchternd aus. »Was haben Medien mit Kultur zu tun – was hat Kultur mit Medien zu tun?« (Faulstich 1991, 7) Die damalige, keineswegs neue Einsicht in den eher historischen als systematischen Charakter dieser Frage wurde bis heute nicht aufgegriffen. Der Diskussionsstand bezieht sich immer noch bevorzugt auf »Medienkultur« als ein neues Wissenschaftsparadigma – sofern nicht ohnehin nur mehr oder weniger spezifische »Konzepte« damit gemeint sind (vgl. Faulstich 1994, 96ff.). Beispielsweise hat Siegfried J. Schmidt, aus radikalkonstruktivistischer Sicht, den Zusammenhang von Kultur, Kommunikation und Medien ausnehmend plausibel begründet – aber nicht historisch-konkret, sondern theoretisch-abstrakt: »Wenn Medien die Aufgabe haben, kognitive Systeme und soziale Systeme zu koppeln, d.h. Interaktionen trotz der operationalen Geschlossenheit dieser Systeme zu ermöglichen, dann kann Kultur in dem hier entwickelten Sinn in Gesellschaften, die über Massenmediensysteme verfügen, nur als Medienkultur verstanden werden, wenn die (...) Annahme zutrifft, daß Kultur konzeptualisiert werden kann als kommunikative Thematisierung des Wirklichkeitsmodells einer Gesellschaft.« (1991, 42) Mit Blick auf Medien und kulturellen Wandel konstatiert er später: »Es ist heute in weiten Teilen der interdisziplinären Forschung unstrittig, daß die Evolutionen von Gesellschaftsstruktur, Kultur, Kommunikation und Medien eng miteinander verbunden sind. Die Erfindungen der Schrift, des Buchdrucks, des Films, des Hörfunks und Fernsehens sowie der sogenannten neuen Medien werden heute als evolutionäre Errungenschaften angesehen, die nachhaltigen Einfluß auf Formen gesellschaftlicher Organisation, kultureller Programmierung und Möglichkeiten der Kommunikation (...) ausgeübt haben.« (1994, 261)

Die beiden Zitate, genau betrachtet, werfen zahlreiche Fragen auf: Warum spielen Medien nicht auch in Gesellschaften eine ausschlaggebende Rolle, in denen es keine »Massen« gab und deshalb auch keine »Massenmedien«? Warum werden die Individualmedien ausgeklammert? Welche Rolle spielen unmediale Kommunikation und Wahrnehmung? Ist »Schrift« wirklich ebenso ein Medium wie »Fernsehen«? Begründen Medien nun »Wandel« oder begründen sie »Evolution«, und wenn ja: welcher Art? Was heißt hier »Einfluß«? Und vor allem: Was da in weiten Teilen der interdisziplinären Forschung »unstrittig« sein soll – wo genau wird das aufgezeigt? Schmidt selbst hat am Beispiel des Literatursystems im 18. Jahrhundert einen wichtigen Beitrag geleistet (1989), wie andere Forscher etwa für die Medien Zeitung, Radio, Film oder Fernsehen. Aber seine Konzeption der Mediengeschichtsschreibung, wie die der meisten anderen, schließt bislang noch jene Tausende von Kulturjahren aus, auf deren Darstellung sich die konventionelle Kulturgeschichtsschreibung gerade konzentriert. Der angebliche Wandel von der »Industriegesellschaft« zur »Kulturgesellschaft« (z.B. Fohrbeck / Wiesand 1989) bzw. zur »Kommunikationsgesellschaft« (z.B. Münch 1991) oder gleich zur »Mediengesellschaft« (z.B. Jäger / Switalla 1994): Hat es ihn wirklich gegeben, so wie den Wandel von der Agrar- zur Industriegesellschaft? Die Gegenthese könnte lauten: Alle Gesellschaften, wenn auch in unterschiedlichen Formen, waren gleichermaßen Kultur- und Kommunikations- und Mediengesellschaften.

Das Problem ist offensichtlich: Die Kulturgeschichte konzentriert sich, ohne angemessene Berücksichtigung von Medien und Kommunikation, just auf jenen Zeitabschnitt, den diejenigen Wissenschaften, welche Medien ins Zentrum ihrer Betrachtung stellen, bislang noch aussparen. Die Geschichte der Medien von den Anfängen bis etwa 800, dem Beginn des Mittelalters, kann – als Medien*kultur*geschichtsschreibung – aber nur auf dem Hintergrund einer allgemeinen Kulturgeschichte zureichend begriffen werden. Deshalb soll als allgemeiner Bezugsrahmen dieser Kontext einleitend zunächst knapp in Erinnerung gerufen werden (Kap. 1). Sodann werden die verschiedenen Medien in Form von Einzelstudien, die keinerlei Anspruch auf Vollständigkeit erheben, in ihrer jeweiligen Entwicklung vorgestellt (Kap. 2–13). Abschließend gilt es, die charakteristischen Gesamtmerkmale und die Zäsuren dieser ersten großen Phase einer funktionalen Mediengeschichte von den Anfängen bis heute zusammenzufassen und zu interpretieren (Kap. 14).

17

1. Überblick:
Die frühen Kulturen der Menschheit

1.0. Es gibt eigentlich nicht »die« frühen Kulturen der Menschheit. Jedenfalls unterscheiden sich die Forschungbeiträge in dieser Frage, speziell dem Problem des »Anfangs«, erheblich voneinander (vgl. z.B. Driesmans 1907, Menghin 1952, Kühn 1955, Narr 1961 u.v.a.). Je nach wissenschaftlicher Disziplin beginnen manche historische Darstellungen mit der Frühzeit des Menschen im frühesten Erdzeitalter oder dem Homo erectus spätestens vor 600000 Jahren bzw. mit dem Homo sapiens spätestens 50000 Jahre vor unserer Zeitrechnung (v.u.Z.), andere setzen an bei den alten Ägyptern. Am häufigsten beginnt man die Kulturgeschichte mit Sumer und Babylon, etwa ab 3000 v.u.Z., gelegentlich aber auch erst mit der Antike. Manchmal wird dabei einleitend definiert, was »Kultur« eigentlich ausmacht, aber zumeist wird ein (meist normativer) Kulturbegriff einfach impliziert. Oft folgt die Darstellung lokal-geographischen Entwicklungen und Zusammenhängen zu Lasten einer streng chronologischen Abfolge. Frank Teichmann (1983, 232ff.) beispielsweise unterscheidet in »drei vorchristliche Kulturarten« (Ägypten/Mesopotamien, Vorderasien/Griechenland/Rom, Nordeuropa), aber diese Gruppierung überzeugt weder systematisch noch historisch. Kulturgeschichte ist nach wie vor eher Sache der Archäologen, Anthropologen, Ägyptologen, Ethnologen, Frühhistoriker, Assyrologen, mancher Sprach- und Literaturwissenschaftler, Religionshistoriker, Orientalisten, Musikhistoriker und anderer spezialisierter Einzelwissenschaften, statt daß sie als eine zentrale Aufgabe der bislang noch wenig etablierten Kulturwissenschaft begriffen würde. Und Kulturgeschichte beschränkt sich traditionellerweise jeweils auf einen bestimmten historisch-geographischen Bereich, beispielsweise die kretische Kultur ab 2600 v.u.Z. oder die Indus-Kultur ab 3000 v.u.Z.; ein Ägyptologe zum Beispiel würde sich so wenig etwa mit der Shang-Kultur im China des 16. bis 11. Jahrhunderts v.u.Z. beschäftigen, wie das beispielsweise ein Erforscher der südamerikanischen Tiahuanaco-Kultur ab dem 4. Jahrhundert unserer Zeitrechnung (u.Z.) etwa mit der Kultur des Römischen Weltreichs tun würde. Hinzu kommen große objektive Unsicherheiten bei den Jahreszahlen und erhebliche Bewertungsunterschiede bei den jeweiligen Anfängen, Höhepunkten, Niedergängen einzelner Kulturen – von den häufig nur vermuteten gegenseitigen Einflüssen, Abhängigkeiten, Austauschbeziehungen ganz zu schweigen.

Ein Gesamtüberblick fällt hier also außerordentlich schwer, und vielleicht deshalb gibt es überhaupt nur sehr wenige holistische Kulturgeschichten der Menschheit, etwa von Will und Ariel Durant (orig. New York 1935–1967, in 10 Bänden) oder von Arnold Toynbee (orig. London 1976, in 1 Band). Auf einen Überblick als Orientierungsrahmen für die folgenden Ausführungen zu den frühen Medien der Menschheit – wie auch immer lückenhaft und fragwürdig – kann aber nicht verzichtet werden. In tabellarischer Chronologie (die im einzelnen durchaus umstritten ist) sollen deshalb, gemäß einer Zusammenstellung von Karl Gutbrod (1975), hier ergänzt durch weitere Quellen, wenigstens die 15 wichtigsten *kulturellen Schwerpunkte* kurz vorgestellt werden (siehe die folgende Seite), um das Verständnis der *medien*geschichtlichen Entwicklungen zu sichern. Wohlgemerkt: Die Rede ist von »Schwerpunkten«, nicht von »Kulturen«, und die Kürze der Darstellung, die praktisch eine bloße Nennung ist, will und kann den jeweiligen Besonderheiten natürlich in keiner Weise gerecht werden, sondern hat vielmehr nur eine grobe Orientierungsfunktion: Exemplarisch für das Totum sollen wichtige Daten und Ereignisse in Erinnerung gerufen werden, denn die Geschichte der Medien kann allenfalls als transkulturelle Geschichte geschrieben werden (und wird hier entsprechend lückenhaft bleiben müssen). Die folgende, zur Chronologie teils gegenläufige Gruppierung der kulturellen Schwerpunkte folgt den genutzten Quellen. Abschließend sollen Schlußfolgerungen daraus gezogen werden.

1.1. Von der Kultur der Ur- und Frühgeschichte über die ersten Städtekulturen bis zu den Megalithkulturen

Die Kultur der Ur- und Frühgeschichte, auch als archaische Periode charakterisiert, beginnt vor etwa 40000 Jahren v.u.Z. und reicht bis etwa 10000 v.u.Z. Archäologisch wird damit die jüngere Altsteinzeit bezeichnet (Jungpaläolithikum). Man nimmt an, daß die Bevölkerungsdichte zum Beginn dieses Zeitabschnitts maximal 1 Einwohner auf 200 qkm betragen hat, mit einer starken Bevölkerungszunahme erst im Mesolithikum (Kirsten 1968, 153f.). »In dieser relativ kurzen Zeitspanne, gemessen an der vorhergehenden, äußerst langsamen Evolution, entwickelte der Mensch die geistigen Eigenschaften, die ihn befähigten, sich mit seiner Umwelt und ihren Erscheinungen auseinanderzusetzen.« (Gutbrod 1975, 40) Zahlreiche Zeichnungen und Gravuren in französischen Höhlen konnten durch die Radiokarbon-Methode für diese Zeit datiert werden. Die hier im einzelnen unterschiedenen Kulturen (Aurignacien, Solutréen, Magdalénien) entsprechen den verschiedenen Fundorten. So gehören beispielsweise die immer wieder erwähnten Höhlen von Altamira und Lascaux zu den bis-

Kulturelle Schwerpunkte in tabellarischer Chronologie (bis 800 u.Z.)

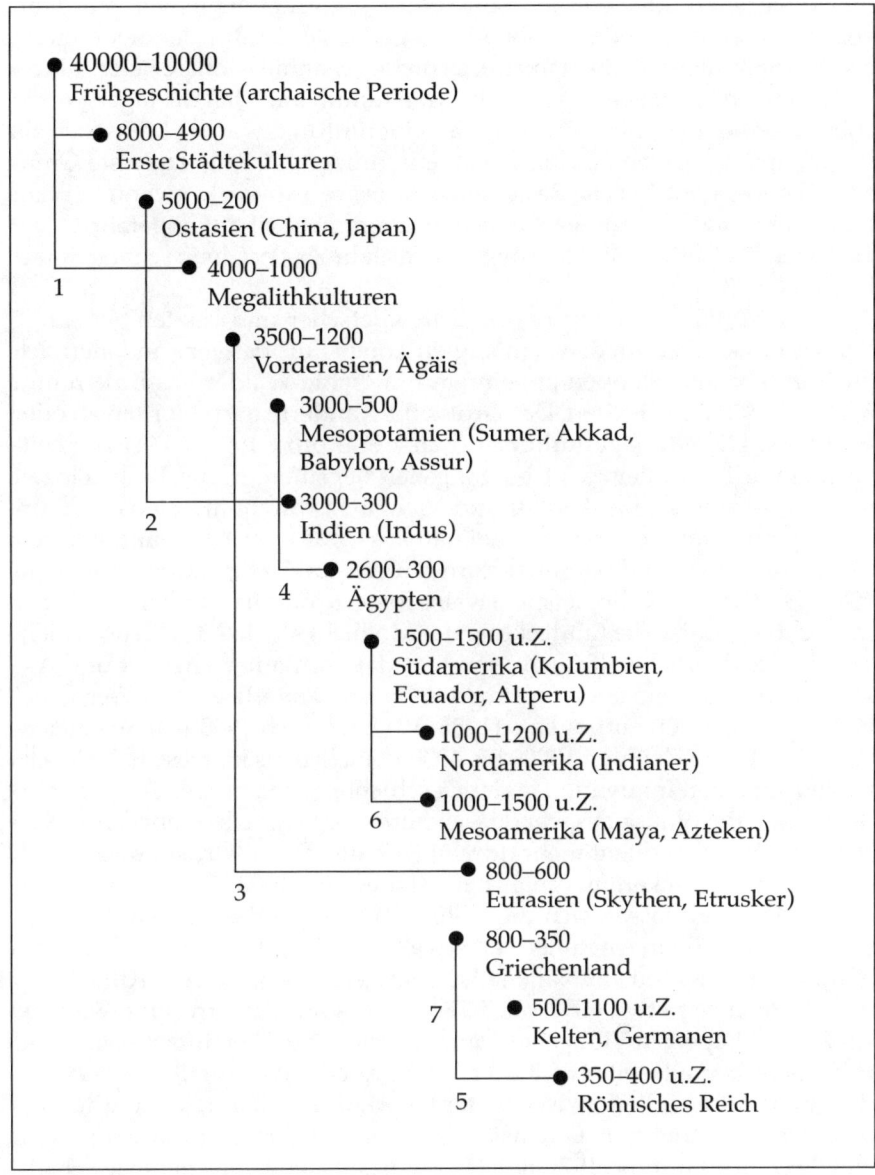

- 40000–10000
  Frühgeschichte (archaische Periode)
  - 8000–4900
    Erste Städtekulturen
    - 5000–200
      Ostasien (China, Japan)
      - 4000–1000
        Megalithkulturen

1

        - 3500–1200
          Vorderasien, Ägäis
          - 3000–500
            Mesopotamien (Sumer, Akkad,
            Babylon, Assur)
          - 3000–300
            Indien (Indus)

2

            - 2600–300
4   Ägypten
              - 1500–1500 u.Z.
                Südamerika (Kolumbien,
                Ecuador, Altperu)
                - 1000–1200 u.Z.
                  Nordamerika (Indianer)
                - 1000–1500 u.Z.
6   Mesoamerika (Maya, Azteken)
              - 800–600
3   Eurasien (Skythen, Etrusker)
                 - 800–350
                   Griechenland
7   - 500–1100 u.Z.
                       Kelten, Germanen
                     - 350–400 u.Z.
5   Römisches Reich

lang etwa 120 bekannten Höhlen des Magdalénien. Heinrich Driesmans begann seine Ausführungen über den »Menschen der Urzeit« im Jahr 1907 mit der nicht unproblematischen These: »Die Geschichte der Kultur ist die Geschichte der Loslösung des Menschen von der Natur« (1907, 3).

Wie auch immer man die »Natur« des Menschen in die Natur der »Natur« integrieren oder von ihr isolieren mag – im allgemeinen geht man von einem anfänglichen Wildbeutertum oder der Kultur der niederen Jäger und Sammler aus, die dann durch die sogenannte »höhere Jägerkultur« (z.B. Narr 1961, 90) abgelöst wurde. Man nimmt an, »daß die Jägerhorden eher in Gemeinschaften von zwanzig oder fünfundzwanzig Menschen als in größeren Gruppen zusammenlebten: fünfzig wäre die äußerste Grenze.« (Piggott 1983, 77) Die Besiedelung war noch spärlich: »wenn wir den Durchschnitt für Britannien ausrechnen, kommen wir auf ungefähr 10.000 Personen als Gesamtbevölkerung um das Jahr 7500 v.Chr.«, schätzt Stuart Piggett (1983, 81).

In der Mittelsteinzeit schmolzen die Gletscher und setzten gewaltige Wassermassen frei. »In den gemäßigten Zonen Europas verwandelten sich die Tundren und Steppen zunehmend in dichte Wälder aus Birken und Kiefern, später aus Eichen. Das Großwild wanderte nach Norden ab oder starb aus. Die alte Jägerkultur erlosch.« (Gutbrod 1975, 54) Diese Zeitspanne wird vor allem als Übergangszeit begriffen. In der Jungsteinzeit nämlich setzten sich Ackerbau und Viehzucht durch; die Menschen, ursprünglich Nomaden, wurden seßhaft – es war »der Übergang von der Kultur der Jäger und Sammler zum Bauern- und Hirtentum« (Gutbrod 1975, 63). Herbert Kühn beispielsweise folgerte daraus: »Der Aufstieg der Menschheit ist also die Entdeckung der Möglichkeit, daß der Mensch nicht von der Jagd zu leben braucht, sondern daß ihm mit Viehzucht und Akkerbau ein neuer, ein anderer, ein größerer und zuverlässigerer Weg gegeben sei, sein Leben zu fristen.« (1955, 12) Und noch 1993 heißt es gleichlautend: »In der Zeit von 10000 bis 4000 vor Christus kam es zu der wichtigsten, einzigen Innovation in der Geschichte der Menschheit vor der industriellen Revolution: Es war der scheinbar einfache Übergang, nach dem sich die Menschen nicht mehr durch Jagen und Sammeln, sondern durch Viehzucht und Ackerbau ernährten.« (Palmquist 1993, 17)

Für diese Zeit lassen sich die ersten städtischen Siedlungen nachweisen: Catal Hüyük in Anatolien seit etwa 6500 v.u.Z., Jericho bzw. die sogenannte Natuf-Kultur im Nahen Osten seit etwa 6050 v.u.Z., ´Ain Ghazal in Jordanien seit etwa 6000 v.u.Z., Khirokitia auf Zypern seit etwa 5800 v.u.Z., und Lepenski Vir bei der Djerdap-Enge zwischen Jugoslawien und Rumänen ebenfalls seit etwa 5800 v.u.Z. Speziell Catal Hüyük ist »bis heute das einzige Bindeglied zwischen der Jägerkultur des Jungpaläolithikums und den neolithischen Lebensformen einer Nahrung produzierenden Gesellschaft« (Gutbrod 1975, 66). Hier wurden zwölf verschiedene Schichten ausgegraben, in denen zwölf verschiedene, immer ältere Siedlungen nachweisbar waren (ausführlich z.B. Mellaart 1967). Man geht heute davon aus, daß solche befestigten Siedlungen, in einer Zeit immer trockeneren Klimas, dadurch entstanden, »daß sich damals Menschengruppen um die wertvolle und reichlich Wasser spendende Quelle konzentrierten, die vielleicht schon in einer Art von Bewässerungswirtschaft genutzt wurde.« (Narr 1961, 200) Ihren städtischen Charakter erhielten die Niederlassungen teils durch die massiven Steinbefestigungen, teils als Mittelpunkt von Handel oder Gewerbe oder Verwaltung, teils aber auch als kultisches Zentrum mit Tempel oder Opferstätte (ausführlich z.B. Burenhult 1993).

Einen dritten kultureller Schwerpunkt bilden die sogenannten Megalithkulturen (megas = groß, lithos = Stein): riesige steinerne Grabbauten, Monolithen (Menhire), steinerne Tempel und sonstige Anlagen aus großen Steinquadern. Sie finden sich nicht nur in Westeuropa, sondern auch am Schwarzen Meer, im Kaukasus, in Jordanien, in Israel, Abessinien und dem Sudan, in Nordafrika, Persien, Kaschmir, in Südindien, Korea und Japan – praktisch fast überall auf der Welt, »mehr als 5.000 Gräber in Frankreich, allein 3.500 in Dänemark und fast 2.000 in England« (Piggott 1983, 109). Datiert werden sie auf die Zeitspanne zwischen 4000 und 1000 v.u.Z. Als herausragende Beispiele gelten insbesondere die Megalithdenkmäler in Palästina: Menhire, Dolmen (Gräber mit einer Deckplatte) und Steinkreise und Steinalleen; ferner Malta mit möglicherweise dem ältesten Steintempel der Welt; Monumente auf Korsika, Sardinien und den Balearen; die iberische Megalithkultur; die Riesensteine der Bretagne; und natürlich Stonehenge in Südengland: »ein gewaltiger Ring aus dreißig breiten, viereinhalb Meter hohen Pfeilern, die ursprünglich durch einen fortlaufenden Architrav aus fast meterdicken Platten verbunden waren« (von Reden 1975, 108), in der ältesten Bauphase etwa auf 3300 v.u.Z. geschätzt (Gimbutas 1993, 88). Die Megalithkulturen sind bis heute noch weitgehend rätselhaft. Man hat jedoch frühere Thesen – z.B. es habe ein Riesenvolk gegeben, das sich über die ganze Welt verbreitet habe, z.B. Stonehenge sei ein ursprünglich keltisches Rundheiligtum, usw. – als Irrtümer erkannt und revidiert (ausführlich z.B. von Reden 1960). Die Bedeutung der Megalithkulturen lag historisch möglicherweise in einem ersten »Aufstieg des Individuums«: Spätestens ab 2500 v.u.Z. lag der Übergang vom Massengrab zum Einzelgrab mit einer entsprechend neuen Begräbniskultur (vgl. Harding 1993). Mit Recht wird die Megalithkultur heute »zu den frühen Hochkulturen« gerechnet (Teichmann 1983, 9).

1.2. Die Kulturen in Ostasien (China, Japan) und Indien

Im allgemeinen werden die Kulturen in China, Japan und Indien – übrigens auch die Kulturen in Afrika und Australien (vgl. z.B. Burenhult 1993) – hierzulande gegenüber den Kulturen im Vorderen Orient und in Westeuropa als Zusatz behandelt, obwohl erstere vermutlich älter sind als diese. Für China sind nach den zwei bäuerlichen Kulturen, der Yang-shao-Kultur ab 5000 v.u.Z. und der Lung-shan-Kultur ab dem 3. Jahrtausend v.u.Z., vor allem die Shang-Kultur (16.–11. Jh. v.u.Z.) und die Kultur der Chou-Dynastie (1100 bis 220 v.u.Z.) bekannt. Nach wie vor herrschte hier der erbliche Adel über die hörigen Bauern. Nach amtlichen Volkszählungen soll die Bevölkerung im 11. Jahrhundert v.u.Z. die Zahl von fast 14 Millionen Menschen umfaßt haben (Kirsten 1968, 199). In dieser Zeit lebten Konfuzius (550–480 v.u.Z.) sowie Lao-tse (um 300 v.u.Z.); sie endete mit Shih-Huang Ti, dem ersten Kaiser von China, der alle Staaten zu einem großen Reich vereinigte (ausführlich z.B. Eichhorn 1964). Merkmale sind hier die zentrale Lenkung systematisch eingeteilter Präfekturen des ganzen Reiches, die Vereinheitlichung von Maßen, Gewichten, Münzen und Schrift, nicht zuletzt eine Bücherverbrennung zur Zerstörung der feudalen Traditionen sowie der Kampf gegen die Hunnen – zwischen 215 und 209 v.u.Z. wurde die berühmte Große Mauer gebaut. Später folgte insbesondere die Han-Kultur unter verschiedenen Kaisern.

Für Japan, das etwa zur selben Zeit besiedelt wurde wie Amerika, sind, abgesehen von der koreanischen Chulmun-Kultur (6000–1500 v.u.Z.) und Xinle-Kultur (5500–2500 v.u.Z.), vor allem zwei Kulturen bekannt: die Jômon-Kultur, ab etwa 4500 v.u.Z. bis 250 v.u.Z., benannt nach den Schnurabdrücken als Verzierungen auf Vasen, sowie die Yayoi-Kultur ab 300 v.u.Z., auch als Bronze-Eisen-Zeit bezeichnet (ausführlich z.B. Kidder 1960). Der Reisanbau in Korea und Japan begann vermutlich um 1500 v.u.Z., prägte Japan aber erst seit der Yayoi-Kultur.

In Indien gab es insbesondere die Indus-Kultur, etwa seit 3000 v.u.Z. »Das Indus-Tal fesselt die Archäologen bis heute in ähnlicher Weise wie das Nil-Tal und das Zweistromland.« (Gutbrod 1975, 299) Auch hier kann mit Recht von einer »frühen Hochkultur der Menschheit« gesprochen werden (Dales 1987, 137). Aber die politischen, wirtschaftlichen, sozialen, kulturellen, religiösen Praktiken des Indus-Volks sind noch weitgehend unerforscht. Nach den bisherigen Fundorten kann man dort von einer Seßhaften-Bevölkerung von etwa 1 Million Menschen ausgehen, zuzüglich die Hirtennomaden. Hier entstand, für die Städte Mohenjo-Daros und Harappa, der erste regelmäßige Stadtplan der Geschichte mit Burgbau und Niederlassung, mit einem kalkulierten Straßennetz, einem ausgefeilten Kanalsystem, architektonisch durchkonstruierten Häusern mit Bädern usw. »Kommunikation, Handel und Güteraustausch mit anderen Gebieten bildeten einen wesentlichen Aspekt der Indus-Zivilisation.« (Dales 1987, 146) Die manchmal auch so genannte Harappa-Kultur ist vielleicht deshalb als »erste Stadtkultur der Weltgeschichte« charakterisiert worden (Kirsten 1968, 162). Um 1000 v.u.Z. entstand der »Rigveda«, eine Sammlung von Opferhymnen. Die ältesten »Upanishaden« (Geheimlehren) sind für das 7. bzw. 6. Jahrhundert v.u.Z. verbürgt. Wenig später wurden die ältesten Teile der altindischen Epen »Mahabarata« und »Ramayana« aufgezeichnet. Später, ab 320 v.u.Z., rund 200 Jahre nach Siddharta Gautama bzw. Buddha, dem Erleuchteten (ca. 560–485 v.u.Z.), wurde die Indus-Kultur von dem Maurya-Reich abgelöst (ausführlich z.B. Wheeler 1962).

1.3. Die Kulturen in Mesopotamien und Ägypten

»Geschichte beginnt mit Sumer«, heißt ein Buch von Samuel Noah Kramer (1959) bzw. Mesopotamien sei »the cradle of civilization« (1971), und Helmut Uhlig nennt die Sumerer »ein Volk am Anfang der Geschichte« (1989). Mesopotamien oder Zweistromland, das Land zwischen Euphrat und Tigris, gilt als Wiege der Hochkulturen schlechthin. Das liegt vor allem daran, daß »Hochkultur«, teils bis heute, mit »Schriftlichkeit« gleichgesetzt wird. In einem kontinuierlichen, manchmal auch sprunghaften Ausdifferenzierungsprozeß entwickelten sich Bauern- und Herrenkulturen, Dorf- und Stadtkulturen – mit Töpfer-, Haustier-, Kleintierzucht-, Getreideanbaukultur, später mit Textilherstellung und wirtschaftlicher Lokal-Spezialisierung, etwa im Handwerk, im Weinanbau, in der Waffentechnik, mit der Metallgewinnung und -nutzung, generell mit einer komplexeren Gesellschaftsstruktur im sakral-religiösen, wirtschaftlichen und politischen Bereich. Rohstoffmangel wurde durch Handel auf Tauschbasis kompensiert, wobei zugleich auch Verkehrswege entwickelt wurden. Ganzjährige Bewässerung und Zucht führten zur Erzeugung von Überschüssen und damit zu einem enormen Aufschwung. Spezialisierung und Ausdifferenzierung als Motoren des Wandels und der Entwicklung – man bezeichnet diesen Erklärungsansatz als Akkumulations-Hypothese.

Die wichtigsten Stationen werden mit den Reichen Sumer, Akkad, Babylon und Assur bezeichnet. Die Kultur der Sumerer läßt sich bis auf 3000 v.u.Z. datieren. Sie erfanden u.a. die Keilschrift, den Kupferguß, das Rad und den Pflug. Uruk gilt als Vaterstadt des Gilgamesch, ursprünglich ein sumerischer Herrscher, später als Gott bzw. Unterweltsgott verehrt, Ende des 2. Jahrtausends v.u.Z. im »Gilgamesch«-Epos verewigt, dem ältesten Epos der Welt. Nach Uruk (3000–2800 v.u.Z.) folgte die Dschemdet Nasr-Zeit (2800–2600 v.u.Z.) und die Mesilim-Zeit (ab 2600 v.u.Z.) mit je eigenen kulturellen Akzenten. Im Jahr 2350 v.u.Z. wurde der Herrscher der Sumerer gestürzt. Es folgte das akkadische Weltreich unter Sargon I. und seinen Nachfolgern. Um 2050 entstand das neusumerische Reich, in stetem Ringen um die Vorherrschaft mit den Westsemiten und den Elamiten. Das babylonische Reich gelangte unter Hammurabi um 1700 v.u.Z. zu politischer Bedeutung, gefolgt vom Mitanni-Reich und schließlich vom assyrischen Weltreich, von 1350 bis 612 v.u.Z., dessen kulturelle Entfaltung freilich von den Völkerwanderungen ab 1200 v.u.Z. stark behindert wurde. Nach dem Zusammenbruch Assurs übernahmen die Aramäer die Macht und Babylon erhob sich noch einmal zur Weltmacht, wobei der

Staat Juda in der Konfrontation unterlag und Jerusalem zerstört wurde. Aus dieser Zeit stammt der berühmte Turm zu Babel.

Parallel dazu vollzog sich die Entwicklung der ägyptischen Kultur – mit am besten erforscht, weil die Trockenheit des Klimas und der Schutz durch den Sand so viele Zeugnisse aus mehreren Jahrtausenden erhielten. »Die Vorläufer der ersten Pharaonen waren nordafrikanische Stammeshäuptlinge, deren Macht auf ihren magischen Fähigkeiten als Medizinmänner, Korngötter und Herren der alljährlichen Nilüberschwemmung beruhte. Ihre Herkunft leiteten sie von einem heiligen Tier ab, das sie zugleich als Ahnherrn und Schutzgeist verehrten. Horus, der Himmelsfalke, war einer dieser uralten Tiergötter und schon in archaischer Zeit das Stammeszeichen Oberägyptens.« (Gottschalk 1984, 7) Mit dem Entstehen größerer Ortschaften und komplexerer sozialer Strukturen am Nil übernahmen Stadt- und Gaukönige diese Funktion, d.h. sie waren wie die späteren Pharaonen verantwortlich für das Wohl der Gemeinschaft, aber auch für Trockenheit und Mißernten. Die ägyptische Kultur, gemäß den Assoziationen mit Sphinx, Pyramiden, Mumien und Pharaonen, begann ihre Blütezeit mit dem Alten Reich (2650–2190 v.u.Z.), in dem die großen Pyramiden erbaut wurden. Es wurde von einer Ersten Zwischenzeit und dem sogenannten Mittleren Reich mit ganz neuen kulturellen Schwerpunkten abgelöst (2190–1640 v.u.Z.). Nach einer Zweiten Zwischenzeit und der Herrschaft der Hyksos (1640–1527 v.u.Z.) folgte das Neue Reich (1550–1070 v.u.Z.) samt der geistig-religiösen Reform durch Echnaton. Die berühmte Kalksteinbüste der Königin Nofretete stammt aus der Zeit um 1360 v.u.Z. Mit Ramses I. begann schließlich die Ramessiden-Zeit (1306–1070 v.u.Z.), die am Ende der 20. Dynastie zum Zerfall des Weltreichs führte. Ägypten geriet nacheinander unter die Herrschaft der Perser, Mazedonier, Ptolomäer und schließlich der Großmacht Rom (ausführlich z.B. Scharff/Moortgat 1962, Wolf 1962, Gardiner 1994 und jüngst Assmann 1996).

1.4. Die Kulturen in Vorderasien und Eurasien

»Nach den frühen Dorfkulturen im Iran entstand in Susa im 4. Jahrtausend v. Chr. eine Ansiedlung mit städtischem Charakter (...). So alt wie die ersten sumerischen Städte Mesopotamiens, stand Susa von Anfang an mit diesen in engen wirtschaftlichen und kulturellen Wechselbeziehungen, hielt gleichzeitig aber auch Verbindung mit dem Osten, mit Belutschistan und dem Indus-Tal.« (Gutbrod 1975, 188) In der Geschichte des Reiches Elam standen Auseinandersetzungen mit Nachbarn, speziell zwischen 2500 und 1500 v.u.Z., an erster Stelle. So wurde Ur um 2000 v.u.Z. von elamischen Truppen geplündert oder erhob sich Elam gegen die aufsteigende Macht Babylons im 17. Jahrhundert v.u.Z. Neben Elam sind auch Kulturen aus Luristan, Mannai und anderen Gebieten des Iran bekannt. Im 6. Jahrhundert v.u.Z. begann der Aufstieg des persischen Kleinstaates zu einem Weltreich; neben Ägypten eroberten die Perser auch Thrakien und Makedonien und scheiterten erst an Griechenland (ausführlich z.B. Hinz 1964 und Bausani 1965). Aber auch die Kultur der Hethither in Anatolien vom 2. Jahrtausend bis etwa 800 v.u.Z., die Kultur der Phryger, der Phönikier bzw. Kanaanäer, der Churrii und die Kulturen von Ugarit, Byblos, Israel und Zypern könnten als eigene Schwerpunkte in Vorderasien benannt werden. Insbesondere das Alte Israel als Vorläufer der späteren christlichen Kultur wäre hier von Bedeutung - mit seinem Gott Jahve, in Palästina, seiner zentralen Idee der Sünde, dem Untergang und der Auferstehung Jerusalems, mit seinen Propheten und der Lehre vom Messias, mit der Tafel mit den Zehn Geboten und den heiligen Schriften, aus denen später das Alte Testament der Bibel wurde.

Die Ägäische Kultur lebt vor allem von Kreta (ab 2600 v.u.Z.) und der mykenischen Kultur (2000–1600 v.u.Z.) (ausführlich z.B. von Matt 1967, Schachermeyr 1964). Griechenland war in dieser Zeit geprägt von Einwanderungswellen der ersten indogermanischen Völkerwanderung und einer entsprechenden Bevölkerungszunahme. »Der Palast von Knossos gewinnt den Umfang einer heiligen Stadt; um den Sitz der Königswirtschaft gruppieren sich die Villen einer Aristokratie; Gaufürstensitze, Wegstationen, zahlreiche Dörfer stehen neben drei weiteren Palästen in den Hauptteilen der Insel; ihr Ostteil ist als Rückzugsgebiet besonders dicht bevölkert und weist bereits stadtartige Siedlungen auf« (Kirsten 1968, 181). Die Besiedlung verdichtet sich um ein weiteres, teils auch durch höhere Geburtenraten, im Zuge der zweiten indogermanischen Völkerwanderung und vor allem der Einwanderung der Dorier und Italiker ab 1200 v.u.Z., spätestens abgeschlossen um 700 v.u.Z.

Für Eurasien wären vor allem die Kultur der Skythen, die Urnenfelder- und Hallstatt-Kultur sowie die Kultur der Etrusker zu benennen. Bei letzteren ist die Villanova-Kultur (10. bis Mitte des 8. Jahrhunderts v.u.Z.) besonders erforscht.

Hier wie bei den anderen Kulturen wurde die Bewirtschaftung und Ausnutzung in den Bereichen Ackerbau und Viehzucht jeweils ergänzt durch neue Produktions- und Organisationsformen bei der Bewirtschaftung und Ausnutzung auch der menschlichen Arbeitskraft (vgl. Narr 1961, 293ff.). Ausdifferenzierung der Gesellschaftsstruktur hieß auch: Hierarchisierung, also Ausbildung von differenzierten Oberschichten und privilegierten Eliten, die produzierte Überschüsse abschöpften, sei es durch Kriegs- und Beutezüge, sei es durch Unterwerfung und Frondienste. Die sogenannte Überschichtungshypothese besagt, »daß jene geschichtete, durchweg herrschaftliche Gesellschaftsform, welche die grundlegenden Züge der hochkulturellen Wirtschafts- und Staatsorganisation verwirk-

licht und trägt, durch Überschichtung und Beherrschung einer abschöpf-
baren Bevölkerung durch eine Eroberergruppe zustandegekommen ist.
(...) Den Aufschwung, den eine Kultur nach solchen Eroberungen nehmen kann, müssen wir nicht darauf zurückführen, daß die Eroberer selbst
eine überlegene Kultur mitbrachten, sondern darin suchen, daß sie in vielfach rücksichtsloser und jedenfalls straffer Organisation, als harte und
unerbittliche, aber auch als klug bewirtschaftende, planende und ihnen
wichtige Produktionszweige fördernde Herren die eingesessenen Bauern
und Handwerker für sich arbeiten ließen.« (Narr 1961, 296f.)

1.5. Die Kulturen der Antike

Wir sind heute immer noch geneigt, allein oder bevorzugt die Kulturen
der Mittelmeerländer, speziell der Antike, an den Anfang der Kulturgeschichte zu setzen: Athen und Rom. Denn: »Ohne Griechenland ist unsere
Kultur undenkbar« (Durant Bd. 3 1985, 5; vgl. auch Friedell 1994). Damit
kann man immerhin ein verbreitetes Grundwissen voraussetzen, so daß
noch knappere Stichworte zur Erinnerung hier vielleicht genügen (ausführlich z.B. Schneider 1969). Das klassische oder griechisch-römische
Altertum beginnt etwa um 1100 v.u.Z. und endet etwa 600 u.Z. Man unterscheidet mehrere Phasen: Dem griechischen Mittelalter (1100–800 v.u.Z.)
mit dem Wechsel vom Königtum zu einer Aristokratie und der Ausbildung der Polis folgte das Archaikum (800–500 v.u.Z.) mit dem Aufkommen von Gewerbetreibenden und Kaufleuten und der Entstehung der
Tyrannis. Die homerischen Epen »Ilias« und »Odyssee« entstanden etwa
Mitte des 8. Jahrhunderts v.u.Z. Im 6. Jahrhundert v.u.Z. wurde u.a. der
Apollontempel auf Delphi gebaut. Das 5. Jahrhundert sah die Blütezeit
der demokratischen Polis und zugleich die herausragenden Leistungen
im Theater (Aischylos, Sophokles, Euripides u.a.) und in der Philosophie
(Sokrates, Sophisten, später Platon und Aristoteles u.a.). Mit Alexander
dem Großen begann der Hellenismus, mit seiner Verschmelzung griechischen und orientalischen Kulturgutes (336–330). Dann unterwarf Rom den
Mittelmeerraum, geriet im 3. und 2. Jahrhundert zwar unter griechische
Einflüsse, entfaltete aber unter Augustus das Kaisertum (27 v.u.Z. bis 476
u.Z.) und wuchs zum dominanten Römischen Weltreich, das unter Kaiser
Trajan (98–117 u.Z.) seine größte Ausdehnung erfuhr. Nach der anfänglichen Christenverfolgung und vielfältigen Kämpfen, bei denen immer
wieder die Sicherung der Reichsgrenzen besondere Bedeutung hatte,
wurde das Christentum schließlich zur Staatsreligion (325 u.Z.).Der Beginn der Völkerwanderung im 4. Jahrhundert u.Z. führte zum Ende des
weströmischen Reichs (476).

Nicht unwichtig erscheint es, daß zu den üblichen Faktoren, die damals kulturelles Wachstum begünstigten (Klima, Fruchtbarkeit des Bodens, Verkehrslage, Wasserversorgung etc.), hier nachweisbar die Bevölkerungsdichte hinzukam. »Die Bevölkerung Griechenlands kann für 330 auf 3–4 Millionen geschätzt werden, dazu kommen 280.000 Epiroten, 400.000 Makedonen, etwa 100.000 Griechen und vielleicht 100.000 Traker bis zur heutigen Staatsgrenze auf heutigem griechischen Staatsgebiet (...). Nach der Auffassung der gleichzeitigen Staatstheoretiker litt das Land an Überbevölkerung. Eine Hungersnot ist für 330 bezeugt. Die Gesamtentwicklung Griechenlands in der klassischen Zeit des 5. und 4. Jahrhunderts v. Chr. ist charakterisiert durch eine Bevölkerungszunahme in Athen und der Peleponnes als Folge der Perserkriege, dazu aber (...) durch den Zustrom von Sklaven von den Rändern der griechischen Welt.« (Kirsten 1986, 191) Eine besondere Mobilität und große Bevölkerungsdichte scheinen dem kulturellen Wandel und der Ausdifferenzierung zu einer immer komplexeren Kultur gleichermaßen Vorschub zu leisten. Darauf wird im Hinblick auf die Entwicklung der Medien und ihre Funktionsänderungen noch zurückzukommen sein.

1.6. Die Kulturen in Nord-, Mittel- und Südamerika

Nach den Jägern der archaischen Indianer Nordamerikas (Sandia-Kultur) und den wildbeutenden Indianern im 5. Jahrtausend (Cochise-Kultur) entwickelten sich seit etwa 200 v.u.Z. die Mogollon-Kultur in Neu-Mexiko, die Kultur der Hokoham-Leute, der Anasazi bzw. Korbflechter, ab 100 v.u.Z., in Arizona, Utah und Nevada, gefolgt von der sogenannten Pueblo-Kultur bis an die Grenze von Texas (Pueblos = Einhaus-Dörfer). Im Osten und Südosten Nordamerikas gab es die Adena-Kultur seit 1000 v.u.Z., abgelöst im 2. Jahrhundert v.u.Z. von der Hopewell-Kultur (bis 500 u.Z.) und der Mississipi-Kultur, die um 1200 ihre Blütezeit erreichte (ausführlich z.B. Nölle 1959).

Auch in Mittelamerika bzw. »Mesoamerika« – ein zur Abgrenzung von Nordmexiko, Honduras, El Salvador etc. eingeführter Begriff – entwikkelten sich aus früheren Jägern Wildbeuter, und seit der zweiten Hälfte des 3. Jahrtausends gab es feste Siedlungen mit zahlreichen lokalen Kulturen. Zu nennen sind nach der Kultur der Olmeken (1500–100 v.u.Z.) vor allem die Kulturen der klassischen Epoche: die Kultur von Teotihuacán mit ihrer gewaltigen Sonnen-Pyramide, nordöstlich der Stadt Mexiko, im 1. Jahrtausend v.u.Z.; die Kultur der Zapoteken im Hochland von Oaxaca im Süden Mexikos; und insbesondere die Kultur der Maya in großer Ausbreitung, von 300 bis zur Zeit um 900 u.Z., dem Niedergang ihrer Tempel und Paläste. In der sogenannten nachklassischen Epoche folgten insbesondere die Kulturen der Tolteken (9–12. Jahrhundert), der Chichimeken, der Tepaneken und der Azteken (13. Jahrhundert bis zur Landung des Spaniers Cortéz im Jahre 1519), die für ihre Menschenopfer-Rituale berühmt wurden (ausführlich z.B. Coe 1975, Davies 1974).

In Südamerika schließlich gab es in Kolumbien u.a. die Tairona-Kultur in der Sierra Nevada de Santa-Marta am Karibischen Meer, die als einzige in Kolumbien den Bau mit Steinen kannte. In Bolivien soll es bereits um 8000 v.u.Z. domestizierte Kartoffeln, in Peru zur selben Zeit Bohnen und Chili-Pfeffer gegeben haben. Neben Kürbis war vor allem der Mais das wichtigste Nahrungsmittel der amerikanischen Eingeborenen. In Ekuador, von 500 v.u.Z. bis 500 u.Z., gab es u.a. die Bahia-Kultur und die La Tolita-Kultur, von 500 bis 1500 u.Z. u.a. die Manteno-Kultur, die Narrio-Kultur, die Panzaleo-Kultur und die Canari-Kultur. Was die Maya für Mesoamerika waren, waren die Inka in Altperu für Südamerika. Im Verlauf ihrer Geschichte unterscheidet man die Chavín-Kultur im Hochland der nördlichen Anden, ab ca. 1500 v.u.Z., in der klassischen Epoche die Nazca-Kultur (100 v.u.Z. bis 800 u.Z.), die Moche-Kultur (100 v.u.Z. bis 900 u.Z.), die Tiahuanaco-Kultur am Ufer des Titicaca-Sees usw. Im Sinne eines Großreichs herrschten die Inka freilich nur in der Zeit von 1430 bis 1527 (ausführlich z.B. Hisselhoff 1974).

1.7. Die Kultur der Kelten und Germanen
– die Entstehung der europäischen Kultur

Die Kelten bildeten sich wahrscheinlich im Bereich der Urnenfelderkultur Eurasiens heraus, im 8. und 7. Jahrhundert v.u.Z., ihre Ausbreitung begann jedoch erst im 5. Jahrhundert v.u.Z.: vom heutigen Frankreich über Bayern bis Böhmen, auf die Iberische Halbinsel und nach Britannien, nach Oberitalien und Mittelitalien, bis sie 222 von Rom endgültig besiegt wurden. Anfang des 3. Jahrhunderts v.u.Z. reichte der keltische Kulturraum von Britannien bis Anatolien. Im Norden wurden die Kelten seit 300 von den Germanen zurückgedrängt, und die Eroberung Galliens durch Caesar bedeutete das Ende der Kelten auf dem Festland (ausführlich z.B. Duval et al. 1979). Die keltische Tradition erlebte Fortbestand und Wiedergeburt in Irland, außerhalb der römischen Reichsgrenzen (z.B. Graham-Campbell 1980).

Die Kulturen der germanischen Stämme waren außerordentlich vielfältig und schließen die Franken, die Alamannen, die Burgunder, die Westgoten, die Sachsen, die Thüringer und die Stämme des Merowinger Königreichs ein. Die Germanen, in kontinuierlichen Kämpfen mit den Römern begriffen und ihrerseits bedrängt von den Hunnen, überfluteten im 4. Jahrhundert u.Z. die Grenzen des Römischen Reichs und beeinflußten die Kultur der Spätantike, obwohl die Entwicklung sehr differenziert verlief (ausführlicher z.B. Mildenberger 1977). Der zumeist vernachlässigten Zeitspanne zwischen Antike und Mittelalter, also dem 5. bis 8. Jahrhundert u.Z., widmet sich explizit u.a. Michel Banniard (1989). Was geschah kulturell nach dem Untergang des Römischen Imperiums? Es entstand eine wieder neue, eine »europäische Kultur«, die zuallererst, im Mittelalter, zu einer *christlichen* Kultur werden sollte. Wichtige Stichworte dazu sind zunächst Assimilation und Akkulturation. Die Franken bekehrten sich zum Christentum. Die Westgoten wurden christianisiert. Gleichzeitig aber wurde das kulturelle Erbe der klassischen Antike in der spätantiken Schule tradiert. Waren die ersten großen Lehrer des Christentums (Klemens von Alexandrien und Origines) noch Erben einer ausschließlich griechischen Tradition, so begann mit den »Confessiones« des Augustinus die lateinische Theologie ihren Aufschwung. Dabei spielt natürlich die Schriftkultur, also die gegenständliche Speicherung der Werke, eine besondere Rolle, denn dadurch blieben die Traditionen in bislang nie gekanntem Ausmaß verfügbar. Zwar wurde die Verwaltung regionalisiert, was die kulturelle Kontinuität infolge der institutionellen Zersplitterung naturgemäß bedrohte. Aber die »Vektoren der Kontinuität« (Banniard 1989, 70ff.) überwogen – die »Barbaren« wurden ins Heer integriert, die Verbündeten erhielten Siedlungsgebiet und Grundbesitz zugewiesen, die religiöse Mentalität wurde gleichgeschaltet, aber auch die katholische Kirche paßte sich ihrerseits manchen kulturellen Gegebenheiten an. Die Grammatik- und Rhetorikschulen des Erziehungssystems funktionierten im benannten Sinne auch noch im 6. Jahrhundert. Die keltischen Mönche in Irland begeisterten sich für das Christentum und gründeten eine Fülle von Klöstern.

Von 650 bis 750 konstatiert aber auch Banniard eine »dunkle Zeit«, ein »Schrumpfen des kulturellen Gewebes« (1989, 100ff.). Das Gesetzeswesen war regionalisiert. Die Kultur habe sich gleichsam in die auch auf dem Festland entstehenden Klöster zurückgezogen. Aber aus den germanischen Stämmen, speziell Franken, Angelsachsen, Langobarden, Westgoten, entstanden letztlich die mittelalterlichen Staaten. Mit Karl dem Großen und der karolingischen Bildungsreform sollten Ende des 8. Jahrhunderts neue weltliche Impulse zu einem neuen Aufschwung und zu neuen Normen führen, freilich in Verschmelzung mit der Kirche. Das Frankenreich übernahm, in Verbindung von Königshof, Reichsklöstern und Bischofs- und Stiftskirchen, die geistige Führung Europas. Die abendländische Kultur des 8. Jahrhunderts macht tiefgreifende Wandlungen sichtbar: Die Kultur war überwiegend klerikalisiert. Der Gebrauch der Schrift war eingeschränkt. Die Grundlage der Gemeinschaft war nicht mehr die Institution, sondern die Bindung an den Herrscher. Die sprachliche Dichotomie (mündlich vs. schriftlich, ländlich vs. städtisch) war extrem. Die Kultur der politisch Herrschenden war mit der Mönchs- und Klerikerkultur eine umfassende Verschmelzung eingegangen, während die Volkskultur zu weiten Teilen entweder ebenfalls integriert oder als irrelevant ausgegliedert blieb.

1.8. Schlußfolgerungen

Aus der Kurzdarstellung bzw. bloßen Namhaftmachung der vielleicht wichtigsten 15 frühen Kulturen der Menschheit lassen sich mehrere Schlußfolgerungen ziehen. Erstens: Die Unterschiede der einzelnen regionalen bzw. territorialen Kulturen sind enorm. Die Kulturen weltweit weisen ganz offensichtlich eine derartige Vielfalt und Komplexität auf, daß sie sich auf der Ebene der kulturellen Eigenheiten selbst nicht auf einen Nenner bringen lassen – selbst wenn die vergleichsweise wenig fundierten Nachweise von Einflüssen (Handelsbeziehungen, Eroberungskriege, Völkerwanderungen) ausgeweitet werden könnten. Und zweitens: Die Parallelentwicklungen, vielfach unabhängig voneinander, aber auch die Zeitversetztheit derselben Entwicklungen, lassen auch die Konstruktion einer einheitlichen chronologischen Kontinuität – wenigstens bislang – nicht zu.

Immerhin ließen sich – drittens – zwei größere Abschnitte einer umfassenden Kulturgeschichte unterscheiden: Zunächst, etwa von 40000 bis spätestens Mitte des 3. Jahrtausends v.u.Z., gab es eine archaische Periode, die in den meisten frühen Kulturen der Welt verbürgt ist, auch wenn sie von einigen Kulturen bis spät in die Neuzeit nicht mehr verlassen werden sollte. Sodann gab es im Anschluß daran einen Zeitabschnitt von rund 3000 Jahren, bis weit nach dem Beginn unserer Zeitrechnung, in dem in verschiedenen Teilen der Welt heterogen zahlreiche Hochkulturen mit unterschiedlicher zeitlicher Länge ausgebildet wurden. Auch deren Niedergang war zeitversetzt und verlief in der westlichen Welt parallel zur Ausbreitung und Entwicklung der christlichen Kultur, die mit ihrer Hoch-Zeit einen weiteren, dritten kulturgeschichtlichen Abschnitt prägte: das Mittelalter. Schematisch wäre demnach für unseren Zeitraum, von den Anfängen bis zum endgültigen Niedergang der Antike (800), zu unterscheiden zwischen einer archaischen Periode, von den Anfängen bis ungefähr 2500 v.u.Z., und einer multiplen hochkulturellen Phase kulturellen Wandels bis zum Beginn des Mittelalters.

Vierte Schlußfolgerung: Bloß additive Deskriptionen kultureller Schwerpunkte, die – wie gezeigt – nicht einmal der simplen Chronologie folgen können, scheinen für ein Verständnis der Geschichte der Medien inhaltlich wenig ergiebig und forschungsstrategisch untauglich zu sein. Neuerdings gibt es den Versuch, dem Problem mit der analytischen Konstruktion einer Theorie von den »Kulturen der Achsenzeit« beizukommen. Der Begriff der »Achsenzeit« geht auf Karl Jaspers und seinen Versuch einer theologisch-philosophischen Strukturierung von Weltgeschichte zurück (1949, 19f.): »Diese Achse der Weltgeschichte scheint (...) rund um 500 vor Christus zu liegen, in dem zwischen 800 und 200 stattfindenden geistigen Prozeß. Dort liegt der tiefste Einschnitt der Geschichte. Es entstand der Mensch, mit dem wir bis heute leben.« »In dieser Zeit drängt sich Außerordentliches zusammen. In China lebten Konfuzius und Laotse, entstanden alle Richtungen der chinesischen Philosophie, dachten Mo-Ti, Tschuang-Tse, Lie-Tse und ungezählte andere, – in Indien entstanden die Upanischaden, lebte Buddha, wurden alle philosophischen Möglichkeiten bis zur Skepsis und bis zum Materialismus, bis zur Sophistik und zum Nihilismus, wie in China, entwickelt, – in Iran lehrte Zarathustra das fordernde Weltbild des Kampfes zwischen Gut und Böse, – in Palästina traten die Propheten auf von Elias über Jesaias und Jeremias bis zu Deuterojesaias, – Griechenland sah Homer, die Philosophen – Parmenides, Heraklit, Plato – und die Tragiker, Thukydides und Archimedes. Alles, was durch solche Namen nur angedeutet ist, erwuchs in diesen wenigen Jahrhunderten annähernd gleichzeitig in China, Indien und dem Abendland, ohne daß sie gegenseitig voneinander wußten.«

Das Jaspersche Schema wurde inzwischen in mehreren Symposien bzw. Sammelbänden systematisch und umfassend bearbeitet und weiterentwickelt. Der Begriff der »Achsenzeit« behauptet demnach eine grundlegende Spannung zwischen einer transzendentalen und einer weltlichen Ordnung – im Unterschied zu den Zeitspannen davor, zum Beispiel den »heidnischen« Gesellschaften, und danach, als diese Spannung gerade nicht mehr aufgetreten sei. Gemeint ist eine »scharfe Trennung zwischen irdischer und überirdischer Welt« mit »einer höheren, transzendentalen, moralischen oder metaphyischen Ordnung« (Eisenstadt 1987, 12). Angeblich habe es diesen »Trieb zur Transzendenz« (Benjamin Schwartz) in fast allen Kulturen etwa im gleichen Zeitraum bzw. Entwicklungsstadium gegeben – jeweils mit der zwingenden Frage, wie diese Kluft zu überbrücken sei. Die Kulturen der Achsenzeit thematisieren demzufolge Todesbewußtsein, Erlösungssehnsucht, Unsterblichkeit, und zwar als solidarisierende, sozial integrative, institutionalisierte Vorstellungen mit durchaus politischen und sozialen Ordnungsfunktionen. Konkret sieht man den Durchbruch der Achsenzeit immer noch u.a. im antiken Griechenland, im alten Israel, in Mesopotamien, Ägypten, China, Indien und fast allen übrigen traditionellen frühen Hochkulturen der Menschheit. Das Konstrukt der »Achsenzeit« zielt also methodologisch auf eine transkulturelle Konstante gesellschaftlicher Entwicklung – für Kulturgeschichte ein ebenso notwendiges wie bislang noch defizitäres Ordnungsprinzip. Daß es sich im wesentlichen mit unserer zweiten Phase kulturellen Wandels deckt, mag Zufall sein oder auch nicht. Charakteristisch erscheint vor allem die ideologische Problematik der offensichtlich teleologischen, eschatologischen Ausgangshypothesen und ihrer im Grunde nur geistes- und religionsgeschichtlichen Fundierung. »Medien« als Faktor kommen hier im übrigen ebensowenig vor wie bei den zahlreichen einzelwissenschaftlichen Beiträgen zu den diversen kulturellen Schwerpunkten.

Auf dem Hintergrund unseres groben zweiphasigen Rasters kulturellen Wandels von den Anfängen bis 800 u.Z. und mit Blick auf die Notwendigkeit übergreifender Ordnungsprinzipien lassen sich mehrere Fragen stellen:

– Erlaubt die transkulturelle Untersuchung der Leerstelle »Kommunikationsmedien« möglicherweise ein besseres Konzept zur Erklärung gesellschaftlichen Wandels als die Deskription der Vielfalt und Verworrenheit in der historischen Abfolge kultureller Schwerpunkte?

– Wäre eine historiographische Kategorie wie »Medien« nicht einem Konstrukt wie der »Achsenzeit« überlegen, schon weil »Kommunikation« sehr viel neutraler und akzeptabler erscheint als der angenommene »Transzendenztrieb«, dann aber auch, weil »Medien« weder ihrer Geschichtlichkeit noch ihrer je spezifischen gesellschaftlichen Kontextualität verlustig gehen, wie das nivellierend bzw. isolierend bei der »Achsenzeit«-Theorie der Fall ist, und weil sie nicht wie diese auf einen Zeitpunkt oder ein Entwicklungsstadium begrenzt sind?

– Schließlich: Müssen Entstehung, Aufschwung und Niedergang zumindest der Hochkulturen nicht auch in Zusammenhang mit den Medien und ihren geschichtlich sich wandelnden Funktionen gesehen werden? Möglicherweise erklärt sich ja nicht nur die multiple hochkulturelle Phase von 2500 v.u.Z. bis spätestens 800 u.Z., sondern das gesamte Raster einschließlich der vorhergehenden archaischen und der nachfolgenden christlich-mittelalterlichen Phase kulturellen Wandels aus der Entwicklung der Medien und ihrer Funktionen selbst.

---
* * *
---

2. Die Frau als Medium der Urgeschichte

2.1. Am Anfang war die Vulva:
Zur medienhistorischen Relevanz des Matriarchats

Das erste Medium der Geschichte war die Frau; sie war das Leitmedium der Urgesellschaft. Religionshistorische Studien, die Opferrituale der Jäger zum Ursprung erklären, greifen ebenso zu kurz wie kunsthistorische Arbeiten, die bei den Höhlenzeichnungen der frühen Kulturen der Steinzeit ansetzen. Beide Erklärungsmuster verfälschen nicht nur aufgrund einer jeweils falschen Perspektive: der Auffassung der matriarchalen Rituale als Religion oder religionsähnliche Erscheinung (Kap. 3) bzw. der Höhlenzeichnungen als Kunst (Kap. 4), sondern übersehen auch den entscheidenden Vorläufer. Die Frau als Erstmedium der Mediengeschichte, der Kulturgeschichte, der Menschheitsgeschichte geriet erst neuerdings wieder in den Blick und wurde bislang noch kaum erforscht (entsprechend gewöhnungsbedürftig ist auch dieser Befund). Immerhin kann der Mediencharakter der archaischen Frau im folgenden schon in mindestens zweierlei Hinsicht verdeutlicht werden: Erstens muß die Frau gemäß dem biologischen Prinzip der Mutterschaft als das zentrale soziale Steuerungsmedium der urhistorischen Sippen, der präurbanen Gemeinschaften der neolithischen Bauern, der matriarchalen frühen Hochkulturen begriffen werden. Wie bei jedem System lag auch hier die oberste Priorität in seiner Erhaltung, also der Fortpflanzung und Reproduktion der Gattung Mensch im Rahmen einer überschaubaren Gemeinschaft. Zweitens war die Frau, in der Gestalt der Großen Göttin, zentrales Medium der Kommunikation der Menschen mit der Natur, mit dem Kosmos, miteinander als Kommunikation der Geschlechter – in kultischer Funktion. Beides war eng miteinander verknüpft und läßt sich nur als Einheit von sozialem Organisationsprinzip und sakralem Kommunikationsprinzip denken: die Frau als lebensspendende, lebenserhaltende, lebenserneuernde Mutter und – deshalb – ihre Verehrung als Göttin. Ersteres wurde vor allem mit Begriffen wie Matriarchat, Mutterrecht, Sippenpolygamie bezeichnet, letzteres unter Behelfs-Chiffren gefaßt wie Archetyp des Weiblichen, Heilige Hochzeit oder Fruchtbarkeitskult. Wenn hier beides nacheinander und somit getrennt behandelt wird, muß bewußt bleiben, daß damit kein Nebeneinander etwa von sozialem System und kulturellem System, sondern eher eine Hierarchie von biologischer Basis und ideologischem Überbau gemeint ist.

Von einer Erforschung des Matriarchats aus der Sicht der Frauenbewegung dürften noch wesentliche Einsichten in die Anfänge der Mediengeschichte zu erwarten sein (kritisch dazu Röder et al. 1996), denn das Matriarchat stand ganz offensichtlich in fast allen Frühkulturen am Anfang der Geschichte (z.B. Krische 1927; Briffault 1927/1969, Bd. 1, 345ff.; Sir Galahad 1987), und seine Bedeutung ist heute nach wie vor weitgehend verschüttet. Man darf hier nicht gewissen Fehlverständnissen zum Opfer fallen – schon der Begriff »Matriarchat« beispielsweise suggeriert »Herrschaft« der Mütter oder der Frauen (vgl. auch z.B. Dux 1992), obwohl damit gerade eine herrschaftslose Form der Gesellschaft bezeichnet wird (z.B. Bornemann 1975/1984). Um keine Verwechslung aufkommen zu lassen, sei also noch einmal hervorgehoben: Das Medium Frau wird hier vorreligiös begriffen, nicht etwa selbst als Ausdruck oder Bestandteil einer frauenzentrierten Religion. Religion im heutigen Sinn wurde erst mit einem anderen Medium begründet (Kap. 3).

Andererseits muß man sich aber auch davor hüten, in vorschnelle Idealisierungen zu verfallen und eher bestimmten Vor-Urteilen projektiv nachzujagen als historisch möglichst fundiert zu rekonstruieren. Einseitig ideologische Thesen gibt es in großer Zahl:

– der Mann hätte quasi »auf einmal« die Macht an sich gerissen, um die Frau zu unterdrücken, um Herrschaft auszuüben (z.B. Göttner-Abendroth 1988/1994, 24), oder

– aus »Gebärneid«, Angst und »Unbehagen (...) dem verhaßten Geschlecht gegenüber« hätten die Männer an den Frauen Rache genommen (z.B. Davis 1981, 10), oder

– »die patriarchalischen Eroberer aus dem Norden« wären einfach gekommen und hätten »den alten Kult und alles, was damit zusammenhing«, unterdrückt (Stone 1988, 181), oder

– »systematisch und absichtlich«, »in einem gezielten Kampf gegen die Frau zum Zweck der Machteroberung« habe der Mann »in seinem Minderwertigkeitskomplex den überstarken Drang (entwickelt), die Macht der großen Mütter zu zerbrechen« (Steinbart 1983, 5ff.), usw. (vgl. ausführlich auch Röder et al. 1996).

Sie haben kaum Erklärungswert und potenzieren nur die ohnehin schon übermächtigen Probleme methodologischer Art, die entstehen, wenn man alte Mythen (z.B. Frazer 1994) oder Märchen interpretiert (z.B. Propp 1975) oder wenn man von »Primitiven« des 19. Jahrhunderts und »Naturvölkern« unserer Tage zurückschließt auf archaische Gesellschaften der Ur- und Frühgeschichte (z.B. Briffault 1927/1969; auch noch Dux 1992).

Die jüngst geäußerte scharfe Kritik an der Bedeutung der Großen Göttin bezieht sich vor allem auf solche feministisch-ideologische Thesen. Brigitte Röder, Juliane Hummel und Brigitta Kunz werfen entsprechenden Autorinnen wie insbesondere Marija Gimbutas, Marie König und Heide Göttner-Abendroth Metaphysik, Spiritualismus, methodischen Unfug, Unwissenschaftlichkeit und Engstirnigkeit vor (1996, insbes. 273, 293, 349, 372). »Aus archäologischer Sicht arbeitet die Matriarchatsforschung mit antiquierten Hypothesen, die heute so nicht mehr vertretbar sind.« (1996, 221) Allerdings zielt die Kritik im einzelnen primär auf jene weitreichenden und in der Tat wenig »plausiblen« feministischen Interpretationen, die im Ur-Matriarchat schwärmerisch und religionsähnlich ein erstrebenswertes Ziel für die heutige Gesellschaft sehen (1996, 169+371). Demgegenüber wird die Überzeugung vertreten, »daß wirkliche Beweise für die Existenz eines urgeschichtlichen Matriarchats noch ausstehen«: »Bis heute ist das Matriarchat mit archäologischen Quellen weder zu beweisen noch zu widerlegen. Gegenteilige Aussagen sind unseriös.« (1996, 347+375) Gegen die Interpretation der archaischen Frau als Mutter und Göttin, ohne weitreichende ideologische Spekulationen feministischer Art, werden freilich kaum Argumente eingebracht; ganz im Gegenteil unterstreichen die ausgebreiteten Befunde vielmehr ein hohes Maß an Plausibilität, so daß hier die These von der Frau als erstem Medium der Geschichte aufrechterhalten werden soll, auch wenn sie umstritten scheint.

Unwiderlegt ist auch die Annahme eines frühen Umschlags ins Patriarchat, die Abwertung und Diffamierung der Frau bis hin zur »Hexe« (Briffault 1927/1969, Bd. 2, 555ff.; vgl. auch Frazer 1994, 90ff.; Baumer 1993, 257ff.) und damit der Niedergang der Frau als dem zentralen Steuerungs- und Kommunikationsmedium der Ur- und Frühgeschichte, spätestens ab der Zeit um 3000 bis etwa 1200 v.u.Z. Insbesondere dieser revolutionäre Wandel vom Matriarchat zum Patriarchat scheint bis heute nicht ausreichend geklärt und bedarf deshalb noch einer ausdrücklichen Thematisierung (Kap. 3).

2.2. Mutterschaft und Mutterrecht

Wie den Mythen und alten Sagen zu entnehmen ist, war in der Kultur der Urgeschichte die Beteiligung des Mannes an der Empfängnis der Frau zunächst nicht bekannt. Sexualität und Schwangerschaft wurden anfänglich in keinem zwingenden Zusammenhang gesehen. Manche Frauen hatten oft Geschlechtsverkehr und wurden nie schwanger, andere wurden mit dem einen Mann schwanger, mit dem anderen aber nicht. Man ging deshalb davon aus, daß nur Frauen die göttliche Macht besäßen, Leben hervorzubringen. Nicht die sexuelle Aktivität, sondern die Menstruation wurde als entscheidender Faktor betrachtet, denn Mädchen vor der Geschlechtsreife und Frauen nach der Menopause wurden nie schwanger. »Grundannahme bei allen matriarchalen Völkern war, daß allein die

Mutter aus ihrem neun Monate lang ausbleibenden Menstruationsblut den Leib des Kindes aufbaue, darum konnte das Kind nur mit ihr verwandt sein«. (Göttner-Abendroth 1988/1994, 77; kritisch dazu Röder et al. 1996, 214f.) »Die Menschen glaubten schon seit ihren frühesten Kulturen, daß die geheimnisvolle Magie der Schöpfung dem Blut innewohne, das Frauen in offensichtlicher Harmonie mit dem Mond von sich gaben, und das manchmal im Mutterleib verblieb, um zu einem Kind zu ›gerinnen‹.« (Walker 1983/1993, 698) Darstellungen der Vulva, als pars pro toto, finden sich in Gestalt von Steingravuren mehrfach in Südfrankreich und datieren auf ein Alter von mindestens 32000 Jahren (Gimbutas 1995, 99ff.). Die Parallele der regelmäßigen Wiederkehr der weiblichen Monatsblutung und der Erscheinungsform des Mondes am Himmel verlieh der Menstruation ihre kosmische Dimension. Die Fruchtbarkeit der Frau, ihre Schwangerschaft über neun Monate, die Sicherung des Menschengeschlechts war mit der Fruchtbarkeit der Natur, der Abfolge der Jahreszeiten, ihrer zyklischen Regeneration untrennbar verbunden. Die Schöpfung des Kosmos durch die Große Mutter wurde in zahlreichen Versionen imaginiert, jedoch stets, quer durch die vielen frühgeschichtlichen Kulturen, unter Beteiligung von »Mondblut«, »Blut des Lebens«, einem »blutigen Fluß«, »rotem Wein«, »rotem Met«, einer »Blutblume« oder »Mondblume«, »rotem Saft«, »Mondtau« usw. Analog dazu wurde die Mutterschaft der Frauen gesehen. »Menstruationsblut nahm in matriarchalischen Theologien eine zentrale Position ein und war damals ›sacer‹ – heilig-schrecklich.« (Walker 1983/1993, 705) Der Mond galt als »producer of vegetation«, als Hervorbringerin der Vegetation, als Herrin des Wassers und der Feuchtigkeit (Briffault 1927/1969, Bd. 2, 628ff.). Der Frau war somit eine Eigenschaft existentiell zugeordnet, die eben nicht sozial vermittelt war; deshalb irrt ja Margaret Mead, wenn sie die Unterschiede scheinbar geschlechtsspezifischer Dispositionen und Verhaltensmerkmale auf soziale Konditionierung und letztlich individuelles Naturell zurückführen will (1935/1963).

Exemplarisch ist diese Bedeutung der Frau visualisiert in den sogenannten »Venus-Figuren«, allerdings »eine sehr unglückliche Bezeichnung« (James 1960, 142; vgl. auch Hoernes/Menghin 1925, 162ff.; Grand-Chastel 1968, 68ff.; Dux 1992, 30ff.; Baumer 1993; Röder et al. 1996, 196f., u.v.a.), denn diese Figuren wie etwa die sogenannte Venus von Willendorf (Abb. 1), älter als 30000 Jahre, sind Darstellungen der Großen Mutter (umfassend z.B. Böttcher 1968; kritisch dazu Röder et al. 1996, 187ff.). (Selbstverständlich ist hier nicht von der Figur selbst als einem Gestaltungsmedium die Rede; nicht gemeint ist die ihrerseits mediale Überlieferung des Menschmediums Frau.) Marie König beschreibt: »Die Gestalt des Frauenkörpers ist Spiegelbild des Himmlischen. (...) Die Beine sind stark verkürzt, die Füße fortgelassen. Die Oberarme sind mit dem Körper fest verbunden, die Unterarme liegen abgeflacht über der Brust und gliedern

*Abb. 1: Die sogenannte »Venus von Willendorf« –
Darstellung der Großen Mutter (ca. 30.000 v.u.Z.)*

sich der Körperform ein. Der Hals ist verkürzt, fast scheint der Kopf mit den Schultern verschmolzen. Die Neigung des Kopfes, die Anordnung der Haarpracht überbrücken die Halspartie. Der vorgewölbte Leib ergibt die schwerste Rundung und die zentrale Betonung. Die nach unten ziehenden massigen Brüste füllen den Oberkörper und leiten den Blick zur Mitte. Der Tailleneinschnitt wird durch Fettwülste verdeckt. Der Kopf zeigt keine Gesichtszüge. Diese hätten menschliche Empfindungen und Persönlichkeitswerte offenbart und nur irreführen können, indem sie automatisch den Blick und das Interesse des Beschauers gefangen hätten. Diese Figur soll keine menschlichen Züge offenbaren, sie ist kein Mensch, soll nicht ›eine schwangere, fettleibige Frau‹ darstellen. Die menschliche Gestalt ist Inkarnation des Mondes. (... Die Ornamente des Haars) bestätigen (...) den kosmologischen Gehalt der Darstellung. Der Körper selbst mußte unbekleidet bleiben, weil nur so seine Formen die volle, ungetrübte Aussage entfalten konnten. (...) Farbreste lassen erkennen, daß er rot gefärbt wurde, so wie der Mond« (1954, 110f.).

Erich Neumann beginnt seine Beschreibung der Großen Mutter mit den uralten Figuren der Großen Göttin: »Das Vorkommen dieser Figuren in einem Gebiet, das von Sibirien bis zu den Pyrenäen reicht, scheint das Vorhandensein eines einheitlichen ›Weltbildes‹, in dessen Zentrum die große weibliche Göttin steht, vorauszusetzen. Das Phänomen einer derartigen Einheit einer Steinzeitkultur ist unabhängig von der Frage der Herkunft, unabhängig auch davon, ob Wanderungen von Urvölkern diese Gestalt von einem Zentrum aus verbreitet haben oder ob das Entstehen dieser Plastiken an verschiedenen Stellen gleichzeitig vor sich gegangen ist.« (Neumann 1956, 99; Baumann 1993 u.v.a.) Die Kultbedeutung dieser Figuren, die von manchen irrtümlich nur bis ins fünfte Jahrtausend v.u.Z. zurückdatiert wird (z.B. James 1960, 150ff.), ist nahezu unbestritten (konträr vgl. Röder et al. 1996, 210ff.). Jeweils dominieren Bauch und große Brüste, manchmal auch das Schoßdreieck, insbesondere wenn seine Bedeutung ornamentalisch hervorgehoben wird wie bei einer Göttin aus Mesopotamien, etwa 2400 v.u.Z. (Abb. 2) – wobei hier die Schlange wieder als Repräsentantin des Mondes beigefügt ist; Schlangen galten damals häufig als Ursache für die Menstruation (Briffault 1927 / 1969, Bd. 2, 660ff.). Häufig war die Figur auch in sitzender oder hockender Haltung gestaltet: als Gebärerin (vgl. etwa Steinbart 1983, 19). In der Zeit zwischen 4800 bis 2800 v.u.Z., bei den Megalithbauern Westeuropas, wurde die Große Mutter in Gestalt riesiger Megatlith-Figuren, im Zusammenhang mit Grabstätten, dargestellt (James 1960, 163ff.). Es mutet kurios an, daß noch in unserer heutigen Zeit, im Zusammenhang mit den Megalith-Tempeln in Malta (zwischen der Mitte des 4. und der Mitte des 3. Jahrtausends v.u.Z.) und der »Venus von Malta«, ernsthaft behauptet wird: »Es handelt sich bei den fettleibigen Gestalten also um Männer«, weil angeblich die Brüste nicht stark genug wären und das primäre Geschlechtsorgan zwischen den

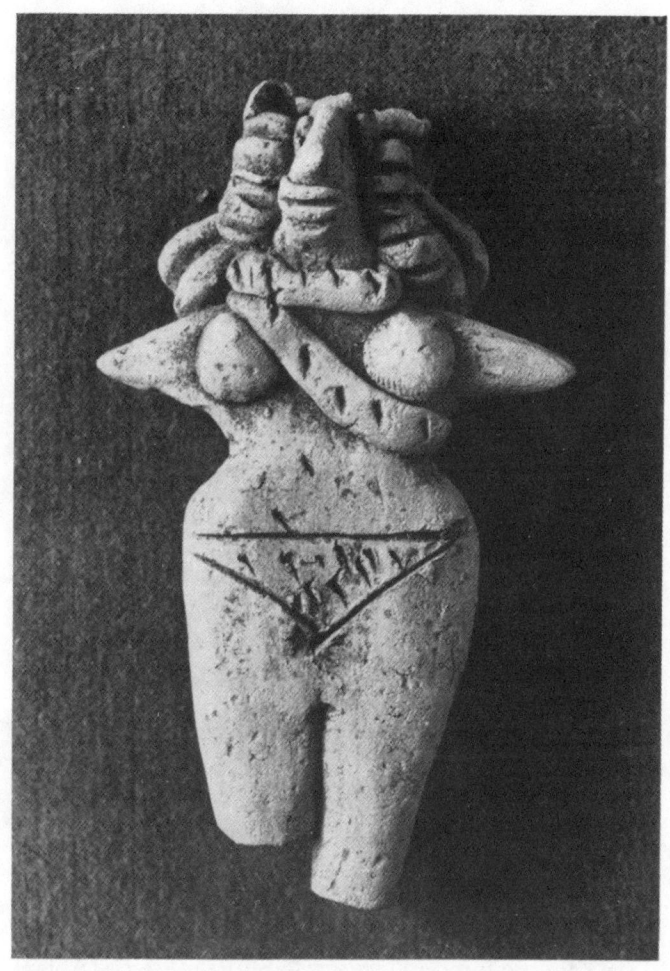

*Abb. 2: Göttin aus Mesopotamien
– Betonung von Brüsten und Schoßdreieck (ca. 2.400 v.u.Z.)*

*Abb. 3: Weiblicher Menhir
mit Brüsten und Brustkette
(Südfrankreich)*

Schenkeln verborgen sei (z.B. von Freeden 1993, 34). Auch an anderer Stelle wird im Zusammenhang mit einem weiblichen Menhir mit Brüsten und Brustkette, nach einem Fund in Fescaty in Südfrankreich (Abb. 3), abwehrend darauf hingewiesen: »In diesem Zusammenhang darf man sicherlich nicht nur an die Hinwendung zu einem Gott und einer Göttin denken, obwohl es naheliegt, in den oben erwähnten Beispielen vor allem einen Fruchtbarkeitskult der Erd-Mutter-Göttin zu erkennen. Überall wurden eben hinter der Natur göttliche Wesen geschaut, und diesen wendete man sich am Menhir zu.« Stattdessen gilt der Menhir selbst als »der Ort, an dem die Verbindung zwischen Menschen- und Götterwelt hergestellt wird« (Teichmann 1983, 33f.; vgl. auch Röder et al. 1996, 201ff.). Seltener, verbreitet vor allem in Indien, ist die besondere Betonung der Vulva (z.B. Steinbart 1983, 30f.; Rawson 1969, z.B. Bild 42-43; kritisch Röder et al. 1996, 216ff.), wie bei einer kretischen Terrakotta-Figur der Göttin (Abb. 4). »Es

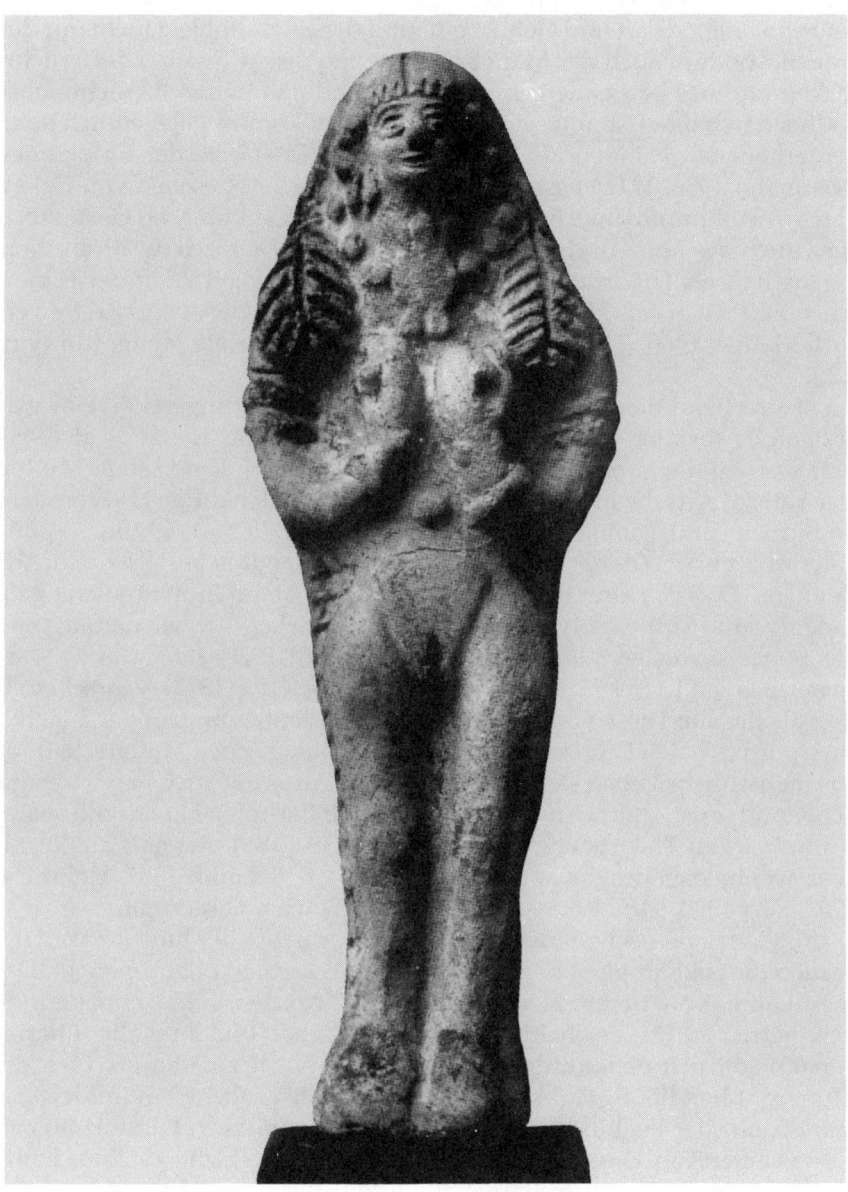

Abb. 4: Terrakotta-Figur der Göttin – Betonung der Vulva (Kreta)

handelt sich bei den unförmigen Figuren der Großen Mutter um Abbilder der schwangeren Fruchtbarkeitsgöttin, die überall in der Welt als Herrin der Schwangerschaft und Geburt gilt, und die als Kultobjekt nicht nur der Frauen, sondern auch der Männer das archetypische Symbol der Fruchtbarkeit und des bergenden, schützenden und nährenden Elementarcharakters darstellt.« (Neumann 1956, 101) Dabei kommt gelegentlich auch den erhobenen Händen als Gebetshaltung und »Geste der Epiphanie« (Neumann 1956, 121f.) besondere Bedeutung zu. Abgesehen von Gebet, Beschwörung und Unterwerfung findet sich diese kultische Geste übrigens auch als Tanz- und als Klagegebärde (z.B. Demisch 1984). In ihrer Eigenschaft als Ur-Grund wurde die Mutter-Göttin, etwa in der Minoischen Zeit, auch »als Herrin der Bäume, Berge und der wilden Tiere verehrt« (James 1960, 159f.), später fungierte sie sogar als Jagdgöttin (vgl. 3.2.).

Entsprechend niedrig wurde die Rolle des Vaters eingeschätzt; er war bestenfalls sozialer Vater, nicht biologischer (konträr Röder et al. 1996, 362). Das Kind war offensichtlich und ausschließlich Kind seiner Mutter. Der Vater wechselte in aller Regel und galt deshalb häufig als »Fremder« im Sippen- und Familienverband (z.B. Briffault 1927/1969, Bd. 1, 309). Vaterschaft war in der Frühgeschichte kein Bestandteil gesellschaftlichen Denkens. Daß es keine Individualfamilie und keine Individualehe gab, sondern eine Sippenpolygamie oder Gruppenehe – früher nannte man das noch »sexuellen Kommunismus« (Briffault 1927/1969, 614ff.) –, ist spätestens seit Lewes H. Morgans »Ancient Society« (1877) wahrscheinlicher als die alte These vom Frauentausch und Frauenraub in der angeblichen patriarchalen Urhorde. Der Primat der biologischen Mutterschaft für das menschliche Leben sicherte der Frau die Autorität auch in wirtschaftlicher und juristischer Hinsicht. Johann Jakob Bachofen hat das mit seiner einflußreichen Theorie über »Das Mutterrecht« 1861 erstmals ausführlicher, wenngleich durchaus umstritten (vgl. z.B. Schmidt 1955, Heinrichs 1987, Dux 1992, 54ff.; Röder et al. 1996, 20-32, u.a.), vorgestellt.

Unzweifelhaft nachgewiesen ist, daß spätestens in der Jungsteinzeit die Frauen die Seßhaftigkeit begründeten und Ackerbau, Pflanzenzucht, Domestikation von Tieren, Hausbau, Spinnen, Kochen, Pflanzenheilkunde usw. betrieben. Das erscheint aus der Mutterschaft und ihrer alles überragenden sozialen Bedeutung auch plausibel. Nicht zufällig erschien die Muttergottheit häufig, in Ägypten beispielsweise, aber auch in Mesopotamien, auf der Halbinsel Sinai oder im brahmanischen Hinduismus, in Gestalt einer Kuh. Die schwangere, gebärende und erziehende Frau, ganzheitlich orientiert und deshalb eminent auf Bewahren, Pflegen, Sichern ausgerichtet, zog aus der Beendigung des Nomadenlebens die größten Vorteile (kritisch dazu Röder et al. 1996, 32+70ff.). Das gilt übrigens auch für die Partnerauswahl, welche dem Status und den Interessen der Frau entsprechend ihr überantwortet war. Die Akkumulation von Besitz und

Reichtum ist ethnologisch mit dem Schritt vom Pflanzensammeln und Anbau von Getreidegräsern hin zum Anbau von Wurzeln und Knollen zwangsläufig: »Der Besitz an Grund und Boden bildete sich in den Händen von Frauen heraus, weil Frauen die ersten waren, die das Land bebauten und auf diesem Wege den Besitz daran begründeten.« (Walker 1983/1993, 1158)

In der Jungsteinzeit dominierten entsprechend fast überall das mütterliche Verwandtschaftssystem und die Regeln des Mutterrechts (vgl. Walker 1983/1993, 1156ff.; Bornemann 1975/1984), d.h. im Matrimonium verlief die Vererbung von Reichtum und Besitz ausschließlich über die weibliche Linie. Die weibliche Erbfolge (Matrilinearität) ging mit der Matrilokalität, d.h. dem Wohnsitz bei der Mutter oder der mütterlichen Sippe, und der Autorität der Sippenmütter über die Sippe (Gynaikokratie) zusammen (Göttner-Abendroth 1988/1994, 27). Die Bedeutung von Mädchen war demnach juristisch größer als die von Jungen, denn Mütter vererbten an ihre Töchter, während die Jungen auszogen, um sich in einer anderen Sippe mit einer Frau zusammenzutun und damit ihrerseits an Besitz teilzuhaben (vgl. auch Briffault 1927/1969, Bd. 1,268ff.). Die Bedeutung der Geschwisterbeziehung war entsprechend größer als die der Frau-Mann-Beziehung, weil Brüder und Schwestern als Kinder derselben Mutter einander näher verwandt und entsprechend gefühlsmäßig näher zugewandt waren. Genau dies ist der Hintergrund für die heute noch bekannten Schwester-Bruder-Märchen, bei denen die Geschwister stärker zueinander halten als zu einem Gefährten, einer Gefährtin. Eben deshalb will Antigone ihr Ansehen, ihren künftigen Gatten und ihr Leben hingeben, nur um ihren gefallenen Bruder zu bestatten: weil ein eigenes Kind oder der Gatte zu ersetzen sind, für einen verlorenen Bruder aber kein neuer gewonnen werden kann (Göttner-Abendroth 1988/1994, 99). Und dies erklärt auch die auf generationenlanger Geschwisterehe aufgebauten Dynastien beispielsweise der Pharaoninnen und Pharaonen in Ägypten (vgl. auch Sir Galahad 1987, 230ff.).

Die spätere männliche Herrschaft muß in diesem kulturellen Zusammenhang gesehen werden. »Als Voraussetzung für die Königsmacht galt die Ehe mit der irdischen Stellvertreterin der Göttin in Gestalt der Königin« (Walker 1983/1993, 559ff.). In archaischen Kulturen der Frühgeschichte, in denen man dann von der Bedeutung des männlichen Samens für das weibliche Ei wußte, war die Herrschaft des Königs keineswegs eine besonders begehrte Machtposition. James George Frazer hat in »The Golden Bow« (1922) ausführlich beschrieben, welche Tabus, Unbequemlichkeiten, Vorschriften und Gefahren mit dem königlichen Amt verbunden waren. Häufig war es auch von vornherein terminiert oder wurde gewaltsam zum Ende gebracht, was meist die Ermordung des »alten« Königs durch seinen »Sohn« bedeutete. Man weiß heute, daß damit nicht der Freudsche Vatermord gemäß Oedipus gemeint ist, denn die Begriffe »Vater« und »Sohn« wurden nicht im biologischen Sinn verwendet, sondern der »alte« Gefährte der Königin (»Vater«) wurde – manchmal nach Eintritt ihrer Schwangerschaft, manchmal wegen deren Ausbleiben oder aus anderen Gründen – durch einen neuen, jungen Liebhaber und Gefährten als Nachfolger (»Sohn«) ersetzt; der »Sohn« war in den damaligen Stammesgesellschaften, in denen ja Exogamie vorherrschte, ein jüngerer Mann beispielsweise einer Schwester oder eines Bruders (Thomson 1957, 26ff.). Auch äußere Umstände wie eine sinkende Geburtenrate oder eine schlechte Ernte führten gelegentlich zum Königsmord, denn stets wurden die Fruchtbarkeit der Beziehung des Königs zur stellvertretenden Göttin und die Fruchtbarkeit der Natur bzw. des Landes in engem Zusammenhang gesehen. Umgekehrt galt die Entführung der Königin durch einen Fremden als Versuch, mit der Frau zugleich auch ihr Land und ihre Herrschaft zu gewinnen.

Am Beispiel der altägyptischen Isis (vgl. auch Frazer 1994, 557ff.; Virolleaud 1938), im patriarchalen Christentum später umfunktionalisiert zur »Jungfrau Maria« und »Mutter Gottes« (auch Baumer 1993, 172; vgl. demgegenüber etwa Clemen 1913, 81), sei das verdeutlicht (Walker 1983 / 1993, 464ff.). Isis galt als »die Göttin, aus der alles Werden wuchs«, als Spenderin allen Lebens, als Herrin der Götter, als Schöpfergöttin, die den Sonnenstern gebar. Sie stand für den Thron Ägyptens. In Tempel-Reliefs wurde sie oft in einem Mondschiff dargestellt. Häufig wurde sie durch Kuhhörner auf dem Kopf als Große Mutter symbolisiert (z.B. Steinbart 1983, 26f.). Sie schenkte dem Erlöser Osiris das Leben und hielt Hochzeit mit ihm. Osiris galt als Urbild des Messias und Vorläufer der Christusfigur, allerdings noch ganzheitlich konzeptualisiert: »Ein bedeutender Unterschied zwischen Osiris und Christus bestand darin, daß Osiris nicht durch seinen göttlichen Vater das Leben zurückerhielt, sondern von seiner göttlichen Mutter, die auch seine Braut, Isis, war. Sie setzte seinen zerstückelten Körper wieder zusammen und erweckte ihn vom Tode. Dann vereinte sie sich mit ihm und empfing seine Reinkarnation, das göttliche Kind Horus, der wieder zu Osiris wurde. Sie brachte ihn auch in den Himmel, wo er als Vater Ra herrschte. (...) Sie wurden zyklisch als Vater-Sohn und Sohn-Vater reinkarniert (..). Der Osiriskult kreiste auf diese Weise um das Thema des göttlichen Inzests; dieses Thema tauchte auch im Christentum wieder auf, wo Vater und Sohn gleich waren und die Mutter Gottes identisch mit der Braut Gottes.« (Walker 1983 / 1993, 819ff.) Eine altägyptische Kupferfigur, aus der Zeit zwischen 2040 und 1700 v.u.Z., zeigt exemplarisch Horus an der Brust seiner Mutter Isis (Abb. 5); manche Wandgemälde visualisieren auch, wie Isis etwa Ramses II. (1290–1223) die Brust reicht (Steinbart 1983, 44f.). Auch das ägyptische Anch, Kreuz des Lebens (Abb. 6), steht semiotisch für die Vereinigung von weiblichen und männlichen Sexualsymbolen, für die Einheit der Geschlechter, die Ganzheitlichkeit des Menschen, im Christentum bezeichnenderweise um das weib-

Abb. 5: Horus an der Brust seiner Mutter Isis (2040–1700 v.u.Z.)

Abb. 6: Das ägyptische Anch als Kreuz des Lebens

liche Oval vermindert und zum Kreuz stilisiert. Historisch scheint erwiesen, daß im Übergang vom Matriarchat zum Patriarchat zunächst noch die Frau als übergeordnetes (nicht: dominantes) Prinzip galt. Das damalige Weltbild (vgl. auch Assmann 1984) wird gut visualisiert durch die Darstellung der Göttin Nut als Himmelsgewölbe, gestützt von ihrem Bruder, dem Luftgott Schu (Abb. 7). Nut gilt bereits als »patriarchalische Umkonstruktion des älteren Kultes der Neith, welche viel mehr gewesen ist, nämlich die alles schöpfende Urmutter im Himmel und auf Erden. Der Nut war der Titel Urmutter genommen.« (Steinbart 1983, 56ff.; siehe auch Sir Galahad 1987). Schu wird von zwei widderförmigen Seelenfiguren unterstützt. Andere Götter und Geister rechts und links schauen zu. Die Darstellung, eine Vignette aus dem Totenbuch der 21. Dynastie (1080–946 v.u.Z.), basiert auf dem Glauben, daß Nut am Morgen die Sonne gebiert, sie am Abend wieder verschlingt, und daß die Sonne nachts durch Nuts Leib wandert (Pegg/Ross 1979, 124).

Die Entwicklung verlief sicherlich höchst uneinheitlich, wie der Ausnahmefall Catal Hüyük in Anatolien, in der Türkei, belegt (kritisch dazu Röder et al. 1996, 229ff.). Die dort ausgegrabene Siedlung aus der Jungsteinzeit, die bis ins Jahr 7500 v.u.Z. zurückdatiert werden konnte, hatte zwar auch ein Jagdheiligtum, mit Jagdszenen und -trophäen und einem Jägertanz als Wandbild, ausnahmslos mit kultischer Funktion, aber es dominierten klar die Große Göttin, die Muttergöttin, der Fruchtbarkeitskult, wie figürliche Darstellungen des Hieros Gamos und vor allem »das

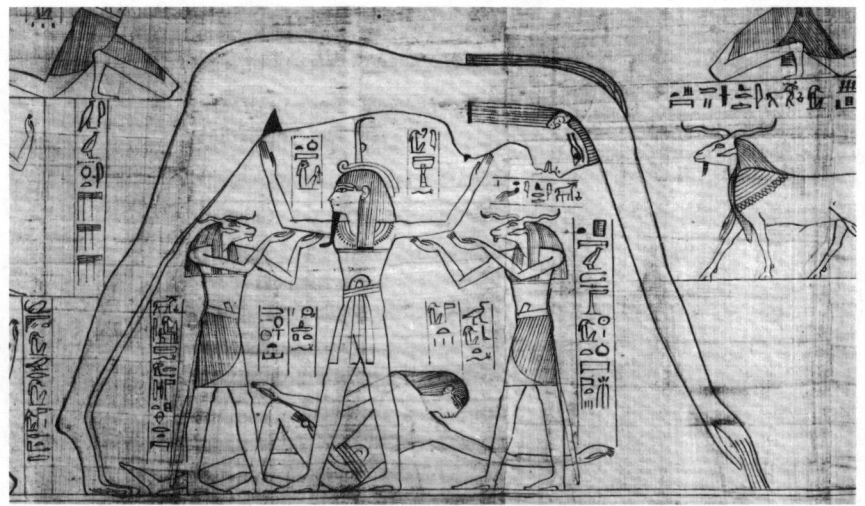

Abb. 7: Die Göttin Nut als Himmelsgewölbe, gestützt von ihrem Bruder,
dem Luftgott Schu

vollständige Fehlen des Geschlechtlichen an sämtlichen Figurinen, Statu-
etten, Gipsreliefs oder auf den Wandmalereien« belegen: »Die Fortpflan-
zungsorgane werden nie gezeigt, Darstellungen von *phallos* und *vulva* sind
unbekannt, und dies ist um so bemerkenswerter, als sie sowohl in den
jungpalöolithischen als auch in den neolithischen und nachneolithischen
Kulturen außerhalb Anatoliens häufig dargestellt wurden.« Die vorherr-
schende Symbolsprache war ganz und gar dem Mutterprinzip zugeordnet (vgl. Mellaart 1967, 237 + 180).

Gemäß den griechischen Mythen fungierte bereits nicht mehr die Große Mutter, sondern die Vereinigung von weiblichem und männlichem
Prinzip als Ursprung allen Seins; Paul Frischauer faßt knapp zusammen
(1967,13f.): »Die Göttin der Erde war Gaia, die segenspendende Mutter,
die Uranos, der Himmel, mit seinem Regen geschwängert hatte. Sie gebar
Okeanos, das Meer, und dann die Titanen, die der Vater jedoch in die
Unterwelt verbannte. Das war gegen den Wunsch Gaias geschehen, die
den Titanen Kronos bewog, Uranos aus dem Weg zu räumen. Mit einer
›zahnigen Sichel‹ entmannte Kronos seinen Vater. Das Blut der grausigen
Wunde besprengte die Erde und Schaum die Wasser des Okeanos. Aus
dem Blut entstanden die Furien; aus dem Schaum erwuchs Aphrodite,
die Schutzherrin der Liebeslust. Uranos aber war nicht nur entmannt, er
war auch entmachtet worden. Kronos wurde der Herr des Olymp und

nahm seine Schwester Rhea zur Frau. Aber da ihm sowohl Uranos als auch Gaia voraussagten, daß ihm einer seiner Söhne die Herrschaft streitig machen würde, verschlang er seine Kinder mit Ausnahme des Zeus, dem Rhea in der Verborgenheit auf Kreta das Leben geschenkt hatte. Zeus wuchs heran, überwand Kronos und verstieß ihn mit den meisten Titanen ins Innere der Erde, nachdem er ihn gezwungen hatte, seine Kinder auszuspeien. Dann erst loste er mit seinen Brüdern die Herrschaft über das Weltall aus. Bei dieser Auslosung erhielt Zeus den Himmel und die Erde, Poseidon das Meer und Hades die Unterwelt. Im Olymp, dem Himmel und Erde miteinander verbindenden Hain der Götter, herrschte Zeus, der als Vater der Götter und Menschen galt.« (kritisch dazu Röder et al. 1996, 310)

Menstruation, Mond und Mutterherrschaft sind hier bereits ausgespart, dafür erhielt die Unterwelt einen eigenen Stellenwert, und zum Schluß erscheint der Ursprung mit männlichem Geschlecht. Aber immerhin finden sich noch matriarchale Motive wie die Geschwisterehe und vor allem die rituelle Tötung des Königs durch den »Sohn«, die in der Kombination von Entmannung und Entmachtung indirekt auf die Bedeutung der Befruchtung verweist. In der Rede antiker Autoren vom Geschlecht der Amazonen und ihrem Reich, schließlich erobert von Herakles, hielten sich weitere matriarchale Relikte. So war amazonisches Grundgesetz die Ehelosigkeit; »amazonischer Eheverzicht hieß Geschlechtsverkehr mit wechselnden Partnern ausschließlich zu Zeugungszwecken« (Hammes 1981, 41). Aber Grundlage dafür war bereits weniger sexuelle Selbstbestimmung als vielmehr Männerhaß. »Amazonen-Zeit war die Übergangsphase vom Matriarchat zum Patriarchat.« (Hammes 19881, 143). Es wird zu zeigen sein, wie sich die Ur-Göttin in der attischen Festkultur zu ganz verschiedenen Göttinnen – Demeter (Fruchtbarkeit), Aphrodite (Ahnfrau der Amazonen) und Artemis (Mondgöttin) – ausdifferenzierte (Kap. 3.3.).

2.3. Initiationsriten und Hieros Gamos

Die Frau als Steuerungsmedium für reale kulturelle, soziale, wirtschaftliche, juristische, also global gesellschaftliche Tatbestände in der Ur- und Frühgeschichte der Menschheit, wie spekulativ oder fundiert und plausibel auch immer rekonstruiert, muß im Zusammenhang mit Konzepten und Überlieferungen betrachtet werden, die der Frau als Kommunikationsmedium der Urgeschichte regulative Bedeutung im Sinne kultischer Vermittlung zusprechen. Die bange Frage nach der weiblichen Befruchtung und Sicherung der Fortpflanzung des Menschen, verknüpft mit der nicht minder bangen Frage nach der Beendigung des Winters und der Erneuerung der Natur im Frühling, erzwang Rituale, um den zweifachen Zyklus zu gestalten und seine Wiederkehr zu sichern: kultische Feste. Die reale gesellschaftliche Ordnung wurde hier untrennbar begleitet und stabilisiert von einem ritualisierten Kommunikationsverhalten, das verbindlich für die gesamte Sippe, den ganzen Stamm, das gesamte Volk ins Alltagsleben übertragen war. Die zeitlich begründete Relation zwischen dem Zyklus der Frau und dem Zyklus der Natur wurde in den matriarchalen Gesellschaften der Ur- und Frühgeschichte vom Jahreszeitenzyklus bestimmt, mit den kultischen Festen vor allem der Initiation (Frühling) und des Hieros Gamos, der Heiligen Hochzeit (Sommer). Die kultische Bedeutung von Festen des Todes (Herbst) und der Wiedergeburt (Winter) scheint eher in patriarchalen Gesellschaften an erster Stelle gestanden zu haben. Das Absterben und der Untergang des Alten, der Abstieg des Heros in die Unterwelt, herbeigeführt durch die Schicksalsgöttin: also das Opfer, der Opfertod, schließlich die Wiedergeburt und Wiederkehr im Winter, die bereits wieder auf die Initiation verweisen, sollen gesondert behandelt werden (Kap. 3).

Die soziale Verdichtung der wesentlichen Elemente und Strukturmerkmale des Archetyps der Großen Mutter zu kultischen Ritualen und deren Entäußerung in Gestalt von gemeinsamen, öffentlichen Festen begründen den Charakter der Frau als Kommunikationsmedium. Am Anfang – historisch erstmals in Catal Hüyük und in der Hochkultur in Sumer nachweisbar (Dux 1992, 47) – stand die Verehrung der Großen Mutter als Große Göttin (vgl. insgesamt z.B. Gimbutas 1995). Irdische Stellvertreterin der Großen Göttin war die Frau als Priesterin, die den Ablauf der Kulthandlungen steuerte:

– insbesondere die Besteigung des die Große Mutter vertretenden Throns durch den König (vgl. Neumann 1956, 102ff., 276f.) und geschlechtsspezifische Initiationsrituale vor allem für jungfräuliche Mädchen, die schließlich zu Frauen wurden, sowie auch für Jungen;

– sodann die Vereinigung des Königs mit der Göttin in Gestalt ihrer Priesterin und der magische Vollzug der Heiligen Hochzeit im sakralen Beischlaf der Erwachsenen, welcher die Frau, als Hure, schließlich zur Mutter machte, bzw. der Vereinigung von Sonne und Erde, welche die Fruchtbarkeit, die Ernte sicherte.

Am Beispiel der Initiation (vgl. auch Thomson 1957, 101ff.), häufig in Gestalt von Frühlingsfesten, hat Mircea Eliade den Charakter des kultischen Rituals als Kommunikationsmedium herausgestellt (1989, 11, 14ff.): »Im allgemeinen versteht man unter Initiation eine Gesamtheit von Riten und mündlichen Unterweisungen, die die grundlegende Änderung des religiösen und gesellschaftlichen Status des Einzuweihenden zum Ziel haben. Philosophisch gesagt entspricht die Initiation einer ontologischen Veränderung der existentiellen Ordnung. Am Ende seiner Prüfungen erfreut sich der Neophyt einer ganz anderen Seinsweise als vor der Initiation: er ist ein *anderer* geworden.« Die Novizen »müssen sich einer Reihe von

Prüfungen unterziehen, und vor allem diese letzteren bilden die Erfahrung der Initiation: die Begegnung mit dem Heiligen«. Es ging um die symbolische Wiederholung der Schöpfung, die entsprechend mit dem Tod, dem Ende der Kindheit, der Unwissenheit, des profanen Zustands begann. Die vorübergehende Rückkehr zum Chaos war also unvermeidlich. Die Initiation stellte den unwissenden Menschen in Verbindung mit der Welt der Götter, womit dieser teilnahm an deren schöpferischer Energie. Die Initiation war hier kollektives Ritual: »An der Zeremonie ist der ganze Stamm beteiligt. Man unterrichtet eine neue Generation, man bereitet sie vor, als würdige Mitglieder in die Gemeinschaft der Erwachsenen aufgenommen zu werden, und bei dieser Gelegenheit erneuert sich, durch die Reaktualisierung der überlieferten Riten, die ganze Gemeinschaft.« Das Ritual fungierte insofern als eine Art Speichermedium mit Tradierungs- und Erziehungsfunktion. Die Kinder wurden von ihren Müttern getrennt und in den geheimen Bräuchen und dem kosmischen Wissen des Stammes unterrichtet. Während Jungen beschnitten wurden, Mutproben ablegen mußten und meist kollektiv auf ihre Rolle als Mann vorbereitet wurden, hing die weibliche Initiation mit der ersten Menstruation der Mädchen zusammen, d.h. erfolgte eher individuell. »Ratgeberinnen unterweisen sie in den Geheimnissen der Sexualität und der Fruchtbarkeit (...). Doch das Wesentliche ist religiöser Natur: es besteht in der Offenbarung der weiblichen Sakralität. Das Mädchen wird rituell darauf vorbereitet, seine besondere Seinsweise auf sich zu nehmen, das heißt Schöpferin zu werden«. (84) »Die Offenbarung, daß sie auf der Ebene des Lebens Schöpferin ist, stellt für die Frau eine religiöse Erfahrung dar, die nicht in Begriffe männlicher Erfahrung übersetzt werden kann.« (88) Die Mädchen lernten – oft zeremoniell in einer dunklen Hütte abgesondert, damit sie, als Ausdruck ihrer mystischen Verbundenheit mit dem Mond, die Sonne nicht sahen – insbesondere das Spinnen und das Weben; es war der Mond, der die Zeit »sponn«, der das Dasein der Menschen »webte«, und entsprechend waren die Schicksalsgöttinnen auch als Spinnerinnen gedacht. »Es besteht ein mystischer Zusammenhang zwischen den weiblichen Initiationen, dem Spinnen und der Sexualität (...). Es handelt sich hier um ein großes Geheimnis: um die Offenbarung des Sakralen im weiblichen Geschlecht; man rührt an die Quellen des Lebens und der Furchtbarkeit.« (90)

Heute belegen noch zahlreiche Märchen die Bedeutung dieser Riten im Sinne von Initiation, Erweckung, Reifung (gesammelte Beiträge z.B. bei Laiblin 1975) – etwa »Aladin's Wunderlampe«: Die Lampe oder Schale des Lichts bezeichnet den Mond bzw. die Göttin, die Frau, und durch Reiben an ihr, verbunden mit dem magischen »Sesam, öffne dich!«, gelangt Aladin in die geheimnisvolle Höhle voller Schätze und zur Erfüllung all seiner Wünsche. Im Ägyptischen heißt »seshemu« sexueller Verkehr, und die Hieroglyphe dafür war ein Penis, der in ein bogenförmiges Symbol der Yoni eindringt. Initiation zeigt hier ihre Funktion für den praktischen Vollzug. »Alle alten Kulturen benutzten die eine oder andere Form eines sexuellen Symbolismus, um das Eingehen eines Mannes in das Paradies auszudrücken.« (Walker 1983/1993, 19)

Initiation in diesem Sinn darf nicht verwechselt werden mit der zeitlich sehr viel ausgedehnteren Initiation einiger weniger Auserwählter zu einer spezifischen Berufsgruppe wie etwa zur »Priesterin« (z.B. Bruffault 1927/1969, Bd. 2, 514ff.): »Die alte Welt war voll mit Priesterinnen. (...) Neben den offiziellen Priesterinnen gab es im alten Italien in großer Zahl priesterähnliche und prophetische Frauen, die häufig einen größeren Einfluß ausübten als die offiziellen Tempelpriesterinnen.« Das reicht von Prophetinnen und Schamaninnen bis zum Orakel von Delphi. Auch für andere Früh- und Hochkulturen muß gelten, daß »mindestens ebenso viele Frauen wie Männer priesterliche Aufgaben übernahmen«. Die Priesterin als Stellvertreterin der Göttin verwahrte die magischen Gegenstände und übernahm bei den Ritualen regulative Funktion (vgl. Kap. 7).

Neben den Initiationsriten und -festen spielte in matriarchalen Gesellschaften das bereits angesprochene Kultritual der Heiligen Hochzeit, etwa in Gestalt von Mittsommerfesten, eine wichtige Rolle für die Kommunikation innerhalb der Sippe, die Kommunikation zwischen den Geschlechtern, die Kommunikation des Menschen mit der Natur und der Göttin (vgl. auch Briffault 1927/1969, Bd. 3, 208; Frazer 1994, 197ff.). Heide Göttner-Abendroth bilanziert: »Matriarchale Mythen mit der Gestalt einer Mondgöttin und einem ihr zugeordneten Heros finden sich in den allermeisten archaischen Kulturen« (1988/1994, 44ff., 93f.,). »Die menschliche Hochzeit reproduziert die Götterhochzeit, (...) die Vereinigung zwischen Himmel und Erde.« (Eliade 1994, 36, vgl. auch Riemschneider 1953, 89ff.) Es geht dabei um die als real und lebensnotwendig angesehene Förderung der Vegetation (siehe auch z.B. Mannhardt 1963); die Mondgöttin vermählte sich mit der männlich gedachten Sonne. Der rituelle Koitus war »fast universal verbreitet« (Baumann 1978, 77). Das in vielen Mythen vertretene Bild der »Regenmacherin« (z.B. Briffault 1927/1969, Bd. 2, 638f.; Bd. 3, 2ff.), später verändert zum (männlichen) »Regenmacher« (z.B. Jensen 1951, 267ff. u.v.a.), meint nichts anderes: daß die Überschwemmungswasser von Nil, Euphrat und Tigris die Natur, die Felder wieder zum grünen Leben erwecken, daß der Regen (männlich) auf die Erde fällt (weiblich) und sie befruchtet (Göttner-Abendroth 1988/1994, 74f.). Sexuelle Freizügigkeiten, sexuelle Orgien, ungezügelte Triebhaftigkeit während bestimmter heiliger Perioden, die Feier der Heilige Hochzeit, waren ritueller Natur, gingen die ganze Gemeinschaft an. Sie finden sich schon in den ältesten Belegen menschlicher Kultur – sowohl in der Begattung der Göttin durch den einzelnen Heros, wie hier als Szene in der Höhle Tin Lalan (Akakus) visualisiert (Abb. 8), als auch in Gestalt einer Orgie, wie hier als Szene auf dem altägyptischen Papyrus 55001 festgehalten (Abb.

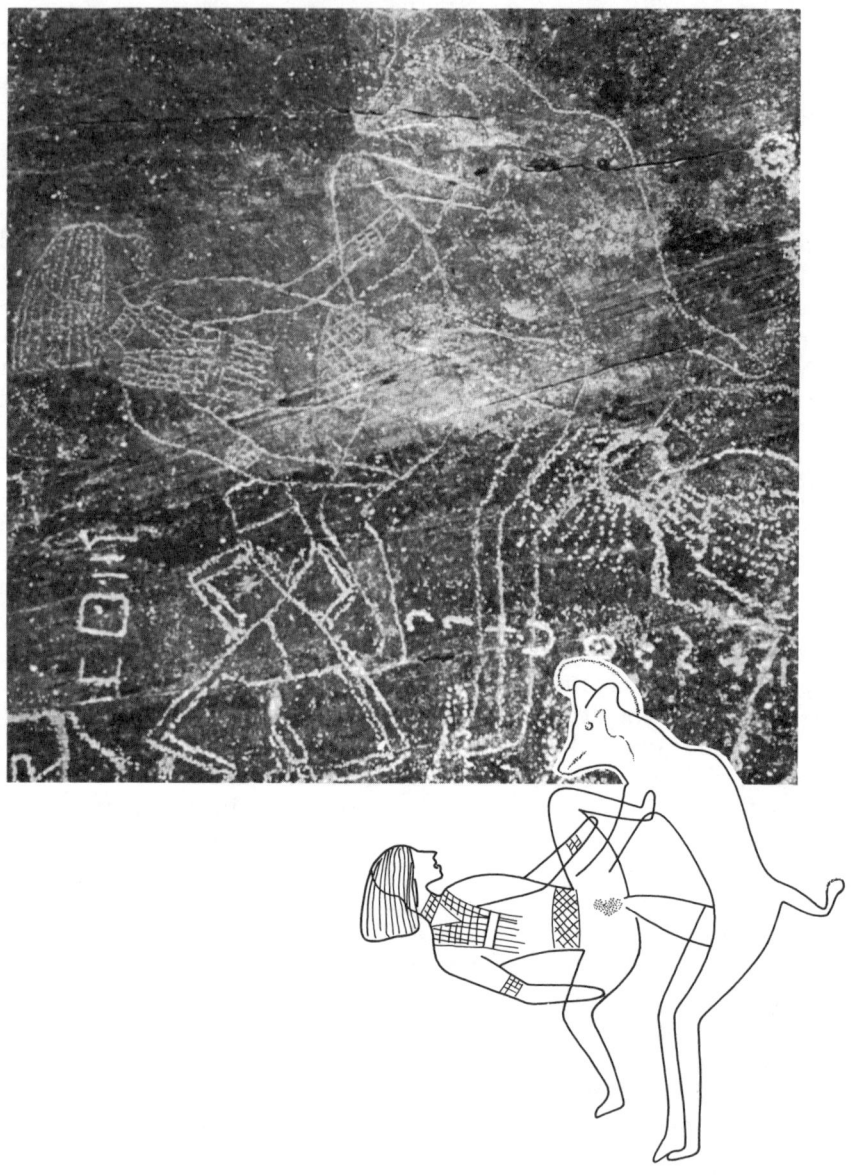

Abb. 8: Die Begattung der Göttin durch den einzelnen Heros

Abb. 9: Kultische Orgie auf einem altägyptischen Papyrus

9). In vielen Kulturen findet sich das Ritual des Regenmachens auch als
Tanz einer nackten Priesterin und ihrer Masturbation mit großen künstlichen Phalli – so wie das Innenbild einer Trinkschale aus der Zeit zwischen
510 und 500 v.u.Z., eine Hetäre mit zwei Olisboy, verdeutlicht (Faulstich
1994, 43/48). Das hat nichts mit »Selbstbefriedigung« (Dierichs 1993, 99)
zu tun, sondern ist Teil des Kults der Vesta im alten Athen gewesen, der
Beschützerin der mütterlichen Tugend, der Verkörperung der Großen
Mutter und Göttin schlechthin. »Dies sollte, wie der Geschlechtsverkehr,
die Regenerationskräfte der Natur stimulieren.« (Briffault 1927/1969, Bd.
3, 18, 204ff.). Das Phänomen der »sakralen Nacktheit« indiziert dabei in-
nigsten Kontakt: Profanes wird abgestreift, Entblößung heißt Auslieferung,
Kräfte können frei walten (Kirchgässner 1959, 513).

Noch viel später, in den Tempeln der als »griechische Liebesgöttin« bekannt gewordenen Aphrodite (vgl. Baumer 1993, 125ff.), wurde Agape
zelebriert, das Liebesmahl: »ursprünglich ein Ritus der sexuellen Kommunikation«, wie er »von einigen frühchristlichen Sekten als tantrischer
Typ der ›spirituellen Hochzeit‹ übernommen« und erst im 5. Jahrhundert
u.Z. für häretisch erklärt wurde (Walker 1983/1993, 13). Die Huren-Prie-
sterinnen dort galten als »heilige Jungfrauen«, deren Aufgabe es war,
»durch sexuellen Gottesdienst den Segen der Mutter zu erteilen, zu hei-

Abb. 10: Eine nackte Hetäre im Tempel
läßt einen kranken Mann ihre Brüste berühren (5. Jahrhundert)

*Abb. 11: Orgie mit sakraler Funktion auf einer griechischen Trinkschale
(510–500 v.u.Z.)*

len, wahrzusagen, heilige Tänze aufzuführen, die Totenklage zu halten
und Bräute Gottes zu werden«. So wird zum Beispiel auf einer altgriechischen rotfigurigen Vase aus dem 5. Jahrhundert v.u.Z. gezeigt, wie eine
nackte Hetäre einen kranken Mann an ihre Brüste fassen läßt (Abb. 10).
»Jungfräulich« meint sprachlich, ohne verfälschende Übersetzung, eigentlich »junge Frau« und stand für »unverheiratet«; die »jungfräuliche Geburt« bezieht sich also auf die Schwängerung einer Tempelpriesterin, was
– als Bestandteil des Fruchtbarkeitsritus – zur Schwängerung durch einen
Gott verklärt wurde. Erotisches und Sakrales fallen hier zusammen, ähnlich wie bei der Orgie (griech. »orgia«, d.h. geheime Anbetung): »Gemein-
schaftlicher Geschlechtsverkehr war überall auf der Welt eine normale
Begleiterscheinung religiöser Zeremonien, lange bevor irgendein Teil der
Bibel geschrieben wurde. Es war ein Teil des Gruppengefühls, das oft die
religiöse Erfahrung charakterisiert.« (Walker 1993/1993, 812ff.) Exemplarisch wird das im Außenbild einer griechischen Trinkschale aus der Zeit
zwischen 510 und 500 v.u.Z. verdeutlicht (Abb. 11). In den antiken Tempeln des Mittleren Ostens spendeten Prostituierte-Priesterinnen, Tempel-
huren, andernorts auch vestalische Jungfrauen, Horen, Hetären oder Kur-
tisanen genannt, die Gnade der Göttin: »In früheren Zeiten nahmen Prostituierte häufig einen hohen gesellschaftlichen Rang ein und waren für

57

ihre Bildung berühmt. Als Verkörperungen der Himmelskönigin (...) wurden die Prostituierten in den Bildungszentren Griechenlands und Kleinasiens geehrt wie Königinnen.« (Walker 1983/1993, 882ff.) Es handelt sich hier freilich nicht eigentlich um »rituelle Prostitution«, wie in falscher Begrifflichkeit mißverständlich immer wieder behauptet wurde, sondern um sakrale Promiskuität, als Ausdruck des Glaubens, der Vollzug des sexuellen Akts steigere die Fruchtbarkeit des Bodens, garantiere und vermehre die Ernte, heile, erlaube die mystische Vereinigung mit dem »unbekannten Gott« (z.B. Briffault 1927/1969, Bd. 3, 186ff., 203f.). Martin P. Nilsson hebt insbesondere das »Opfer der Jungfernschaft« hervor: Nach Herodot begaben sich die Frauen vor ihrer Hochzeit und Vermählung ins Heiligtum der Göttin, um sich dort dem ersten besten Fremden preiszugeben, »nachher bewahrten sie ihre Keuschheit treu« (vgl. auch z.B. Mircadé 1980, 118f.). Nilsson zufolge erklärt sich der Ritus möglicherweise auch aus dem weitverbreiteten Glauben, der erste Verkehr mit einer Jungfrau setze großen Gefahren aus, und um ihnen zu entgehen, habe man diese Aufgabe einem Fremden überlassen (Nilsson 1957, 366f.; vgl. auch Baumann 1978, 79). Beim Isis-Kult jedenfalls wurde das Fest der Isis jedes Jahr gefeiert, wenn der Nil zu steigen begann: das Wasser als Ausdruck der Tränen, der Trauer der Göttin um den verlorenen Osiris (Frazer 1994, 537ff.), die Heilige Hochzeit als Ausdruck für den Glauben an die Befruchtung der Felder und die Wiedergeburt als Horus. Das frühe Christentum bekämpfte die spirituelle Bedeutung dieser Promiskuität erfolgreich, aber die letzten christlichen Sekten, die sich vom orientalischen Tantrismus beeinflussen ließen, verschwanden erst Ende des 5. Jahrhunderts u.Z. Der Tantra, indischer Kult der Ekstase, begriff die sexuelle Vereinigung als kosmisches Schöpfungsprinzip und Hilfe auf dem Weg zur Erleuchtung; nicht um sexuelle Erfüllung ging es, sondern um spirituelle – wobei in dem Ejakulationsverbot für den Mann – die Kontrolle des Samenergusses hatte Schlüsselfunktion (z.B. Bharati 1977, 235ff.; Rawson 1969, 153ff.) – noch die Höherbewertung des Weiblichen, an dem der Mann nur in dieser Weise teilhaben könne, zum Ausdruck kommt (Abb. 12: eine Bilderfolge aus einem Manuskript aus Orissa). Der mittelalterliche Minnedienst schließlich hat diesen kultischen Charakter dann endgültig ins Gegenteil verkehrt, und der Mediencharakter der Frau bzw. die kommunikative Bedeutung des Hieros Gamos war ganz und gar aufgehoben.

Für die archaischen Gemeinschaften der frühen matriarchalen Kulturen dürfte gelten, was Mircea Eliade als »archaische Ontologie« bezeichnet hat (1994, 8): Kultur im »kosmischen Rhythmus« war sakral, Kult. »Rituelle Handlung ist nur die Kopie des Uraktes der Weltschöpfung.« (Eliade 1994, 23). Der Mensch wiederholt unaufhörlich den Schöpfungsakt im heiligen Jahr, was bedeutet, »daß die Zeit durch die Nachahmung von Archetypen und die Wiederholung von urbildhaften Handlungen vernichtet werden soll (...); durch das Paradox des Ritus werden profane

Abb. 12: Tantra, indischer Kult der Ekstase (Bilderfolge aus Orissa)

Zeit und Dauer aufgehoben« (Eliade 1994, 49). An der Stelle unserer heutigen individuellen Ereignisse und authentischen Figuren standen Kategorien und Archetypen, der Geschichte ging der Mythos mit seiner Betonung des Exemplarischen voraus. Daraus folgert Eliade mit Recht: »Das kollektive Gedächtnis ist ungeschichtlich.« (1994, 57)

Seiner negativen Bewertung dieses Phänomens muß man freilich nicht unbedingt folgen. Es geht hier nicht um »die Vernichtung der konkreten Zeit«, nicht um eine »antihistorische Tendenz«, nicht um »die Weigerung des archaischen Menschen, sich als historisches Wesen zu betrachten«, nicht um »den Willen zur Entwertung der Zeit« (Eliade 1994, 97f.), sondern die Vorstellung von der zyklischen Zeit, die sich ad infinitum periodisch regeneriert (vgl. Kap. 5.2.), beschreibt jene Utopie von der verlorengegangenen Einheit, Ganzheitlichkeit und Geborgenheit, die in späteren, patriarchalen Religionen und Welterklärungskonzepten als Versprechen auf ein zukünftiges Paradies oder Nirwana wieder auftaucht. »Unter der matriarchalischen Ordnung waren die äußere und die innere Welt von Natur und Selbst nicht getrennt«, schreibt Barbara G. Walker (1983/ 1993, 758) und zitiert jene Merkmale, die G. R. Taylor »matrischen« im Gegensatz zu »patrischen« Gesellschaften als charakteristisch zugeordnet hat: eine tolerante Haltung gegenüber der Sexualität, Freiheit für Frauen, ein hohes Ansehen des Weiblichen, eine Höherbewertung des Wohlergehens gegenüber der Keuschheit, demokratische politische Prinzipien, fortschrittliche Anschauungen, Spontaneität und öffentliches Zeigen von Gefühlen, möglichst geringe Geschlechtsunterschiede, eine positive Haltung gegenüber Genuß und Vergnügen, Mutterverehrung. Es gibt hier keine Sünde, Schuld, Strafe und deshalb auch keine Notwendigkeit der Erlösung des Menschen von außen, weil es keine Transzendenz gibt. Deshalb konnte Heide Göttner-Abendroth behaupten: Die Frau ist »nicht nur eine Göttin, sondern auch eine Kulturbringerin« (1988/1994, 96). Zwar spielten insbesondere rituelle Orgien in manchen Kulturen noch bis ins Mittelalter hinein eine wichtige Rolle – wie beispielsweise Steinreliefs an einer Plinthe des indischen Lakshamana-Tempels der Kaula-Sekte in Khajuraho (ca. aus dem Jahr 1000) belegen (Abb. 13) –, aber die These der Frau als Medium zum Heil, als Zugang zum Paradies findet sich heute nur noch rudimentär, etwa im Tantrismus, in alten Märchen oder als Korrelat in der Kultur der Pornografie (Faulstich 1994, 264ff.).

Die Frau, die Menstruation, die Mutter, die Pubertät, die Hochzeit – das gibt es auch heute noch, aber längst nicht mehr als Steuerungs- und als Kommunikationsmedium. Mit der Frau als Mutter verknüpfen wir in der Regel keinen spirituellen Sinn mehr, nur noch einen blank biologischen. Die kosmische Symbolik der Menstruation und Schwangerschaft ist für uns heute meist auf die Funktionalität von Pille und Kondom geschrumpft. Und die kultische Steuerungsfunktion der Frau in der Öffentlichkeit, in der Verbindlichkeit des Handelns aller Mitglieder der Gemeinschaft, wurde

Abb. 13: Rituelle Orgie als Steinrelief an einem indischen Tempel (ca. 1000)

schon seit Jahrhunderten vergessen, totgeschwiegen und derart in ihr konträres Gegenteil verkehrt, daß sie uns heutigen Zeitgenossen eher unglaublich erscheint. Vielleicht deshalb haben auch Erwachsenwerden und die Paarung der Geschlechter, ohne Anklänge an irgendeine Heilige Hochzeit, ihren kultischen Ritualcharakter verloren. Sei es nun eine andere Beziehung zur Natur: ganz und gar nüchtern, entmythologisiert, profan, instrumentell, sei es die Entwicklung zur Dominanz der Jagd- und Opferkultur (Kap. 3) oder was auch immer – schon ganz am Anfang der Mediengeschichte gab es einen Bruch, dessen Umstände genauer zu bedenken sind: »Der Übergang von der Kultur der Göttin Alteuropas zu der antiken griechischen Kultur (des Patriarchats, WF) bleibt dunkel«, hieß die Bilanz noch in jüngster Zeit (Torjesen 1995, 252).

3. Patriarchale Rituale

3.1. Zur Bedeutung des Patriarchats für die Geschichte der Medien

Mit der Frau als Medium der Urgeschichte ist für die Frühgesellschaft der Sammler und Jäger freilich nur jene Domäne benannt, die beim Übergang von der herumziehenden Horde zur seßhaften Dorf- und Stadtgemeinschaft mit Ackerbau und Viehzucht besonders ausgebildet wurde. Ergänzend muß mit dem (männlichen) Jäger schon früh ein weiteres, gegenläufiges Moment angeführt werden, das bedeutungsmäßig anfänglich allerdings noch nicht auf das neue Medium verwies. Erst im angenommenen Umschlag von der matriarchalen Kultur, mit der Frau als zentralem Steuerungs- und Kommunikationsmedium, zu einer dominant patriarchalen Kultur, mit Vorläufern bereits in der Frühgeschichte, (vgl. auch Bornemann 1975/1984) entstand ein zweites Schlüsselmedium der Mediengeschichte – Schlüssel insofern, als damit eine kontinuierliche Ausdifferenzierung des Primärmediums Mensch in Form einer Funktionendiversifikation begann. Mediengeschichte spätestens seit Antike, Mittelalter und früher Neuzeit bis noch in unsere Tage ist mit ganz wenigen Ausnahmen männlich dominiert. Gemeint ist damit zuallererst und im Grunde die Abgrenzung des Selbst, die Aufhebung seiner Einheit mit der Welt, die Objektivierung oder Veräußerlichung von Natur, Kosmos und Göttlichem. Mit anderen Worten: Welt wurde nicht mehr gelebt, sondern genutzt und nach eigenen Wünschen bearbeitet; und Welt wurde nicht nur verfügbar gemacht, sondern nach eigenen Bedürfnissen instrumentalisiert – also es wurde hierarchisiert. Der Mensch, der Mann trat aus dem harmonischen Wirklichkeitsganzen mit unverrückbar gegebener, fester Ordnung heraus. Das Medium war nicht mehr integrativer Teil, Steuerelement einer umfassenden Einheit, sondern wurde zum Mechanismus, zum Vehikel, zur Brücke. Ordnung wurde nicht mehr gelebt, sondern gestaltet. Wenn gesagt wird, hier wären »Natur«völker von »Kultur«völkern abgelöst worden, dann ist das mißverständlich, denn auch die Naturvölker hatten selbstverständlich eine Kultur. Eigentlich ist damit nur der Wechsel von matriarchaler zu patriarchaler Kultur gemeint (vgl. auch Sir Galahad 1987, 61f.): Kultur nicht nur als bloße Nutzung und Bearbeitung von Natur im Rahmen der alten Ordnung, sondern als deren funktionale Zurichtung und zutiefst Veränderung im Sinne einer neuen Organisation. Die Kulte und Rituale der matriarchalen Kultur, gemäß dem Medium Frau, unterscheiden sich also wesentlich von den patriarchalen Kulten und Ritualen. Diese Differenz soll im folgenden herausgestellt werden.

Warum fungierten hier Männer als die maßgeblichen Kräfte? Aus der Vielzahl der bislang vorgelegten Erklärungskonzepte (vgl. kritisch z.B. Röder et al. 1996, 230ff.) ließe sich in Anlehnung an einen Vorschlag von Marvin Harris (1990, 32ff.) eine Antwort formulieren, die systemtheoretisch vom Prinzip der Selbstorganisation nach Maßgabe der Umweltbedingungen ausgeht. Demnach erklärt sich der Schritt vom Matriarchat zum Patriarchat, vom friedlichen Sammeln, Jagen und Ackerbau zum Krieg, multifaktoriell und differenziert als funktionaler Prozeß: Für das Paläolithikum, zur Zeit der Höhlenwandgestaltung (50–30000 v.u.Z.), errechnete man noch »eine außerordentliche Bevölkerungsarmut« (Rust 1961, 192). Nachdem in der dritten Eiszeit »kaum mehr als 10.000 Menschen (...) gleichzeitig auf der Erde und sämtlich in den Waldsteppen existiert haben« dürften (Kirsten 1968, 147), wurde für die Altsteinzeit geschätzt, »daß die Bevölkerungsdichte maximal damals 1 Einwohner auf 200 qkm betragen hat. Das Leben des Jägers und Sammlers, der von einem ausgebeuteten Gebiet zum anderen zieht, um Nahrung zu finden, erfordert (...) solch riesige Flächen, erst recht, wenn sich die physischen Kräfte des Menschen, mit dem Übergang von den Ortskenntnis bedingenden Fallgruben des Neandertalers zur Angriffsjagd des Aurignacien, allmählich diesen Bedingungen der Nahrungssuche angepaßt haben.« (Kirsten 1968, 153). Der Einschnitt der Bevölkerungsentwicklung lag erst im Mesolithikum. Insbesondere für das Mittelmeergebiet ist für die Zeit zwischen 20000 und 10000 Jahren v.u.Z. eine starke Bevölkerungszunahme anzunehmen. Ernst Kirsten macht deutlich: »Die nacheiszeitliche Natur-Veränderung ist gleichzeitig der Weg des Menschen durch die Kulturstufe der mittleren Steinzeit (Mesolithikum) zur jüngeren (Neolithikum), von der Wirtschaftsform des Sammlers und Fischers durch die des Ackerbauern und Viehzüchters zu der des seßhaften Ackerbauern. Wie wohl schon für die östliche Gruppe des Aurignac-Menschen erweist sich der asiatische Gürtel auf dem Höhepunkt der postglazialen Wärmezeit um 5.000 v.Chr. als das große Druckzentrum, von dem aus nach Osten wie nach Westen die Ausbreitung der Menschenrassen und des Ackerbaus (...) ausgegangen ist. Die Verdichtung der Besiedlung Nordafrikas wie Europas, aber auch Nord-Chinas im Übergang zur Jüngeren Steinzeit ist also die Folge der Überbevölkerung des alten Anbaugürtels; diese selbst ist aber nicht durch eine natürliche Bevölkerungszunahme bedingt, sondern durch den Bevölkerungsdruck aus den der Austrocknung, der Umwandlung zur Steppe unterliegenden Gebieten. Durch diesen Prozeß entsteht zugleich in den neuen Steppengebieten die soziologische Erscheinung des Hirtenkriegertums an Stelle des frühen Bauerntums und mit ihm der neue Unruhefaktor, der sich dank der Wegsamkeit der Steppe in

der Bronzezeit allenthalben am Rand der Steppe bemerkbar machen soll.«
(1968, 155)

Um 30000 v.u.Z. verfügten die Menschen über hinreichend entwickelte Werkzeuge und Techniken für eine erfolgreiche Jagd auch auf größere Tiere (vgl. Abb. 14). Eine entsprechende Intensivierung der Jagd und klimatische Veränderungen, die durch das Zurückweichen der Gletscher bedingt waren, führten aber zur völligen Ausrottung zahlreicher Tiergattungen. Das provozierte teils eine Verbesserung der Jagdwaffen und -techniken, teils aber auch, kompensativ, eine Intensivierung der Pflanzenproduktion (Ackerbau mit Bewässerung). Die wandernden Horden begannen demnach spätestens seit 7000 v.u.Z. (z.B. auch Kirsten 1968, VIII) aus sehr pragmatischen, existentiellen Gründen, gleichsam selbst verschuldet, seßhaft zu werden und in Dörfern zu leben. Von den Agrikulturen wiederum, in Nordeuropa ab 4000 v.u.Z., wurden bestimmte Tiere wie Schafe und Ziegen angezogen: »die Jäger brauchten der Beute nicht mehr nachzulaufen; angezogen von den Feldern voll konzentrierten Futters, kamen die Tiere zu den Jägern« (Harris 1990, 41). Die Ausrottung auch dieser Tiere wurde jedoch durch eine beginnende Domestikation bzw. kontrollierte Tierhaltung spätestens ab 3000 v.u.Z. (vgl. Liljegren1993) verhindert. Seßhaftigkeit und Tierzucht wiederum hatte einen weiteren gewaltigen Anstieg der Weltbevölkerung zur Folge.

Die Intensivierung der Jagd führte also zu einer Intensivierung des Akkerbaus, diese, verbunden mit einer klimatisch bedingten Bevölkerungsverdichtung, zur Ansiedlung, diese wiederum zur Domestikation auch von Tieren, damit erneut zum Bevölkerungswachstum – und dies wiederum schärfte den Sinn für territoriale Zugehörigkeit. Für das Mesolithikum (10–5000 v.u.Z.) gilt: »Erstmalig in der Entwicklungsgeschichte der Menschheit wird aus den Funden ein unfriedliches Verhalten von Volksgruppen sichtbar.« (Rust 1961, 221) Gesammelte Erntevorräte und Viehzucht boten verstärkten Anreiz zu Plünderungen. Und die Zunahme der Bevölkerungsdichte potenzierte territoriale Konflikte, Konkurrenzsituationen und kriegerische Auseinandersetzungen – geführt ausschließlich von den Männern, deren Funktion als Jäger tendenziell zurückgegangen und teils völlig bedeutungslos geworden war. »Diese Kriegsführung ermutigte die Aufzucht von Söhnen, deren Männlichkeit in der Vorbereitung auf den Kampf glorifiziert wurde, und die Abwertung von Töchtern, die nicht kämpften. Dies wiederum führte zur Begrenzung des weiblichen Nachwuchses durch Vernachlässigung, Mißhandlung und regelrechtes Töten« (Harris 1990, 57). Dieser »Infantizid an weiblichen Säuglingen« wurde zur Strategie für das Überleben der Gruppe.

Krieg wäre demnach weder auf eine dem Menschen angeborene Aggression zurückzuführen noch auf andere »zwingende« anthropologische Faktoren, sondern Resultat eines Ungleichgewichts zwischen Bevölkerungsgröße und Resourcen, Ausdruck der Notwendigkeit, »Populationen

Abb. 14: Der Mensch der Vor- und Frühgeschichte als Jäger (30.000 v.u.Z.)

zu streuen und ihre Wachstumsraten herabzudrücken« (Harris 1990, 63; vgl. auch Röder et al. 1996, 295ff.). Zum einen nahm die Gattung Mensch bei unverändertem Lebensraum quantitativ zu. Zum anderen verhinderte das nach dem Vorbild von Natur und Kosmos zuallererst auf Selbsterhaltung und Abgrenzung ausgerichtete Ordnungsprinzip der Horde, des Stammes oder Dorfes und selbst noch der Polis Akzeptanz der Fremden, Kompromisse mit den Konkurrenten, Aufteilen, friedlichen Interessenausgleich. Die Fruchtbarkeit der Großen Mutter also, die kulturelle Bedeutung der Frau als Steuerungs- und Kommunikationsmedium kehrte sich gleichsam gegen sich selbst und führte zur Dominanz eines neuen, gegenläufigen Mediums.

Sicherlich muß man sich davor hüten, das früheste Stadium der Menschheits-, Kultur- und Mediengeschichte zu idealisieren, so wie es manche feministische Ansätze implizit oder explizit tun, – zumal bei dürftigen und schwer auslegbaren Quellen. Aber es spricht doch vieles dafür, daß spirituelle Spontaneität, die Ausrichtung auf das Hier und Jetzt, die Dominanz sinnlichen Handelns nach kosmischen Prinzipien des Lebens, die

Beteiligung aller Mitglieder der Horde oder Dorfgemeinschaft an den kultischen Akten usw. mit dem Niedergang des Mediums Frau einer fundamentalen Veränderung unterworfen und schließlich gänzlich abgelöst wurden. Mediencharakter gewannen nun – ob in der Konkurrenz siegreich oder schlichter Nachfolger, sei hier dahingestellt – die patriarchalen Rituale. Das ursprünglich neue, nunmehr dominante Medium war das Opferritual der Jäger (3.1.). Es handelt sich hierbei um den ersten von zwei Schritten eines Entwicklungsprozesses, der sich weiterverfolgen läßt bis zu den Anfängen des wiederum neuen Mediums Theater in der Antike, wo der Umschlag vom Mythos zum Logos, vom sakralen Kult zum geschichtlichen Handeln, vom Archetyp zur Struktur abgeschlossen wird (Kap. 9). Als zweiter Schritt sei die Umfunktionalisierung der matriarchalen Rituale, speziell der Heiligen Hochzeit, zum attischen Fest beschrieben (3.2.) – womit ein weiterer, ganz anderer Entwicklungsstrang begründet wurde, der sich mit dem Hofnarren auf der Burg des Mittelalters, den mittelalterlichen Bauernspielen und Festen auf dem Lande (Faulstich 1996, 84ff.) bis hin zum Karneval oder Fasching unserer heutigen Tage fortsetzte.

3.2. Das Opferritual der Jäger

Nicht ging der Ritus dem Mythos voraus, wie gelegentlich behauptet wurde (z.B. die »Cambridge School of Anthropology«, Murray 1924, Otto 1933, Thomsen 1957, 66ff., u.v.a., vgl. Weinmann 1974, 364ff.), sondern allenfalls umgekehrt die mythische Welterfahrung, nach der Name und Ding, Ideales und Reales, Mensch und Natur und Kosmos zusammenfallen, dem Ritual – wenn nicht überhaupt der Mythos als Weltphilosophie und das Ritual als seine Praxis zusammengedacht werden müssen (vgl. z.B. Hooke 1933, 1ff., Otto 1960/198911ff., Burkert 1972, 39ff.). Das Initiationsritual und das Ritual der Heiligen Hochzeit ohne den Mythos der Großen Mutter, vermittelt im Medium Frau, wäre kaum denkbar. Sehr wohl denkbar aber ist eine allmähliche Veränderung im Verhältnis von Mythos und Ritual, etwa im Sinne einer wachsenden Distanz oder einer Verselbständigung des Ritus gegenüber dem Mythos. – Andere Begriffe wie »Kult« (Religion, Zeremonie, Sitte, Geheimbund etc.) oder »Spiel« (»homo ludens«, Rollenspiel, Theaterspiel, Kommunikationsspiel etc.) bezeichnen eher Funktionen und Formen und sollen hier wegen ihrer Breite und Vieldeutbarkeit ausgespart oder nur unspezifisch verwendet werden.

Was ist ein Ritual und inwiefern muß das Opferritual der Jäger als Medium begriffen werden (vgl. auch Hubert/Moss 1898/1964, 97)? Alfons Kirchgässner charakterisiert: Der Ritus steht »am Anfang der religiösen Entwicklung«, er »setzt einen zum mindesten latenten Mythos voraus.

(...) Er stiftet die Verbindung mit dem Übernatürlichen und sichert sie durch Wiederherstellung (Wiederholung) der ursprünglichen segensreichen Konstellation, die durch die raschen Veränderungen des Zeitlaufs und die Widersprüche chaotischer Mächte immer wieder in Verwirrung gerät. Er baut Brücken und Dämme. (...) Der Ritus ist poietisch: der Mensch tritt aus Lethargie und Theorie heraus und wird zum Schöpfer. (...) Der Ritus ist keine Ausgeburt mystischer Versenkung ins Innere, sondern stammt aus numinoser Erfahrung. Er ist Antwort auf eine Epiphanie.« »Die rituelle Handlung stimmt überein oder bringt in Übereinstimmung mit der vorgegebenen Ordnung. Sie schafft Ordnung.« »Alle Riten werden im Namen und Interesse der Gemeinschaft geübt. Sie sind hervorgegangen aus den Überlieferungen der Gemeinschaft.« »Auch sind die Riten ein wesentliches Bindemittel der Gemeinschaft. In ihnen spricht sie sich aus, in ihnen findet sie sich zusammen.« (Kirchgässner 1959, 278, 281ff.) Paul Stefanek brachte das unter Bezugnahme auf Arnold Gehlen und Paul Cassirer in die Begriffe Sakralität, Regelzwang, Wiederholbarkeit, Gruppenverbindlichkeit (1992).

Allerdings muß man hier eine wichtige Unterscheidung einführen: Der kultische Ritus im Matriarchat beteiligte alle Mitglieder der Horde oder Dorfgemeinschaft gleichermaßen. Als sakrales Ritual hatte er seinen Sinn in sich selbst und konnte deshalb als solches nicht selbst Medium sein. Das patriarchale Opferritual des Jägers dagegen wird durch einen einzelnen vollzogen, dem als Stellvertreter kraft besonderen Amtes Vollmacht zukommt. Ausdifferenzierung mündete in Hierarchisierung. Zudem verweist dieses Ritual mit seiner Ausrichtung auf die Nahrungsbeschaffung auf durchaus Profanes. Das Opferritual ist nicht Nachahmung oder Vorahmung wie der Hieros Gamos, wir-bezogen, sondern wesenhaft Abwehr oder Heischung, in der Tendenz eher ich-bezogen. »Eines der Hauptanliegen des Kults der Götter und der Toten war es, zu geben, um zu bekommen«, konstatiert Aylward M. Blackman (1933, 25). Das »do ut des« des heutigen Sponsoring bietet da nur die aktuelle, ganz und gar profane Variante. Paul Stefanek formuliert das noch präziser: »Eine Transformation des Rituals findet schon in dem Augenblick statt, da die ursprünglich zweckfreie Darstellung in den Dienst magischer Wunscherfüllung gestellt wird. Bleibt der Selbstwert des Rituals auch wesensmäßig bestehen, wird er überlagert von einer bestimmten Funktion.« (1992, 213) Das Opfer ist Leistung für Gegenleistung, gewissermaßen ein Akt der Bestechung. »Man gibt dem göttlichen Partner, um von ihm zu empfangen, man gibt ihm viel, um viel zu empfangen. (...) Selbsterhaltung und Selbstsucht ist die Triebfeder solchen Tuns. Wie bei einem regelrechten Handelsgeschäft sucht der Schlaue die Gottheit zu übervorteilen: er gibt eine alte Kuh statt einer jungen, ein fehlerhaftes Stück anstelle eines untadeligen, einen schwarzen Widder statt eines versprochenen weißen, der wertvoller ist.« (Kirchgässner 1959, 295) Der Opferkult der Jäger war also nicht etwa nur eine

Verschiebung im Focus, sondern eine Partikularisierung, Entäußerlichung, Umkehrung und zugleich Institutionalisierung des ersten Menschmediums Frau. Kontrolle, Abstraktifikation, Rückwärtsgewendetheit, Zentralisierung und Hierarchisierung waren die Folge – gewissermaßen als Sinnentleerung, die in Heilserwartung umschlug (vgl. auch Jensen 1951, 207). Heil wurde etwas Fernes, Hohes, Fremdes, das man erst suchen mußte und das zudem bezahlt werden wollte. Das muß als die Geburt der Religionen betrachtet werden, mit Animismus, Polytheismus und Monotheismus als wesentlichen Etappen (z.B. Ratschow 1947, 152ff.; Riess 1993 nennt knapp die Standardliteratur). »Re-ligio bedeutet so etwas wie Rückbeziehung, Rückbindung. Eine Rückbindung ist aber erst dann erforderlich, wenn die primäre Bindung verlorengegangen ist«, schreibt Heide Göttner-Abendroth (1988/1994,54). Das Opfer fehlte in keiner einzigen Religion (Kirchgässner 1959, 292). Nur statt um Ekstase wie im vorreligiösen Matriarchat ging es, inflationär, nunmehr um Herrschaft und Macht – des Mannes (vgl. auch Dux 1992, 420, der allerdings eine männlichen Vorherrschaft von Anfang an unterstellt und die Kategorie Macht zur »anthropologischen Universale im Aufbau der Gesellschaft« erklärt). Ernest Crawley hat das (allerdings unkritisch und in anderer Absicht) bereits Anfang des 20. Jahrhunderts damit angedeutet, daß er den Zusammenhang zwischen der Tabuisierung von Sexualität und der Entstehung von Religion herausstellt (1902). Die Säkularisierung des Mythos, die Demontage des Mediums Frau hatte begonnen.

Zum Opferritual gehört unabdingbar das Töten; es stellt »einen wichtigen, ja sogar den entscheidenden Teil der gesamten Vorgänge« dar (Jensen 1951, 197). Es war nun die Opfertötung, die zum »Grunderlebnis des ›Heiligen‹« wurde (Burkert 1972, 9); es war nun das Opfer, das als Wiederholung der Welterschaffung fungierte. Kirchgässner schreibt: »Töten ist notwendig für die Erhaltung der (patriarchalen, WF) Weltordnung; es wird darum von der (patriarchalen, WF) Gemeinschaft gefordert, gebilligt und gepriesen. Dieses Wissen um den mystischen Zusammenhang von Tod und Leben ist wohl eine Hauptwurzel des Opferritus. (...) Der Effekt des Uropfers ist Leben, neues Werden.« (1959, 298f.) Es gab einen Altar – eine meist hoch, auf einer Berghöhe gelegene Stätte oder einen Tisch (Kirchgässner 1959, 293) – als Zentrum eines spezifischen, als heilig definierten Ortes, an dem die Tötung vollzogen wurde. »Besondere Sorgfalt gilt dem ausfließenden Blut: es darf nicht zur Erde fließen, es muß den Altar, den Herd, die Opfergrube treffen.« (Burkert 1972, 12) »Das Blut bleibt der Gottheit vorbehalten.« (Kirchgässner 1959, 293) Das Menstruationsblut, das Blut des Lebens, spielt also auch hier noch eine wichtige Rolle, aber entscheidend modifiziert. Noch bei den Azteken, den Nachfahren der Tolteken bzw. Olmeken, war das Opferritual höchst blutig (Abb. 15): Im Großen Tempel von Tenochtitlán schneidet der Priester das Herz eines Gefangenen heraus, dessen Blut die Treppe herabläuft. Das Herz, das hier

Abb. 15: Kultisches Opferritual bei den Azteken

in den Himmel steigt, wurde tatsächlich noch warm und zuckend verzehrt. Aber der mythische Hintergrund zeigt eine diametrale Verkehrung
matriarchaler Weltdeutung: »Die Azteken glaubten, ihre Götter hätten bei
der Erschaffung der Welt ihr Herz und ihr Blut der Sonne gegeben; als
Nutznießer dieses ersten Opfers meinten sie deshalb, ein vergleichbares
Opfer bringen zu müssen, um die Welt im Gleichgewicht zu halten. Den
höchsten Blutzoll forderte der Schutzpatron der Azteken, ihr Kriegsgott
Huitzilopochtli. Die Indios gingen davon aus, daß er ohne die tägliche
Stärkung mit menschlichen Herzen und Blut nicht stark genug sein würde, den Kampf mit den Mächten der Nacht zu bestehen und am nächsten
Morgen in Gestalt der Sonne wieder am Himmel zu erscheinen.« (Time-
Life 1993, 86) Weitere Modifikationen unterstreichen den nunmehr ganz
und gar patriarchalen Charakter des Rituals. Abraham beispielsweise, vom
alttestamentarischen Jahwe von Israel bekanntlich dazu aufgefordert, seinen einzigen Sohn zum Brandopfer darzubringen, zögerte nicht, seine
»Gottesfurcht«, seine totale Unterwerfung zu beweisen, – doch Gott gab
sich mit einem Widder als Ersatz zufrieden (Genesis 22, 1-14). Gemäß der
christlichen Religion war es sogar Gottes Sohn, der sich stellvertretend

für alle Menschen selbst opferte, und noch heute wird das, ersatzweise mit Wein und Hostie (für Blut und Fleisch des Opfers), als symbolisch verdeckter Akt des Kannibalismus, in der »Heiligen Messe« tagtäglich zelebriert (vgl. z.B. Franz 1963): ein »Herrenmahl« (Lietzmann 1926). Dieser Stellvertreter- oder Sündenbock-Mechanismus erleichterte die Unterwerfung unter das Gebot und konventionalisierte damit um ein weiteres das Opfer als Ritual. Im Prinzip des Exemplarischen gründen letztlich der Zusammenhang von Totem und Tabu (vgl. dazu Siegmund Freuds Ausführungen über »einige Übereinstimmungen im Seelenleben der Wilden und der Neurotiker«) und die Notwendigkeit der religiösen Überhöhung nach den Regeln von Zauber und Magie.

Warum verlagerte sich die Aufmerksamkeit vom Mysterium des Mondes bzw. von der Erde zum Feuer der Sonne und seinen Zaubern (z.B. Mannhardt 1963, 497ff.), vom Befruchtetwerden zum aktiven Befruchten, von der Mutter oder der Göttin zu ihrem Heros, zum Erlöser? Die zyklische Wiederkehr von Befruchtung und Ernte bedurfte des Absterbens, des Todes, um zur Wiedergeburt zu führen; dem Frühling (Initiation) und Sommer (Hieros Gamos) folgen unweigerlich Herbst und Winter. Schon im Matriarchat also war mit den Männern als Jägern und Fischern diese Ergänzung auch gesetzt, freilich noch nicht als dominanter Bestandteil, der sich verselbständigen sollte. Eben darin liegt die Möglichkeit einer Antwort: Nach Walter Burkert (1972, 24), in Anlehnung an Karl Meuli (1946), besteht eine »Kontinuität vom Jägertum zum Opferritus«: Als Jäger wurde der Mensch zum »homo necans«, zum tötenden Menschen, und damit zum »homo religiosus«, zum religiösen Menschen, der opferte, weil er der Erlösung von seiner Schuld bedurfte. Das Töten der Tiere, die ja ebenfalls der Großen Mutter entsprungen sind, machte die Jäger schuldig: »Gesten des Schuldbewußtseins und der Unterwerfung prägen das Ritual« (Burkert 1972, 44). Im Sonderfall von Catal Hüyük (vgl. Mellaart 1967, 189; kritisch dazu Röder et al. 1996, 250+260) wurde im Kornbehälter der Kultstätte die tongebrannte Statue der Göttin gefunden, auf zwei katzenartige Tiere gestützt, als Herrin der Tiere, während sie gebärt (Abb. 16). Die Tiere starben nicht, sondern sie wurden umgebracht. Die Jäger vernichteten geborenes Leben und stellten sich damit antipodisch zum Archetyp der Mutter und Göttin. Um diese zu versöhnen, mußte einer der ihren oder ein Tier an sie zurückgegeben werden; für das Vergehen wurde, nach dem Stellvertreterprinzip oder symbolisch, bezahlt. Das Opfer war also keineswegs etwa »Tischgemeinschaft mit der Gottheit« (Kirchgässner 1959, 307), sondern Rückgabe des Blutes an die Große Mutter, die Mensch und Tier aus ihrem (Menstruations-) Blut geschaffen hat, – war Sühneopfer, »Wiedergutmachung auf der rituellen Ebene« (Kirchgässner 1959, 308). Das Opferritual, bezeichnenderweise nicht mehr von Priesterinnen, sondern ausschließlich von Männern vollzogen – »des Priesters eigentlicher Beruf ist das Opfer« (Kirchgässner 1959, 294) –, stellte aus

Abb. 16: Die Göttin als Herrin der Tiere bei der Geburt

dem Lebenszyklus nicht mehr Befruchtung und Ernte ins Zentrum, sondern Tod und Wiedergeburt – insofern, schuldbezogen, die Orientierung an der Figur des Erlösers. Der Tod wurde zum Archetyp des Opfers (Kirchgässner 1957, 280), dieses zum Privileg des Mannes. Wichtiger als die Entstehung des Lebens wurde damit die Überwindung des Todes. Das Opferritual – Meuli spricht von einer »Unschuldskomödie« (1946) – war Verständigungsmechanismus und Legalisierung einer realen, soziokulturell erklärbaren Vorherrschaft des Mannes. George Thomson verweist auch auf den Mechanismus, daß Verbrechen innerhalb des Clans, etwa Totschlag, geächtet waren und im 8. und 7. Jahrhundert v.u.Z. bestraft wurden: »Der Totschläger wurde aus der Gemeinschaft ausgestoßen, aber er konnte wieder in die Gemeinschaft aufgenommen werden, wenn er ge-

reinigt worden war. Die Reinigung war ebenfalls ein ritueller Akt; er wur-
de von der Priesterschaft durchgeführt, die sich so volle Entscheidungs-
freiheit in der Behandlung von Gewaltverbrechen vorbehielt.« (1957, 77)
Im reinigenden, sühnenden Opferritual schob sich vor die allumfassende
Göttin der männliche Gott. Und es war nur logisch, zugleich die Frau zur
Wurzel allen Übels zu erklären, zu tabuisieren, speziell während ihrer
Menstruation (z.B. Durant 1985, 75ff.; Müller 1989, 101ff.). Georges Bataille
hat das in den Zusammenhang von Erotik, Grauen und Religiösem gefaßt: Der Akt des Tötens bedingt zugleich die Notwendigkeit der Sühne;
»die Religion gründete sich durchgängig auf das Opfer«. »Was sie verlangt, ist der Exzeß, das Opfer, das Fest, dessen Höhepunkt die Ekstase
ist.« (1993, 38f., 76f., 247) Das meint nichts weniger als die Pervertierung
der Ekstase des Hieros Gamos zur erotischen Ekstase beim Töten, wie sie
beim »kleinen Tod«, dem Orgasmus, als Vorgeschmack des endgültigen
Todes aufscheint.

Das Opferritual, ebenso gemeinschaftsgebunden wie die Initiationsriten,
stand in engem Zusammenhang mit dem Totenkult, der wiederum erst
die Welt der vielen Götter und Göttinnen schuf: Verstorbene wurden in
der Erinnerung zu Helden und Heldinnen mit göttlicher Herkunft. Walter Burkert schreibt: »Neben dem Totenritual steht von Anfang an das
Jagd-Opfer-Ritual; beide haben sich gegenseitig durchdrungen.« (1972,
60f.) Alfons Kirchgässner vermutet (1959, 297): »Die Totenopfer stehen
vielleicht am Anfang der Opfergeschichte. Sie entspringen teils dem Willen, für die Toten zu sorgen, teils der Furcht vor ihnen und teils dem Ver-
langen nach ihrer Hilfe.« Man hat aus alten Funden schon für das Alt-
paläolithikum Begräbnisriten wie den sogenannten Schädelkult rekonstruiert, und vergleichbare Bestattungsformen finden sich auch in der Folge-
zeit bis etwa zur altägyptischen Bestattung der Toten in Hockstellung,
womit möglicherweise böse Geister vertrieben werden sollten (James
1960,13ff. + 232f.). Der »homo necans« ist zugleich der »homo sepeliens«,
der bestattende Mensch (vgl. auch Kap. 6.6.). Insbesondere die hier häufig anzutreffenden Verzichtsriten, Ausdruck der Klage über den Verbli-
chenen, aber auch die Gesten der Vorsorge und Heischung, ähneln jenen
des Sühneopfers. Im Unterschied zur Initiation ist der Übergang (»rite
de passage«) hier jedoch nicht naturbezogen und mit Prüfungen verbunden, sondern schicksalshaft; was endet, ist nicht der profane, unwissen-
de Zustand des Kindes, sondern das Leben des Erwachsenen; und was
beginnt, ist nicht die Begegnung mit dem Heiligen, die Geschlechtlich-
keit von Frau und Mann, sondern ein Weiterleben in einem anderen Reich,
möglichst mit denselben Bequemlichkeiten, mit der Hoffnung auf Wiederkehr. Zwar mag gelten, worauf nachdrücklich James hinweist: »Daß
(...beim frühen Totenkult, WF) die Erneuerung des Lebens das vorherr-
schende Motiv war, geht aus der Beigabe lebensspendender Stoffe wie
rotem Ocker, Muscheln, Hörnern und Stoßzähnen hervor.« (1960, 232)

Aber die Einheit von Tod/Wiedergeburt bei der Initiation und die Einheit beim Opferritual bzw. Totenkult unterscheiden sich doch erheblich voneinander. Das Leben nach dem Tod wurde als ein ganz anderes begriffen als das irdische Leben.

Die Große Mutter (bzw. Gaia oder Isis) wurde mit dem Opferritual überdeckt vom männlichen Schöpfergott (bzw. von Zeus oder Ra). Ebenso wie in den griechischen Mythen letztendlich Zeus zum Vater und Ursprung von Menschen und Welt avanciert war, heißt es auch im großen Aton-Hymnus der altägyptischen Kultur zur Zeit des Pharaos Amenophis IV., von Echnaton verfaßt (Roeder 1915, 63f.), über den Sonnengott Ra: »Du erglänzest schön im Himmelshorizont, du lebender Aton, der am Uranfang lebte. Wenn du aufgehst am östlichen Horizont, so beleuchtest du jedes Land durch deine Schönheit. Wenn du herrlich und groß und glänzend und hoch über jedem Lande bist, umarmen deine Strahlen die Länder bis zum Ende alles dessen, das du geschaffen hast. Du bist Ra; du führst sie alle herbei und du bändigst sie für deinen geliebten Sohn. (...) Gehst du zur Ruhe im westlichen Horizont, so liegt die Erde in Finsternis, als wäre sie gestorben. (...) Du (bist es), der die Gezeugten in den Frauen ernährt und dem Kinde im Leibe seiner Mutter Leben gibt. (...) Du schaffst den Nil in der Unterwelt und führst ihn herbei nach deinem Belieben, um die Menschheit zu beleben – denn du bist es ja, der sie dir schafft: du ihrer aller Herr! der in ihnen ausruht: du Herr der Erde! der ihnen aufgeht: du Aton des Tages. (...) Du schufst die Jahreszeiten, um alles, was du schufst, zu beleben«. Der Aton-Kult gilt als die erste monotheistische Staatsreligion in der Geschichte der Menschheit. Verbürgt sind entsprechend zahlreiche Darstellungen des männlichen Gottes als Gebärerin. Auch der Umschlag von den Göttermythen zu den Heroenmythen seit Homer und schließlich die großen Götter des Römischen Imperiums (vgl. Dumézil 1966) belegen diesen neuen Akzent.

Sir Galahad alias Bertha Eckstein-Diener verweist auf den Zusammenhang zwischen Sonne, kultischer Sexualität und Feuerfesten (1987, 248ff.): »Die gewaltigste menschliche Urerfindung: das Feuerreiben, ist jedenfalls aus innerer Fülle hervorgebrochen, weder äußerer Not abgeluchst, noch der Natur abgespickt. (...) In Indien ist das Feuerbereiten eine völlig sexuell gefaßte Handlung, mit dem stabförmigen Pramantha als Phallus, dem darunterliegenden gebohrten Holzstück als weiblicher Vulva; das erbohrte Feuer ist der himmlische Sohn Agni, die ›glänzende Zunge der Götter‹. (...) Pramantha gilt als einer, der durch heftiges Reiben etwas hervorbringt.« Man kann beim Feuer möglicherweise eine vergleichbare Veränderung nachweisen (z.B. Freudenthal 1931) vom kosmisch-natursprachlichen Blitz und dem Sinnbild des Hieros Gamos über Feuerbestattungen verstärkt spätestens seit Ende der Bronzezeit (James 1960, 99), das Tempel- und Herdfeuer oder das Frühlings- und Sommerfeuer bis zu christlichen Vorstellungen vom Fegefeuer und Höllenfeuer und den realen Scheiterhaufen, auf denen die Hexen zu brennen hatten. Noch das Johannisfeuer heutiger Tage läßt sich im Kern auf die religiöse Ritualhandlung bzw. das Opferritual, das Sühneopfer zurückführen (Kluge 1873, 13, 16ff.) – mit der alten, patriarchal gewendeten Funktion der Sonnenwende. Sofern nicht »das heilige Meßopfer« die Schuld hinwegnimmt bzw. man dem »Fegefeuer« zum zeitlich begrenzten sühnenden Leiden ausgesetzt wird (Bautz 1883, z.B. 207ff.), muß man mit der »Hölle« rechnen, die angeblich »Zeugnis ab(legt) für den Glauben unserer alten Vorfahren, daß es im Jenseits eine Strafe gibt. Und in dieses Zeugnis stimmen die Völker aller Zungen und aller Zeiten ein: es gibt eine jenseitige Vergeltung und eine jenseitige Strafe, sie sei nun zeitlich oder ewig« (Bautz 1882, 1).

Schematisch ließen sich die Unterschiede im Übergang vom matriarchalen Kultus zum patriarchalen Kultus, vom Medium Frau zum Medium Opferritual, im Überblick vielleicht wie folgt zusammenfassen (vgl. auch Schechner 1990, 69ff.):

	Frau/Kult	Opferritual/Mann
Wesen	Nachahmung, Vorahmung	Abwehr, Heischung
Form	sinnlich, Lebenspraxis	abstrakt, Zeremonie
Kreativität	kollektiv, dezentral	professionell, zentralisiert
Struktur	egalitär	hierarchisch
Perspektive	holistisch	partikularistisch
Vollzug	spontan	kontrolliert
Raum	Natur, Alltagswelt	lokalisiertes Fest, Festplatz
Zeit	zyklisch-sakral	funktional-profan
Öffentlichkeit	klein, homogen	groß, heterogen
Erleben	im eigenen Handeln	im stellvertretenden oder symbolischen Handeln
Kritik	unsinnig	verboten
Ziel	Verschmelzung mit der Göttin (Ekstase)	Herrschaft, Macht
Heil	im Hier und Jetzt, immanent	in der Zukunft (Religion), transzendent

Das Opferritual, das zweite Medium in der Geschichte der Menschheit, war Medium in mindestens zweifacher Hinsicht: Erstens fungierte es immer noch als Steuermedium, nur nicht mehr als funktional integrativer Teil eines Ganzen, sondern als Machtinstrument. Es schuf und bestätigte den sozialen Kontakt, die soziale Ordnung, erzeugte und gestaltete das Erleben und Empfinden, begründete Tradition, aber es stabilisierte zugleich das Gefälle zum »Volk« und erwies sich tauglich als Mechanismus sozialer Kontrolle. Walter Burkert formuliert (1972, 45, 49): »Zum gemeinsamen Tod hatte sich die früheste Männergesellschaft zusammengeschlossen; im Opferritual fand die Gesellschaft weiterhin ihre Form, durch Solidarisierung, kooperative Gliederung und Errichtung unverbrüchlicher

Ordnung.« Das Fleisch des Opfertiers wurde im Feuer des Altars geröstet und gegessen. »Der Erschütterung im Akt des Tötens antwortet nachträgliche Verfestigung; der ›Verschuldung‹ folgt die Wiedergutmachung, dem Zerstören der Wiederaufbau. (...) Eine Ordnung wird errichtet, die eben im Kontrast zum Vorangehenden gilt. Im Erlebnis des Tötens wird die Heiligkeit des Lebens erfahren, das durch den Tod seine Nahrung findet und eben damit seinen Fortbestand. Dieses Paradox wird im Ritual fixiert, ausgespielt und verallgemeinert: was bestehen und gelten soll, muß durchs Opfer hindurchgegangen sein, das den Abgrund des Nichts aufreißt und wieder schließt.« Das Opferritual weist damit auch als solches, nicht nur mit Blick auf Begräbsnisrituale, Anklänge an die Initiationsriten auf (vgl. auch Frazer 1994, 437ff., 619ff.): Durch die nicht mehr rückgängig zu machende Tat wird ebenfalls eine Verwandlung erreicht, eine Grenze überschritten, allerdings nicht mehr als Reifung und Erfüllung (Kap. 2.3.), sondern (vgl. Otto 1917) unter dem Diktum der Trias von »mysterium tremendum«, »fascinans« und »augustum« (Entsetzen, Beseligung und Anerkennung absoluter Autorität). Das Opferritual war das erste Herrschafts- und Unterdrückungsmedium der Geschichte.

Zweitens wurde bereits auf den »Theater-Charakter des Ritus« hingewiesen (Burkert 1972, 52f.). Das Opferritual war historisch zugleich Zwischenglied in der Entwicklung der Menschmedien von der Frau der Urgeschichte zum griechischen Theater der Antike (Kap. 9), und sollte im Mittelalter in Gestalt der öffentlichen Hinrichtung des Ketzers als Spektakel weiter profanisiert und instrumentalisiert werden (vgl. Faulstich 1996, 205ff.). Burkert benennt den entscheidenden Grund: »Im Opfer schließt sich ein Kreis der Zugehörigen von den Außenstehenden ab; kompliziertere soziale Strukturen drücken sich darin aus, daß den Teilnehmern verschiedene Rollen im Vollzug des Rituals zufallen (...). Insofern ist die Opfergemeinschaft das Modell der arbeitsteiligen, nach Rang gestuften Gesellschaft.« (1972, 47) Im Zeremonienspiel kam der Rolle besondere Bedeutung zu, und in der Rolle des federführenden, dominierenden »Opferherrn« kündigte sich bereits der Priester als ein weiteres neues, eigenständiges Medium (gleichsam theatraler Herrschaft) an (Kap. 7). Von Reproduktion im Sinne eines realen Noch-einmal-Schaffens kann also nicht mehr die Rede sein; das Darstellen sollte die Oberhand gewinnen, die Verwandlung wurde zu einer gemeinsam gespielten, der Vollzug wurde exemplarischen Charakters. Auch das bedeutet wieder Integrierung, Prägung durch Tradition, Kontinuität, Orientierung. Zugleich verbirgt sich aber im Spielerischen des Opferrituals auch schon ein Stück Unterhaltung. Das Opferritual, vollends in seiner profaneren Form als Fest, war das erste Unterhaltungsmedium der Geschichte. Die besonders weit verbreiteten Jungfrauen- oder Frauenopfer und der Phalluskult bestätigen nur die vollzogene Umkehrung der alten matriarchalen Konstellation und den Niedergang des Mediums Frau.

3.3. Die Umfunktionalisierung der Heiligen Hochzeit zum attischen Fest

Dieser nächste Schritt in der Veränderung des matriarchalen kultischen Rituals, nach der Akzentuierung der Tötung statt der Schöpfung, war die Abkoppelung vom Mythos und die Ausdünnung zu einem bloßen Festakt, einer ganz und gar profanen Handlung. Der »homo religiosus« ist zugleich ein »homo symbolicus« (vgl. auch Herrmann 1961). Das Fest wurde zum Ornament des alltäglichen Lebens. Sakrales war dabei durchaus noch präsent – Sabbat z.B. heißt eigentlich Vollmondstag, Sonntag das Fest der unbesiegten Sonne usw. Aber die regenerative Funktion des Festes, sein Charakter als Amüsement, deckte solche Reste archaisch-sakraler Kulte weitgehend zu. Walter Burkert (1966 / 1990, vgl. auch 1972, 173ff.) hat etwa am Beispiel des Panathenfestes deutlich gemacht, wie hier archaische Initiationsriten sich vom ursprünglichen Mythos gelöst haben, z.B. weil die Initiation der Mädchen nicht mehr an jedem Mädchen selbst, sondern stellvertretend an zwei Auserwählten vollzogen wurde, z.B. weil das Opferritual zur vordergründigen Freßorgie verwandelt und für die meisten Athener in ihrer ursprünglichen Bedeutung wohl gar nicht mehr erkennbar war – zumal der Stifter des Panathenfestes zugleich das Wagenrennen begründete, das mit dem Absprung des gewappneten Kriegers vom fahrenden Wagen den spielerischen Wettkampf in den Mittelpunkt stellte. Was in der Horde und der kleinen Dorfgemeinschaft noch möglich gewesen war, mußte sich im Bereich der Polis, der Stadtkultur, mit ihrer anderen Art von Öffentlichkeit, offenbar verlieren – auch dies wieder ein Hinweis auf die medienkonstitutive oder -modalisierende Bedeutung der Zahl der Kommunikationspartner und der Organisation des Kommunikationsraums. In ihrer Prägungsfunktion wurden die Initiationsriten innerhalb der Stadtkultur letztlich von einer sich verbreitenden Schriftlichkeit überrundet (vgl. Kap. 10 u. 11).

Dabei traten an die Stelle des zentralen Opferrituals zunächst attische Kulte und Feste in verwirrender Vielfalt: »Kaum ein Tag des Jahres war in Athen ohne Fest und Opfer« (Burkert 1972, 154). Die Sinnentleerung dieser städtischen Feste gegenüber den archaischen Mythen und Kulten wird besonders deutlich am Beispiel der neuen Formen, in die das alte Fruchtbarkeitsritual, der Hieros Gamos, ausdifferenziert wurde. Exemplarisch sei das an der Aufspaltung der Großen Göttin in viele Teil-Göttinnen, speziell die bereits erwähnten drei Göttinnen Demeter, Artemis und Aphrodite, dargestellt (soweit nicht die Große Mutter selbst, etwa in Gestalt Rheas, zu einer unter vielen Göttinnen wurde).

Demeter, die vielfach als direkte Nachfolgerin der Isis gesehen wird (z.B. Baumer 1993, 28f., 149ff.) verkörperte die Göttin der Fruchtbarkeit, des Getreides, als Relikt archaischer Vegetationsrituale. Demeter ist »die besondere Göttin des Ackerbaus« (Nilsson 1957, 311). Barbara G. Walker erläutert: »Das griechische ›meter‹ bedeutet ›Mutter‹. ›De‹ meint das Delta oder Dreieck, ein Symbol für das weibliche Geschlechtsorgan. Dieses Symbol war im heiligen griechischen Alphabet auch als ›der Buchstabe der Vulva‹ bekannt (...), Pforte der Geburt, des Todes, des Paradieses.« (1983/1993, 160) An anderer Stelle werden drei Aspekte genannt: Demeter als Muttergöttin, als Getreidegöttin und als Göttin einer geheimen Einsicht (Jung/Kerényi 1941, 32). Welcher geheimen Einsicht? Gemeint sind vermutlich die Mysterien von Eleusis, einem Ort nahe bei Athen. Dort wurde zu Ehren Demeters alljährlich ein Fest mit einem ausnehmend elaborierten Umzug gefeiert. Nach Karl Kerényi (1962, 99f.) bestand das tiefste Geheimnis hier in dem Wissen, daß die Göttin im Feuer des Scheiterhaufens ein Kind gebar – also der Tod zur Wiedergeburt führt. Zumeist aber wurde Demeter nur noch mit dem Geschenk des Korns und der Fruchtbarkeit in Verbindung gebracht. Ludwig Deubner (1956, 40ff.) verdeutlicht ihre Bedeutung für die attische Festkultur mit der Unterscheidung mehrerer Demeterfeste: Skira, Thesmophoria, Haloa. Martin P. Nilsson (1957, 313-354) zählt mit Achaia, Mykonos, Hermione, Thalysien, Megalartia, Andania u.a. weitere speziell ihr gewidmete Feste der griechischen Welt auf. Die Thesmophoria beispielsweise waren ein Fest, das zur Zeit der Aussaat stattfand. Es ist u.a. für Theben und Potniai in Böotien, für Drymaia in Phokis, für Eritrea, Megara, Sparta, Delos, Ephesos, Kyrene u.v.a. bezeugt (Nilsson 1957,313f.). Bei diesem reinen Frauenfest hatten »Schöpfweiber« eine zentrale Bedeutung: Sie mußten drei Tage lang geschlechtlich enthaltsam leben, um dann Reste verwester Ferkel und Brotreste in Form von Schlangen und Phallen aus den innersten Tempelräumen (»megara«) zu holen und sie auf den Altar der Göttin zu legen. Von dort nahm man sich dann etwas und mischte es dem Saatkorn bei. Das Fest erstreckte sich über mehrere Tage und hatte einen geheimen Charakter. »Die vornehmsten Frauen aus Athen opferten und tanzten hier«. Die Frauen, die in eigens errichteten Laubhütten zu mehreren wohnten, fasteten sodann, um schließlich ein Opfer aus vermischten Naturalien wie Gerste, Weizen, Feigen, Wein, Öl, Honig, Sesam, Mohn, Käse und Knoblauch zu bringen, die anschließend zur Bewirtung genutzt wurden. Was als Akt der Frömmigkeit galt, wurde neuerdings freilich auch schon mal anders interpretiert: »der wahre Grund war natürlich, daß die Frauen nachher um so zügelloser, durch die lange Enthaltsamkeit aufgepeitscht, an den erotischen Orgien teilnehmen konnten«, an nächtlichen Mysterien, »die stark erotischen Charakter trugen und bei denen sich die Sinnlichkeit in gleichgeschlechtlicher Liebe austoben durfte« (z.B. Licht 1965, 90). In jedem Fall wurde damit nur noch symbolisch der Bogen geschlagen von der Fruchtbarkeit der Äcker und Felder zur Fruchtbarkeit der auf Kindersegen hoffenden Frauen selbst. Die Heilige Hochzeit war auf ein kulinarisches Frauenfest reduziert.

Artemis war die Mondgöttin, als Relikt archaischer Kosmologie. Sie wurde häufig als Große Bärin inkarniert – Verweis auf die Bedeutung dieses Sternzeichens, dessen Umlauf Monate und Jahreszeiten bestimmt (Walker 1983/1993, 61ff.). Ihr mit Brüsten über und über bedeckter Oberkörper betont Ernährung, Fruchtbarkeit und Geburt. Sie galt aber auch als jungfräuliche Göttin der Jagd. Martin P. Nilsson bezeichnet sie vor allem als große Naturgöttin, als Geburtsgöttin und zugleich große Jägerin (1957, 179). Es wird berichtet, sie habe vom Vater lauter neunjährige Gefährtinnen erbeten (Kerényi 1966/1983, 116). Deubner (1956, 204ff.) beschreibt auch hier mehrere Feste, die speziell ihr gewidmet waren: die Munichia, die Brauronia, die Tauropolia. Die Brauronia, um ein Beispiel herauszugreifen, wurden in Brauron an der Ostküste Griechenlands gefeiert. Hervorstechender Zug waren hier die »Bärinnen« (»arktoi«), gespielt von Mädchen zwischen fünf und zehn Jahren, die in safranfarbenen Gewändern der Göttin opferten (vgl. auch Kerényi 1966/1983, 116f.). Es steht zu vermuten, daß diese Mädchen der Artemis geweiht wurden und für eine gewisse Zeit, vor der Ehe, Dienst in ihrem heiligen Tempel tun mußten. Man opferte der Göttin an diesem Fest eine Ziege, es gab eine Prozession und Rhapsoden traten auf (vgl. Kap. 11). Nilsson (1957, 182-258) stellt zahlreiche weitere Feste der Artemis in den verschiedenen Städten und Regionen vor.

Aphrodite schließlich, auch mit Venus, Moira, Aschera, Mari und mit anderen Namen bezeichnet, war die griechische Liebesgöttin, ebenfalls vielfach mit Isis gleichgesetzt: »eine Göttin der Zeugung und der Vegetation« (vgl. auch Virolleaud 1938; Nilsson 1957, 362f.; Baumer 1993, 124ff.). Sie soll aus dem Schaum des Meers geboren worden sein, und ihre erste Liebesgeschichte ist mit einer Muschel verknüpft (Kerényi 1966/1983, 58) – die Muschel als universales Symbol für das weibliche Geschlecht (z.B. Sir Galahad 1987, 53). Bekannt ist das Standbild der Aphrodite von Knidos (Abb. 17), mit muschelförmig gelegtem Haar, entkleidet, symbolisch mit einem Gefäß, der klassischen Bauchamphora (vgl. Schiering 1983), neben sich. Walker schreibt: »Die zyprische Aphrodite war wie alle anderen Manifestationen der Großen Göttin: sie beherrschte Geburt, Leben, Liebe, Tod, Zeit und Schicksal und brachte die Menschen durch einen sinnlichen und sexuellen Mystizismus mit all diesen Dingen in Einklang.« (1983/1993, 48f.) Aphrodite als Göttin der Sexualität und der Ehe, als Herrin der Hetären repräsentierte noch am deutlichsten Züge der Heiligen Hochzeit. Charakteristischerweise fanden die Feste zu ihren Ehren zur Frühlingszeit statt. Die speziell von den Hetären begangenen Feste in den Aphrodite-Tempeln wurden Aphrodisia genannt. Zu genaueren Beschreibungen fand sich die Religionsgeschichte aber offenbar nicht bereit (Deubner 1956, 215f.). Doch bei Platon finden wir, im Symposion (180 d ff.), Hinweise auf eine andere Art der Umfunktionierung: Hier schlägt Pausanias für Aphrodite eine Unterscheidung in zwei Göttinnen vor: »Die eine ist ja die ältere,

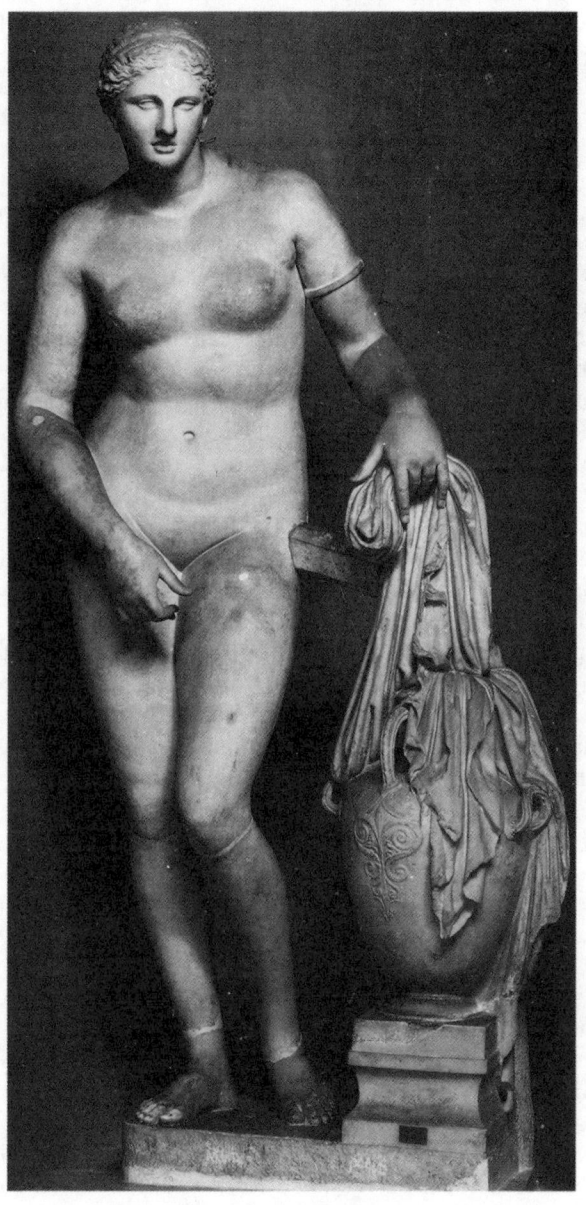

*Abb. 17: Das Standbild der Aphrodite von Kaidos –
griechische Liebesgöttin*

die mutterlose Tochter des Uranos, welcher wir auch den Beinamen der himmlischen geben, und dann die jüngere, des Zeus und der Dione Tochter, welche wir auch die gemeine nennen.« Diese Versinnbildlichung von himmlischer und von irdischer Liebe ist nichts weiter als die Grundlage für jene Ideologisierung, die schon im antiken Rom der Ehefrau die Rechtsfähigkeit vorenthielt und die Erbfähigkeit stark einschränkte, während die Prostituierte gegenüber ihrer griechischen Kollegin gesellschaftlich sehr viel niedriger eingestuft wurde (z.B. Kroll 1988; Gladigow 1988). Das sollte später zu der klassisch-christlichen Aufspaltung der Frau in die Heilige und die Hure führen, die Jahrhunderte überdauerte: die Frau, aus patriarchaler Sicht, entweder ganz als Geist oder ganz als Fleisch. Walter F. Otto befindet: »Von eigentlichen Festen der Aphrodite wissen wir sehr wenig«, und schwärmt gleichwohl: »Aphrodite ist nicht die Liebende, sie ist die Schönheit und lächelnde Anmut, die hinreißt. Nicht der Drang, zu ergreifen, ist hier das Erste, sondern der Zauber des Anblicks, der allmächtig in die Wonne des Verschmelzens zieht. (...) Diese göttliche Wonne, durch die das Getrennte sich liebend sucht und eint, wird nun, nachdem der alte Weltmythos längst vergangen ist, zur verbindenden Macht in einem neuen Bilde des Kosmos.« (1961/1983, 100, 102f.)

Der Prozeß der Ausdifferenzierung, hier verdeutlicht anhand der archaischen Großen Göttin und einiger Göttinnen Griechenlands, der eine deutliche Aufspaltung (hier: Fruchtbarkeitsgöttin, Mondgöttin, Liebesgöttin) und damit Destruktion der ursprünglichen Einheit bedeutet, brachte zwangsläufig auch eine Selektion der Verehrung und der verwendeten Zeremonien mit sich. Destruktion und Selektierbarkeit markierten deutlich den Verlust des kultisch-sakralen Gemeinschaftscharakters; das »Fest« war nicht nur profanisiert, sondern für den einzelnen auch arbiträr geworden, Auswahlobjekt, abhängig von Geschmack, Neigung, Bedürfnis. Der Wandel vom archaischen Opferritual zum attischen Fest muß deshalb auch als ein Wandel von einer naturhaft-objektiv vorgegebenen Ordnung zu einer im Rahmen sozialer, politischer Vorgaben mehr oder weniger individuell gesetzten, also sozial-subjektiven Ordnung patriarchaler Provenienz verstanden werden.

Letzter markanter Schritt der Entwicklung war dann die Ausdünnung des Festes zum bloßen sportlichen Wettkampf. Die Spiele in Olympia ab 776 v.u.Z., zu Ehren des Zeus, und die Zirkusspiele im römischen Weltreich, hier aus den Mosaiques de l'Afrique aus Tunesien (Abb. 18), bis hin zu den Wagenrennen im Circus Maximus in Rom kurz vor und kurz nach Beginn unserer Zeitrechnung indizieren das vielleicht am deutlichsten (z.B. Schulze 1895). Bei den Römern gab es zwar auch noch beispielsweise die Venus-Verehrung (z.B. Koch 1960), doch stand die Verehrung der (männlichen) Götter im Vordergrund, gemäß dem grundlegenden »Gefühl der Abhängigkeit von der göttlichen Macht und Fürsorge und dem Wunsch, die höheren Gewalten sich gnädig zu stimmen und zu erhalten« (Wissowa

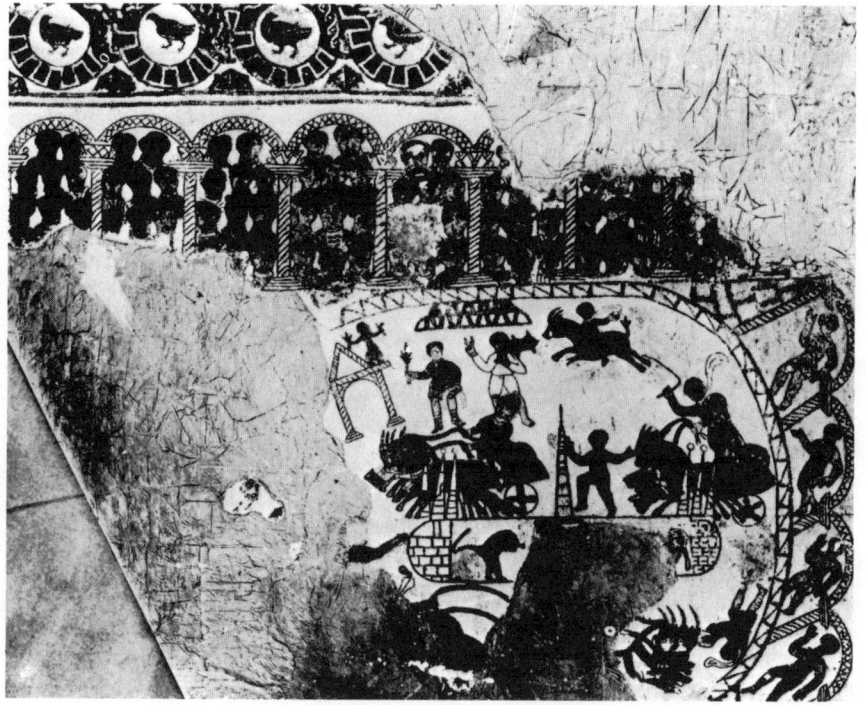

Abb. 18: Das ursprünglich kultische Fest in Gestalt profaner Zirkusspiele
im Römischen Weltreich

1971, 380). Den Göttern wurden sakralrechtlich Leistungen versprochen, die nicht nur in rituellen Akten wie Tieropfern, Bittprozessionen oder Weihegeschenken kultisch gestaltet wurden, sondern auch bei den Ludi Romani – jenen pompösen Zirkusspielen, die an bestimmte Kulte nur noch lose angeschlossen waren, deren Ausrichtung nicht mehr Priestern überantwortet war, sondern den Magistraten, bei denen es weniger um einen sakralen Anlaß als vielmehr um kriegerische Triumphe ging, weniger um den jeweiligen Gott als um den anwesenden Kaiser. Selbst die Gladiatorenkämpfe, die bei den Zirkusspielen streng ausgeschlossen waren, verweisen in ihrem Ursprung noch auf ein bekanntes patriarchales Ritual: Bei den Etruskern sollen sie an die Stelle ehemaliger Menschenopfer getreten sein. Die »loka sacra«, die heiligen Kultstätten waren hier nicht mehr die Tempel, sondern Örtlichkeiten ganz und gar unter staatlicher Aufsicht. Und es war auch der Kaiser, der Imperator als Pontifex maximus, der die Priester und Vestalinnen in ihre Ämter berief. Das sakrale Ritual war politisiert oder zum profanen Sportwettkampf verändert. Das zweite Medium der Kulturgeschichte hatte sich fundamental verändert, war degeneriert und hatte seinen Mediencharakter weitestgehend eingebüßt. In seiner Funktion als zentrales Ordnungsschema, als Steuerungsmechanismus für die Gemeinschaft, wurde es durch andere, neue Medien überlagert.

4. Das Medium Tanz und seine Funktionen

4.0. Mit und im Medium Frau kommunizierten die Menschen im Kontext und als Verkörperung des gesamten Universums mit der Göttin, man könnte sagen: nach den Gesetzen der biologisch-kosmologischen Sprache der Natur. Nach dem ersten tiefen Einschnitt in der Kulturgeschichte, dem Wandel vom Matriarchat zum Patriarchat, kommunizierten die Menschen, über das Medium Opferritual, mit den Göttern bzw. dem Vater-Gott: gemäß den Regeln der vom Totem bestimmten Magie. Bereits bei diesen beiden Medien angelegt und vermutlich schon früh entsprechend ausgeprägt war ein weiteres, drittes Medium: der Tanz, ganz und gar getragen von der reinen, nonverbalen Körpersprache (vgl. auch Weidig 1984, 58ff.). Weil der Körper für den Menschen das Erste und Unmittelbarste ist, war es naheliegend und logisch, ihn auch als eigenständiges Ausdrucks- und Kommunikationsmedium zu nutzen. »Im Tanz und durch Tanz kann sowohl kognitiv (...) als auch affektiv kommuniziert werden.« (Weidig 1984, 72). Jutta Weidig spricht darüber hinaus vom Tanz auch als einem »Medium, durch das Kultur gelernt und stabilisiert wird«, ja vom »Tanz als Reflexion der Kultur« (1984, 70+76). Die Menschen kommunizierten über das Medium Tanz die Teilhabe am Ganzen und den Vollzug der Schöpfung bzw. die Verehrung der Göttin, der Götter im Ritual. Deshalb sprach man mit Recht vom »Kreislauf« bzw. vom »Kreis als Symbol im Tanz«, als »Symbol für die göttliche Schöpfung, für Vollkommenheit, Einheit, Ganzheit« (Bödeker/Thiele 1988, 71ff.). Der Tanz mit seinen Kreisformen war Zentrierung und Orientierung des Menschen im Kosmos.

Mit dem Tanz und im Tanz kommunizierten die Menschen aber auch miteinander. Der Tanz war das erste Medium primär intersubjektiver, das erste Medium reiner Mensch-zu-Mensch-Kommunikation der Kulturgeschichte. Zugleich zeigt sich im Tanz jene ursprüngliche Einheit von Kommunikation und Gestaltung, die im Zuge der Ausdifferenzierung der verschiedenen Medien und ihrer Funktionen schon mit den frühen Hochkulturen überdeckt werden und später verlorengehen sollte (z.B. Hambly 1926, 15ff.). In seinen unterschiedlichen Funktionen soll er im folgenden kurz dargestellt werden, wobei die Abfolge historisch in den verschiedenen Kulturen höchst unterschiedlich und in den Phasen auch einander überlappend war. Zu beachten ist dabei, daß »Tanz«, im Unterschied zu unserem heutigen Verständnis, häufig nur Gesten und Haltungen meint, ohne weitere Bewegungen des übrigen Körpers, oder auch nur rhythmisches

Schreiten zur Musik etwa bei Prozessionen und Umzügen (z.B. Neubecker 1977, 86).

Die Forschung hat sich dem Tanz bevorzugt unter Gesichtspunkten wie Kunst, Volkstanz/Folklore, Tanzmusik, Bewegungskultur, Sport gewidmet (vgl. die »Tanzbibliographie« von Petermann 1966ff. sowie die neueren Übersichten bei Bröcker 1992, Hubert 1993 u.a.). Der Tanz wurde höchst vielfältig beschrieben, u.a. als Transformation, als Meditation, als Trance oder Ekstase, als Sprache, als Sicherheitsventil mit therapeutischer Funktion, als Ausdruck von Gefühlen und Selbstverwirklichung usw. (z.B. Spencer 1985, Hanna 1979/1987 u.v.a.). Dem Tanz als einem eigenständigen *Medium* wurden bisher nur (freilich wichtige) Vorarbeiten zugewendet (z.B. Weidig 1984; Wosien 1985), und auch der Frühgeschichte des Tanzes wurden bislang offenbar nur wenige gründliche Studien gewidmet (z.B. Weege 1925, Calendoli 1986). Die theoretische Reflexion des Tanzes ist, trotz neuer Ansätze zu einer »Tanzwissenschaft« (z.B. Junk 1990; vgl. Hubert 1993), hinsichtlich seines Mediencharakters nach wie vor defizitär. Noch 1979 vertritt Wilfried Hofmann gar den Standpunkt, der Tanz sei »undefinierbar« – abgesehen von »der Abwesenheit bestimmter Bewegungsursachen oder -zwecke« (1979, 415f.). »Wer sich mit der Theorie des Tanzes beschäftigt,« klagte Oscar Bie schon im Jahre 1906, »erfährt eine holde Enttäuschung« – was ihn freilich nicht davon abhielt, seine eigene Studie mit den Worten einzuleiten: »Ich beginne nicht, wie es die pflichtbewußten Historiker lieben, mit Adam und Eva, nicht einmal mit Ägypten und Hellas, ich übergehe die wilden Völkerschaften, zu denen ich kein persönliches Verhältnis habe« (1906, 31+240). Sie sollen hier gerade nicht übergangen werden, zumal wohl gelten dürfte, daß das Ende des Tanzes als eines eigenständigen Mediums bereits mit seiner Ein- und Unterordnung in das antike Theater, beim Chortanz, eingesetzt hat. Spätestens mit der Dominanz des Schautanzes im Rahmen von Symposien und Festen, zur Unterhaltung, wurde das Medium zu einer Kunstform (vgl. auch z.B. von Boehn 1925 7ff.), die im Kontext kultureller und sozialer Handlungen der Zeit ihre bis dahin zeitweilig und zu bestimmten Gelegenheiten zentrale kommunikative, integrative, direktive, orientierende Funktion verloren hatte. Andrea Hubert gibt einen ersten historisch typisierten Überblick vor:

– In den steinzeitlichen Jäger- und Sammlergesellschaften sei der Tanz »Medium kollektiver Erfahrungswerte« gewesen (1993, 97ff.),

– in der Produktionswirtschaft mit Bodenbau und Viehzucht »Mittel zur Entfremdung von der Wirklichkeit und (...) Mittel kollektiver Illusion« (1993, 103ff.),

– mit der Einführung von Feldbau, Viehzucht und Handwerk »Mittel emotionaler Mobilisierung und Rechtfertigung von Gewalt« (1993, 107ff.).

Damit unterscheidet sie im wesentlichen drei verschiedene Funktionen: die Speicherung und Vermittlung kulturellen Wissens, die sozial-regula-

tive Funktion und die profane Instrumentalisierung (1993, 111). Letztere sei im Rahmen der antiken Gesellschaften zum »Aufbau einer Tanzwelt mit Klassenstruktur« vorangetrieben worden:
– Der antike Tanz erscheint demnach in erster Linie als Mittel »der kulturellen Selbstorganisation und Selbstdarstellung der herrschenden Klasse« (1993, 114).
– Mit privatem Grundbesitz und Fronwirtschaft in der feudalen Gesellschaft, etwa vom 5. bis 9. Jahrhundert, bilde sich dann eine »Tanzkultur als klassenspezifische Massenkultur« heraus, um sich schließlich
– in der bürgerlichen Gesellschaft »zur universellen Tätigkeit« (mit Kunsttanz, Gesellschaftstanz, individuellem Tanzen usw.) zu wandeln – womit Tanzen primär »subjektive Erlebnisgestaltung« wird (1993, 119ff., 125ff.).
Es wird zu zeigen sein, daß dieses Raster durch andere theoretische Ansätze und konkrete Forschungsergebnisse zwar modifiziert und differenziert, im wesentlichen aber bestätigt wird.

4.1. Der heilige und der religiöse Tanz

Anfangs mag der Tanz wohl eingebunden gewesen sein in ein Geflecht von Ritualen zur Verehrung der Göttin und als sakrale Teilhabe am Ganzen. Inwieweit er in seiner kultischen Funktion auch alleine stand, kann nur vermutet werden. Jedenfalls war er stets mehr als nur rhythmische Bewegung: »Am Anfang waren alle Tänze heilig, mit anderen Worten, sie hatten ein außermenschliches Vorbild.« (Eliade 1994, 41) Albert Czerwinski definierte schon 1862: »Der Tanz ist (...) der instinktive Ausdruck der Freude am Leben.« (1862 / 1984, 4) Maria-Gabriele Wosien beschreibt: Der Tanz in der Frühgeschichte war Schöpfung und Leben schlechthin, »totale Partizipation«. »Während des Tanzens geschieht der Eintritt in die sakrale Zeit, die gleichbedeutend mit der Zeitlosigkeit und identisch mit der ewigen Gegenwart ist. In diesem Erleben wird die Welt des Gewordenen, werden folglich auch Raum und Zeit transzendiert und wird die Ureinheit des Anbeginns, als *stasis*, wiedergewonnen.« (1985, 9f.). Der Tanz war Bewegung nach ganz bestimmten, zwar unterschiedlichen, aber stets rigiden Regeln und tradierten Gesetzmäßigkeiten, welche seinen sakralen Gehalt konstituierten. Der Tanzrhythmus bot – analog zum Liebestanz von Insekten, Vögeln und anderen Tieren (z.B. Otto 1956, 10; Hambly 1926, 141 u.v.a.) – Teilhabe am Rhythmus des Lebens, des Universums (Ellis 1926, 34), war »natürliche Bewegung« als »der spontane Ausdruck der Ergriffenheit, wo das Ergreifende und das Ergriffene eins werden« (Otto 1956, 40). Walter Sorell befindet: »Als die unmittelbarste Form des Selbstausdrucks kann der Tanz am besten das Höchste an Selbstverwirklichung, ein Gefühl rhythmischer Vollkommenheit hervorbringen. Wenn der primitive Mensch seinen Gott preisen wollte, dann bewegte er sich in einem Rhythmus, den er der Natur und seinem eigenen Herzschlag ablauschte. Er hatte noch keine Worte, die sich zu Gebeten zusammenfanden. Im Tanz lag sein religiöses Ritual.« (1983, 22) Ähnliches wohl meint Joost A. M. Meerloo, wenn er, unter Bezugnahme auf die Einheit von werdender Mutter und ungeborenem Kind, vom »nirwanischen Tanz« spricht (1959, 13).

Aber erneut muß unterschieden werden in die bereits benannten zwei verschiedenen Arten von Ritualen (vgl. Kap. 3.2.; dagegen undifferenziert z.B. Ellfeldt 1976, 53). Befruchtung, Schwangerschaft, Geburt, Initiation, Hochzeit zum einen – das wohl ist mit dem Tanz als »Selbstdarstellung« letztlich gemeint (Otto 1956, 17ff.) –, und die Jagd, der Kampf, zahllose Abwehranlässe und Wünsche, vor allem der Tod, also markant zweckgerichtet, zum andern waren die herausragenden Tanzereignisse (vgl. auch Hambly 1926, 16f.). Man muß entsprechend zwischen reinen Frauen-, reinen Männer- und geschlechtlich gemischten Tänzen unterscheiden. In den Vegetationskulturen waren oft Frauen die einzigen Mitwirkenden, »bei Fruchtbarkeitstänzen, in manchen Regen- und Erntetänzen, bei Geburtsritualen, bei der Jungfrauen-Weihe, bei Mondverehrung und Trauerfeiern«. »Den Männern vorbehalten waren Sonnen- und Regentänze, Kriegs- und fast alle Tiertänze und schamanistischen Medizintänze«, wobei häufig Masken getragen wurden – es bedurfte hier der Maske, weil es sich bei der damit indizierten Verwandlung in einen (männlichen) Gott um einen transzendenten Gott gehandelt hat, bei dem Ritual um ein religiöses; die Transformation zum Göttlichen bedurfte der Repräsentanz und damit der Maskerade. Paartänze fanden sich sowohl bei Hochzeitszeremonien, als Gestaltung der geschlechtlichen Vereinigung, als auch in Kriegsritualen, als Nachahmung des Zweikampfs (vgl. Wosien 1985, 17). Entsprechend, in sexueller Symbolisierung, die Verwendung von Instrumenten: Trommeln eher bei matriarchalen, Flöten eher bei patriarchalen Ritualen. Einmal war der Tanz ein Gemeinschaftserlebnis unter Beteiligung aller Mitglieder der Gemeinschaft, mit einer Vortänzerin, dann wiederum ein Gemeinschaftserlebnis mit dem Priester, dem Schamanen (Kap. 7) und ausgewählten maskierten, bemalten, geschulten Tänzern als Stellvertretern für alle anderen Mitglieder, die nicht selber tanzten. Lois Ellfeldt markiert diesen Unterschied mit den Begriffen Partizipation und Performanz (1976, 41). Man muß beim rituellen Tanz, den Curt Sachs für die archaischen Kulturen zunächst als Reigentanz charakterisiert (1976, 141ff., vgl. auch Günther 1962, 63ff.), entsprechend den heiligen Tanz (um eine Göttin/Frau) und den religiösen Tanz (um einen Gott/Mann, einen Baum, ein Tier oder sonst ein Totem) unterscheiden, wobei der heilige Tanz auch als Paartanz und der religiöse Tanz auch als Einzeltanz stattfand.

Naturgemäß nur als Ausnahme, aber doch bereits im Paläolithikum, finden sich Darstellungen des heiligen Tanzes als Selbstdarstellung, als Verschmelzung von Tänzer / Tänzerin und Gottheit oder Kosmos. So zeigt eine archaische Darstellung der Großen Göttin (Tanagra, bemaltes Terrakotta) aus Böotien ihre quasi naturhafte Verbindung mit einer Kette tanzender Gläubiger (Abb. 19). Wenn gängige Geschichten des Tanzes dagegen mit der sogenannten »Höhlenmalerei« einsetzen und bevorzugt jagdbezogene kultische, religiöse Tänze an den Anfang rücken (z.B. Rebling 1982, 55f.), so äußert sich darin lediglich ein Quellenproblem, nämlich die Übermacht des in der Darstellung Erhaltenen. Das real körperlich Vollzogene ging historisch seiner visuellen Fixierung unzweifelhaft voraus, und es wäre falsch, die Geschichte des Menschmediums Tanz durch eine Geschichte der erhaltenen *Darstellungen* des Menschmediums Tanz zu überlagern oder gar zu ersetzen. Das ist insofern von Bedeutung, als der heilige Tanz, dessen Heiligkeit seine visuelle Darstellung möglicherweise gerade untersagte bzw. überflüssig erscheinen ließ, dem totembezogenen religiösen Tanz, wie er in zahlreichen Beispielen dargestellt erhalten ist, historisch voranging.

Spuren des heiligen Tanzes ziehen sich gleichwohl durch die gesamte Frühgeschichte, von der altägyptischen Hochkultur bis zur Antike. Bezeichnenderweise war Isis auch die Göttin des Tanzes, bei den Griechen Aphrodite. Rudolph Voß formulierte bereits im letzten Jahrhundert (1868 / 1977, 20f.): »Der Tanz bildete den Haupttheil des egyptischen Cultus. Unter den religiösen Tänzen zählt der, welcher die Bewegungen der Gestirne ausdrückt, zu den sinnreichsten (...). Anderer Art waren die Tänze, welche bei dem Ceremoniell der Einweihung des Stiers Apis (Sinnbild der Fruchtbarkeit) zur Aufführung kamen. (...) Das Ceremoniell der Vergötterung des Osiris (Sonnengott) und der Isis (dessen Gemahlin, Mondgöttin), ein ebenso wichtiges als prächtiges Schauspiel, geschah im Tempel, und endete unter fröhlichen und munteren Tänzen.« Der Tanz zielte hier auf Ekstase, auf »Erlösung, Vergöttlichung des Menschen durch den Rausch«. »Tanzen bedeutet Einswerden mit dem Kosmos, mit der göttlichen Schöpferkraft« (Günther / Schäfer 1975, 16, 19; vgl. auch Ellis 1926, 37). Maria-Gabriele Wosien beschreibt die Bedeutung des Tanzes zur Verehrung der Großen Mutter: »Im Bestreben, den Sämlingen zum Wachstum zu verhelfen, wurde um sie herumgetanzt – je höher der Sprung, desto höher würde die Pflanze wachsen. Stampftänze dienten dazu, die Fruchtbarkeit der Erde zu garantieren; das rhythmische Stampfen war dabei analog dem schöpferischen Rhythmus des Phallus. Fruchtbarkeitstänze, die immer von starken Rhythmen begleitet waren, stellten oft den Zeugungsakt dar oder endeten in Massenpaarungen. Der keimende Same wurde mit dem befruchteten Mutterleib verglichen und die befruchtende Kraft der Natur als eine Offenbarung (...) verstanden; das Hervorbringen der Frucht war durch die lebensspendende Kraft der Erdmutter selbst bewirkt. « (1985, 19; vgl. auch Hambly 1926, 106ff.)

Abb. 19: Die Große Göttin mit einer Kette tanzender Gläubiger

Abb. 20: Der orgiastische Tanz und die Heilige Hochzeit (6. Jh. v.u.Z.)

Für das alte Reich der ägyptischen Hochkultur im 3. Jahrtausend v.u.Z. sind entsprechende Tanzfiguren nachgewiesen: Mädchenfiguren, die ihre Oberkörper fast waagegerecht zurückneigen und die Beine bis über Kopfhöhe hinaus werfen (z.B. Brunner-Traut 1938, 23f.). »Der Beinwurf ist ein altes (sakrales, WF) Motiv und bedeutet Fruchtbarkeit: je höher das Bein, desto größer die Fruchtbarkeit.« (Günther/Schäfer 1975, 36; vgl. auch Gregor 1944, 38f.; Humbly 1926, 207 u.v.a.) Entsprechende Weihetänze und Tanzfeste fanden zur Initiation, zu anderen kultischen Handlungen oder anläßlich der Heiligen Hochzeit statt – wie etwa der »Orgiastische Tanz« auf einem etruskischen Wandgemälde in der Tomba delle Leonesse (Tarquinia) aus dem 6. Jahrhundert v.u.Z. (Abb. 20), der gelegentlich auch als »Schicksalstanz« bezeichnet wurde (Wendt 1958, 33), in dieser Bildfassung möglicherweise aber auch nur Schautanz war anläßlich eines Festmahls (Calendoli 1986, 42). Die Fingerstellung der weiblichen Figur links, das Zeichen der Hörner, könnte magische Abwehr gegen Böses bedeuten, die

Kanne der Figur rechts in geschlechtlicher Symbolik oder als Zeichen ekstatischer Trunkenheit stehen (vgl. Weege 1925, 142). Jedenfalls gilt: »Die heilige Vereinigung ist öffentlich, weil sie mythisch ist, und sie wird auch getanzt.« (Gregor 1944, 33; vgl. auch Koller 1954, 44ff.) Später gab es Vegetationstänze etwa zu Ehren der Demeter (vgl. etwa Weege 1925, 57ff.), deren Blumen- und Früchtemotive sich durch die gesamte Geschichte des Ballett ziehen sollten.

Tänze der zweiten Art, religiöse Tänze, sind deutlich »nutzenorientiert«, haben aber nicht weniger Steuerungsfunktion: »Nahrung, Fisch und Wild wird benötigt, Regen soll fallen, die Flut soll wieder weichen, ein Kämpfer ist krank, ein Mann ist tot. Das meint Tanz, um das Leben in Gang zu halten, böse Geister zu besänftigen, das Überleben zu sichern.« »In einer angsterregenden Welt, in der wilde Tiere, Sturm, Feuer und unbekannte Schrecken den schutzlosen Menschen jederzeit treffen können, ist diese Gruppenaktion wichtig zum Überleben. (...) Dadurch, daß sich zahlreiche Körper wie einer bewegten, zu einem betonten Rhythmus von Trommeln und Bewegung, wurden Gruppen zusammengebunden, Glaubensvorstellungen gestärkt, und familiäre und Stammesbindungen gefestigt«: »kollektive Erzeugung und kollektives Ausleben von Emotion«, Kraftzuwachs durch den Gemeinschaftscharakter des Tanzes (Ellfeldt 1976, 43f.). Vielleicht deshalb waren Reigentänze besonders beliebt (z.B. Neubecker 1977, 89). Kultische Tänze bereits im Alten Reich Ägyptens, spätestens seit der 4. Dynastie, sollten dem Verstorbenen rhythmisches Geleit geben beim Übergang vom Diesseits ins Jenseits (Brunner-Traut 1938, 25ff.; Bartels 1992, 139ff.). Havelock Ellis unterscheidet in seiner »Philosophie des Tanzes« vom ekstatischen Tanz, mit der Vereinigung der Liebenden als finalem Klimax, den pantomimischen Tanz, bei dem die Beine, die Arme, die Hände, das Haar oder auch der gesamte Körper bevorzugt zum Einsatz kommen (1926, 38, 42ff.). Jutta Bartels sprach hier vom »dramatischen Tanz« (1992, 153f.), R. R. Schmidt von der »zauberischen Wirkung des mimischen Tanzes« (1934, 171). Die Imitation z.B. von Tieren im Tanz, als Vorbereitung einer Jagd, ist nicht Selbstzweck, sondern funktionalisiert. »Tänze waren damals offenbar Teil magischer Riten, mittels derer sich die Männer Macht über die Tiere versprachen: im Hinblick auf Erfolg bei der Jagd und als Schutz gegenüber den Tieren« (Ellfeldt 1976, 36). Die Sitte ist wohlbekannt, sich beim Tanz mit einem Tierfell einzuhüllen oder sich mit Hörnern und anderen Teilen des Tiers zu schmücken, um diese Identifikation von Jäger und Jagdtier zum Ausdruck zu bringen: Bärentanz, Büffeltanz usw. – »Totemtänze« nannte man sie. Auf manchen Höhlenwänden finden sich entsprechende Darstellungen wie zum Beispiel in der Felsenhöhle von Cogul bei Lérida, Spanien, wo nach der Interpretation von E. O. James »neun Frauen, mit engen Taillen und Röcken, die bis zu den Knien reichen, eine kleine nackte männliche Figur umtanzen« (Abb. 21), weniger Phalluskult oder Freudentanz als vielmehr Jagdtanz mit Frucht-

Abb. 21: Totemtanz – Jagdtanz mit Fruchtbarkeitsmotiv

barkeitsmotiv (James 1957, 144f.). Auch der Klage- und Totentanz, der im späten Mittelalter wieder aufleben und sich im zeitgenössischen Sinn des »memento mori« zu großer Blüte entwickeln sollte, war der Erinnerung an den Lebenskreislauf, der Abwehr böser Geister, der Sicherung des Lebens in der anderen Welt, der Beförderung der Wiedergeburt gewidmet – hatte als Darstellung exemplarische, symbolische Bedeutung. Seine wichtigste Funktion war die der sozialen Solidarität (z.B. auch Hambly 1926, 105+265ff.).

Wosien betont: »Jede wichtige Lebenshandlung wurde so durch rituelles Tanzen begonnen und von den Hütern der Tradition, die dafür besonders eingewiesen wurden, weitergegeben. Wird aber ein Ritual von der Priesterschaft, verbunden mit einem Machtanspruch, nur von der Form her übernommen, ohne Hinblick auf die sich wandelnden Zeiten oder Bedürfnisse der sich entwickelnden menschlichen Einzelpersönlichkeit, degeneriert die sakrale Tradition zum Relikt« (1985, 30). Im Paläolithikum gab es den Tänzer bereits »als Magier«, der mit seinen rhythmischen Körperbewegungen stellvertretend für die Gemeinschaft die Vereinigung mit dem Gott gestaltete, wobei eine Paarung keine geschlechtliche im Sinne sakral-kosmischer Einheit mehr war, sondern Ausweis der Zugehörigkeit zu einer Kaste der Berufenen – wie die beiden männlichen Tänzer aus den Höhlen von Tassili in der Sahara mit ihren rituellen Gewändern und ei-

Abb. 22: Der Priestertanz als Tanz der Berufenen

nem identischen Schmuck als Insignien ihres herausgehobenen Status veranschaulichen (Abb. 22).

Schon der Tanz im sakralen Raum, im geweihten Zentrum, im Heiligtum einer der vielen Göttinnen oder eines der vielen Götter stellt im Grunde eine Art Entäußerung der Begegnung mit dem Göttlichen dar, ein Ersatz für den Körper selbst. Der Tanz wird mit dem externen Ort der Anbetung verräumlicht und damit exemplifiziert. Es bedarf bereits dieser Anbindung an einen spezifischen »göttlichen Wohnort«, wo die körperliche Ekstase erst in einem gleichsam institutionalisierten Körper der jeweiligen Priesterschaft stattfinden darf oder kann. Bezeichnend in diesem Sinn war denn auch der spätere Schritt vom Dionysos-*Tempel* zum Dionysos-

Theater am Südosthang der Akropolis in Athen spätestens Ende des 6. Jahrhunderts v.u.Z. (vgl. Kap. 9).

Um so markanter, wenn der Tanz explizit dem männlichen Gott dient: Ra oder Zeus bis hin zu Dionysos und den Inka. Walter Sorell stellt die direkte Beziehung zum klassischen Medium Opferritual her, wenn er die Frage formuliert: »Warum sollte es nicht auch der Tanz sein, der sogar sinnbildlich in der heiligen Messe verkörpert ist?« (1983, 24) Bei den Griechen gab es entsprechende Reigentänze, etwa Apollo, Theseus oder anderen Einzelgöttern gewidmet (vgl. auch Stoessl 1987, 23ff.), Waffentänze oder auch den sogenannten Manteltanz, der die Enthüllung des weiblichen Körpers zelebrierte. »Der Tanz durchdringt bei den Griechen jeden Lebensbezirk in einem Ausmaß, von dem wir uns heute nur noch mit Mühe eine Vorstellung machen können«, beschreibt H. Koller (vgl. auch Voß 1869/1977, 26ff.). Giovanni Calendoli befindet: »Wie das Opfer ist auch der Tanz Element des Kultes. Dabei hat jeder Gott seine eigenen Tänze und Gesänge. (...) Der Tanz begleitet den Griechen in jedem Augenblick seiner Existenz, er verbindet ihn mit den Göttern und den übrigen Menschen. Im Tanz spiegeln sich die Mythen, der Glaube und die Sitten wider, die das Leben der Polis bestimmen.« (1985, 32+34) Der bacchantische oder »orgiastische Tanz« bewirke eine »kultische Katharsis«, die »noch ganz in den Bereich magischer Riten (gehört), wie sie uns von vielen primitiven Völkern bekannt sind« (Koller 1954, 125, 127, 210). Dieser Bedeutungshintergrund gilt fraglos auch für den griechischen Hochzeitstanz, selbst wenn es sich hier nur noch um ein profan-festliches Zeremoniell handelt (vgl. Weege 1925, 115ff.). Nach Koller besteht das Bedeutungszentrum auch der Mimesis und der literarischen Genera Tragödie, Komödie, Satyrspiel ganz generell im Tanz als »Verbindung von Wort, Melodie, Rhythmus und Gestik«, der »naturgegebenen Einheit menschlichen Ausdrucks« (vgl. Kap. 9). Dagegen wird hier die Auffassung gesetzt, daß sich im Chortanz, jener Form des Tanzes, »durch die sich der Geist des Griechentums am vollkommensten ausdrückt« (Calendoli 1986, 34), bereits eine markante Funktionalisierung und Unterordnung manifestiert. Der Tanz als ursprünglich reine Körpersprache war in der Vereinigung mit Musik und Gesang, »Orchestik« genannt, bereits jene Arbeitsteilung eingegangen, die seine Eigenständigkeit desavouierte. Der griechische Kunsttheoretiker Aristoxenos differenzierte schon in der zweiten Hälfte des 4. Jahrhunderts drei Hauptgattungen des dramatischen Tanzes, gemäß den theatralischen Grundformen; dabei werden beispielsweise der Komödie der Kordax, ein »unanständiger«, obszöner Wirbeltanz, sowie Verkleidungs- und Tiertänze zur Volksbelustigung zugeordnet (Weege 1925, 99+107ff.). In der griechischen Stadtkultur vollzog sich demnach der Schritt vom Tanz als Medium zum Tanz als Bestandteil anderer kultureller Phänomene und anderer Medien. Die Entwicklung vollzog sich mit der Zerstörung der kultischen Harmonie, durch eine Verschiebung hin zum Profanen und qua Ausdifferenzierung, d.h. der Verselbständigung zunächst der Musik, dann der Sprache und schließlich des Spiels. Aus dem kultischen Medium Tanz entwickelten sich entsprechend neue Medien mit ganz unterschiedlichen Funktionen: der Aoide und Rhapsode (Kap. 8), das Theater (Kap. 9), der Rhetoriker und Lehrer (Kap. 10).

Am ausgeprägtesten war der religiöse Tanz aber wohl in der Kultur des frühen Indien, bereits seit dem 3. Jahrtausend v.u.Z. nachgewiesen, wo der Tanz Shivas als Tanz »des« (männlichen) Gottes getanzt wurde (Abb. 23: Bronze, Fundort Kondavittantidal, datiert auf das 13. Jh. u.Z.). Shiva galt und gilt als der Gott des Tanzes, »archetypischer Asket und archetypischer Tänzer« (Zimmer 1991, 186). Wosien beschreibt: »Umgeben von der leuchtenden Aura zeitlos-göttlicher Energie, tanzt Schiwa den fünffachen Tanz der Schöpfung, Bewahrung, Zerstörung, Verschleierung und Erlösung. Dabei hat er den Dämon der Unwissenheit unter seinem Fuß gebändigt, und sein Haupt schaut erhoben von Ewigkeit zu Ewigkeit. Die Schöpfung wird aus dem Rhythmus seiner Trommel geboren, die zum Segen erhobene Hand verspricht Bewahrung, das Feuer löst die Formen auf und verwandelt sie, der erhobene Fuß zeigt Erlösung von Verkettungen an, und die auf den erhobenen Fuß deutende Hand verspricht ewigen Frieden.« (1985, 31) Der Tanz, in seinen vielfältigen und auch gegensätzlichen Erscheinungsformen kultisch ausdifferenziert, als »Erlebnis des Göttlichen, Realisierung der eigenen verborgenen Natur und endlich Verschmelzung mit dem göttlichen Sein« (Zimmer 1991, 169), war nun die Gestaltung der totalen Hingabe der Shiva-Gläubigen, speziell der Frauen, an den männlichen Gott.

Ohne daß das in diesem Zusammenhang ausgeführt werden könnte, sei doch die Einzigartigkeit der spezifischen Formen und Funktionen dieses Mediums in diesem außereuropäischen Kulturraum zumindest erwähnt. »In Indien, wo der Tanz eng mit dem Schauspiel verbunden ist, hat sich sein kultisches Charakter am stärksten ausgeprägt«, urteilt Calendoli (1986, 56; vgl. auch Bowers 1967 u.v.a.). In der indischen Tradition waren bzw. sind noch heute Tanz, Musik und Schauspiel länger bzw. stärker als in anderen Traditionen miteinander verbunden – mit dem Tanz als dominantem Prinzip (z.B. Samson/Pasricha 1987, 9+18f.). Helmut Günther hebt die Besonderheit hier hervor (1981, 17ff.): »Der indische Tanz ist körperhaft sichtbare Religion.« Er »folgt völlig anderen Gesetzen als der afrikanische und auch der europäische Tanz. Der indische Tänzer wird nicht von außen her, von einem Gott ergriffen, er findet vielmehr die Befreiung, die Vergöttlichung allein in sich selbst. Im Tanz versucht der indische Mensch, sein eigenes göttliches Wesen körperlich auszudrücken und darzustellen. Daher ist der indische Tanz in all seinen Stilen und Techniken ein Weg der Selbstvergöttlichung, der Selbsterlösung. Im Tanz befreit und demonstriert der Mensch das in ihm selber verborgene absolute Sein. Es gibt für den indischen Menschen keinen anderen Weg der Erlösung

Abb. 23: Der religiöse Tanz des indischen Gottes Shiva (13. Jh.)

von Leiden, von der Ilusion der Maya als den Versuch, das Absolute im Menschen selber aktiv zu befreien. (...) Der indische Tänzer wird in sich selber, in die Tiefen seiner Seele hineingeführt. Sein Erlebnis ist also nicht die Ekstasis, sondern die Heiligung durch Enstasis.« Daraus resultieren die verschiedenen Tanzstile. Besondere Bedeutung kommt etwa dem Bharata Natyam zu (früher: Dasi Atam = Tanz der Devadasi, der »Sklavin Gottes«, der Tempeltänzerin), einem kultischen Solotanz, der vor allem im Süden Indiens bis heute verbreitet ist und dessen philosophische und technische Grundlagen mindestens 2000 Jahre alt sind (z.B. Samson/ Pasricha 1987. 29ff.). »Der Bharata Natyam wird im Innenhof des Tempels oder in Prozessionen getanzt. Dabei feiert die Devadasi ihre Ergebenheit in Gott und wird auf dem Höhepunkt (...) seine Geliebte.« (Calendoli 1986, 61) Im späteren Tantrismus (vgl. oben Kap. 2, Abb. 12) und in rituellen

Orgien (vgl. oben Kap. 2, Abb. 13) hat sich diese Tradition erhalten. »Bis zum Beginn des 20. Jahrhunderts war der Tanz ausschließlich ein wesentlicher Teil des Tempelrituals.« (Samson / Pasricha 1987, 30) Ein Tanzzyklus besteht hier aus sechs verschiedenen Akten – »Wiederholung jenes Tanzes, mit dem der vierhändige Shiva als Nataraja einst die Welt im Rhythmus erschuf.« (Günther 1981, 19) Weitere expressive, dramatische Tanzstile wären der Orissi und die religiösen Tanzdramen der Brahmanen nach den Epen Mahabharata und Ramayana. Andere Stile wie Kathak oder Manipuri im indischen Norden betonen beispielsweise raumgreifende Bewegungen oder Erotik, aber erneut gemäß vor allem der mystischen Krishna-Literatur. Wenn dabei Mudras oder Hastas eingesetzt werden, die »sprechenden Motionen der Hände und Finger«, so handelt es sich »um eine nicht-profane, mystische Sprache«, mit der also auch keine subjektiven Erlebnisse körperlich ausgedrückt werden, sondern Momente »der kosmischen Musik«. Die Bewegungen sind ebenso exakt festgelegt wie etwa die Beintechniken, die Kopfhaltungen oder die Bewegungen des Torso. Selbst noch der Körperschmuck »ist Sichtbarmachung des Göttlichen in dieser Welt«. »Der Rhythmus als kosmisches Phänomen (macht) den Körper der indischen Tänzerin zu einem kosmischen Körper« (Günther 1981, 22). Vielleicht nur bei den Derwischen, im späteren Islam, die durch Tanz und Musik die ekstatische Vereinigung mit Gott suchten, lassen sich noch vergleichbare Intentionen nachweisen.

4.2. Schautanz, Chortanz, Gesellschaftstanz: der Tanz als Unterhaltung

Häufig wird in der Literatur der Niedergang des Tanzes als Medium, also des sakralen Tanzes, beklagt, etwa von Walter Sorell: »Es begann mit dem frühen Christentum, das jeden Tanzschritt als einen Schritt in die Verdammnis ansah. Und es endete mit der Glorifizierung des romantischen Balletts, genauer gesagt, der Ballerina im Laufe des 19. Jahrhunderts, in dem der größte Teil des aufstrebenden Bürgertums im Ballett nur das leicht geschürzte Fleisch und die bloße Geste der Unterhaltung sah.« (1983, 25f.) Aber den Schautanz hat es schon sehr viel früher gegeben. Joseph Gregor sieht ihn bereits im neuen Reich der altägyptischen Kultur: »Der Tanz wird Schaustück, insbesondere bei Gastmählern, aber er wird dekadent. Das hauchdünne, absolut durchsichtige Hemd ist nun die Bekleidung der Tänzerin, wenn sie nicht völlig nackt ist und nur den schmalen Gürtel trägt. Breiter Kopfputz und fallendes Haar, Halsketten. Die Tanzende begleitet sich selbst, die Instrumente werden oft mit großer Grazie getragen. Desgleichen bewährt sich die Kunst in der Wiedergabe der eleganten, meist auf eine verhüllte Weise sinnlich reizenden Posen, sogar in der Art, wie für den Beifall gedankt wird.« (1944, 40) Der Tanz wurde erotisch funktionalisiert, allerdings mit jenem mythologischen Hintergrund, welcher der Nacktheit die Funktion zuordnete, die bösen Dämonen zu vertreiben. In der Fachliteratur hervorgehoben wird hier jeweils die »Akrobatik« der Tänzerin, gelegentlich auch ihre wilde »Ekstase« (Bartels 1992, 151; vgl. auch Brunner-Traut 1938, 23f.), beim Ostrakon aus der Ramessidenzeit (1305–1080 v.u.Z.), gefunden im Deir-el-Medine (Abb. 24), ebenso wie beim Ostrakon aus derselben Zeit, gefunden in Turin (Abb. 25). Auch wenn erstere zusätzlich mit Tätowierungen und Schmuck an Handgelenk und Hals ausgezeichnet ist, sind doch Stellung, Lendenschurz und Haarpracht bei beiden Tänzerinnen identisch – möglicherweise Hinweis auf die tänzerisch-körperlich imitative Gestaltung des damaligen Weltbildes mit Nut und Schu (vgl. Kap. 2, Abb. 6), d.h. der Tanz hatte durchaus vielleicht noch Anklänge an die frühere sakrale Bedeutung. Ausschlaggebend erscheint allerdings die Umkehrung des Körpers: Während die Himmelsgöttin Nut ihre Brüste mütterlich nährend nach unten den Menschen reicht, recken die akrobatischen Tänzerinnen ihre Brüste erotisch nach oben – der Schritt vom Magisch-Religiösen hin zu Kunst, Beruf und Amüsement (vgl. Ellis 1926, 47), die Entwicklung vom Kult der Bewegung zur Bewegungskultur. Kurt Peters befindet: »Schon mit dem Eintritt in die frühägyptische Epoche ist in der zunehmenden Kultivierung eine deutliche Abgrenzung zwischen sakralem und profanem Tanz festzustellen. (...) Künstlerische Nackttänze dienen dem bewußten Schönheitsgenuß, Schau- und Unterhaltungstanz werden perfektioniert. Akrobatische Tänze und der Bauchtanz an den Gräbern sind keine Seltenheit, und die Schiffsprozessionen den Nil hinab haben ebenso kultischen wie Schautanzcharakter mit karnevalistischen und folkloristischen Elementen.« (1991, 12; vgl. auch z.B. von Boehn 1925, 35) Ähnlich bilanziert Emma Brunner-Traut, wenn sie für das Alte Reich festhält, »daß in dem geschichtlichen Ägypten bereits die ungebrochene Einheit des Lebens verloren gegangen war (...). Schon der Ägypter dieser alten Pharaonenzeit *genoß, übte* den Tanz oder *führte* ihn *vor*.« (1938, 81)

Bereits zu dieser Zeit wurde das Medium Tanz als Instrument politischer Herrschaft eingesetzt. Giovanni Calendoli befindet: »Die großen politischen und militärischen Ereignisse, die Krönung der Könige, vor allem deren dreißigjährige Wiederkehr, erzeugen im Volk Freude, die es durch Tanzen zum Ausdruck bringt. Der Tanz hat eine Mittlerfunktion zwischen Herrscher und Untertanen, man vergewissert sich durch ihn der wechselseitigen Solidarität und erneuert und bestärkt sie. (...) Zur Zeit der Pharaonen (...) ist der Tanz, der wie in einem komplexen Dialog abläuft, ein Schauspiel kommunikativer Kraft innerhalb einer von starker Zentralgewalt geprägten Gesellschaft.« Feste wie die dreißigste Wiederkehr der Thronbesteigung durch König Amenophis III., das alljährliche

Abb. 24: »Erotischer« Schautanz auf einem Ostrakon (Deir-el-Medine)

Opetfest oder das sogenannte »Schöne Fest vom Wüstental«, vielfältig dargestellt auf Wandbildern und Reliefs, belegen diese Funktion des Mediums Tanz, »die bestehenden Machtverhältnisse zu verherrlichen: Alle unterwerfen sich dem Pharao und erweisen ihm ihre Reverenz.« Der Tanz war etablierter Bestandteil der ägyptischen Gesellschaft, »Tänzerin« war deshalb bereits eine feste Berufsbezeichnung (vgl. Brunner-Traut 1938, 30ff.). Es lassen sich, im Verlauf der Entwicklung vom Alten zum Neuen Reich in unterschiedlicher Gewichtung und Ausformung, systematisch mindestens fünf verschiedene Tänze unterscheiden: erstens den langsamen, feierlichen Tanz, etwa beim Totenkult, speziell den relativ streng kanonisierten Muu-Tanz; zweitens den Hathorsprungtanz (zur Verehrung der Tanzgöttin Hathor), teils auch als Spiegeltanz gefaßt; drittens den akrobatischen Tanz; viertens den nubischen oder synkopischen Tanz; und fünftens den pantomimischen, mimetischen oder narrativen Tanz, etwa beim Gastmahl und bei öffentlichen Festen (Calendoli 1986, 19ff.; Brunner-Traut 1938). Andere unterscheiden Lauftanz, Freudentanz, Jagdtanz, Rauten-

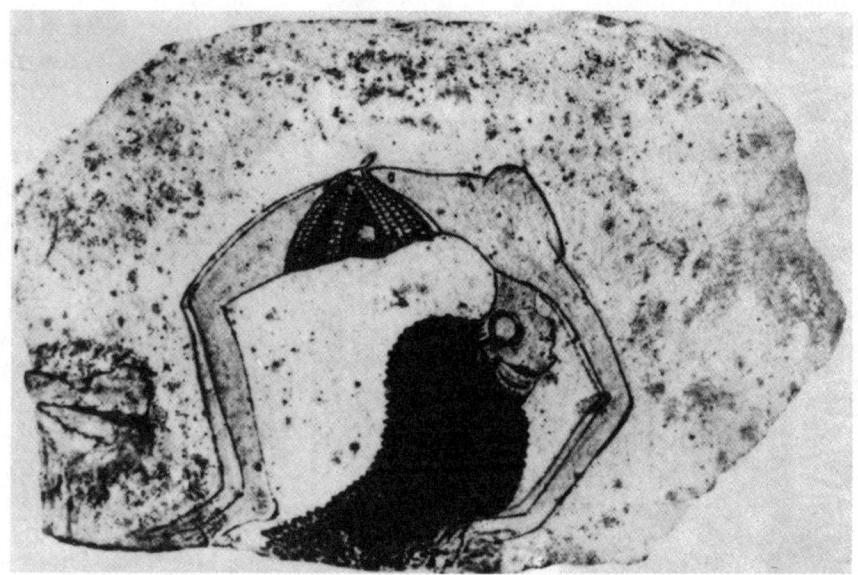

Abb. 25: »Akrobatischer« Tanz auf einem Ostrakon (Turin)

Schreittanz, Paartanz, Gottestanz u.a. Der sakrale Tanz jedenfalls wurde über seine religiöse Funktionalisierung und seine Profanisierung schließlich zum politischen Instrument.

In der griechischen Kultur finden sich immer noch zahlreiche Verweise des Tanzes auf ein kosmisch-religiöses Ordnungsprinzip, auf Fruchtbarkeit, Initiation, Geschlechterwerbung und Hochzeit, auf den Tod (vgl. etwa Lonsdale 1993). Aber veräußerlichte Formen, profane Bedeutungen und ästhetische Funktionen überlagerten sie. Manchmal spielte etwa die Örtlichkeit für den Tanz eine besondere Rolle. Der nordische Labyrinthtanz beispielsweise – möglicherweise eine Verbindung von Spiralen als Tanzform und dem Sieg des Theseus, mit dem Ariadne-Faden, über den Minothaurus (Kerenyi 1966, 284f.) – gestaltete, oft im Zusammenhang mit dem Frühlingsfest, die Annäherung der Burschen an die Jungfrau im Zentrum des Labyrinths (Junk 1990, 169ff., 183f.). Manchmal kam aber auch dem Kostüm eine wichtige Bedeutung zu. Beim Schautanz in Kreta etwa ließen enge Mieder die nackten Brüste hervortreten oder waren die Röcke mit Volants versehen, um den Schwung der Beckenbewegungen zu unterstreichen. Auch bei den Etruskern tanzten Frauen bereits vor Zuschauern, wie eine Wandmalerei aus dem Jahr 520 v.u.Z. (Tomba dei Giocolieri, Tarquinia) veranschaulicht, mit Schmuck, Schleier, gebundenen Haaren und stilisiertreglementierten Bewegungen von Hand und Körper (Abb. 26). Bei den Panathenäen soll es drei große Tanzchöre gegeben haben, Männer, Jünglinge und Knaben, die jeweils einander im Schautanz als Wettbewerb bekämpften. (Gregor 1944, 44f.; vgl. auch Sachs 1976, 162f.) Da wurde als Siegespreis etwa eine Dipylon-Kanne ausgesetzt (Abb. 27), mit der griechischen Inschrift von rechts nach links: »Wer nun von den Tänzern am anmutigsten tanzt, der soll dies bekommen« (Ekschmitt 1968, 207). Auch bei den Griechen wird der archaische Reigentanz, den noch Homer beschrieb, abgelöst und, neben dem Solotanz zur Unterhaltung, vom Prozessionstanz und vor allem dem Chortanz ersetzt. Diese neuen Formen des kollektiven Tanzes – nach dem Vorbild der Götter, die selber tanzen – verwandelten das Medium »zum Ausdrucksmittel für das Selbstbewußtsein der Bürger eines Volkes«: Der Tanz wurde bevorzugt »Träger einer dramatischen Botschaft«, unter Einbeziehung der Sprache (Calendoli 1986, 27+35).

Nach Athenaios und anderen Quellen (Weege 1925, 5ff.; Calendoli 1986, 37) gab es bis zu zweihundert verschiedene Tänze im griechischen Altertum, häufig nach Landschaften und Regionen benannt (z.B. kretisch, ionisch, phrygisch, makedonisch etc.), oft aber auch nach charakteristischen Bewegungsformen (z.B. Kreiseltanz, Ellenbogentanz, Biegetanz, Stampftanz, Springtanz etc.). Der Tanz war hier weniger Kultmedium als vielmehr Bildungsgut. Analog der Entwicklung des antiken Theaters aus dem Dionysos-Kult, die noch zu behandeln sein wird (Kap. 9), spielte vor allem der dionysische Tanz eine herausragende Rolle in der Geschichte auch dieses Menschmediums. Es handelt sich hier um einen Rauschtanz, der vielfältig auch in Reliefs, als Wandbilder und als Plastiken überliefert ist (vgl. auch Weege 1925, 70ff.). Wosien schreibt: »Die Begegnung mit der Gottheit in ekstatischen Tanzritualen verlangt die Identifikation des Gläubigen mit seinem Gott bis zum Grad vollständigen Überwältigt- oder Besessenseins. Wenn er sich in diesem Zustand äußert, so heißt dies, daß es der Gott durch ihn tut. (...) Einer der bekanntesten Ekstase-Kulte ist dem Gott Dionysos geweiht. Er wurde mit orgiastischen Riten, Tieropfern, Wein- und Trancetänzen gefeiert, die so lange andauerten, bis die Tänzer vor Erschöpfung umgefallen waren.« (1985, 116f.) Bei der Darstellung des dionysischen Tanzes, speziell auf zahlreichen griechischen Vasen, dominieren freilich die Mänaden mit dem Silen oder dem Satyr. »Die Bewegungen sind weiträumig wie bei keinem griechischen Tanze, Drehung auf einem Bein, Hochwerfen der Arme, Zurückwerfen des Kopfes, eine wilde, zügellose Gestik, die die Trunkenheit markiert, wenn sie nicht wirklich Trunkenheit ist. Auf dem Höhepunkt der Feier wird der Bock zerrissen, das Eponym des zerfleischten Dionysos, wir sehen es als bescheidenes Zicklein auch noch in sehr abgeschliffenen Darstellungen in den Händen der Mänaden. Ihr ständiger Begleiter ist der flötenblasende humoristische und öfters höchst unanständige Silen mit dem Barte und Pferde-

Abb. 26: »Stilisierter« Tanz als Wandmalerei (Tarquinia)

Abb. 27: Eine Vase als Siegespreis für den »anmutigsten« Tänzer

schweife, mit gehobenen Knien und großen Sprüngen (...), diese wilde Waldgottheit (...) mit Phallos und Pferdeschweif. Daß es sich keineswegs um die Gottheit, sondern um einen Ballettänzer handelt, beweisen die vielen tänzerischen Kunststücke, die wir den Silen machen sehen. (...) Der Endpunkt ist erreicht, wenn sich der Tänzer als Gott Pan kostümiert (...) oder als Satyr mit dichtem, zottigem Pelz (...). Aus der Gottheit ist ein Theaterkostüm geworden.« (Gregor 1944, 52f.) Ein tanzendes Paar, aus dem 5. Jahrhundert v.u.Z., macht das vielleicht besonders deutlich: Die Tänzerin tanzt auf halber Spitze und hat einen hochgebauschten reifähnlichen Rock, der eine starke Drehbewegung signalisiert (Abb. 28). Tanz verlor seine gesellschaftliche Rolle als Medium und wurde zur Kunst (konträr dazu z.B. Otto 1956, 42ff.).

In der »Tragödie«, die eigentlich »Bocksgesang« heißt, hervorgegangen aus dem Tanz der Böcke, einem ekstatisch-pantomimischen Tiermaskentanz (Günther/Schäfer 1975, 40), wurde dann die tänzerische Funktion des Chors, allmählich verkleinert von etwa 50 auf 12 bis 15 Personen, von der gesanglichen dominiert. Der Kreis des heiligen und religiösen Reigentanzes wandelte sich beim Schautanz zwangsläufig zur Reihe, eine ganz andere Raumgestalt als beim Kreisreigen; hier wird Front bezogen. Nach Aithenaios mußte der Chor noch mit Tänzen das Schauspiel vor Augen führen, das der Dichter beschrieb. Bei Platon war der Tanz bereits die bloße Nachahmung des Wortes durch Stellungen und Bewegungen der Körper. Der Tanz galt hier als Instrument für die Einfühlung in die dichterische Sprache und wurde entsprechend schematisch. Der Schautanz schließlich wurde, bei Aischylos, zum punktuellen Ornament des neuen Mediums Theater, zur betonten Gestik, als »Erhöhung der dramatischen Mittel«, bei Sophokles zum Ausdruck großer seelischer Wendungen, bei Euripides möglicherweise zum Solotanz, während der Komödiendichter Aristophanes den Tanz zur Groteske, zum »Prügelballett«, zum ironisierenden Versatzstück der Handlung selbst, zur Satire funktionalisierte (Gregor 1944, 56ff., 67ff.). Deshalb faßt man, mit dem bereits erwähnten Aristoxenos, nach wie vor zusammen: »Da es drei Arten von Dramen gab: die Tragödie, die Komödie und das Satyrdrama, so gab es natürlich nach diesen auch dreierlei szenische Tänze: tragische, komische und satyrische. Die lyrischen Tänze wurden dagegen bei dem Absingen eines lyrischen Gedichts getanzt« (Voß 1868/1977, 36). Im letzten Schritt der Ausdifferenzierung und Neufunktionalisierung wurde schließlich Tanz als Kunst seinerseits künstlerisch dargestellt und gestaltet – aus dem Tanz als Kunst wurde die Tänzerin als Figur, das Kunstwerk als bildende Kunst, das Gestaltungsmedium (vgl. Abb. 29). Die kleine Statue zeigt einen sogenannten Manteltanz mutmaßlich religiösen Ursprungs; die konkrete Bedeutung der unter dem Mantel verhüllten Hände liegt vermutlich in der Vorschrift, vor der Gottheit die »unreinen« Hände zu verstecken (vgl. Weege 1925, 65ff.).

Abb. 28: Der »künstlerische« Tanz auf halber Spitze mit reifähnlichem Rock

Abb. 29: Die Tänzerin als Kunstwerk

Ausdifferenzierung bedeutete für das originale Medium zugleich auch Komplexitätsreduktion, Ausdünnung, Verflachung in Form und Gehalt. Der Tanz wurde schon bei den Griechen zur Erziehungstechnik, zur Leibesübung, mit der die Körperbeherrschung ausgebildet wurde. Ein gutes Beispiel dafür ist insbesondere die »Pyrrhiche«, »der älteste und wichtigste griechische Schautanz«, ursprünglich ein kriegerischer Tanz kretischen Ursprungs, ein Waffentanz wie andere spartanische Waffentänze (Gymnopädien, Marschtänze), unter Verwendung von Musik und Chor, bei dem der religiöse Bezug vollends zurückgetreten ist; er deutet die Entwicklung zum späteren Ballett an (vgl. Weege 1925, 38ff., 50ff.). Vor allem in Rom stand er im Vordergrund. Im Campana-Relief beispielsweise wird eine Art Scheingefecht dargestellt, mit dem tänzerisch Angriff und Verteidigung geübt wurde – hier drei Jünglinge mit Kurzschwert und Schild

(Abb. 30). Die Tanzfreudigkeit der Römer blieb vorwiegend auf diesen Waffentanz beschränkt, zu Ehren des Kriegsgottes Mars, ursprünglich ein Naturgott; er wurde unter der Leitung der Salier, einer Priesterschaft, ausgeübt (Czerwinski 1862/1984, 30f.; von Boehn 1925, 41; Weege 1925, 147ff.; Calendoli 1986, 40ff.; Peters 1991, 13). Von Tänzen begleitete Prozessionen und Zeremonien zielten hier primär auf die moralische Mobilisierung für Kriegszüge und deren Reflexion. »Der Tanz war schon seit dem Ausgang der römischen Republik im wesentlichen zur Unterhaltung der Gäste in reichen Häusern geworden, in denen man Sklaventruppen aus Mimen und Tänzern bildete oder von auswärts bezogene berufsmäßige Tänzer auftreten ließ« (Weege 1925, 153). Der Schautanz in Rom, bei den Zirkusaufzügen und Spielen, baute ausschließlich auf den Berufstänzer. Vergeblich schloß um 150 v.u.Z. Scipio Aemilianus Africanus die Tanzschulen. Das Medium Tanz hatte sich längst zum Handwerk gewandelt und als Unterhaltungskunst etabliert. Rom war »Hauptstadt des Tanzes, die Anzahl der Berufstänzer und -tänzerinnen wird auf 3.000 geschätzt, was niemals eine andere Weltstadt erreicht hat.« (Gregor 1944, 99) Zur Zeit Neros erlebte der Tanz einen Höhepunkt, aber nicht als emotionale Ekstase kultischer Provenienz, sondern als erzählerische Pantomime. Der Schritt vom Satyrspiel zur tänzerischen Pantomime war ohnehin nicht groß gewesen. Man hat diesen Tanz aus moralischen und aus handwerklich-professionellen Gründen abgewertet: »Die Theater des Tanzes waren schädlich geworden, weil sie durch die Frechheit entartet worden waren. (...) Der Frechheit des Tanzes fügte man noch schlechte und grobe Ausführung hinzu.« (Voß 1868/1977, 45) Aber es ist eher der Verlust seiner gemeinschaftsfundierten Orientierungsfunktion, der seinen Niedergang markiert. Der Tanz, »bei dem man sich etwas denken kann« (Sachs 1976, 168), hatte seine genuinen Medien-Funktionen in der Öffentlichkeit verloren. Das zunehmende Übergewicht von Mime und Pantomime und der Zirkusspiele drängte ihn um ein weiteres aus der gemeinschaftlichen Öffentlichkeit zurück, bis schließlich die Theater Roms im 6. Jahrhundert u.Z. zerstört wurden und der Tanz nur als bürgerliches Zeremoniell oder als Leibesübung, als Sport (vgl. Diem 1960, 190ff.) in Erinnerung blieb.

Die junge christliche Kirche integrierte zunächst den Tanz als Bestandteil der Liturgie, d.h. es fanden »Tanzrituale oben im Chor statt, wobei der Bischof die Rolle des Vortänzers hatte. Die Vorstellung, daß himmlische Wesenheiten lobsingend den Thron Gottes umkreisen, geht auf den Talmud zurück, wo das Tanzen als die Hauptfunktion der Engel beschrieben ist.« (Wosien 1985, 29) Bald aber wandelte sich die Einschätzung des Tanzens von der »vornehmsten Beschäftigung der Engel« zum bösen Wirken des »Teufels«; das Konzil von Toledo (589) verbot den Tanz in der Liturgie. Im Volk hielten sich noch die Tänze anläßlich bestimmter Feste; als Bauerntänze bei den Herrschenden glitt der kultische Nackttanz jedoch ab »zur lüsternen Schaustellung berufsmäßiger Tänzerinnen« (Sachs

Abb. 30: Der römische Waffentanz zu Ehren des Kriegsgottes Mars

1976, 168) bzw. zum stilisierten Hoftanz; und Tiermaskentänze lebten erst im Charivari der Buffonen und Harlekins wieder auf, als Teil des mittelalterlichen »Marktplatztheaters« (Faulstich 1996, 205ff.).

In der primär unterhaltenden Funktion des ehemaligen Mediums Tanz wurzeln alle folgenden »Tanzepidemien« (Meerloo 1959, 26ff.) und Gesellschaftstänze von der Galliarde über Menuett, Polonaise und Walzer bis zu Blues, Tango, Rock'n'Roll und seinen jüngsten Nachfolgern (um nur einige zu nennen). Ursprüngliche kultische Funktionen, denkt man etwa an den Blues und seine Bedeutung als Ausdruck und Bewältigung von Trauer, Unterdrückung und Schmerz, an den Tango als körperliche Gestaltung ekstatischer Lebensfreude oder an die sexuellen Konnotationen des Rock'n'Roll Mitte der 50er Jahre in Amerika (vgl. Günther 1962, 101ff.), blieben immerhin rudimentär noch erhalten. Die Tanzstunde als Einführung in die traditionell bürgerlichen Standardtänze in Europa hatte nur noch andeutungsweise die Bedeutung initiationsähnlicher Sozialisierung, und bei »privaten« wie »öffentlichen« Festen, in allen Schichten der Bevölkerung, dient heute der Tanz fast ausschließlich dem subjektiven Vergnügen an der körperlichen Bewegung. Der Tanz war und ist zum Teil heute noch Instrument emotionaler Expressivität, körperliche Gestaltung von Gefühlen – wie auch noch bei vielen zeitgenössischen afrikanischen Völkern üblich –, eine Form der individuellen Selbstverwirklichung; und dies immer noch in begrenzter Gemeinschaftlichkeit: Der Tanz ist nach wie vor eine Form der sozialen Körper-Kommunikation. Aber er ist schon lange kein Medium mehr.

5. Die Höhlenwand als Medium der Frühgeschichte

5.0. Bevor die weitere Ausdifferenzierung und Entwicklung derjenigen Menschmedien dargestellt werden soll, die sich zentral bis exklusiv der Verbalsprache bedienen – vom Priester über das Theater, vom Aoiden über den Rhapsoden und den Lehrer bis zum Druiden –, muß auf eine Gruppe von Medien eingegangen werden, bei denen die Zeichensprache, die Bildsprache, die figurative Gestaltung eingesetzt wird: die Höhlenwand als Medium der Frühgeschichte sowie verschiedene Gestaltungs- und Schreibmedien am Beispiel der altägyptischen Hochkultur (Kap. 6).

Felsbilder sind nachgewiesenermaßen teilweise über dreißigtausend Jahre alt und beschränken sich keineswegs auf die immer wieder genannten Beispiele Altamira in Nordspanien (ca. 15000 v.u.Z., entdeckt 1869/ 1879) und Lascaux in Frankreich (ca. 14500 v.u.Z., entdeckt 1940), aktuell ergänzt durch Chauvet ebenfalls in Frankreich (ca. 32000 v.u.Z., entdeckt 1994). Es gibt zahlreiche weitere Felsbildzentren in Südwest-Europa und Nordafrika, in Skandinavien und Nordwestrußland, bei den Eskimos, in Jordanien, im südlichen Afrika, in Amerika, in West-Neuguinea oder in Australien (vgl. ausführlich z.B. Bandi *et al.* 1962). Bei den Felsbildern handelt es sich demnach nicht um ein lokales, sondern um ein globales Phänomen, dem zeitspezifische Bedeutung zugesprochen werden muß.

Für den Bereich der Ur- und Frühgeschichte der Kultur der Menschheit gibt es wohl kaum ein kurioseres Phänomen als die Fehleinschätzung der Graphiken, Zeichnungen und Bilder an Wänden und Decken exklusiv als »Höhlenmalerei« und als »Kunst« (z.B. Kühn 1923; Hoernes/Menghin 1925; Kraft 1942; Bataille 1955/1983; Grand-Chastel 1968 u.v.a.). Betrachtet wurde hier stets nur das Dargestellte, nicht das Medium der Darstellung; und das Dargestellte geriet stets nur aus ideologisch vorgefaßter Sicht in den Blick. Das geschah ähnlich wie beim Film Anfang des 20. Jahrhunderts, der ebenfalls nicht als ein neues Medium erkannt, sondern gleich total als Kunst vereinnahmt werden sollte, und zwar angeblich aufgrund der sogenannten »Filmsprache« (vgl. Faulstich 1982, 36ff.). Die Bilder an den steinzeitlichen Höhlenwänden bedienen sich ohne Zweifel der Zeichen- und Bildsprache, aber sie konstituieren allein deshalb natürlich ebensowenig Kunst wie über 30000 Jahre später der Film als Medium; nur eine bestimmte romantisierende Sichtweise hatte seinerzeit, schon seit 1864, zur Usurpation dieses Gegenstandsbereichs durch das Fach Kunstwissenschaft führen können. Ähnlich wie beim Film mußte hier zwar nicht ein Realismusvorwurf abgewehrt werden, aber doch der Vorwurf der »Primitivität« der Menschen der Ur- und Frühgeschichte, von denen es geheißen hatte, sie seien zu »höheren« Tätigkeiten, gar »Kunst«, nicht imstande gewesen. Im übrigen ließ das Fehlen einer Kultur-, Publizistik-, Kommunikations-, Medienwissenschaft damals wohl auch keine andere Interpretation zu. Aus medienhistorischer Sicht sollte hier nun aber die notwendige Korrektur angebracht werden.

Die Argumente für die Felsbilder oder »Höhlenmalerei« als »Kunst« lassen sich im wesentlichen wie folgt zusammenfassen (vgl. Ucko/Rosenfeld 1967, 117ff., 165ff.): Die Menschen im Paläolithikum hätten aufgrund günstiger wirtschaftlicher Bedingungen, speziell einem Überfluß an Wild, viel Muße gehabt, sich künstlerisch zu betätigen. Es gehöre zu den inhärenten Neigungen der Gattung Mensch von Anfang an, sich künstlerisch ausdrücken zu wollen und seine Umgebung zu schmücken. Die Bilder seien nicht funktional eingebunden gewesen in kulturelles Handeln, sondern kreatives Spiel, l'art pour l'art, »Kunst als Selbstzweck«. Diese Auffassung ist freilich nur eine blanke, wenig bedachte Unterstellung, die von den Tatbeständen nicht gedeckt wird. Schon die Fundorte sprechen dagegen: Die allermeisten Bilder finden sich gerade nicht in den traditionellen Wohnbereichen der damaligen Menschen (sofern diese überhaupt noch erhalten sind), und selbst wenn Menschen, wie in Ausnahmefällen, in Höhlen gewohnt haben, sind die Bilder zum größten Teil eben nicht in den größeren, für Wohnzwecke geeigneten Höhlen angebracht, sondern tief drinnen im Höhleninnern, häufig an sehr schwer zugänglichen Stellen. Auch die These von einem üppigen Umweltmilieu ist wenig überzeugend; Kunst entsteht auch in dürftigen Zeiten, auch ohne Muße. Außerdem hat sich bei ethnographischen Untersuchungen gezeigt, daß »primitive Kunst« ausnahmslos in profane oder in religiöse, rituell-sakrale Funktionszusammenhänge eingerückt ist. Warum sollte das bei den paläolithischen Felsbildern, die zudem fast alle dem Tageslicht entzogen sind, also im Dunkeln liegen, anders sein? Vor allem suggeriert die Kunst-Unterstellung eine Auffassung von Kunst, von Ästhetik, eine Philosophie von der Kunst als »Autonomie«, wie sie erst im 19. Jahrhundert ausformuliert wurde.

Aus medienhistorischer Sicht ist die Frage der richtigen Einschätzung der Felszeichnungen durchaus nicht nebensächlich, weil deren Bedeutung die unterschiedlichen Vermittlungsfunktionen der Wand – als Medium – erkennbar werden lassen. Eine falsche Beurteilung der Zeichen und Bilder müßte auch eine falsche Einschätzung des Mediums nach sich ziehen. Bei der Wand handelt es sich eben nicht nur um eine bloße Fläche als »Grund« oder Basis für ein Bild, nicht gleichsam instrumentell um die Lein»wand«, sondern um ein kommunikatives Medium. Ebenso wie es beim Film, als Medium, Kunstwerke gibt, nämlich Spielfilme (die mit der Filmsprache künstlerisch = spielerisch umgehen), aber auch Informationsfilme und andere nichtkünstlerischen Produkte, mag es auch bei der Wand Werke geben, die man als Kunst bezeichnen kann, in jedem Fall aber auch Werke nichtkünstlerischer Natur – das heißt: Medium und ästhetischer Code müssen voneinander getrennt werden (vgl. Faulstich 1982). Ebensowenig wie der Film qua Filmsprache ein künstlerisches Medium ist, ist es die Höhlenwand qua Bildsprache. Die Wand als Kommunikationsmedium ist also mit der künstlerischen Sprache allein nicht zur Deckung zu bringen. Deshalb müssen beispielsweise auch interpretative Überlegungen, nach denen die Höhlen»gemälde« tatsächlich gar keine Kunstwerke, sondern historiographische Kompositionen sind und unterschiedliche Phasen der Geschichte einzelner Clans der Frühgeschichte dokumentieren (Raphael 1993), durchaus ernstgenommen werden.

Im historischen Überblick einer umfassenden Geschichte der Medien markiert dieses neue Medium nämlich einen weiteren Schritt im Prozeß der bereits erwähnten Ausdifferenzierung. Bei der Wand handelt es sich nicht um die biologisch-kosmologische Sprache der Natur wie beim Medium Frau, nicht um kultische Ritualsprache wie beim Opferritual, nicht um Körpersprache wie beim Tanz, sondern allgemein um fixierte Bilder- und Zeichensprache. Das Medium Höhlenwand ist damit das erste Schreibmedium der Geschichte. Kommunikatives Handeln veräußerlichte sich hier, wenngleich zuerst noch in Höhlen, zum Gestalten. Der Kommunikationsprozeß wurde partiell vergegenständlicht, das »Produkt« unveränderlich festgehalten. Mit der Höhlenwand als erstem Schreibmedium der Geschichte setzte im Prinzip zugleich die Entwicklung vom Menschmedium zum Gestaltungsmedium ein. Nicht mehr der ganze Körper komponierte, kommunizierte, sondern nur noch die Hand; nicht mehr der Körper war »Medium«, leistete die Vermittlung, sondern nunmehr die Wand.

Daß dieses Medium bevorzugt in Höhlen genutzt wurde, ist von ausschlaggebender Bedeutung. Die Höhle verweist nicht nur auf den Bären als seinen Bewohner, der Gegenstand der Jagd gewesen war, nicht nur auf einen markanten Ort der Zusammenkunft für die archaischen Horden, ebenso natürlich wie ein Hügel, ein Wasserloch und Ähnliches, mithin auf ihre potentielle Funktion als zeremonielles Zentrum (vgl. auch Schechner 1990, 117ff.), sondern zuallererst auf die vom Medium Frau abgeleitete Bedeutung: Leib der Mutter Erde, natürlicher Platz für eine symbolische Geburt und Erneuerung. In manchen Kulten war die Höhle explizit der Ort für die Vereinigung mit der Göttin, Hochzeitskammer, Symbol für den Schoß der Welt (Walker 1983/1993, 403ff.). Auf diesen Zusammenhang von Höhle, Wand und Medium Frau wird noch zurückzukommen sein (Kap. 5.2.).

Die Höhle und vollends die überwiegende Plazierung der medial genutzten Wand in der Höhle signalisieren zugleich Abgeschlossenheit, Unzugänglichkeit, Verborgenheit. Ganz offensichtlich war der kultische Ort nicht auf der Spitze eines Berges gelegen. Unübersehbar wurde hier nicht wie beim Opferritual die gesamte Clan-Öffentlichkeit angesprochen und beteiligt. Der Akt des Gravierens, Zeichnens, Malens war bei der Höhlenwand kein Akt der Gemeinschaftlichkeit mehr, wie bisher üblich und selbstverständlich, nicht einmal in der hierarchischen Einteilung in Priester und Volk oder Gemeinde, für die schon räumlich in den Höhlen oft gar kein Platz gewesen wäre. Deshalb muß die Höhlenwand nicht nur als das erste Schreibmedium gelten, sondern – nach oder neben dem Opferritual, in dem dies schon angelegt war – auch als das erste Medium für Individualkommunikation. Daraus und nicht aus seiner möglicherweise kultischen Funktion erklärt sich der Geheimnischarakter dieses Mediums. Insofern markiert die Höhlenwand eine gegenüber dem Opferritual andere Kultform, die ausführlicher zu bedenken ist (Kap. 5.1.).

5.1. Die farbigen Tierbilder:
Jagdtotem – Stammesgeschichte – Wertespiegel

Die Probleme der Kunstgeschichte mit den Höhlenbildern sind evident. Exemplarisch sei das an einem repräsentativen Beitrag demonstriert (die kritischen Formulierungen sind kursivschriftlich markiert): »Die Ursprünge der Kunst in der späten Eiszeit *sind in tiefes Dunkel gehüllt und können von unseren Erklärungen heute nur umrissen* werden. *Sicher* ist der Entstehung der Kunst einmal die Erkenntnis von der Ähnlichkeit zwischen zwei Wesen vorausgegangen, zum andern *müssen* Impulse auch von der ältesten aller Künste, der dramatischen, *ausgestrahlt haben*. Denn hier hatte der primitive Mensch bereits in seinen Tänzen ein Wesen imitiert, d.h. er ahmte dessen Gewohnheiten, seine Gesten und seine Mimik nach. *Wie wir es heute noch bei Primitiven finden*, kann die dargestellte Maske oder ihr Bild ein völlig eigenständiges Wesen werden, das seinem Besitzer magische Kräfte verleiht. Ein anderer Anstoß zu künstlerischem Schaffen *könnte* aus dem Bereich der Jagd gekommen sein. Täglich traf der eiszeitliche Jäger auf die Spuren des Wildes, die sich in die Erde eingedrückt hatten und die auch künstlich nachgeahmt werden *konnten*. Dies *dürfte* den Menschen dazu geführt haben, einmal seine eigenen Hände abzubilden, und über diesen Prozeß *könnte* er dazu gelangt sein, mit den Fingern Linien in den Lehm zu ziehen oder mit lehmig beschmutzten Fingern über eine Felswand zu malen. Zunächst *rein zufällig*, wird dieses Tun bald absichtlich: es entsteht ein Gewirr von Linien, die sich *allmählich* zu Arabesken und Mäandern winden, und aus deren Mitte *irgendwann* die Silhouette eines Tieres *geboren* wird.« (Breuil / Berger-Kirchner 1962, 20f.) Blanke Ver-

mutungen, wilde Spekulationen, das Eingeständnis der Unkenntnis, An-
leihen bei »Naturvölkern« des 20. Jahrhunderts werden hier zu einem
wenig plausiblen Konstrukt zusammengesetzt. Was stets überwog und
alle Bedenken hinwegfegte, war die Begeisterung für die Tier-Motive:
Mammuts, Rhinozerosse, Bisons, Urstiere, Wildpferde, Moschusochsen,
Rentiere, Höhlenbären, Tiger, Löwen, Steinböcke u.a. Ganz offensichtlich
war ein Bezug zur Tierwelt, häufig als der Welt der Jäger, gegeben, der
denn auch zur Interpretation der Höhlenbilder als Jagdtotem führte. Es
muß aber bewußt bleiben, daß Jagdszenen und anthropomorphe Figuren
gegenüber der Darstellung allein von Tieren quantitativ deutlich abfallen
(z.B. Ozols 1970).

Die sexuelle Vereinigung der Geschlechter, im Sinne des Hieros Gamos,
ist als manifestes Motiv nur in extrem wenigen Ausnahmefällen nachweisbar (vgl. auch oben Kap. 2, Abb. 2). Einer der seltenen Fälle fand sich
als bemalte Felsgravierung an der Südseite des sogenannten »Horsfield-
berges« in Alaska (Abb. 31). Hans-Georg Bandi erläutert (1962, 114): »Unter teilweiser Benutzung der natürlichen Felsoberfläche hat der Künstler
die Gravierung reliefartig gestaltet, was vor allem an der männlichen Schul-
ter (linke Figur) und an den Händen, Armen und Füßen sichtbar wird;
offenbar ist der Künstler von einer plastischen Vorstellung ausgegangen.
Die Darstellung ist in der gesamten Felsbildkunst einzigartig.« Auch Tanz-
szenen (vgl. James 1960, 144f.) finden sich eher selten (vgl. oben Kap. 4,
Abb. 21). Sie werden häufig als Phalluskult oder Fruchtbarkeitstanz interpretiert (James 1960, 144ff.). Auf den ersten Blick spielt also das erste Medium der Kulturgeschichte, die Frau, ebenso wie das körpersprachliche
Menschmedium Tanz hier keine besondere Rolle. Auf den zweiten Blick
muß, folgt man entsprechenden Interpretationen, dieser Eindruck revidiert werden (Kap. 5.2.).

Dominant war die Interpretation der Tierbilder im Zusammenhang mit
der Nahrungsbeschaffung. Angeregt durch Rituale heutiger »Primitiver«
bzw. »Naturvölker« nahm man an, die Abbildung von Tieren, insbesondere wenn mit Pfeilen und Speeren in Verbindung gebracht, diene dem
magischen Beschwören des Jagderfolgs zu Beginn einer Jagd. Das Tier
wird demnach visualisiert und vergegenständlicht, dargestellt, es wird
insofern symbolisch begriffen und erlegt. Dieses rituelle Spiel sollte angeblich die wirkliche Jagd positiv beeinflussen. »Damit wurde Jagdzauber
der Schlüssel zur Deutung aller Darstellungen in den jungpaläolithischen
Bilderhöhlen. Die Pfeile auf den Tierbildern sollten Zauberpraktiken beweisen, in den geometrischen Figuren sah man Fallen und Jagdgeräte, die
anthropomorphen Figuren bedeuteten jetzt die Zauberer.« (König 1973,
16)

E. O. James beschreibt aus dieser Sicht Bilder in der Höhle von Monte-
span, die zahlreiche verwundete Tiere zeigen (1960, 172ff.): »Eine Pferde-
zeichnung auf dem Boden zeigte mehrere Nackenwunden, die von Spee-

*Abb. 31: Die Vereinigung der Geschlechter als Heilige Hochzeit
(Felsgravierung in Alaska)*

ren herrührten. Dasselbe gilt für die Brustpartie einer der Löwinnen. In
einer weiteren Galerie mit sehr niedriger Decke ist ein kleines Pferd abgebildet, das sich nach rückwärts überschlägt. Am Ende der Passage gibt es
eine Szene, die vermutlich einen von Palisaden umgebenen Kraal darstellt, in den gerade wilde Pferde mit Wurfgeschossen und Steinen hin-
eingetrieben werden. – In diesem Heiligtum scheint sich das Schwerge-
wicht des Rituals auf das Erlegen der Tiere (...) zu konzentrieren. Hierher
zog sich wohl der Zauberer zurück, wenn der Stamm auf eine Jagd-
expedition ging. Er durchbohrte die Tierbilder mit dem Speer und sprach
dabei magische Formeln, um das Jagdglück herbeizurufen.«

Das Tier wurde nach dieser phantasievollen Interpretation später zum
Totem – zum Verwandten des Menschen, zum Schutzgeist des Clan. Das
Totem signalisierte eine Schicksalsgemeinschaft zwischen Mensch und Tier.
Dem Tier wurde damit eine besondere Verehrung zuteil. Deshalb wurden
die Bilder auch als Ausdruck einer frühen Religion interpretiert. Und in
der Tat findet sich hier wieder, verbunden mit der profanen Funktionalisierung, jene Symbiose von Töten und Schuld, die schon für das Opfer-

Abb. 32: Darstellung eines Stiers in der Höhle von Lascaux

ritual als charakteristisch aufgezeigt wurde (Kap. 3). Deshalb konnte es auch genügen, nur einen Teil des Tierkörpers abzubilden, etwa seinen Kopf oder die Hörner; »zum Zwecke einer magischen Beherrschung der Beute genügten diese Körperteile als wirksames Symbol.« (James 1960, 173) Ein gutes Beispiel dafür (Abb. 32) bietet die Kopf- und Brustpartie eines Stieres, mit Hörnern in verdrehter Perspektive, links der Kopf eines Pferdes aus dem großen Saal in der Höhle von Lascaux.

Deshalb konnte man sich auch entsprechender Masken oder Tierteile (Federn, Hörner, Geweihe etc.) bedienen, um in magisch-totemistischen Tänzen (James 1960, 225ff.) die Schicksalsgemeinschaft zu beschwören. Auf die spezielle Rolle des Schamanen und die Bedeutung der »Schattenseele« wird später noch einmal zurückzukommen sein (Kap. 7.2.). Die Darstellung des Jägers selbst wird in den nicht sehr häufigen anthropomorphen Figuren gesehen. Immer wieder wird dabei die kultische Funktion dieser Bilder hervorgehoben. Am bekanntesten ist eine 75 cm hohe Figur aus der Dreibruderhöhle in Trois-Frères in den Pyrenäen: »die Gestalt eines Zauberers, graviert und schwarz umrissen, ein Mensch, der ein phantastisches Tierkostüm übergeworfen hat: Kopf und Geweih eines Hirsches, Schwanz und Rute eines Hengstes, Tatzen eines Bären, in beschwörend tanzender Haltung« (Kraft 1942, 255f.). Jacob Ozols interpre-

115

tiert die Figur als einen »Magierahnen«, »der in der Unterwelt die Tierseelen für die Jäger seines Stammes einfängt« (1970, 26). Diese Figur hat sich inzwischen derart verselbständigt, daß sie häufig nur noch in der Nachzeichnung von Henri Breuil (Abb. 33 unten) und nicht mehr im Original (Abb. 33 oben) bekannt ist. Max Raphael warnt denn auch vor dem »Prinzip der getreuen Nachzeichnung«, die in diesem speziellen Fall das gesamte Umfeld der Zeichnung (angeblich eine große Menge von Tieren) ausblendet, und gibt zu bedenken: »Der sogenannte ›Sorcerer‹ in den Trois Frères könnte (..) etwas ganz anderes darstellen als einen Zauberer, der ja überhaupt nur selten und dann ganz anders dargestellt wird, z.B. die Einheit und damit den Herrn aller Tiere« (1993, 110).

Eine kultisch-totemistische Funktion des Mediums Wand kann nicht ganz ausgeschlossen werden, ja wird bereits als Überschreiten »der höchsten geistigen Stufe der Menschheitsgeschichte« interpretiert, als Rückschritt zur Magie (Lissner 1958, 270ff.; vgl. zusammenfassend auch etwa Ries 1993, 38ff.), auch wenn sie angesichts der individuellen Nutzung des Mediums aber eher fragwürdig erscheint; in jedem Fall würde sich in der Distanz zwischen »Zauberer« und Clan-Gemeinschaft eine verschärfte Herrschaftsfunktion manifestieren – eine Distanz, die ja nicht mehr nur hierarchisch begründet wäre wie beim Opferritual, sondern räumlich bzw. zeitlich und durch den Geheimnischarakter, den exklusiven Wissensvorsprung. Ähnlich problematisch verhält es sich mit der eingangs erwähnten Interpretation einer Bilderkomposition als Historiographie. Sie kann immerhin verdeutlichen, daß die Auffassung der farbigen Tierbilder als Jagdtotem durch eine noch profanere, dem Medium Wand aber durchaus angemessene Funktion zumindest ergänzt werden muß. Max Raphael versuchte, »für die Decke von Altamira (zu) zeigen, daß ihr eine einheitliche Konzeption zu Grunde liegt, die in einer ebenso einheitlichen Komposition dargestellt ist (...), daß wir also in der Decke von Altamira das Ergebnis einer langen Entwicklung vor uns haben, die ursprünglich getrennte Elemente vereinigt.« (1993, 71f.) Er interpretiert sie als Darstellung der Geschichte mehrerer Clans, speziell des Hirschkuhclans, die im Laufe langer Zeiträume Stück für Stück von immer neuen Gestaltern ergänzt wurde, wobei alte Bestandteile »so in Rechnung gestellt und benutzt worden sind, daß sie eine einheitliche Gesamtkomposition nicht schädigten, sondern förderten« (1993, 79). Daraus folgert er eine Tradierungsfunktion der Wand.

Man hat auch versucht, anhand regional begrenzter Feldbilder (hier: der Sahara) kulturgeschichtliche Perioden (hier: des Neolithikums) festzulegen, welche auf die Veränderung sowohl der dargestellten Motive als auch ihrer Funktionen abheben (z.B. Striedter 1984):

– Demnach begann die Geschichte mit einer Jäger- und Wildtierperiode, nach dem gleichnamigen großen Wildrind auch *Bubalusperiode* genannt. Großwilddarstellungen in großer Detailgenauigkeit sowie pornographi-

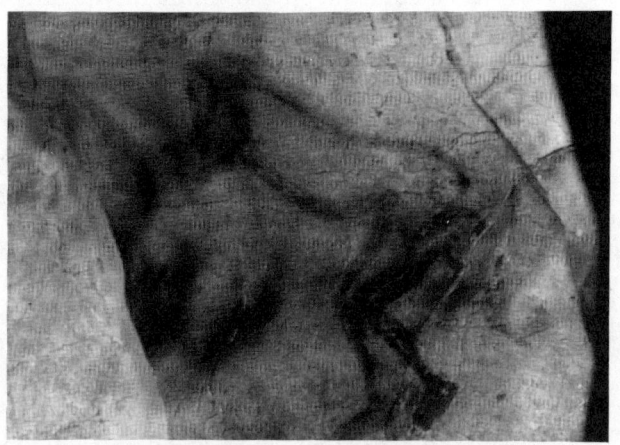

*Abb. 33: (oben) »Zauberer« in Trois-Frères im Original
(unten) Nachzeichnung durch Henri Breuil*

sche Darstellungen behandeln die zwei großen Themen dieser Zeit. Die zentrale Funktion verweist auf Kulte im Zusammenhang mit der Lebenssicherung: Ernährung und Fruchtbarkeit bzw. Fortpflanzung.

– Diese Periode überlappt mit einem Kulturabschnitt, den man, gemäß einem stilistischen Merkmal, als *Rundkopfperiode* bezeichnet hat, spätestens mit dem 6. Jahrtausend v.u.Z. Die abgebildeten Tiere wirken hier eher starr, teils skurril und phantastisch. Typisch sind zahlreiche Menschendarstellungen (mit einem runden Kopf), mit deutlichen sekundären Geschlechtsmerkmalen, die aber fast nie in Zusammenhang mit Tieren dargestellt werden. Szenische Kompositionen verweisen auf kultische Handlungen, zumal auch Maskenträger auftreten. Auch Handabklatsche, d.h. Abdrücke von farbigen Händen und von Handschablonen, werden hier eingeordnet. Die kultische Bedeutung kann motivlich offenbar noch nicht angegeben werden.

– Mit einer deutlichen Zäsur folgt die *Rinderperiode*, mit domestizierten Rindern im Vordergrund (in manchen Landesteilen mit Schafen). Die Tiere werden hier kleiner abgebildet, überwiegend in Herden, ohne viele Details, und die Darstellung menschenähnlicher Wesen tritt sehr viel häufiger auf, ist elaboriert und elegant. Oft sind die Figuren bei häuslichen Verrichtungen begriffen, auch in kriegerischen Auseinandersetzungen. Sexuelle Darstellungen und Jagdszenen fehlen völlig. Charakteristisch ist die polychrome, d.h. mehrfarbige Malerei. Offensichtlich rücken Seßhaftigkeit, Hirtenkultur und profaner Alltag in den Vordergrund. Eine eindeutige Funktion ist nicht zuzuordnen. Allerdings finden sich hier netzartige geometrische Muster, Spiralen und andere geometrische Figuren, auf die noch zurückzukommen sein wird (Kap. 5.2.).

– An die Rinderperiode schließt sich, ab der Mitte des 2. Jahrhunderts v.u.Z., die *Pferdeperiode* an. Die Stilmerkmale unterscheiden sich stark von den Vorläufern. Insbesondere wird hier auf die Darstellung des Kopfes verzichtet bzw. der Kopf durch einen kleinen Stab lediglich angedeutet. Männer und Frauen tragen Kleidungsstücke und gelegentlich Waffen. Auch hier gibt es Vierecke, Linien und andere rätselhafte geometrische Muster. Auffallend häufig sind Kampfszenen, die Pferde zusammen mit Wagen zeigen. Hier tauchen erstmals Schriftzeichen auf (»Tifinar«), die bis heute noch nicht entziffert werden konnten.

– Spätestens seit Beginn unserer Zeitrechnung dann folgt die *Kamelperiode* – das Dromedar war nach der Eroberung Ägyptens durch die Perser im Jahr 525 v.u.Z. im Niltal eingeführt worden und setzte sich später in der ganzen Sahara durch. Es gibt Zehntausende von Kameldarstellungen aus dieser Zeit, oft in der Nähe von Wasserstellen und alten Karawanenpisten.

Die Problematik solcher ausschließlich an den Bildern orientierter historiographischer Entwürfe (begrenzter Kulturraum, rein motivlich-stilistische Ausrichtung, häufig fehlende Funktionalisierung, Bewertung als

Kunst usw.) ist offensichtlich. Dennoch sind sie hilfreich, weil sie einen kulturellen Wandel signalisieren, der durch das Medium Wand gleichbleibend dokumentiert wird. Die Wand als ein Gestaltungsmedium hätte damit bevorzugt die Funktion der Fixierung des jeweils dominanten wirtschaftlichen Reichtums (Wildtier, Rind, Pferd, Dromedar) und damit der Selbstvergewisserung der Gemeinschaft – das Medium als Spiegel des sich wandelnden gesellschaftlichen Zentralwertes. Dem Medium Wand muß für damals folgerichtig sozial-regulative oder Stabilisierungsfunktion zugesprochen werden.

5.2. Die Inzisionen: Kosmischer Raum und zyklische Zeit

Ob nun eher kultisch-sakrale Funktion, historiographische bzw. Tradierungsfunktion oder Werte-Orientierungs- bzw. Stabilisierungsfunktion – interessanterweise sind bei der kunsthistorischen Usurpation der Felsbilder die Objekte für die fachspezifische Interpretation »behandelt«, um eine entscheidende Dimensionen verkürzt worden. Man hat die Bilder, festgelegt auf »Gemälde«, gleichsam gereinigt – alle Striche, Zahlendarstellungen und sonstigen Graphiken, die nicht zu den »schönen« und »wunderbaren« Farbbildern paßten, wurden eliminiert (König 1973, 13f.). Tatsächlich finden sich aber auf den Felswänden sowohl Bilder als auch Gravuren oder Inzisionen, und zumindest für die Felsbilder in der Sahara ist »ohne Zweifel (...) die Gravierung die ältere der beiden Techniken« (Striedter 1984, 44).

Max Raphael hat bereits darauf hingewiesen, daß es sich bei den Tierbildern nicht unbedingt um Jagdmagie handeln müsse, sondern daß es sich hier auch um Jagderinnerungen oder ein Stück Clangeschichte handeln könne, mithin die Wand als Speichermedium diente (was wegen der Unzugänglichkeit der Bilder in vielen Fällen wenig wahrscheinlich ist), daß es sich hier möglicherweise auch um Totenopfer gehandelt habe, im Sinne einer schuldhaft beschworenen Wiedergeburt der auf der Jagd getöteten Tiere, oder daß hier Initiierungslehrbilder vorlägen, die zur Einweihung in Tierkenntnis und Jagdtechniken dienten (1993, 105f.). Solche neuen Denkansätze sind inzwischen über den Status von Mutmaßungen hinausgelangt. Es war Marie König, die in Anlehnung an frühere Arbeiten vor allem von A. Marshack, L. Frobenius, A. E. Jensen und E. Holm ein kohärentes, plausibles Gesamtkonzept für das Verständnis der »Höhlenmalerei« vorgestellt hat – was zum angemessenen Verständnis auch des Mediums Wand heranzuziehen ist (erstmals 1954, überarbeitet und erweitert 1973; kritisch dazu Röder et al. 1996, 215ff.). Sie konzentriert sich auf die Gravuren und Inzisionen, die bis dahin von der Kunstgeschichte ausgelassen worden waren. Funde aus der mittleren Steinzeit zeigen bereits erste Schreibspuren des Menschen, etwa auf einem Mammutstoßzahn, die belegen, daß man damals schon vier Himmelsrichtungen kannte (»Linienkreuz«). In den Höhlen finden sich zahllose Beispiele für Inzisionen an Plätzen, durch die man bestimmte Abschnitte des Himmels sehen und – nach sumerischen Texten eine kultische Vorschrift – die Bewegung der Gestirne beobachten konnte. König hält vor allem viele sogenannte Einmannshöhlen für archaische astronomische Stationen. Das enorme astronomische Wissen in allen alten Kulturen wird heute nicht mehr angezweifelt. Gerald S. Hawkins hat exemplarisch in seinem Buch »Stonehenge decoded« (1965) nachgewiesen, daß es sich bei dem rätselhaften Bauwerk nicht etwa um ein Heiligtum der Kelten handelt, sondern daß Stonehenge Tausende von Jahren älter ist und einen Kalender darstellt, der auf präzisen astronomischen Beobachtungen basiert und möglicherweise kultische Aufgaben bei der archaischen Sonnenwendfeier zu erfüllen hatte. Die Zeichen an den Höhlenwänden verweisen nach König analog ganz deutlich auf Reflexionen der frühen Menschen über die Grundkategorien Raum und Zeit.

Der Raum wurde als Weltordnung in Linienkreuz und Netz gefaßt. Die Inzisionen markieren die archaischen Ordnungsprinzipien. Die parallel laufenden Geraden zeigen die Halbierung der Welt in ein Oben (der Götter) und Unten (der Menschen). Rechte Winkel, Vierecke, Quadrate, Netze verdeutlichen die Aneignung und den Anfang der Kultur. Die neolithische Stadtsiedlung von Catal Hüyük beispielsweise, die bis ins 7. Jahrtausend v.u.Z. zurückreicht, war viereckig konstruiert. Die Stadt Mohenje Daro in Indien (ca. 2000 v.u.Z.) war an den Himmelsrichtungen orientiert und nach dem Quadratfelderschema ausgerichtet. Architektonisch wurden in zahlreichen Fällen Überlegungen umgesetzt, die als kosmologischer Aufbau kultisch begründet waren. König führt aus: »Das Linienkreuz war der graphische Ausdruck für ein allgemeines Orientierungsgesetz. Mit ihm hatte (...) die Menschheit die wichtigste Entdeckung ihrer geistigen Existenz gemacht: Sie hatte den festen Punkt im All gefunden, den Schnittpunkt der Achsen, den Mittelpunkt des Kosmos, den Zentralpunkt der Kulturwelt. Von diesem Punkt ausgehend trennen sich die vier Richtungen, die in der Bibel als die vier Ströme symbolisiert wurden. Sie markieren die vier Hauptrichtungen des Horizontes, die vier Kardinalpunkte, die Vier.« (1973, 114) Ein gutes Beispiel (Abb. 34) bilden die freigelegten Inzisionen in einer Nische in der Ginsterhöhle am Haute Pierre bei Milly-la-Forét in Frankreich. Analog zu diesem Ideogramm, das häufig auch zum Schrägkreuz mit vier Dreiecken variiert wurde, findet sich zum Beispiel in den sumerischen Königshymnen die Rede von den »vier Weltgegenden« oder den »vier Weltquadraten«. Als Ordnungsprinzip wiederholt sich die Vier beispielsweise auch in Kieseln mit roter Bemalung wie in der Kulthöhle Mas d'Azil, im Dép. Ariège (Abb. 35), die früher als »Zeremonieninstrumente« mißdeutet wurden (z.B. Hays 1963, 47).

Abb. 34: Die Betonung der »Vier« bei Inzisionen an einer Höhlenwand

Abb. 35: Die Betonung der »Vier« auf bemalten Kieseln

Abb. 36: Kosmische Weltordnung auf einer silbernen Drachme (4. Jh. v.u.Z.)

Später wurde diese kosmologische Weltordnung des Raums gestalterisch visualisiert, wie eine silberne Drachme aus Istros (Moesia) vom Anfang des 4. Jahrhunderts v.u.Z. verdeutlicht (Abb. 36): Ein Adler hält einen Delphin in den Fängen – das zeigt die Verbindung von Himmel und Erde, von Oberwelt und Unterwelt, von Luft und Wasser. Das Kreuz mit den verdickten Endpunkten, als Chiffre der Weltordnung, belegt diese symbolische Bedeutung.

Die Zeit war die natürliche Zeit, der zyklische Wandel der Natur, die Veränderung der Mondformen (zunehmender, voller, abnehmender Mond); entsprechend wurde sie in lunarsymbolischen Bildern begriffen. Deshalb muß die Drei als kultische Schlüsselzahl verstanden werden (vgl. auch Baumer 1993, 172ff.). Die meisten Höhlen – wie z.B. die Decke der zusammengebrochenen Schalenhöhle im Felsmassiv der Dame Jouanne bei Larchant (Abb. 37) – enthalten Dreiecke in der einen oder anderen Form. Nicht zufällig trug Hathor, die ägyptische Mondgöttin, das Symbol der drei Phasen (Bogen-Rundung-Bogen) auf dem Kopf. Die Zeit war Grundkategorie für kosmisches Werden und Vergehen, für Leben und Tod. Alle anderen Zeichen und Bilder sind in diesen kultischen Bedeutungsrahmen einzubetten – der Stier ist kein naturalistisches Tier, sondern Symbol des ewigen Lebens; die Lanze keine wirkliche Lanze des Jägers, sondern Zeichen für das Sterbenmüssen; der Schoß, teils mit Vulva, kein wirklicher Schoß, sondern Symbol für die Wiedergeburt; die anthropomorphen

Abb. 37: Die Betonung der »Drei« bei Inzisionen an einer Höhlenwand

Figuren sind keine Menschen, sondern Sinnbild göttlicher Allmacht; der Phallus hat nichts mit Erotik zu tun, sondern ist Symbol der Regenerationskraft, und so weiter.

Die Bevorzugung der Farbe Rot, die Symbolik des Dreiecks, die Bedeutung des Mondes – das verweist zugleich wieder auf Menstruation und Mutterschoß (vgl. Kap. 2). Es gibt zahlreiche Hinweise auf diesen Zusammenhang von Schoßdreieck, Mond, Stier, Zahl, Zeit und Kosmos. König interpretiert: »Vielleicht dachte man sich die ›Welthöhle‹ als Spiegelbild des Mutterschoßes. Der archaische Mensch fühlte sich noch im Kosmos geborgen ›wie das Kind im Mutterleib‹.« (1973, 205f.) Immerhin wurde auch schon die – mittlerweile als widerlegt geltende – These unterbreitet, schlechthin alle Tiere, Menschen und Zeichen der paläolithischen Zeit, sowohl in den dunklen Höhlenteilen als auch an den im Tageslicht sichtbaren Wänden, ließen sich in zwei große Gruppen einteilen, von denen die eine das männliche und die andere das weibliche Element vertrete; Tiere, Menschen und Zeichen seien demnach nichts weiter als Sexualsymbole in einem einzigen großen, hochkomplexen Fruchtbarkeitssystem (Laming-Emperaire 1962, Leroi-Gourhan 1964). Barbara G. Walker verweist auf die Rolle der Frauen bei der Entwicklung der Zeitvorstellungen: »Ein Kalenderbewußtsein entwickelte sich zuerst bei den Frauen, denn sie hatten ihren natürlichen Kalender auf der Grundlage der Menstruation in Verbindung mit Beobachtungen der Mondphasen. Chinesische Frauen führten vor 3000 Jahren einen Mondkalender ein«. (Walker 1983/1993, 710)

König charakterisiert in Verbindung der beiden magischen Zahlen 4 (Raum) und 3 (Zeit) die »Sieben als Baustein der Kultur«: »Die Differenzierung des Weltbildes in Raum- und Zeitordnung hatte viele verschiedene Ideogramme gebracht, die als Zeichen für die Raumordnung dem Charakter der Vier entsprachen und als Zeitordnung dreiwertig waren. Die Synthese dieser verschiedenartigen Begriffe ergab den Symbolwert der Sieben« (1973, 240). Ähnliche Bedeutung weist sie auch der Spirale, den Zahlen Neun, Zwölf oder Vierundzwanzig zu. Einer profanen, naturwissenschaftlich fundierten Weltsicht ist diese Bedeutungsdimension freilich nicht mehr vertraut. »In der heutigen Zeit ist aus dem sakralen Zeichen ein Spiel geworden, aber noch immer zählen die Eck- und die Schnittpunkte, und es gewinnt der, der die meisten Dreier hat, das heißt, der drei nebeneinander liegende Punkte besetzen konnte (Mühle).« (König 1973, 278f.)

Kehren wir noch einmal zur oben zitierten Darstellung von Stierkopf und Pferd (Abb. 32) zurück, so darf sie aus dieser Sicht nicht mehr realistisch verstanden werden, im Sinne eines Jagdzaubers, sondern symbolisch: Die verdrehten Hörner des Stiers, rot umrandet, entsprechen der Form der gegenständigen Mondbogen. Der Mond ist der »Himmelsstier«, der nach einem sumerischen Text die Zeit bestimmt. Das Pferd, phallisch und solares Symbol, wird von ihm umfaßt: bestimmt. Sieben rote Punkte sind rund um das Auge des Stiers angeordnet. Das Auge ist die Vergegenständlichung der Gestirne, speziell des Mondes, als »Augen« des Himmels. Die Zahl Sieben signalisiert die Einheit von Raum (Vier) und Zeit (Drei).

König selbst interpretiert ähnlich etwa ein szenisches Bild vom Mittelteil der Großen Felsplatte in Naquane (Abb. 38): »Der ›wilde Jäger‹ hat (...) eine Lanze mit doppelter Spitze in der Hand. Sie zielt auf den Mond und auf die Hirsche, beide müssen ›sterben‹. Die Gestalt des Jägers ist nach dem überlieferten Schema dargestellt, er ist also kein gewöhnlicher Sterblicher. Es ist die Ordnungsmacht wiedergegeben, die den Zyklus des Mondes und der Gestirne bestimmte. Es ist eine Allmacht gemeint, die Tod und Regeneration schickte. Diese anthropomorphe Gestalt steht oft im Zusammenhang mit einem Pferd. Auch dieses muß als Symbol verstanden werden. (...) In Naquane ist der Machthaber oft stehend auf dem Rücken des Tieres dargestellt, denn auch das Tagesgestirn unterstand den kosmischen Gesetzen. Er ist in Vordersicht wiedergegeben, weil die Bedeutung der einzelnen Teile seiner Gestalt gezeigt werden sollte, während das Tier in Seitenansicht dargestellt ist«: »stilisierte menschliche Figur mit viereckigem Körper, rechteckig gewinkelten Armen, Zeugungsorgan und mondförmigem Schild, der mit der einen Spitze seiner Lanze

Abb. 38: Jagdszene mit symbolischer Bedeutung

auf den Mond zielt, mit der anderen Spitze die Hirsche verfolgt« (König 1973, 338ff.).

Später wurde der lunarsymbolische Stier ersetzt durch das solarsymbolische Pferd (siehe auch Schultz 1924 u.v.a.). Die heilige Symbolik der Drei wurde zwar beibehalten, aber patriarchalisiert – wie im Christentum mit Gott Vater, Sohn und Heiligem Geist, in anderen Religionen mit anderen (männlichen) Trinitäten. Die zyklische Zeit wurde durch die lineare ersetzt, das Prinzip des Synchronen durch die Diachronie, das Prinzip kosmischer Rhythmen durch den unumkehrbaren Prozeß menschlicher Entwicklung. Das Schreib- und Gestaltungsmedium Wand der Frühgeschichte spiegelt also in vielerlei Hinsicht die fundamentale Bedeutung des Menschmediums Frau, auch mit Blick auf seine diametrale Umkehrung unter patriarchalen Vorzeichen.

5.3. Fassen wir zusammen: Bei den archaischen Höhlen- und Felszeichnungen handelt es sich nicht um Kunst, sondern die Höhlenwand muß als ein Kommunikationsmedium verstanden werden. Indirekt hat das bereits Marie König ausgedrückt, wenn sie sagt: »Es gab in jener Zeit noch kein Buch, das die Gesetze verkündete, und keine Schrift, die sie festhielt. Das alles war Aufgabe der Felsbilder.« (1973, 236) Je nach Interpretation handelt es sich bei der Höhlenwand um ein kultisches Steuerungsmedium, sofern man der Totem-Interpretation folgt, ein historiographisches oder kulturelles Speichermedium, oder ein mythologisches Tradierungsmedium, akzeptiert man die König'schen Interpretationen der Inzisionen. In jedem Fall wurde mit der Höhlenwand ein Medium konstituiert – im einen wie im anderen Fall mit deutlicher sozial-weltanschaulicher Stabilisierungsfunktion. Die Wand ist das erste Schreibmedium der Medien- und Kulturgeschichte und markiert insofern den Übergang von den Menschmedien zu den Gestaltungsmedien, und sie ist das erste Individualmedium in der Geschichte der menschlichen Kommunikation. Es sollte sich sprunghaft weiterentwickeln: über die Bilder an den Höhlenwänden in den frühchristlichen Katakomben, wo die frühen Christen im Geheimen ihre Messfeiern zelebrierten, über die Kirchenfenster der gotischen Kathedralen des Mittelalters (vgl. Faulstich 1996, 168ff.), die Holzschnitte des 16. und 17. Jahrhunderts, die Kupferstiche des 18. Jahrhunderts bis zum Plakat, der Litfaß-Säule des 19. und dem City Light Poster Ende des 20. Jahrhunderts. Wesentliche Merkmale des Mediums waren bereits bei der Höhlenwand ausgeprägt: der Obrigkeitscharakter, die Betonung graphischer Mittel, ein großes Format, die Optik als Blickfang, unmittelbare Verständlichkeit, besondere Einprägsamkeit, Appellcharakter, Schaueffekt, stationärer Gebrauch. Vergleichbar gewichtig erscheint vor allem die grundlegende Botschaft: Ebenso wie das mittelalterliche Kirchenfenster zentrale Bestandteile der christlichen Weltsicht gestaltete (und das Reklameplakat zentrale Bestandteile des profan-ökonomischen Weltbildes), formulierte die Höhlenwand fundamentale Wahrheiten des archaischen Weltbildes. Allerdings gab es zwei markante Unterschiede: Im Gegensatz zu späteren Formen, Funktionen und Nutzungsmustern des Mediums Wand war die archaische Höhlenwand nicht von mittelfristiger Aktualität, sondern als Speichermedium langfristig konzeptionalisiert, und sie war nicht auf explizite Öffentlichkeit ausgerichtet, sondern eher auf Esoterik und einzelsubjekt-orientiertes Herrschaftswissen.

---

* * *

6. Gestaltungs- und Schreibmedien der ägyptischen Kultur

6.0. Bereits in der Vor- und Frühgeschichte der Menschheit, lange vor den Sumerern, gab es Gestaltungs- und Schreibmedien – die Megalithkulturen wurden bereits erwähnt (Kap. 1), die Höhlenwand als Medium für geschriebene Zeichen wurde vorgestellt (Kap. 5), und der Tanz als Medium ließe sich ebenso als Gestaltungsmedium fassen (Kap. 4) wie alle anderen Menschmedien, insofern sich diese des menschlichen Körpers als zentralem gestaltendem Instrument bedienen. Auch die zahlreichen Idole etwa der Großen Mutter (z.B. Abb. 1 oben) oder die visuellen Darstellungen von Opferritual, Jagd und Tanz als Fresken, als Figuren oder auf Kannen (z.B. Abb. 14 oder 20), die in unserem Kontext hier bislang lediglich der Veranschaulichung dienten, ließen sich ihrerseits – als solche – durchaus auch als Gestaltungsmedien begreifen. Am Beispiel der altägyptischen Kultur nun sollen demgegenüber nicht Pharao oder Pharaonin als Gott oder Göttin (z.B. Pernigotti 1992; Hornung 1992) thematisiert werden, auch nicht »Opfertanz« (z.B. Kees 1912; Kees 1956), »Kultlauf« (z.B. Bartels 1992, 62ff.) oder »erotischer Tag« als altägyptisches Intimfest, im Sinne eines Restbestands an Heiliger Hochzeit (z.B. Assmann1989), – die Erforschung der Menschmedien dieser Hochkultur steht erst noch am Anfang. Sondern im Mittelpunkt sollen Kommunikationsmedien stehen, die als primäre Funktion in besonderem Maße auf eine spezifische Speicherung von Informationen und kulturellem Wissen abzielten. Vergleichbare Speichermedien gab es in der Geschichte der Medien, mit zwei Ausnahmen, bis dahin noch nicht. Sie bildeten das »kulturelle Gedächtnis« der Zeit und lösten damit die von Ritualen und Festen maßgeblich geprägte archaische Gesellschaft ab. An die Stelle der primär durch Menschmedien rituell und kollektiv erzeugten Kohärenz und kulturellen Identität traten die Gestaltungs- und die Schriftkultur – »der Opferkult wandelt sich zum reinen Wortgottesdienst« (vgl. ausführlich Assmann 1992, 29-160, 296).

Die Thematisierung dieser kommunikativen Speicherungsfunktion, die ebenso wie die Medien selbst bislang weitgehend ausgespart wurde (z.B. Wolf 1962), legt vorab drei generalisierende Überlegungen nahe (vgl. auch Assmann 1988; ausführlich Assmann 1995, 32-58), die teilweise schon angesprochen wurden (vgl. Kap. 2.3.). *Erstens*: Die Auffassung von Zeit wandelte sich allmählich; früher zyklische Zeit erschien in ihrem natürlichen

Rhythmus gleichsam angehalten: wurde tendenziell diachron, linear. Das kollektive Gedächtnis, das bislang in besonderem Maße oral funktioniert hatte, wurde ganz offensichtlich allmählich historiographisch. Nicht erst die Annalen der ägyptischen Könige und Dynastien – entstanden (Schlott 1989, 120f.; vgl. auch Hornung 1966) mit König Menes-Aha (2985–2955 v.u.Z.) und spätestens im 3. Jahrhundert v.u.Z. mit dem Priester und Geschichtsschreiber Manetho von Sebennytos, der die Namen von 330 Pharaonen aus 30 Dynastien auflistete, festgeschrieben (Gottschalk 1984, 7) – müssen da als Beleg herangezogen werden. Vielmehr kündete schon der Eintritt Ägyptens in das Spannungsfeld der gesamten damaligen Welt, mit Beginn des Neuen Reichs, von Geschichtsbewußtsein; der Gott selbst griff gemäß der religiösen Ideologie in irdisches Geschehen als Planer und Lenker ein (Assmann 1995, 288ff.), und die Könige bedurften verstärkt der Herausstellung ihrer »göttlichen« Natur und Erfolge, etwa durch Kriegsberichterstatter (vgl. Schlott 1989, 237ff.). »Speicherung« hieß immer stärker: lokal-spezifizierte, materiell-gegenständliche Fixierung. Das meint, daß Wissen sich qua Speicherung gegenüber dem konkreten Bedarf konkreter Menschen in konkreten Situationen gleichsam verselbständigte. Das prinzipielle Durchbrechen des vorgegebenen Zeitzyklus führte zu einer unabhängig von kollektiven Gedächtnisleistungen fixierten Achivierung von Wissen und von Handlungsmustern – womit kulturelles Wissen beliebig abrufbar, verwertbar, aber auch manipulierbar wurde, letztlich arbiträr. »Der Ägypter denkt Zeit nicht als Vergangenheit, Gegenwart und Zukunft« (Assmann 1988a, 102), sondern als Dauer und Wandel, als eine »ewige Gegenwart«, als »Zeit des ewigen Stillstands« (Assmann 1988a, 104+106). Das bedeutet eine markante Modifikation archaischer Zeitauffassung, denn die dem Zyklischen zueigene Wiederkehr wird im vergegenständlichenden Speichermedium konterkariert. Wandel gerinnt hier zum Präsens und wird damit – als Veränderung – im Grunde eher abgelehnt. Der archaische zyklische Kreislauf wurde zum Zeitkontinuum – der entscheidende Übergang zur historischen Linie, zur Geschichte in unserem heutigen Sinn.

Zweitens: Der gemeinschaftsstiftende Charakter der kultischen oder sakral-religiösen Rituale ging allmählich verloren – vielleicht einfach infolge numerischer Veränderungen; die wenigen Mitglieder der Sippe, des Stammes waren längst angewachsen zu sich immer stärker ausdifferenzierenden, immer komplexer werdenden Gemeinschaften in immer größeren Siedlungen und Städten. Die Menschen lebten und kommunizierten in relativ enger Zusammenballung miteinander, zumal in Memphis und in Heliopolis, in Gemeinwesen mit bis zu 10000 Einwohnern. »Speicherung« hieß immer stärker: Entäußerung des kulturellen Bezugspunkts, »Objekt«ivierung, Ver»gegenständ«lichung von Gemeinschaftlichkeit und Wertesystem. Durch die Dominanz der neuen Speichermedien veränderte sich das Organisationsprinzip kulturellen Wissens: Die Bedeutung von

Kommunikationsinstanzen verschob sich zu Lasten der Menschmedien. Das hatte großen Einfluß auf den normativen Charakter der dominanten Werte, deren Verbindlichkeit gegenüber archaischen Gesellschaftsformen reduziert, im Prinzip sogar ausgehöhlt erscheint: Die neue mediale Speicherung bedeutete – auch wenn das angesichts der zentralistischen Kultur Altägyptens paradox erscheinen mag – in gewissem Maße Dissozialisierung. Kulturelles Wissen »vermenschlichte« sich gleichsam, und zwar in dem Maße, in dem es vergegenständlicht wurde, d.h. es relativierte sich im kommemorativen Bezug, auf bestimmte Einzelpersonen. An die Stelle der Gemeinschaftlichkeit trat das Individuelle.

Und *drittens:* Das Bild, bei dem per se Gestalt und Zeichen zusammenfallen, differenzierte sich im Wandel der (dominant kulturellen) kommunikativen Speichermedien kontinuierlich über das bildhafte Zeichen bis hin zum abstrakten Zeichen (vgl. auch Földes-Papp 1966/1984; Kuckenburg 1989, 195f., u.v.a.). »Speicherung« von kulturellem Wissen basierte immer stärker auf – Schrift. Das bedeutete eine enorme Abstraktifikation und zugleich eine Blockierung kulturellen Wissens, nämlich für Nichtlesekundige: Man kann die Zahl der Schriftkundigen im Alten Reich, bei einer geschätzten Gesamtbevölkerung von 1–1,5 Millionen Menschen, bei 5–10000 ansetzen, d.h. die Literalitätsrate war extrem gering und von einer »Schriftkultur« kann man damals wohl gewiß noch nicht sprechen (Kuckenburg1989, 210f.; vgl. auch Schlott 1989, 94). Dieser dritte Gesichtspunkt, die Anfänge der Schrift, muß uns einleitend besonders beschäftigen, denn das geflügelte Wort gilt gerade nicht: daß die altägyptischen Denkmäler und Pyramiden »mit Riesenschrift geschriebene Bücher« (J. Burkhardt 1848) seien (konträr Assmann 1988a, 106). Zwischen dem Speichermedium Buch und einem Speichermedium wie etwa der Pyramide bestehen enorme Unterschiede, die es zu berücksichtigen gilt, weil sie für die Mediengeschichte der frühen Hochkulturen maßgeblich erscheinen.

Kurioserweise blockiert auch bei den Gestaltungs- und Schreibmedien – ähnlich wie die »Kunstwerk«prämisse bei der sogenannten »Höhlenmalerei« – eine Verwechslung das zureichende Verständnis aus medienhistorischer Sicht: nämlich die (falsche) Auffassung der Schrift, verstanden als komplettes Zeichensystem, selbst als Medium. Der Beginn der Geschichte der Schrift wird entsprechend erst verhältnismäßig spät angesetzt, nach übereinstimmenden Angaben im 4. Jahrtausend v.u.Z., als »ein Produkt der Hochkulturen« (z.B. Kuckenburg 1989, 130f.). Und sie endet naturgemäß auch sehr früh, nämlich zumeist beim lateinischen Alphabet. Nach der Entstehung und Entwicklung der mesopotamischen Keilschrift kann man für Altägypten drei Schriftformen unterscheiden, erstmals von Herodot Mitte des 5. Jahrhunderts v.u.Z. benannt: erstens Hieroglyphen (= »heilige Einritzungen«), für religiöse Texte auf Stein; davon abgeleitet zweitens die hieratische oder Kursivschrift (= »heilige Schrift«), für Verwaltungstexte auf Papyrus; und drittens die demotische Schrift (= »Volkssprache«), die sich für profane Texte auf Papyrus, Holz, Tonscherben o.ä. ab dem 7. Jahrhundert v.u.Z. durchsetzte (vgl. differenzierter Schlott 1989, 52ff.). Bekanntlich machte erst der berühmte »Stein von Rosette« (Abb. 39), im Jahr 196 u.Z. von Priestern in Memphis auf schwarzen Basalt geschrieben, die Entzifferung der ägyptischen Hieroglyphen möglich, weil er denselben Text in drei verschiedenen Sprachen enthielt, in Hieroglyphen, in Demotisch und Griechisch; vorher hatte man die Hieroglyphen teilweise für bloße Ornamente, für Dekor gehalten (z.B. Schlott 1989, 250ff.). Entscheidend für die Geschichte der Schrift war der Wandel der Bildzeichen und Lautzeichen bis zur Ausbildung von abstrakten Buchstaben (z.B. Chiera o.J., 48ff.; Schott 1951, 58ff; Müller 1984, 348; Kuckenburg 1989, 186ff.). Erst um 200 u.Z. wurde das griechische Alphabet eingeführt. Nur bedingt spielt diese Entwicklung aber für die Geschichte der Medien eine Rolle.

Die Differenzen zwischen Sprache und Schrift und Medium und Kommunikation usf. werden ganz offensichtlich von vielen nicht hinreichend bedacht. Immer wieder wird der Schrift zugesprochen, was eigentlich für das Medium gilt und nur vom Medium her angemessen begriffen werden kann. Wenn (nur als Beispiel) Martin Kuckenburg konstatiert: »Durch die schier grenzenlose Ausweitung der Kapazität des ›gesellschaftlichen Gedächtnisses‹, des Archivs kollektiver Erfahrung, wirkt (die Schrift) als kulturell produktive und vorwärtstreibende Kraft ersten Ranges« (1989, 135), so verwechselt er das – freilich unverzichtbare – *Instrument* der Speicherung, das die Kapazitätsausweitung ja nur *ermöglicht* (die Schrift), mit dem Medium (z.B. Blatt, Rolle, Brief etc.), welches die Ausweitung tatsächlich erst *leistet* – und bringt auch noch »kollektive Erfahrung« selbst ein, ohne zu bedenken, ob kulturelle Erfahrung über ihre Verschriftlichung ihren kollektiven Charakter nicht vielleicht sogar geradezu verliert. Spätestens seit dem Computer wissen wir, daß nicht die gute alte Schrift, sondern vielmehr erst das *Medium* die Kapazitätsgrenzen (erneut) ausgeweitet hat – wobei sich die Frage stärker stellt als je zuvor: ob der auf Mikrochips hochkomprimiert, »gepackt« angesammelte Datenmüll noch als »gesellschaftliches Gedächtnis« bezeichnet werden kann. Buchtitel wie z.B. »Vom Kerbstock zum Alphabet« (Weule 1915) oder »Vom Alphabet zum Computer« (de Kerckhove 1995) signalisieren schon auf den ersten Blick die folgenreiche begriffliche Unschärfe (entweder: Kerbe und Alphabet, oder: Stock und Tafel; entweder: Alphabet und binärer Code, oder: Buch und Computer). Verwirrende Gemengelagen dieser Art finden sich in der Fachliteratur über die Geschichte der Schrift allenthalben, wenn nicht sogar der Medienbezug ganz und gar unterschlagen wird (vgl. z.B. Chiera o.J.; Schott 1951; Földes-Papp 1966/1984; Schlott 1989; Pope 1990; Haarmann 1990; Assmann 1992 u.v.a.). Stattdessen soll hier ausgegangen werden von der These, daß die Schrift gar nichts der beschriebenen Art leistet, wenn sie nicht in einem Medium gebunden wird; daß mithin die

Abb. 39: Der berühmte »Stein von Rosette« in drei Sprachen (196)

Geschichte der Schrift auch nicht, obwohl vielfach behauptet, den Kern von Kulturgeschichte darstellen kann. Ohne die Einbeziehung der Medien steht deshalb die Behauptung, »daß in den Kulturwissenschaften die Schrift geradezu als Inbegriff, zumindest aber als ein wichtiges Definitionskriterium der ›Hochkultur‹ und ›Zivilisation‹ gilt« (Kuckenberg 1989, 138), eigentümlich isoliert: Ausdruck einer Perspektive der Schriftkultur selbst, die ihre eigene Relativität nicht bedenkt, obwohl zum ausgehenden 20. Jahrhundert ihre kulturelle Dominanz längst gebrochen ist. Vor jeder Schrift gab es Kultur und natürlich auch nichtorale Archive als Speichersysteme wie z.B. die Quipu-Knotenschnur der Inka, die nicht nur Buchführungsregister war, etwa bei Volkszählungen, sondern offenbar auch die Funktionen von Annalen hatte (z.B. Kendall 1973, 45f.; Mason 1975, 371ff.; Lavallée/Lumbreras 1986, 337). Auch heute gibt es Kultur ohne Schrift, insbesondere die inzwischen kulturell dominante Bildkultur der elektronischen Medien, und ob das neue Superarchiv Computer mit seinen komprimierten Riesendateien, in digitalisierter Form, noch als »Schrift« bezeichnet werden kann, dürfte zweifelhaft sein.

Wenn im folgenden zwischen zwei Gruppen von Medien – Gestaltungsmedien und Schreibmedien – unterschieden wird, so sind damit nicht etwa »zwei Kulturen« gemeint (Dauer vs. Vergänglichkeit, heilig vs. alltäglich usw.); Jan Assmann, der das »Monumentale« dem »Funktionalen« gegenüberstellt (obwohl doch auch dem Monumentalen Funktionalität zukommt), den Stein dem Papyrus, der Tonscherbe, dem Holz etc. (1988a), die »Monumental-Kultur« einer »Lebenswelt-Kultur«, die »Gedächtniskultur« einer »Gebrauchskultur« (1991), bezieht sich eigentlich nur auf differente Bereiche ein und derselben Kultur bzw. auf Materialien, nicht auf Medien; in der Tat zeigt er sich, wenn er explizit vom »Medium der Schrift« (1988, 14) oder vom »Medium Hieroglyphik« (1991, 143) spricht, als Opfer der benannten falschen Perspektive. Doch ist es sehr treffend, wenn er die gewaltigen Steinmonumente für die (freilich gesamte) altägyptische Kultur als »das zentrale Medium und die wichtigste Organisationsform des kulturellen Gedächtnisses« bezeichnet (Assmann 1988a, 96). In der Unterscheidung von Gestaltungs- und Schreibmedien verbirgt sich freilich nicht die immer wieder behauptete Unterschiedlichkeit von Funktionen; vielmehr wird sich im folgenden ganz im Gegenteil zeigen, daß Gestaltungs- und Schreibmedien – beide – mit gerade derselben Funktion in der altägyptischen Kultur vertreten sind, auch wenn ausschließlich die Gestaltungsmedien deren historisches Charakteristikum ausmachen. Vielmehr steht die Unterschiedlichkeit der beiden Mediengruppen für einen historischen Wandel. Assmann selbst indiziert diesen Aspekt mit der Unterscheidung in Hieroglyphen und Kursivschrift, wobei er auf einen historiographisch wichtigen Gesichtspunkt aufmerksam macht: daß sich »die mündliche und die inschriftliche Situation wesentlich näher stehen als die schriftliche und die inschriftliche« (1995, 87), d.h. eine Abfolge von Menschmedien über Gestaltungsmedien bis zu den Schreibmedien zu beobachten ist. Gestaltungsmedien, als ein spezifischer Typus von Medium, hatten in Altägypten in der Zeit von spätestens 3000 bis um 1000 v.u.Z. ihre Domäne; als »Zeitalter der Pyramiden« im engsten Sinn gelten die 3.–6. Dynastie (2705–2155 v.u.Z.), mithin das Alte Reich. Schreibmedien dagegen überlebten die sinnliche Anschaulichkeit der Gestaltungsmedien, überdauerten das Ende der Pharaonenzeit, waren in ihrer Abstraktheit und multifunktionalen Verwendung imstande, problemlos als kulturübergreifende Medien zu fungieren. Mit Recht wurde die »Denkmälerkultur der Ägypter« als »ein Appell, den ein Individuum an das soziale Gedächtnis richtet«, bezeichnet (Assmann 1988a, 100). Aber der »monumentale Diskurs« hatte schon lange vor der Eroberung durch Alexander den Großen 332 v.u.Z., der Herrschaft der Römer über Ägypten ab 30 v.u.Z. und gar der Christianisierung bis ins 4. Jahrhundert u.Z. seinen Mediencharakter verloren und war stattdessen in die Sphäre der Kunst eingegangen.

6.1. Speichermedien im Übergang zur ägyptischen Hochkultur

6.1.1. Die oben erwähnten zwei Ausnahmen bei den vorägyptischen Speichermedien sind erstens das »Token« und zweitens das Kerbholz – beides Speichermedien wie die Wand, aber eben nicht Schreib-, sondern Gestaltungsmedien. Hier handelt es sich um »banale«, aber gerade in ihrer Selbstverständlichkeit bedeutsame Alltagsmedien.

Tokens – gemäß der Bezeichnung durch die Archäologin Denise Schmandt-Besserat (z.B. 1979) – waren nicht Schmuckstücke oder Amulette, wie man lange angenommen hatte, sondern Zählmarken, die der frühen Buchführung gedient haben. Sie lassen sich bis auf das Jahr 8000 v.u.Z. zurückdatieren – die Zeit des Übergangs von der Jagd und Sammelwirtschaft zu Bodenbau und Viehzucht, wo die Vorratshaltung zu Planung, Registrierung, Speicherung, Kontingentierung zwang (vgl. Kuckenburg 1989, 143ff.). Man weiß noch zu wenig über diese sogenannten »Tokens«, die vor allem in Uruk und Susa und an vielen anderen Orten gefunden wurden, aber sie könnten für eine elaboriertere Geschichte der Medien später einmal durchaus als ein eigenständiges Medium gewichtet werden. Es sind Steine unterschiedlicher Größe, geometrischer Form oder Markierung (Kugeln, Scheiben, Kegel, Ovoide, Zylinder, Rechtecke, Dreiecke, später Paraboloide, gebogene Zylinder usf.). Man kann mindestens 15 verschiedene Haupttypen und über 200 Subtypen unterscheiden, teils mit Inzisionen, teils ohne, teils mit Perforationen, teils ohne, je nach Zuordnung und Verwendung (Abb. 40: Funde in Susa, im heutigen Iran, ca. 5000 Jahre alt). Archiviert werden konnten damit Tiere ebensogut wie

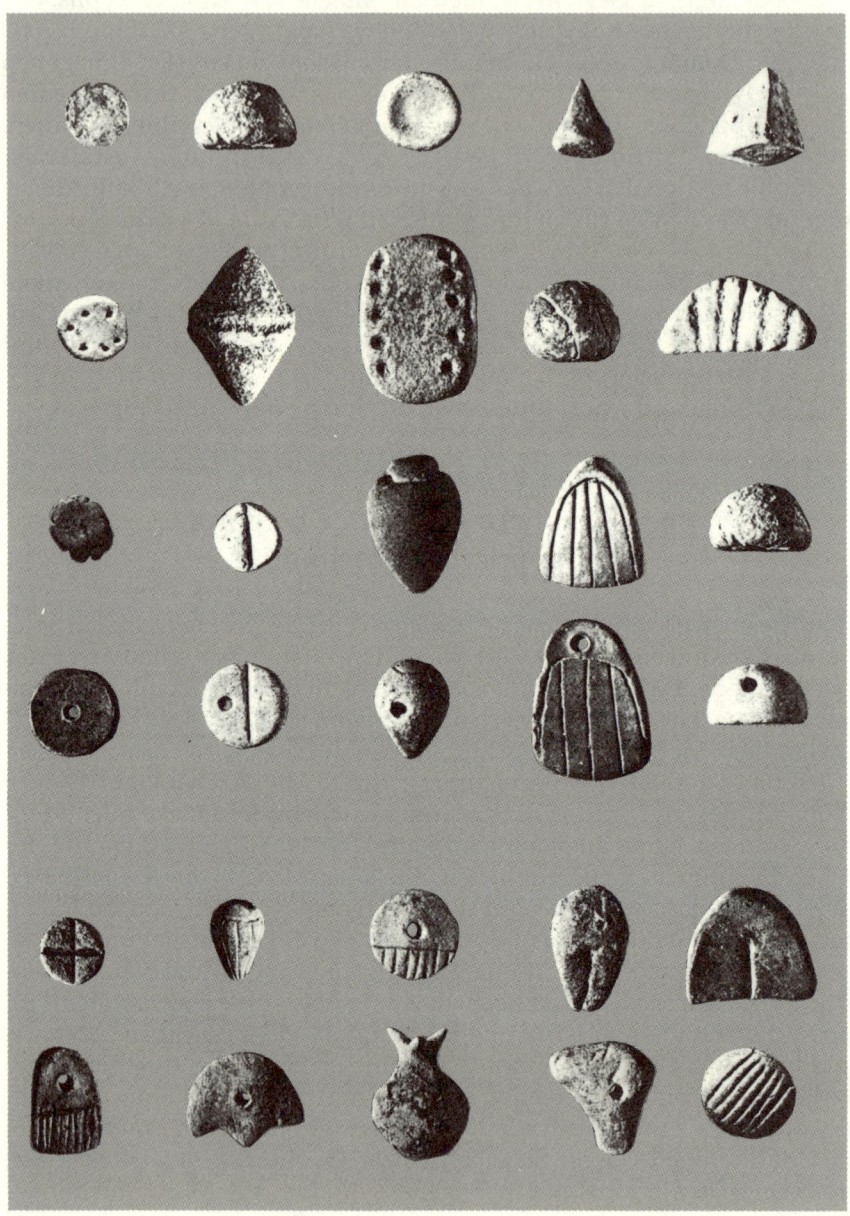

Abb. 40: Tokens als Zählmarken mit Speicherfunktion (ca. 3000 v.u.Z.)

Weinfässer, Scheffel Getreide oder Ölkrüge. In diesem Zusammenhang entstand auch die Überlegung, daß die Tokens bevorzugt in Tempeln verwendet wurden, etwa für die Opfergaben der Gläubigen, und daß sich darin ein früher Beleg für die Herausbildung einer Tempelbürokratie und ihre Etablierung als herrschende Klasse verberge, denn in den letzten Jahrhunderten des 4. Jahrtausends, mit der Entwicklung der frühen Städtekulturen, war das Token-System erweitert und spezifiziert worden.

»Das Zählsteinsystem wurde noch bis 1500 v.Chr. benützt, das heißt bis in eine Zeit, als es längst schon ausgebildete Schriften gab«. »In der Zeit, als die Organisation der Gesellschaft in Sumer komplexer wurde, wurde das Zählsteinsystem (ab etwa 3250 v.Chr.) Schritt für Schritt verfeinert: Man entwickelte eine Methode, um zu kennzeichnen, wem die Zählsteine gehörten, und um sicherzustellen, daß an ihrem Bestand durch Unbefugte nichts verändert wurde.« (Schlott 1989, 102) Die Steine wurden in einem hohlen Ball aus Ton, der seinerseits verschlossen und mit einem Siegel gesichert war, aufbewahrt, und damit man wußte, welche Steine sich in dem Ball befanden, wurden diese vor dem Verschließen der Kugel in deren noch weiche Außenseite eingedrückt (Abb. 41: Funde in Uruk). Schmand-Besserat (1981; 1985) interpretiert dieses Verfahren als das entscheidende Bindeglied zwischen dem archaischen dreidimensionalen Dokumentationssystem, nämlich den Tokens, und der Schrift als graphischen Zeichen auf einem massiven Stück Ton (womit sie allerdings wieder der einleitend erwähnten Verwechslung von Medium und Schrift unterliegt und entsprechend korrigiert werden muß): Das »Token« als Gestaltungsmedium wurde von dem »Tablet«, der »Zahlentafel« (Abb. 42: Belege für eine fortlaufende Getreidebuchführung über einen Zeitraum von acht Jahren), also dem »Blatt« als Schreibmedium nach einer sehr kurzen Zeitspanne, in der sie beide nebeneinander genutzt wurden, abgelöst, vermutlich bereits zwischen 3200 und 3000 v.u.Z. (Schmandt-Besserat 1981, 326; siehe auch Kuckenburg 1989, 156f.).

Das Kerbholz war ein Speichermedium, das ebenfalls bereits vor der altägyptischen Kultur verbreitet war (z.B. Schlott 1989, 101) und noch bis weit ins Mittelalter hinein, vergleichbar dem Medium Blatt, seine traditionellen Funktionen wahrnahm (vgl. Faulstich 1986, 80ff.): nämlich eine Art Vertrag zwischen Schuldner und Gläubiger zu dokumentieren. Noch heute gibt es den Ausdruck »etwas auf dem Kerbholz haben«, d.h. ursprünglich: Schulden haben. »Man kerbte einen Stab entsprechend der Höhe der Schulden quer ein, spaltete ihn der Länge nach und gab Gläubiger und Schuldner je eine Hälfte; durch Aneinanderfügen der beiden Hälften war kontrollierbar, ob nicht einer der beiden nachträglich den Betrag verändert hatte.« (Schlott 1989, 101) Auch dieses Medium ist aber bis heute praktisch kaum erforscht.

6.1.2. Aus medienhistorischer Sicht war, nach dem Medium Höhlenwand (und dem Medium Token sowie dem Medium Kerbholz) die Tafel

Abb. 41: Tokens in einer Tonhülle – Bindeglied zwischen dreidimensionalem Gestaltungs- und graphischem Schreibmedium

bei den Sumerern (und Babyloniern, Assyrern, Hethitern usw.) das nächste erhaltene bzw. nachweisbare kulturrelevante Schreib- bzw. Gestaltungsmedium; Medien aus organischem Material (z.B. Holz, Rinde, Haut etc.) sind ja zerfallen und können nur vermutet werden. Auf die Tontafel wurden mit einem Griffel in Keilschrift Zeichen und visuelle Symbole eingeritzt, teils in kommunikativer Funktion (z.B. Steuerforderungen der Tempel und Könige, Warn- und Informationszeichen wie unsere heutigen Verkehrszeichen), teils in Speicherfunktion (z.B. Listen von Vorräten, Verträge, Wirtschaftsberichte). Die Textsicherung bestand hier darin, daß die Tafeln anschließend gebrannt wurden; gebrannte Tontafeln konnten nachträglich nicht mehr befeuchtet und verändert werden. Bis heute sollen

Abb. 42: Die Zahlentafel – Vorform des Mediums Blatt

etwa 300000 sumerische Tontafeln, darunter wirtschaftliche, medizinische, juristische, mathematische, grammatikalische, kultische Texte sowie das Gilgamesch-Epos, gefunden worden sein; weltweit soll es noch fast eine Million erhaltene Exemplare dieses Mediums geben (Sandermann 1992, 14f.). König Assurbanipal (669–630 v.u.Z.) besaß die größte Tontafelbibliothek seiner Zeit. – Bei den Sumerern waren übrigens auch Stele und Rollsiegel kulturell bedeutsam. Sie sollen hier wie die Tafel am Beispiel der ägyptischen Speichermedien eingebracht werden.

137

Die Tontafel wurde durch die ägyptische Papyrusrolle ergänzt und später verdrängt. Spätestens nach der Eroberung Ägyptens durch Rom war die Fabrikation der Papyrusrolle – seit jeher herrschaftliches Privileg – bereits arbeitsteilig organisiert und in der Form normiert. In der Antike wurde als Gebrauchsmedium mit Zwischenspeicherfunktion zwar wieder die Tafel eingeführt, allerdings nicht die Ton-, sondern die Wachstafel, die auch in Ägypten bereits bekannt war. Die ägyptischen Pinsel aus Binsen, mit denen auf der Basis von Ocker die rote Farbe auf die Papyrusrolle aufgetragen wurde, wurde im 3. Jahrhundert dann durch die gespaltene Rohrfeder als Schreibgerät ersetzt.

6.2. Gestaltungsmedien

6.2.0. Wer an Ägypten denkt, zumal im Kontext von Gestaltungsmedien, denkt zuallererst an die Pyramiden. Und tatsächlich verweisen die steinernen Monumente aufs deutlichste auf Ewigkeit. Jan Assmann hat das treffend auf die Formel von »Stein und Zeit« als den »Grundstrukturen der symbolischen Kultur Altägyptens« gebracht: »Das Heil wird in der Dauer, d.h. in der Erlösung von der Vergänglichkeit, gesehen und der Staat ist die Institution, die die Wege zu diesem Heil erschließt und verwaltet. Der vornehmste Heilsweg ist der monumentale Steinbau.« Stein hatte in Ägypten »sehr viel mit Gedächtnis zu tun, mit dem Fortleben des einzelnen im Gedächtnis der Gruppe, aber auch mit dem Fortleben der Gruppe selbst, deren kulturelle Identität ihr in Gestalt der sich ständig vermehrenden und allmählich in die Jahrtausende zurückreichenden Steinmonumente viel massiver und konkreter vor Augen stand als mündliche Überlieferung dies vermag.« (1995, 13) Deshalb sollen im folgenden zunächst die Pyramiden als Medium vorgestellt werden – die ägyptischen Pyramiden exemplarisch für dieses Medium, das bekanntlich auch bei den Maya und den Inka verbreitet war. Anschließend folgen weitere Gestaltungsmedien der Zeit, die ihnen zuzuordnen sind: der Obelisk, das Relief, die Skulptur und, teils bereits Schreibmedium, die Stele. Sie alle hatten auch in anderen Kulturen und zu anderen Zeiten – man denke nur an die Antike – die Bedeutung und die Funktionen von Medien; ihre Darstellung hier also hat eminent exemplarischen Charakter. Diese wie jene werden auch heute noch fälschlicherweise traditionell dem Gegenstandsbereich der Kunstgeschichte zugeordnet, ähnlich der sogenannten »Höhlenmalerei«, und sind von der Medienwissenschaft und Mediengeschichtsschreibung im Grunde erst noch zu entdecken. Mehr als einige erste Thesen können hier also noch nicht erwartet werden.

6.2.1. Die Bedeutung der Pyramiden als Gestaltungsmedium hängt unmittelbar mit der Bedeutung der Könige und Pharaonen als Menschmedium zusammen: »Das Königtum ist der Zentralbegriff der ägyptischen Kultur (...). Beginnend mit ihrer erstmals in den letzten Jahrhunderten des 4. Jahrtausends historisch faßbaren Herausbildung bis zum Beginn der ptolemäischen Herrschaft bleibt der ägyptische König die Zentralfigur des ägyptischen Staates.« (Seipel 1984, 117ff.; ausführlich Assmann 1995, 238ff.). Der König und Pharao (= Großes Haus) war im theokratischen Ägypten die Verkörperung des Gottes, er war »Horus«, d.h. »der Ferne«, »oberster Priester und Erhalter der Weltordnung«, Sohn des Re oder Mittler des Aton, »Herr des Rituals«, Diener der »Maat« (= Harmonie und Kontinuität des Ganzen, »Wahrheit, Gerechtigkeit, Ordnung, Sinn«; vgl. Grieshammer 1984, 340; Assmann 1988a, 98). Er war Gott, aber auch sterblicher Mensch. Nach seinem Tod wurde er zum Totengott Osiris, zum Herrscher der Unterwelt. Die Auffassung des Todes als Fortsetzung des irdischen Daseins – symbolisiert im Anch (z.B. Grieshammer 1984, 288) – machte die zahlreichen Grabbeigaben erforderlich: Möbel, alle möglichen Gebrauchsgegenstände, Schmuck, Nahrungsmittel, Spiele, Sklaven, Tiere usw., deren der König zur Fortführung seiner Herrschaft zu bedürfen glaubte (bzw. deren figurative Gestaltung, deren Abbildung oder deren schriftliche Benennung). Doch nicht die Überwindung des Todes wurde hier angestrebt, sondern der möglichst optimale Schritt über die Schwelle auf dem Weg zum »schönen Westen«, ins Jenseits. Diesseits und Jenseits gehörten zusammen; es ging darum, »den Kosmos als eine Ganzheit im Blick zu behalten« (Hornung 1979, 26). Die vordringlichste Aufgabe nach dem Tod bestand darin, die Gefahren des Totenreichs zu bestehen. Damit kam neben der Mumifizierung des Leichnams der Gestaltung der Grabstätte – für die Könige die Pyramiden – herausragende Bedeutung zu. Reinhard Grieshammer faßt zusammen: »Alt ist die Vorstellung vom ›Grab als Wohnhaus‹ des Verstorbenen, die beim Grabbau auch ganz konkret umgesetzt werden kann, wobei das Grab nach dem Vorbild eines richtigen Hauses mit Vorratskammern, Vorhallen mit Säulen, Höfen, Gärten und anderem eingerichtet wurde. Neben dieses Konzept eines ›schönen Hauses der Ewigkeit‹ tritt später, schon im Laufe des Mittleren Reiches, ein anderes. Das Grab, zunächst die Grabkammer, wird zu einem Abbild der jenseitigen Welt. (...) Der wohl wesentlichste Aspekt des Grabes qualifiziert diesen Ort als Kontaktstelle zwischen Diesseits und Jenseits, zwischen den Toten und den Lebenden. Gemeint ist die Sicherung der materiellen Existenz des Toten durch die Versorgung, die die Lebenden dem Toten zuteil werden lassen. Hier werden die Opfer dargebracht, die Gebete gesprochen, Feste gefeiert.« Der Tote will auch am diesseitigen Leben teilhaben, seine Familie wiedersehen, sich um seinen Besitz kümmern, den Tempel besuchen usw. (1984, 288f., 318).

Eine Geschichte der Pyramiden, zumal angesichts des auf den ersten Blick höchst verwirrenden ägyptischen Polytheismus, kann hier nicht einmal in den wichtigsten Entwicklungsschritten skizziert werden. Auch ein

Abb. 43: Die Pyramiden von Gizeh

Überblick über die zahlreichen Bibeltheorien, theosophischen Theorien, astronomischen und mathematischen Theorien der Bibel zu den Pyramiden, allesamt wenig wissenschaftlich, hilft kaum weiter (Lauer 1980, 165ff.). Aber wenigstens einige charakteristische Merkmale der Pyramide als Gestaltungsmedium lassen sich nennen (z.B. auch Assmann 1996, 67ff.). Am bekanntesten sind neben dem Tal der Könige wohl die Pyramiden von Gizeh (Abb. 43): Sie zeigen (von rechts) die Bauten des Cheops, des Chephren und des Mykerinos, im Vordergrund die drei Nebenpyramiden des Mykerinos. Die Cheops-Pyramide gilt als »Höhepunkt« der Entwicklung (Grieshammer 1984, 294ff.). Sie hat quadratische Grundflächen von 230 Metern Seitenlänge und eine Höhe von 147 Metern. Sie ist umgeben von Gruben, in denen sich die Boote oder Schiffe befanden, die dem toten König zur Fortbewegung dienen sollten. Einmalig gibt es hier zwei Grabkammern in der Pyramidenmitte, einmal nach Westen ausgerichtet, wo das Totenreich angesiedelt war, sodann nach Norden, in Richtung auf die Polarsterne. Auch die Neigungswinkel der Eingangskorridore sind auf die Zirkumpolarsterne (d.h. »die niemals verschwinden«) ausgerichtet, zu denen der König gehören wollte. Die Innenräume sind hier erstmals als Kultbauten ausgestattet und mit Statuen geschmückt. Die äußere Form der anfänglich stufenförmigen Pyramiden, deren vier Seiten sich nach den vier Himmelsrichtungen richten, wurde als eine Treppe für den Himmelsanstieg des Königs interpretiert. »Dominierend ist aber die Ost-West-Orientierung der pyramidalen Anlagen, die dem Sonnenlauf folgt.« (vgl. auch Lauer 1980, 269ff.) Die Pyramide gestaltet und speichert demnach unzweifelhaft kultisch-kosmologisches Wissen der Zeit, ist mehr als nur eine herrschaftliche Grabstätte. Wenn von den Pyramiden hier als einem Gestaltungsmedium gesprochen wird, so sind damit nicht nur die Bauwerke selbst gemeint, sondern vor allem das, was sie – als Zeichen sui generis – in einem umfassenden politisch-sozial-kulturell-religiösen Kontext repräsentieren. Die Pyramiden waren »das Denkmal, an dem der Staat und die Zeit ins Wirkliche gebunden sind«: »Landestempel« (Evers 1929, 17+70). Kurt Mendelssohn geht sogar so weit zu behaupten, dies sei die eigentliche Hauptaufgabe der Pyramiden gewesen: »die Durchführung eines Arbeitsprogramms zur Schaffung einer neuen Gesellschaftsordnung« (1994, 194), um damit die nationale Einheit des ägyptischen Staates zu erreichen (was wenig plausibel erscheint, vgl. z.B. Lauer 1980). In kultisch-religiöser Hinsicht vermittelten sie jedenfalls Diesseits und Jenseits, irdisches und ewiges Leben, und zwar kommunikativ gleich in zweifacher Hinsicht: hinsichtlich der Zeitgenossen des Pharao und vor allem der folgenden Generationen des ägyptischen Volkes und hinsichtlich des Pharao selbst (vgl. Kap. 6.2.). Die Pyramiden waren nicht nur Grabstätte des göttlichen Pharao, sondern zugleich Kultzentrum und dienten »damit der Stärkung der Zusammengehörigkeit zwischen den Staatsbürgern unterschiedlicher Provenienz« (z.B. Gottschalk 1984, 36) – hatten mithin eine eminent wichtige Stabilisierungs- und Steuerungsfunktion: ohne Zweifel ein Herrschaftsmedium (Assmann 1991, 144f.). Zugleich ging es aber auch um die Fortdauer im sozialen Gedächtnis, wie sie Jan Assmann herausgearbeitet hat. Erstmals in der Geschichte der Menschheit bediente sich eine Gemeinschaft, angewiesen auf Konstitution und Bewahrung einer kollektiven Identität, nicht mehr der mündlichen Überlieferung, sondern steinerner Gestaltungsmedien. »Für den ägyptischen Grabgedanken ist es konstitutiv, daß der Grabherr als Sender und die Nachwelt als Empfänger auftreten. (...) Eine der wichtigsten Funktionen des ägyptischen Grabes bestand darin, auf diese Weise den Namen des Grabherrn im Munde der Lebenden lebendig zu erhalten. Die Grabinschrift erzählt seine Lebensgeschichte als Appell an das kollektive Gedächtnis. Denn im Gedächtnis, nicht im Grabe leben die Toten weiter; das Grab ist nur die ›Außenstabilisierung‹ dieser sozialen Fortdauer und als solche ein soziales Phänomen.« (Assmann 1995, 170ff.)

Die Pyramiden waren Speicher- und Orientierungs-, Herrschaftsmedium aber nicht nur für die Lebenden, sondern auch für den toten König selbst. Dies wird am offensichtlichsten durch den gestalterischen Einsatz des Mediums Wand innerhalb der Pyramiden. Herausragende Bedeutung hatten dabei die sogenannten Scheintüren. Die Pyramide war, als Grabstätte des heiligen Pharao, das Tor zur jenseitigen Welt, bei dem die lange und gefährliche Fahrt mit der Sonnenbarke begann. Sie war die Pforte zum verborgenen Raum, zum Totenreich, das durchquert werden mußte auf dem Weg zu dem Raum, wo die Götter herrschen, wo man von seiner Mumiengestalt befreit wurde – oder eben nicht, wenn man als Verdammter seine Existenz in Gottesferne, Finsternis, Entbehrung und Qual durch schreckliche Dämonen fristen mußte, bis man – entgegen mittelalterlichen Höllenvorstellungen – endgültig vernichtet und ausgelöscht war (Hornung 1972/1984, 43ff.). Die in der Kultkammer eingebaute Scheintür war für den Toten eine echte Tür, durch die er mit der Welt der Lebenden stets Verbindung aufnehmen konnte (Antikendienst 1986, Text zu Bild 57+58). Anfangs handelte es sich nur um eine Nische, später dann um eine täuschend echt wirkende Türgestaltung. Das Beispiel der Scheintür des Ika (Abb. 44) kann das veranschaulichen: aus Holz, mit Zapfen, Dübeln und Lederschnüren zusammengesetzt. Ika war Reinigungspriester des großen Palastes, seine Gattin Imeret Priesterin der Hathor, eine Mischung aus Himmels-, Liebes- und Muttergöttin. Oben sieht man beide am Opfertisch sitzen, auf den Türflügeln sind sie stehend abgebildet, begleitet von ihren Kindern. Der Katalog über die Hauptwerke im Ägyptischen Museum Kairo beschreibt u.a. wie folgt: »Die Dame trägt ein langes, schulterfreies Trägerkleid, das die volle Brust sehen läßt. Sie atmet den Duft einer Lotusblüte ein. Der stattliche Mann mit einem fein plissierten Schurz hält Stab und Zepter als Abzeichen seines Ranges. Neben jeder Darstellung stehen Namen und Titel in versenkten Hieroglyphen; die Opferformel auf den Türpfosten sowie die beiden Türsturzbalken sind allein für den Gatten reserviert.« Auf dem rechten Türpfosten lesen wir: »Der König gebe ein Opfer, damit er (der Verstorbene) auf den schönen Wegen wandle, auf denen die Geehrten bei dem großen Gott wandeln, der Höflinge und Vorsteher des großen Palastes Ika.« (Antikendienst 1986, zu Bild 58)

6.2.2. Neben den »richtigen« Pyramiden und gleichsam im Medienverbund mit ihnen gab es in der altägyptischen Kultur als eine Art Repräsentationsmedium auch die Obelisken. Das waren hohe vierkantige Monumente zumeist aus Stein, mit Zeichen und Hieroglyphen eingraviert, mit einer pyramidenförmigen Spitze, dem sogenannten Pyramidion. Sie wurden im 3. Jahrtausend v.u.Z. als Zeichen des Sonnengottes entwickelt und waren häufig an Tempeleingängen aufgestellt. »Spätestens seit der 5. Dynastie (...) galt der Obelisk als Kultgegenstand des Re. In Heliopolis hieß er Benben, und auf seiner vergoldeten Spitze ließ sich frühmorgens Re als Benu-Vogel nieder. In griechischer Version wurde daraus der Phoenix, der sich aus dem Flammentod (der Morgenröte) zu neuem Leben erhebt. Das älteste bekannte Exemplar eines monolithischen Obelisken in Heliopolis ist ein Kalksteinfragment mit dem Namen und dem Titel des Königs Teti aus der 6. Dynastie.« (Fahmüller 1984, 240) Der vielleicht bekannteste Obelisk ist die sogenannte »Nadel der Kleopatra«, 21,6 Meter hoch, aus Heliopolis; er wurde unter Tiberius nach Alexandria ge-

Abb. 44: Die Scheintür in der Pyramide

bracht. Andere Obelisken waren sogar mehr als 45 Meter hoch. Nach
Plinius d. Ä. (23–79 n.u.Z.) waren die Obelisken Nachbildungen der Son-
nenstrahlen. Oft galten sie der Verherrlichung des königlichen Stifters,
einem Jubiläumsfest als Anlaß, und gelegentlich auch der Verherrlichung
von Siegen. Zu gewissen Zeiten wurden die Monumente selbst als göttli-

143

che Wesen betrachtet, mit einem Anrecht auf Opfergaben. Die Obelisken sollten in der Regel das Wohlergehen des Verstorbenen im Jenseits sichern (Habachi 1982, 26ff.).

6.2.3. Das Relief ist ebenfalls plastische Darstellung, bleibt aber an eine Hintergrundfläche gebunden. »Relief« heißt wörtlich: »erhaben«, und wird gelegentlich, als Metapher, im doppelten Wortsinn verstanden. Das Relief steht zwischen der Skulptur und der Zeichnung, dem Bild, d.h. der Wand, dem Blatt. Man unterscheidet in aller Regel zwischen Hochrelief, Halbrelief und Flachrelief – seit dem 14. Jahrhundert als Formen und Gattungen der Bildhauerkunst statt, wie eher angemessen, als Formen eines früheren Mediums. Hans Gerhard Evers sieht, neben einer großen Verwandtschaft, den entscheidenden Unterschied zwischen Relief und Skulptur darin, daß die Plastik dem Menschen bzw. dem Gott selbst zugeordnet sei, das Relief aber seiner Tätigkeit (1929, 7). Christine Pries charakterisiert das Erhabene im übertragenen Sinn als Paradox: »Das Erhabene wird jeweils durch Gegensatzpaare beschrieben, in deren Spannungsfeld es sich konstituiert.« Mit dem Erhabenen werde »etwas Unmögliches versucht (...), nämlich die Benennung von etwas Unnennbarem (...), die Darstellung von etwas Undarstellbarem« (Pries 1989, 6). Das verweist auf die Ambivalenz der Einheit von Diesseits und Jenseits, von Mensch und Gott, die sich als Chance und zugleich als Gefahr darstellt, als Herausforderung und als Bedrohung, als ein Gefühl einerseits der Ohnmacht und Endlichkeit des Subjekts und zugleich andererseits der Gewißheit des Heils. Vielleicht wird eine zukünftige Theorie des Mediums Relief einmal dieses Moment der Grenzerfahrung in den Mittelpunkt stellen. Hartmut Böhme faßt das Erhabene als »das Steinerne« (metaphorisch, ohne Bezugnahme auf die altägyptische Kultur), als Lithosphäre: »in der Dimension unvorstellbarer Größe (...) und in seiner dynamischen Qualität – als drohende und überhängende Felsen (...). Das Steinerne und der Tod scheinen mithin eng benachbart« (1989, 127).

In der ägyptischen Kultur war das Relief vielleicht weniger gewichtig als etwa in China, Japan und vor allem Indien (vgl. etwa oben Kap. 2, Abb. 13). Seit der 4. Dynastie wurden für die Außenwände der Denkmäler meist sogenannte vertiefte oder versenkte Reliefs verwendet, für die Innenausstattungen eher erhabene Darstellungen.

6.2.4. Die Skulptur wird zumeist als Bildhauerarbeit oder Schnitzwerk umschrieben, meist aus einem Stück herausgeschlagen oder geformt, die »Verkörperung« eines Menschen oder Gegenstands. Die Geschichte der Skulptur – als Medium – würde demnach zurückreichen bis zu den ersten Menschmedien, vom Idol der Großen Mutter bis zur Pharao-Statue der Ramessidenzeit. Freilich kann ihr in der Ur- und Frühgeschichte, bei der beschriebenen Dominanz der Frau als Menschmedium, kein eigenwertiger Mediencharakter zugeordnet werden; Idole waren nur Repräsentanten, Statthalter des eigentlichen Mediums. Man könnte also mit

Recht die Skulptur historisch als das Nachfolgemedium zu den Pyramiden auffassen. Natürlich gibt es bis heute noch Skulpturen, denken wir nur an die griechischen Göttinnen und Götter, und es wird sie wohl auch in Zukunft geben – aber sie hatten mit dem Untergang der altägyptischen Hochkultur ihren Charakter als genuines Medium verloren: waren Kunstgegenstände geworden. Die Skulptur war also nur für eine begrenzte Übergangszeit Medium, und zwar aufgrund ihres spezifischen Stellenwertes im Kontext von Kultur und Gesellschaft als Speichermedium kollektiven kulturellen Wissens. Weder vorher noch nachher kann ihr diese Bedeutung zugebilligt werden.

Zum Mediencharakter der Skulptur gehört in jedem Fall ihre Sichtbarkeit und Öffentlichkeit. Hans Gerhard Evers verweist darauf, daß die Statuen des Alten Reichs zunächst noch »in den Zusammenhang eines Grabbaues« gehören, weil sie »in einem engen unzugänglichen architektonischen Behältnis, oft unter der Erde, aufgestellt« waren: »Weder durch Sehen noch durch Tasten kann sich der lebendige Mensch mit ihr in Verbindung setzen.« Die Statuen sollten dem Totengeist zur Einwohnung dienen. Der »Verkehr zwischen Mensch und Statue« nahm erst anschließend jene Formen an, die es rechtfertigen, von der Skulptur als von einem Medium zu sprechen, das freilich bereits mit der Antike zur Kunst geworden war: »Die ägyptische Statue (ist) ohne den drängenden Menschen nicht möglich und heute, auch wenn sie unversehrt erhalten ist, doch ein Fragment, ein Instrument, das wir nicht mehr zu spielen vermögen. Sie ist nur eine Hälfte, im Gegensatz zum griechischen Kunstwerk, das noch immer sein Wesen ganz darstellt. (...) Das ägyptische Volk, und kein anderes, hat unserer Menschheit die Plastik erfunden, (...) dem Ungestalteten die Vorstellung der menschlichen Gestalt abgerungen« (Evers 1929, 2f.). Evers definiert geradezu, nicht unumstritten, die Statuen des Mittleren Reichs als Erben der Pyramiden mit derselben Aufgabe: »Damit auch der Bewohner ferner Gaue tätig den Staat mit erschaffen kann, muß ein Königsbild seine Bedrängnis auffangen«, denn nur so könne »die Einheit von Gott, König und Staat sich verteilen und der König zwar als Gott und Mensch in seinem Totentempel, als Staat aber im ganzen Lande erreichbar sein« (Evers 1929, 24). Die kultisch-kommunikative Funktion, die der griechischen Skulptur als Kunstwerk abgeht, war hier jedenfalls noch in vollem Umfang gegeben.

Der Niedergang des Mediums bzw. sein Wandel war vorprogrammiert. Die Macht der zahlreichen Gaufürsten, etwa unter Sesostris I. (1971–1929 / 26 v.u.Z.), brachte eine differenzierte Architektur der Stände hervor – und entsprechend viele Felsengräber und Skulpturen der Wesire, hohen Beamten, Oberpriester und sonstigen Hierarchen. Der Tod, die Grabstätte, das Denkmal gingen also zunehmend eher den Einzelnen an (Evers 1929, 31+69), wurden persönlich, fast privat. »Aus dem Fluß der Zeit ist ein bestimmtes, durch die Zahl sich abhebendes Jahr herausgeschnitten und durch die Nennung im Wirklichen befestigt.« »In diesen Denkmälern ist der Staat verwandelt. Er ist kein göttlich und unwiderruflich gesichertes Gebilde, sondern ist auf die Persönlichkeit eines Menschen gestellt.« In dem Maße, in dem die auf das Gesehenwerden hin angelegte Statue individualisiert wurde, verlor sie den Charakter des Mediums der Einheit von Mensch und Gott: »Diejenige Einheit, die sonst in der Bedrängnis sich ergab, ist von ästhetischen Gesetzen abgelöst«. Evert faßt das in die Formel: »Der Stein wird nicht mehr als Masse bedrängt, sondern wird gesehen«, nämlich vom singulären Betrachter (Evers 1929, 82). Perspektive, wirkungsorientierte Komposition, immanent konstruierte Spannung, kurzum: »die Erfindung der Form für das Auge« machte konsequenterweise erstmals den (individuellen) Künstler möglich (Evers 1929, 35f., 40, 73, 94ff.). Die Skulptur war spätestens in der Antike zum dekorativen Denkmal eines Individuums geworden. Der Prozeß der Anthropomorphisierung, der Vermenschlichung der ägyptischen Götter, hatte seinen Abschluß gefunden. »Die Götter entbehren der direkten Verflechtung ins Wirkliche, und der Staat entbehrt der direkten Verankerung im Göttlichen.« (Evers 1929, 85) Der Niedergang der Gestaltungsmedien – als Medien – steht demnach für die Umwandlung Ägyptens von einem Gottesstaat in einen irdischen, politischen Staat.

6.2.5. Auch die Stele, seit dem 3. Jahrtausend v.u.Z. verbreitet, kann als ein für die altägyptische Kultur charakteristisches Medium gelten. Die Stele ist eine beschriftete, meist rechteckige Steinplatte, oft mit Rundbogen. Sie wurde – insbesondere im Mittleren Reich – als Gedenk- oder Grabstein verwendet, aber auch als Speichermedium in anderen, eher profanen Zusammenhängen, beispielsweise als Siegesdenkmal oder als Urkundenstein. Grenzstelen, die das Bild der Königsfamilie trugen, markierten Stadtgebiete und Gaue (z.B. Seipel 1984, 165). Kultische Bedeutung hatte das Medium Stele zur Pharaonenzeit vor allem mit Inschriften in Hieroglyphenschrift. Und wie schon bei der Skulptur gehört auch hier zum Medium die Öffentlichkeit (Schlott 1989, 156). Jan Assmann hat hierbei zusätzlich auf den Unterschied zwischen Inschriftlichkeit und Handschriftlichkeit aufmerksam gemacht: »Inschriftlichkeit ist ein performativer Schreibakt. Durch ihn wird Sprache nicht nur ›aufgezeichnet‹ und sichtbar gemacht, sondern dauerhaft situativ verankert. (...) Die Inschrift ›stiftet‹ die Situation in Verbindung mit anderen monumentalen Formen der Steinkultur und ›vollzieht‹ den in ihr ausgedrückten Sinn, sie gibt kein Sprechen wieder, sondern spricht selbst im Medium monumentaler Sichtbarkeit und Präsenz« (1991, 143f.). Insofern gehört die Stele deutlich noch zu den Gestaltungsmedien der Zeit.

Das Beispiel der Stele des Vorstehers der Goldschmiede namens Nacht, aus dem Jahr 1961 v.u.Z., (Abb. 45) mag das veranschaulichen. Die Inschrift beginnt hier mit den Worten: »Jahr 10, unter der Majestät, dem König des Südens und Nordens, Sesostris I., geliebt vom Herrn der West-

Abb. 45: Die Stele als kultisches Gestaltungsmedium

lichen, begabt mit ewigem Leben.« Es folgen Gebete in traditionellen Opfer-
formeln an Osiris und andere Götter sowie ein Aufruf an die Passanten,
ein verbal vorgegebenes Gebet zugunsten des verstorbenen Nacht zu sprechen. Bildliche Teile zeigen Nacht und seine Gattin Inebu vor einem reich
beladenen Opfertisch, dessen Gaben von ihrem Sohn geweiht werden,
der Vorlesepriester und Schreiber in der Königsresidenz in Lischt war.

147

Hinter dem Paar stehen die jüngeren Kinder, in einem zweiten Register die älteren usw. Unten in der Mitte findet sich eine Scheintür mit Kultdienern, die Opfergaben herbeischaffen (Antikendienst 1984, neben Bild 91). Nicht-Priester, private Personen aus dem Volk hatten damals keinerlei Zutritt zu den ägyptischen Tempeln, aber sie konnten sich den Göttern mit dem Medium Stele verständlich machen. Insbesondere die sogenannten »Ohrenstelen«, aufgestellt in den Kapellenhöfen bestimmter Götter, boten jedem einzelnen Angehörigen des Volkes Zugang zu den höchsten Göttern. Insofern war die Stele – anders als unser heutiger Grabstein – allgemein genutztes und ebenso anerkanntes wie unverzichtbares Medium der individuellen Kommunikation mit dem Gott. In Gestalt des Appells an die Vorübergehenden fungierte sie auch als Kommunikationsmedium des Verstorbenen mit den Lebenden. In dieser Eignung taugte sie zugleich auch schon als Schreibmedium. So präsentiert beispielsweise eine Stele des Mesa, des Königs des alten Moabiterlandes, aus dem Jahre 842 v.u.Z. (Abb. 46) ihren Text bereits in althebräischer Sprache und altphönikischer Schrift, im Zuge der Entwicklung zum griechischen und lateinischen Alphabet, d.h. in Schreibschrift statt in Hieroglyphen. Unser Grabstein heute, im ausgehenden 20. Jahrhundert, hält mit den vom Steinmetz eingravierten Buchstaben und Zeichen immerhin noch letzte Reste jener archaischen, kultbezogenen Auffassung der Zeit als ewiger Gegenwart wach – die Hoffnung auf ein ewiges Leben der Verstorbenen.

6.3. Schreibmedien

6.3.1. Die Wand der Pyramide hatte aber auch noch in anderer Hinsicht Mediencharakter für den verstorbenen Pharao, allerdings nicht mehr als Gestaltungsmedium wie im Falle der Scheintür, sondern als Schreibmedium. An den Wänden der Grabkammer und auf dem Sarg, oft auch an den Wänden und Decken in anderen Räumen und den Korridoren waren die sogenannten »Pyramidentexte« und »Totenbücher« geschrieben und gezeichnet bzw. reliefiert und dekoriert. »Die Bezeichnung ›Buch‹ ist allerdings mißverständlich (zum »Medium Buch« siehe später Kap. 11, WF), und ebenso die im vergangenen Jahrhundert erfolgte Einteilung in ›Kapitel‹. In Wirklichkeit handelt es sich um eine lockere Sammlung von kurzen, längeren oder auch sehr langen mit Titeln versehenen Texten. Es gibt auch keine festgelegte Reihenfolge für die Überlieferung der Sprüche in den einzelnen auf uns gekommenen Totenbuchhandschriften, denn die Texte weisen recht unterschiedliche Längen auf.« (Grieshammer 1984, 336) Häufig sind die Texte mit Vignetten geschmückt, die den Text bildlich kommentieren. Ein gutes Beispiel bietet hier (Abb. 47) die saalartig erweiterte Sargkammer von Ramses VI. (1141–1134 v.u.Z.), rechts unten die

Abb. 46: Die Stele als sakrales Schreibmedium

Abb. 47: Die Sargkammer von Ramses VI. – die Wand als Schreibmedium

Trümmer des Granitsarkophags. An Wänden, Decke und Pfeilern sind Darstellungen und Texte aus dem »Buch von der Erde« und den »Himmelsbüchern« angebracht (Hornung 1983, 46f.).

Reinhard Grieshammer verweist auf einen wesentlichen Unterschied zwischen dem »Totenbuch« und den »Jenseits-« bzw. »Unterweltsbüchern« (1994, 327): Beim Totenbuch werden dem Verstorbenen konkrete Hilfen an die Hand gegeben, wie er Gefahren auf seinem Weg vermeiden oder überwinden kann, und sei es auch nur in Form von Sprüchen, mit denen er sich etwa vor Dämonen schützen kann (z.B. Champdor 1977; vgl. auch detailliert Schlott 1989, 167ff.). Letztere dagegen sind zwar ebenfalls personenbezogen, aber unabhängig von einem spezifischen Adressaten und eher kultischen Inhalts, enthalten etwa eine ausführliche Beschreibung der nächtlichen Sonnenfahrt mit ihren Stationen, eine Sonnenlitanei, verschiedene »Bücher« wie das »Amduat«, das »Pfortenbuch«, das »Höhlenbuch« oder das »Buch von der Nacht« und andere Teile der Heilslehre – eine Art Topographie des Jenseits oder eine »Kosmographie« (Assmann 1995, 63ff.): als Realisierung des mythischen Ortes innerhalb der Pyramide selbst (Brunner 1980, 226). Die Unterschiedlichkeit der Textsorten meint also zunächst einmal einen nachweisbaren Unterschied der Informationen, funktionsgebunden: konkrete Orientierung, personenspezifische

Steuerung zum einen, allgemeine Koordination und symbolische Rekonstruktion zum andern. Wenn auch noch die Jenseitsbücher selbst unterteilt werden, in »Unterweltsbücher« und »Himmelsbücher« (Hornung 1972/1984, 24; Brunner 1980), scheinen allerdings nur noch inhaltliche Schwerpunkte maßgeblich gewesen zu sein. Aus medienhistorischer Sicht sehr viel wichtiger erscheint aber ein anderer Unterschied (vgl. auch Bartels 1992, 32ff.; Schlott 1989, 176ff.): gemäß den Speichermedien. Die Textsorte »Jenseitsbuch« war zunächst für das Medium Wand reserviert, die Textsorte »Totenbuch« dagegen primär für den Sarg (Brunner 1980, 217f.). Die Differenz ist insofern bedeutsam, als im Laufe der Zeit das Übertragungsmedium Sarg bzw. dessen Innenseiten die Darstellung der Jenseitslandschaft übernahm, während das spezifisch personenbezogene »Totenbuch« im Medium Papyrusrolle vermittelt wurde – eine tendenzielle Entwicklung zur Unabhängigkeit des sakralen Textes von aller gegenstandsbezogenen »Gestaltung«, eine prinzipielle Veränderung vom Bestandteilcharakter zum Eigenständigen.

6.3.2. Am bekanntesten ist das »Totenbuch« nach dem Turiner Papyrus, in der Originalgestalt 19 Meter lang und 29 Zentimeter breit. Es wurde 1842 von C. R. Lepsius herausgegeben; zahlreiche weitere Editionen anderer Texte folgten. Die Turiner Handschrift stammt aus der Zeit der Ptolomäer (4./3. Jahrhundert v.u.Z.). Im Jahr 1886 wurden übrigens bereits 71 Exemplare von Toten- und Pyramidentexten in einer dreibändigen Edition veröffentlicht. Die Entdeckung weiterer Pyramidentexte, diesmal des Alten Reichs, im Jahr 1880/81, und neue Editionen und Übersetzungen, insbesondere von Sir Ernest Alfred Wallis Budge, ließen erkennen, daß es nicht eigentlich »das« Totenbuch der Ägypter gibt – anfangs sprach man hier fälschlicherweise sogar von der »Bibel« der alten Ägypter –, sondern viele Totenbücher, und der Turiner Papyrus verweist auch gar nicht auf einen Pharao, sondern auf »die soziale Schicht der Beamten«: »Diese Sprüche standen im Prinzip jedermann für sein Fortleben zur Verfügung und sind zum Teil auch von Königen benutzt worden« (Hornung 1979, 14). Zur Veranschaulichung ließe sich auch das »Totenbuch« von Pinedjem I. (1065–1045 v.u.Z.) anführen, 450 Zentimeter lang und 37 Zentimeter breit, aus Theben (Abb. 48). Nach zahllosen Grabschändungen der Königsgräber ließ Pinedjem die Königsmumien neu wickeln und zusammenlegen. Später wurden sie vor den Dieben versteckt. Die erste Vignette links oben zeigt den Hohenpriester Pinedjem in königlichem Ornat bei der Anbetung des in einem Naos sitzenden Gottes Osiris. Außerdem tauchen Thot und Horus auf, Re selbst erscheint aus dem Urozean Nun (Antikendienst 1984, zu Bild 235).

Ein Beispiel mag den gleichbleibenden Formularcharakter der Texte verdeutlichen – die Sprüche sind Verse, d.h. metrische Texte. Da gibt es etwa Spruch 94: »Spruch, um Wassernapf und Schreibpalette zu erbitten« (mit der Abb. 49 beigefügt, nach Hornung 1979, 185f.)):

Abb. 48: Das »Totenbuch« von Pinedjem I. – die Papyrusrolle als Schreibmedium

O Ältester, der auf seinen Vater blickt,
du Sekretär des THOT –
siehe, ich bin zu dir gekommen und bin verklärt,
bin *ba*-haft und machtvoll
und bin ausgestattet mit den Schriften des THOT.

Hole mir doch eilends das Bild, in dem SETH ist (?),
hole mir den Wassernapf, hole mir die Schreibpalette,
(dazu) jene Aktenbehälter des THOT
und die Geheimnisse, die in ihnen sind, (die) der Götter!

Siehe, ich bin ein Schreiber –
hole mir den Ausfluß des OSIRIS, daß ich damit schreibe!
Ich führe aus, was der Größte Gott gesagt hat, ich bin vollkommen alle Tage
durch die Vollkommenheit deiner Weisungen an mich, HARACHTE.
Ich tue die *Maat*, damit ich zu RE dahingehe alle Tage.

»Thot« ist der Gott der Schreibkunst, der Wissenschaft, der Astronomie,
auch der Mondgott, der als »Berechner der Zeit« den Kalender festsetzt,
und der Gott der Geschichtsschreibung. In vielen Visualisierungen wird
er als eine menschliche Figur mit einem Falkenkopf dargestellt. »Ba« meint
die Seele, das geistige Wesen des Menschen, in Gestalt eines Vogels mit
menschlichem Kopf. »Seth« und »Osiris« sind die beiden einander feind-
lich gesinnten Brüder. »Harachte« ist der Falkengott, eine Gestalt des
Sonnengottes selbst, der hier mit der Bezeichnung »Re« zugleich auch als
das Ziel der Wanderung bezeichnet wird. Und »Maat« ist die von den
Göttern geschaffene Weltordnung, hier als Einheit der Gegensätze be-

152

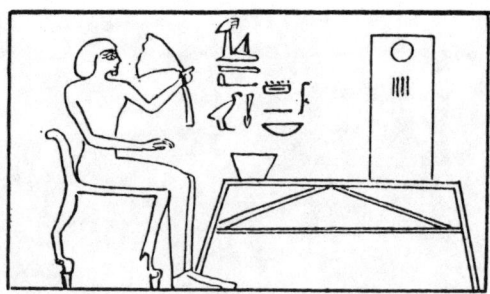

Abb. 49: Vignette und sakraler Text als Grabbeigabe

schworen, um sich beim Sekretär des zuständigen Gottes für die Zuteilung von Wassernapf und Schreibgerät zu qualifizieren. Das gesprochene Wort – Spiegel archaischer Auffassungen – garantierte dabei, kraft seiner Zauberkraft und Magie, die reale Erfüllung des Wunsches, der auch in Bild und Hieroglyphen (z.B. Thot als Herr des Hauses) visualisiert ist. »Geschriebene Worte sind eine immerwährende Rezitation. (...) Schrift ist verdinglichtes Wort.« (Kirchgässner 1959, 263) Bei unserem Beispiel scheint die Vignette tatsächlich – was in vielen Fällen anders ist – nur eine Illustration, vielleicht eine Präzisierung des Textes zu sein (vgl. Brunner 1979, 203).

Neben den Pyramiden gab es viele solcher Privatgräber, etwa für Beamte, Priester, Gaufürsten bzw. Wesire und andere Mitglieder der dünnen Oberschicht Ägyptens (z.B. Schlott 1989, 179ff.). Auch hier fanden sich oft eine Statue des Verstorbenen und Szenen aus seinem Leben, insbesondere von der Jagd (z.B. Altenmüller 1967; Bartels 1992, 101ff.), als Relief oder Bild, d.h. auch die Wand wurde für die Speicherung der Jenseitstexte genutzt. Reinhard Grieshammer macht deutlich, daß das Medium Papyrusrolle auch noch später, als die Pyramidengräber von Felsgräbern abgelöst wurden, bei Königen Verwendung fand, was tendenziell einen Wandel, eine Abkehr generell von den aufwendigen Gestaltungsmedien indiziert: »Im Mittleren Reich war es Sitte, die dem Toten nützlichen Texte auf die Särge zu schreiben. Später, seit dem Beginn des Neuen Reiches, legt man dem Toten einen Papyrus in das Grab und wickelt diesen in die Mumie ein.« (1984, 336) Ein Ausschnitt aus dem Totenbuch von Jouiya (neues Reich) zeigt solche Sprüche von den Unterweltsgöttern und ihren Wächtern in litaneienhafter Bebilderung (Abb. 50). Interessant daran ist das komplementäre Verhältnis von Text und Bild: Zu den verschiedenen Sprüchen ist gleichbleibend der Verstorbene visualisiert als derjenige, der die Sprüche »anwendet«, – so daß diese, mit der Repräsentanz

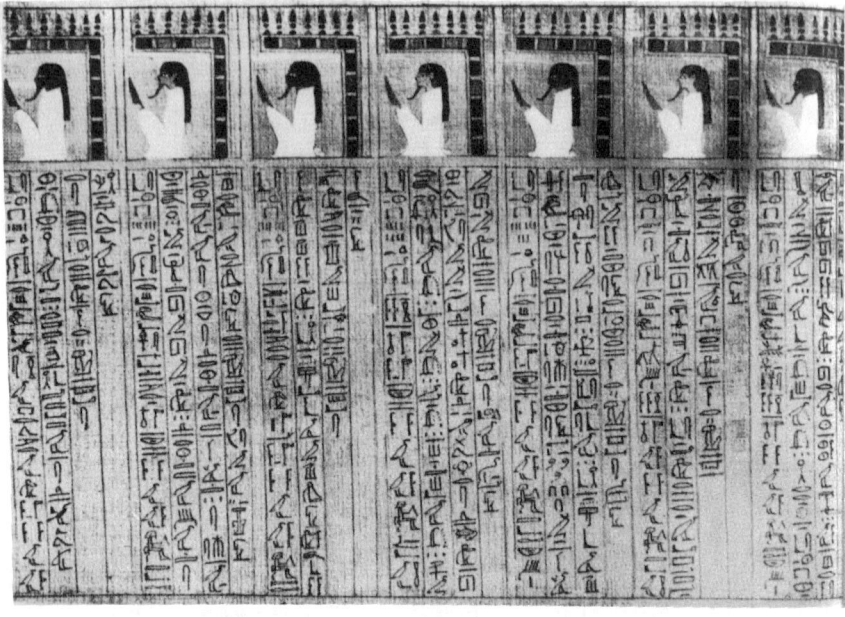

Abb. 50: Sprüche mit litaneienhafter Bebilderung

des Verstorbenen als Betendem, in magischer Wirkkraft möglicherweise auch »selbsttätig wirken sollten, selbst wenn niemand sie las« (Brunner 1979, 205).

Erik Hornung verweist bei seiner Übersetzung auf eine komplette »Überlieferungskette, die von den *Pyramidentexten* des Alten Reiches über die *Sargtexte* des Mittleren Reichs und das *Totenbuch* des Neuen Reiches wie der Spätzeit bis zu den *Büchern von Atmen* aus der ptolemäisch-römischen Zeit reicht« (1979, 20, 22; vgl. auch Hornung 1972/1984, 13ff.). Diese Überlieferungskette, aus medienhistorischer Sicht bislang noch nicht erschöpfend erforscht, stellt sich deutlich als eine Abfolge unterschiedlicher Medien dar, bei der sich die Schreibmedien schließlich durchsetzten. Papyrustexte erwiesen sich, nicht zuletzt auch in ihrer Bedeutung als Vorlage für die monumentalen Hieroglyphendarstellungen (Hornung 1972/84, 20), diesen gegenüber deutlich überlegen. »Totenbücher« als Papyrus-Handschrift waren ab einer bestimmten Zeit also käuflich bzw. wurden im Auftrag angefertigt – in der Ramessidenzeit beispielsweise (1550–1080 v.u.Z.) für den Gegenwert von einem Dehen (= 91 g Silber) bzw. einem Sklaven oder 5–30000 qm Land, das halbe Jahreseinkommen eines Arbeiters (Hornung 1979, 24). Kraft seiner Qualifikation war der Schreiber sehr hochgestellt, Gaufürst etwa oder hoher Beamten des Reichs, in der Verwaltung oder beim Militär. Für größere mesopotamische Städte hat man nur einige hundert Menschen errechnet, die des Schreibens und Lesens kundig waren, wobei vergleichsweise wenige offiziell tätige Schreiber in niederen Positionen der Bürokratie notiert werden konnten. Alessandro Roccati hat den Hintergrund dieser Wertschätzung prägnant skizziert (1992, 81f., 88ff.): Nicht nur das gesprochene, sondern auch das geschriebene Wort entsprach stets einer real existierenden Sache; was »geschrieben« stand, wurde damit ins Leben gerufen. Der der Schrift mächtige Priester »war als einziger befugt, die (heiligen, WF) Texte zu rezitieren«, er war der »Vorlesepriester«. In der Ramessidenzeit galt er geradezu als »Magier«. Seit dem Mittleren Reich gab es dann Schulen, in denen der Gebrauch der Schrift unterrichtet wurde. Der sakrale Schreiber wurde zum Erfinder von Texten, durchaus auch von Texten profaner Natur – wissenschaftlicher Hand»bücher« für Medizin, Astronomie, Geometrie, Theologie etc. und illustrierter Papyri (Spiele, topographische Karten, satirisch-unterhaltende Texte mit witzigen Bildern usf.). »Der Beruf des Schreibers erfreute sich nunmehr wachsender Beliebtheit und war in der Verwaltung stark gefragt. Im Laufe der Zeit erfolgte jedoch auch in dieser Berufsgruppe eine Spezialisierung und Aufteilung in verschiedene Tätigkeitsbereiche«. Schon im 2. Jahrtausend v.u.Z. kam die Figur des Gelehrten und Sammlers wichtiger Texte auf. Schreiber wurden verstärkt individualisiert, d.h. sie wurden zu Autoren. Zugleich gab es immer mehr »Archive« oder »Bibliotheken« wichtiger Textrollen. Später, im Neuen Reich, gab es neben den wenigen Schreibern in Spitzenpositionen eine Vielzahl anderer Schreiber (vgl. auch Schlott 1989, 201ff.). »Die große Masse der Schreiber mußte sich mit eher durchschnittlichen, weisungsgebundenen Stellungen im Mittelfeld und Unterbau der Bürokratie zufriedengeben, etwa als Verwaltungsangestellte oder Tempel- bzw. Palastschreiber.« (Kuckenburg 1989, 211ff.) In der Folge entwickelte sich außerhalb kultischer Funktionen »eine echte Intellektuellenschicht, die kulturschaffend tätig war, und dies nicht mehr nur im Auftrag des Hofes, sondern auch für ihre eigenen Bedürfnisse, die Bedürfnisse eines privilegierten Standes.« (Roccati 1992, 98)

6.3.3. Papyrusrollen finden sich in Ägypten aber auch als Speichermedium für profane Texte; ein griechisches Beispiel etwa (zwischen 4. und 2. Jahrhundert v.u.Z.), schon etwas zerfleddert, handelt von Astronomie (Abb. 51). Die erwähnte Vorlagen- oder Zwischenspeicherfunktion des Papyrus für hieroglyphische Gestaltungsmedien lag ähnlich im Verhältnis von Papyrus und Tafel. Wie eine Relief-Darstellung aus dem Grab des Kaninisut, aus der 5. Dynastie, zeigt, schrieben die Schreiber – mit Papyrusrollen-Kisten neben sich und Ersatzbinsen auf dem Ohr – nicht gleich auf Papyrus, sondern zunächst auf Tafeln (Abb. 52). Es sind vor allem solche Tafeln und sonstigen Fixierungsmedien, die Einblicke bieten in das Privat- und Alltagsleben von Handwerkern, Steinmetzen, Graveuren, Bildhauern,

Abb. 51: Papyrusrollen als Speicher für profane Texte (4.–2. Jh. v.u.Z.)

Abb. 52: Die Tafel als Zwischenspeicher vor der Niederschrift auf der Papyrusrolle

Abb. 53: Elfenbeintafeln als Speichermedium

Malern, Beamten usf. (Seipel 1984, 165). Eines der ältesten Zeugnisse der Hieroglyphenschrift in Ägypten fand sich mit den Täfelchen des Aha (Abb. 53): Elfenbein-Tafeln, die man für Etiketten von Vorratskrügen, möglicherweise für Öl, hält; sie sind immer noch nicht gänzlich entziffert (Antikendienst 1986, zu Bild 9). Herausragende Bedeutung als alltägliche Kulturmedien hatten vor allem auch die Ostraka (vgl. auch Peck/Ross 1979, 16ff.). Ein Ostrakon ist eine Kalkstein- oder Tonscherbe, die zum alltäglichen Gebrauch genutzt wird, eine Art Wegwerfmedium wie heute der Notiz- oder Einkaufszettel. Eines der ältesten Schriftdenkmäler (um 3200 v.u.Z.) ist eine Buchungstafel aus Uruk IV. Die Vorderseite (Abb. 54) enthält Personennamen mit Zahlenangaben von Waren. Die Rückseite (Abb. 55) enthält die Summierung der Waren: »54 Stiere und Kühe«. Ostraka dienten auch häufig als Staatskassenquittung, Steuerpächterquittung usf. (z.B. Schubart/Kühn 1922).

Auch zahlreiche andere Gebrauchsgegenstände wurden als Informationsspeicher funktionalisiert, wobei aufgrund ihres eher geringen gesamtkulturellen Stellenwerts von »Medien« hier allerdings wohl nicht mehr gesprochen werden kann. Zu nennen wäre etwa das Rollsiegel als Ausdruck politischer Herrschaft und Macht. Das im folgenden abgebildete Beispiel mit einer vermutlich mythischen Schiffsszene (Abb. 56) stammt aus Sumer, Ende des 4. Jahrtausends v.u.Z.; Beamtensiegel gab es im Ägyp-

157

Abb. 54: Vorderseite einer Buchungstafel aus Uruk IV: Personennamen mit Zahlenangaben von Waren (ca. 3200 v.u.Z.)

Abb. 55: Rückseite der Tafel: Summierung der Waren

Abb. 56: Rollsiegel eines Beamten als »Medium« politischer Macht

ten der Frühzeit in großer Zahl (z.B. Földes-Papp 1966/1984, 41). Zu nennen wäre aber auch das Zahlungsmittel Gold im Alten Reich, als ökonomisches Leitbild. Aus der Zeit des Pharaos Menes stammt ein leicht gekrümmter Goldbarren als Maßstab: 14 Gramm schwer und mit dem Namen des Königs versehen. Beides, Rollsiegel und Goldbarren, verweist auf überpersönliche Zusammenhänge und hat institutionellen Charakter bzw. dokumentiert autoritativ seine gesellschaftliche Wirksamkeit. Es wurden bereits Überlegungen angestellt, ob es sich generell auch beim zirkulierenden Münzgeld – vermutlich ab 600 v.u.Z. – ursprünglich nicht eher um »heiliges Geld« bzw. »den Wertmaßstab sozialer Umverteilung durch Steuerzahlung an Herren und Heiligtümer« gehandelt hat als um ein schlichtes Mittel des Handels (vgl. Mannsperger 1979, 240f.). Spätere Darstellungen von Personalisierungen von Stadtgottheiten, etwa in Athen, auf Münzen hatten durchaus normativen Charakter, auch wenn Münzen dann schnell, schon im 3. Jahrhundert v.u.Z., mit dem Porträt des Herrschers zur Imagepflege und mit plakativen Aufschriften als »Vehikel für direkte politische Botschaften« (Mannsperger 1979, 242), also als Propagandamedium, genutzt wurden. – Die Bedeutung von Gold, Münze, Papiergeld als Kommunikationsmedium und zugleich als generalisiertes Symbolmedium und deren historische Entwicklung von den ersten Anfängen bis zur Creditcard heutiger Tage ist bislang noch nicht zureichend untersucht worden. Möglicherweise muß dieses Kapitel in eine spätere, umfassendere Mediengeschichte eingefügt werden.

6.4. Zusammengefaßt: Die Pyramiden, ergänzt durch Obelisk, Relief, Skulptur und Stele bilden mediengeschichtlich den Höhepunkt und, für Europa wie für Afrika, den Endpunkt in der Entwicklung der gegenständ-

lichen Gestaltungsmedien als Medien. »Gestaltung« ging ihres Mediencharakters verlustig und erhielt ihre Bedeutung nur noch als Kunst: dar-
stellende Kunst, bildende Kunst, Architektur. Völlig unzutreffend sind
demnach Vorwürfe, die ägyptische Kunst sei »Friedhofskunst« oder »Rüstzeug für den Jenseitskult«, falsch ist auch die These, »l´art pour l´art habe
es in Ägypten niemals gegeben« (zit. in Antikendienst 1984, 18f.). Am Beispiel der altägyptischen Kultur läßt sich vielmehr sehr deutlich nachvoll-
ziehen, wie ein religiöser Kult, der noch wesentliche Bestandteile matriarchaler Weltauffassung enthielt, im Verlauf seiner Geschichte gleichsam entsakralisiert wurde: wie kreative Gestaltung und das ästhetisch
Schöne in ihrer Individualisierung, Personalisierung, ihrer Fixierung, Ar-
chivierung, Objektivierung, Dissozialisierung ihren Jenseitsbezug verloren. Das angeblich Funktionslose der Kunst – eine, wie gesagt, erst im 19.
Jahrhundert ausgebildete Auffassung – verweist also zum einen auf die
holistische, naturverbundene, vorreligiöse Weltsicht des Matriarchats, mit
der »funktionslosen« Teilhabe jedes Menschen, jedes Wesens, jedes Dings
am Ganzen, ohne Götter, denen geopfert werden muß; zum andern aber
ging in der kulturellen Entwicklung über das Neue Reich mit Echnaton,
der mit Aton die monotheistischen Vorstellungen auf Staatsebene institutionalisierte, bis zur Christianisierung Ägyptens diese ideologische Klam-
mer verloren – das »Schöne« verselbständigte sich zu einem ganz eigenen
Bereich; »Kunst« wurde geboren – als Statthalter einer Religion ohne Göttin und ohne Gott. Mediengeschichtlich fungiert die Kunst demnach als
Erbe der Gestaltungsmedien der alten Hochkulturen, während das zur
Religion geronnene göttliche Reich von unserer Wirklichkeit endgültig
abgetrennt wurde. Die Totenmaske des Pharao sollte zum singulären
»Kunstwerk« werden bzw. zum instrumentellen Versatzstück im neuen
Medium Theater, jenem letzten Menschmedium, das zugleich noch als
Gestaltungsmedium Geltung beanspruchen kann (vgl. Kap. 9). Es scheint
demnach so, als hätte die Geschichte der Kunst erst mit dieser Zäsur der
Mediengeschichte begonnen. Das Ende der gegenständlichen Gestaltungsmedien vollzog sich parallel zum Aufschwung der Schreibmedien, insbesondere der Papyrusrolle bzw. dem Blatt, der Tafel, dem Ostrakon, als
eine ganz andere, und in dieser Andersheit konsequenzenreiche Speicherung für Information und kulturelles Wissen. Mit den Anfängen des Mediums Buch (vgl. Kap. 11) wird dieser Entwicklungsstrang wieder aufzu-
greifen und weiterzuführen sein.

7. Priester, Schamane, Zauberer, Seher: Zur Entwicklung eines archaischen Herrschaftsmediums

7.0. Die Phase der Dominanz von Gestaltungsmedien wie in der alt-ägyptischen Kultur darf nicht den Eindruck hinterlassen, die sehr viel grundsätzlichere und verbreitetere Dominanz der Menschmedien sei zu dieser Zeit bereits ernsthaft in Frage gestellt oder sogar gebrochen. Allenfalls zeichnet sich hier, nach der Höhlenwand und vor Medien wie der Rolle oder dem Brief, eine Entwicklungstendenz ab, die erst im Verlauf des Mittelalters immer stärker werden sollte – in einem Abschnitt der Mediengeschichte, in dem Schreibmedien immer wichtigere Funktionen übernahmen. In der Phase der multiplen Hochkulturen, und vollends in der archaischen Periode, standen die Menschmedien im Zentrum. Das gilt vor allem für ein Medium, das bereits mehrfach erwähnt wurde und nun in seiner Ausdifferenzierung und Entwicklung rekonstruiert werden soll: den Priester (Kap. 7.1.) mit seinen verwandten Ausprägungen als Schamane (Kap. 7.2.) und Zauberer (Kap. 7.3.) bis zum Seher und Propheten (Kap. 7.4.). Einerseits dürfen sie keinesfalls alle einfach zusammengeworfen werden (vgl. etwa wie bei Darwin 1948 oder bei James o.J.), obwohl sich ihre Tätigkeiten zum Teil überlappen, andererseits aber lassen sie sich auch nicht als exakte Stufen eines Wandels interpretieren. Was für das Mittelalter bereits ausführlicher vorgestellt wurde (Winter 1996; vgl. auch Faulstich 1996, Kap. 7): die Variation des Mediums »Priester« zur Ausdifferenzierung des Predigers, kann hier mangels entsprechender Forschungen zunächst nur als Schema im Sinne eines Modells angedeutet werden. In einer abschließenden Bilanz werden die Unterschiede und Ähnlichkeiten von Priester, Schamane, Zauberer und Seher noch einmal systematisch zusammengefaßt.

Erinnern wir uns zunächst an die Frau als Priesterin, als irdische Stellvertreterin der Großen Göttin in der archaischen Periode, mit den entsprechenden Initiationsriten – an die Frau also als wichtiges Medium der Kommunikation zwischen Menschen und Göttin, später zwischen Menschen und den Göttern, auch noch in Gestalt etwa der Tempelpriesterinnen oder vestalischen Jungfrauen (Kap. 2.3.). Von ihr als weiser Frau, als Wahrerin traditioneller Überlieferungen, als geheimnisvollem Ort menschlicher Wiedergeburt, von ihrer sakralen Heilkunst führt eine kontinuierliche Linie bis zur »Hexe« und deren Verfolgung in der frühen Neuzeit, womit dem Medium Frau insbesondere auch in ihrer Funktion als Heilerin der Todesstoß versetzt wurde (z.B. Heinsohn/Steiger 1985/1989). Erinnern wir uns an die Zeit der zunehmenden Dominanz des zweiten Mediums der Geschichte, des Opferrituals der Jäger, als der männliche Priester die Funktionen der früheren Priesterin übernahm, – also an den Wandel vom Gebären zum Töten, vom Menstruationsblut zum Opferblut, an die Verschiebung der zentralen Perspektive von der Erneuerung des Lebens zur Überwindung des Todes. Dieses Opferritual als Medium »theatraler Herrschaft« (Kap. 3.2.) sollte in Zukunft seine herausragende Bedeutung ausbauen und erhalten, bis weit ins Christentum hinein. Schon der altägyptische König oder Pharao war als der »oberste Priester« charakterisiert worden, an der Spitze einer komplett ausgebildeten und hierarchisch strukturierten Priesterschaft (Kap. 6.2.). Der Unterschied einerseits zwischen dem Priester oder dem »Zauberer« an der Höhlenwand der Trois Frères, mit einer verschärften Herrschaftsfunktion, weil der Geheimnischarakter des Mediums ihn von der kultischen Gemeinschaft noch stärker abhob als beim Opferpriester (Kap., 5.1.), und andererseits dem Pharao und seinen »Vorlese-Priestern«, die bereits der Schrift mächtig waren und neue Kommunikationsmedien instrumentell einsetzten, ist aber historischer Art.

7.1. Die Priester

Man muß wohl das Menschmedium »Priester« als übergeordnete Bezeichnung einsetzen, insofern es eine prinzipielle oder originäre Funktion der Vermittlung zwischen Mensch und Gott meint. Schon die Megalithkulturen wurden nachweislich von Priestern geführt – man kann hier eine Linie bis zu den keltischen Druiden (vgl. Kap. 13) ziehen (Teichmann 1983, 22). Was ursprünglich als Einheit von Gelehrtem, Priester, Arzt, Baumeister, Richter, Berater, Erzieher fungierte, differenzierte sich freilich zur Zeit der Hochkulturen immer weiter aus.

Am Beispiel der altägyptischen Kultur hat das insbesondere Sergio Pernigotti, gemäß dem dritten Buch der »Historien« von Herodot und nach Porphyrius, anschaulich verdeutlicht (1992). Kennzeichnend war demnach vor allem eine streng hierarchische Struktur der Priesterschaft, an deren Spitze der Oberpriester stand. Man muß dabei in Rechnung stellen, daß es anfänglich gar nicht »die« (eine) Priesterschaft gab, sondern eine Vielzahl von Priesterschaften, für jeden der vielen Götter, relativ unabhängig voneinander, lokal oder regional auf die kultische Verehrung je *einer* Gottheit in einem bestimmten Tempel begrenzt. Erst zur Zeit der Pharaonen war das Priesteramt nicht mehr erblich, sondern ein königliches Vorrecht, d.h. Priester wurden ernannt oder eingesetzt und konnten auch wieder abgesetzt werden. Die königlichen Kultaufgaben wurden an Priester delegiert, was diese in Dienst setzte und somit neben politischen auch wirtschaftliche Funktionen mit sich brachte. »Der bevorzugte Ort zur Ausübung priesterlicher Funktionen war der Tempel. Nur im Tempel trat der Priester als das auf, was er war: Bevollmächtigter des Königs und Fachmann für die Beziehungen zu den Göttern. (...) Da das Priestertum in Ägypten als ein *Dienst* begriffen wurde, durften jene, die sich ihm widmeten, keine Tätigkeiten ausführen, die nicht in unmittelbarem Zusammenhang damit standen. Die Priester standen in dem Ruf, eine raffinierte und in gewisser Hinsicht auch geheimnisvolle Wissenschaft zu beherrschen und eine vollkommene Kontrolle über ihre Leidenschaften erlangt zu haben«, jedenfalls in den letzten Jahren der Pharaonenherrschaft und der darauffolgenden Zeit. (Pernigotti 1992, 161ff.) Der Tempel war nicht das Heiligtum für die Gläubigen, sondern die Wohnung der Gottheit und seiner Diener. Neben der geistlichen Hierarchie gab es in den Tempeln auch das Verwaltungspersonal; ein Wechsel aus der einen in die andere Gruppe war offenbar leicht möglich. »Innerhalb der eigentlichen Priesterschaft läßt sich eine klare Unterscheidung treffen zwischen den Geistlichen hohen Ranges, die für den Vollzug des Kultes verantwortlich waren und leitende Funktionen und Aufsichtsfunktionen ausübten, und denen niedrigen Ranges, die lediglich Hilfsaufgaben übernahmen.« Der an der Spitze stehende Oberpriester galt als »erster Gottesdiener« oder »erster Prophet« – gewissermaßen Sprachrohr der jeweiligen Gottheit, umgekehrt aber auch Sprachrohr für die Anliegen der jeweiligen Gläubigen. Er hatte seine Stellvertreter minderer Ränge, gefolgt von verschiedenen gewöhnlichen Priestern, erneut in einer Rangfolge. Diese wurden mit nichtkultischen Aufgaben betraut, obwohl sie »rein« waren, z.B. mit körperlichen Arbeiten im Tempel oder bei den Zeremonien, etwa dem Schlachten von Tieren oder dem Tragen heiliger Gegenstände und Insignien. Hinzu kamen noch die Vorlese-Priester, welche die heiligen Texte rezitierten; Priester, welche aus den Innereien die Träume auslegten; sogenannte Stundenpriester, die durch genaue Beobachtung der Gestirne den Zeitpunkt bestimmten, an dem die Kulthandlungen durchzuführen waren; und die »horoskòpoi«, die mithilfe des Kalenders die glücklichen und die unheilvollen Tage bestimmten.

Daneben gab es auch noch Priesterinnen, aber von minderer Bedeutung. »Allgemein könnte man sagen, daß die in den ägyptischen Tempeln beschäftigten Frauen Funktionen ausübten, die im großen und ganzen mit denen von spezialisiertem Dienstpersonal vergleichbar waren: Entweder übernahmen sie typisch weibliche Rollen oder sie führten Aufgaben aus, für welche eine spezielle Ausbildung erforderlich war.« (Pernigotti 1992, 168ff.) Neben der »Gottesgemahlin«, die oft von einer Prinzessin gestellt wurde, gab es die Konkubinen des Gottes, eine Art Harem, angeblich allerdings ohne jede sexuelle Praxis, ferner Tänzerinnen, Sängerinnen und Musikerinnen.

»Der ägyptische Tempel stellte auch ein bedeutendes Zentrum ökonomischer Aktivitäten dar.« (Pernigotti 1992, 170) Der Priesterdienst wurde nur ganz am Anfang lediglich durch die Opfergaben der Gläubigen abgegolten. Schon im Mittleren Reich standen Ländereien und andere Einnahmen zur Verfügung, mit denen die Tempel ihre Personalausgaben und Ausgaben für die religiösen Zeremonien und die Instandhaltung, Reinigung, Restaurierung etc. der Tempelgebäude bestritten. Religiös-kultische und weltliche Aktivitäten waren also, ähnlich wie später bei den mittelalterlichen Klöstern, durchaus miteinander verbunden, spätestens mit der 18. Dynastie. Das Priesteramt konnte sehr lukrativ sein, und es sind viele Prozesse zwischen einnahmeinteressierten Priestern und opferbereiten Gläubigen verbürgt. Wer ein priesterliches Amt bekleidete, besaß aber auch nicht nur hohes Prestige bei der Bevölkerung, sondern enormen politischen Einfluß.

Sergio Pernigotti beschreibt das tägliche Kultritual, wie es sich zugetragen haben könnte (1992, 171f.; vgl. auch Seipel 1984, 249ff.): »In der ersten Phase des morgendlichen Kultes mußten die tierischen und pflanzlichen Opfergaben vorbereitet werden, die der Gottheit dargereicht werden sollten; diese mußten in einer Art Prozession, die von den Priestern gebildet wurde, welche an dem betreffenden Tag Dienst hatten, in das Tempelinnere getragen werden: Sie hatten zu diesem Zeitpunkt die Waschungen bereits vollzogen, durch welche gewährleistet werden sollte, daß sie über die für die Durchführung der Zeremonie erforderliche Reinheit verfügten. Nachdem die Opfergaben auf den Altären niedergelegt und vorschriftsmäßig gereinigt worden waren, öffnete der Priester höchsten Ranges genau in dem Augenblick, in dem die Sonne am Horizont erschien, die Tore des Heiligtums, ein Akt, der von Gesängen begleitet wurde, die dazu dienten, die Gottheit, die im Innern des Tempels wohnte, zu wekken. Dann begann die wichtigste und feierlichste Phase des Rituals: Der Priester betrat die Finsternis des Allerheiligsten, das durch das Licht der Fackeln nur schwach erleuchtet wurde, und öffnete die Türen des Schreins, in dem sich die Kultstatue der Gottheit befand, die sich so vor den Augen des amtierenden Priesters enthüllte; dieser genoß also das Privileg, das Bildnis betrachten zu dürfen, in dem sein Gott sich zu offenbaren geruhte. Nachdem der Priester der Statue seine Hände aufgelegt und einige Gebete gesprochen hatte, folgte die Speisung des Gottes. Das göttliche Mahl wurde zusammengestellt aus den Speisen, die zuvor auf den Altären angeordnet worden waren und deren Verzehr dann den Priestern und dem übrigen Tempelpersonal überlassen wurde, die damit ihre täglichen Mahlzeiten bestritten.« Das Standbild wurde gewaschen, geschminkt, bekleidet, weitere Kulthandlungen folgten im Laufe des Tages, bis schließlich die Zeremonie beendet, der Schrein verschlossen und für die Nacht versiegelt wurde. Trankopfer, Weihrauchopfer oder die seltenen Prozessionen, bei denen die Gottheit ihren Tempel verließ und auf einer Barke durch die Straßen der umliegenden Dörfer getragen wurde, waren weitere Aufgaben der Priester – letzteres durchaus mit Volksfestcharakter, eine Art Begegnung zwischen Gottheit und Gläubigen, bei der die Priester auch zu Alltagsproblemen befragt wurden und Orakel verkündeten, gelegentlich auch Recht sprachen.

Dem Tempel war jeweils ein »Lebenshaus« angeschlossen, eine kulturelle und religiöse Einrichtung, in der erstens der Priesternachwuchs ausgebildet wurde, die zweitens als Schreibstube und drittens generell als höhere Bildungseinrichtung diente: »Von seiner Bedeutung und von den dort gelehrten Inhalten her gesehen war es durchaus mit den heutigen Hochschulen vergleichbar« (Pernigotti 1992, 174). Hier wurden alte Texte kopiert, auch über nichtreligiöse Themen wie Astronomie, Medizin, Mathematik, hier wurde gelehrt auch im Hinblick auf weltliche Kultur.

Eine besondere Bedeutung hatte die wieder spezielle Gruppe der Priester, die für Begräbniszeremonien zuständig waren. »Um die eigentliche Bedeutung ihrer Rolle zu verstehen, muß man sich vor Augen halten, daß im alten Ägypten für die Begräbnisriten ein beträchtliches Vermögen ausgegeben wurde, weshalb diese für den Priester und indirekt auch für den Tempel eine bedeutende Einnahmequelle darstellten.« Einer der damaligen Begräbnispriester, aufgrund seiner medialen Bedeutung in Stein gehauen, war Kaemqed, aus der 5. Dynastie (ca. 2465–2323 v.u.Z.): kniend vor den Göttern, aber doch selbstgewiß-gelassen als Hüter, Zugang, »Medium« zum Reich der Toten (Abb. 57).

Aufgrund seiner global gesellschaftlichen Bedeutung war der Priester hier mehr als nur eine kultisch-religiöse Instanz, vielmehr dominierten seine soziale, stabilisierende Steuerfunktion – im Sinne der Vermittlung von Ordnungschemata, der Weltstrukturierung für alle Mitglieder der Gemeinschaft – sowie seine Katharsis- und Herrschaftsfunktion. Ersteres war mit der theokratischen Regierungsform gegeben; alle Seiten des Lebens befanden sich unter der Wirkung des Staates. Der monarchische Thron war nicht nur Ausdruck der kosmischen Ordnung, sondern auch Dreh- und Angelpunkt der Gesellschaft; allzusehr waren Priestertum und Beamtentum miteinander verwoben. Letzteres basiert auf dem untrennbaren Zusammenhang von Priestertum und Opfer: »Der machtvolle Einfluß, der vom Priestertum als einer festigenden Macht in der Struktur der Gesellschaft ausgeübt wird, ist vor allem der ursprünglichen Funktion der Einrichtung in der Beherrschung der übernatürlichen Mächte zuzuschreiben, von denen man sich die Wohlfahrt der Menschheit als abhängig dachte. Das hat seinen vollen Ausdruck im Opfer gefunden.« (James o.J., 163) Der Priester fungierte als Medium im erlösenden Sühneopfer nach dem Stellvertreterprinzip. Das jüdische Blutopfer in Israel, mit dem Passah-Ritual, dem zunächst wirklichen und dann ersatzhaften Opfer des

Abb. 57: Der Begräbnispriester Kaemqed als »Medium« zum Reich der Toten

Erstgeborenen, bezog sich noch auf Jahve, der allein von Sünden befreien konnte – von jener Schuld, die durch Verletzung des göttlichen Gesetzes zur Entfremdung zwischen Geschöpf und Schöpfer führt. Im späteren christlichen Priestertum übernahm der Priester selbst, unter der Voraussetzung der tätigen Reue des Sünders und in Nachfolge der Selbstaufopferung des Gottessohnes als Mensch, als Stellvertreter diese Sündenbefreiung – in der symbolischen Gestalt des eucharistischen Opfers; denn nichts weiter ist das christliche Abendmahl in der »heiligen Messe« als die entschärfte Fassung des Passah-Mahls in seiner Urform als Menschenopfer, letztlich des archaischen Opferrituals der Jäger (Kap. 3). Aus dem älteren Medium »Opferritual« entwickelte sich im Zuge der Ausdifferenzierung und Funktionsverschiebung unter anderem das Medium Priester, das sich seinerseits ausdifferenzierte in wieder neue Formen und Gestalten bis hin zum mittelalterlichen Prediger. Unter dem Einfluß der Reformation war die Entwicklung irreversibel: »Die Messe (...) und das Priestertum verloren ihren Status und ihre Funktionen als ein wesentliches Element in Glaube und Gottesdienst« (James o.J., 195), und die Macht von Kirche und Religion, die Relevanz von Absolution und Erlösung sollten kontinuierlich abnehmen. Die Vergebung als zentrale Funktion des Priesters als Medium war spätestens durch das Prinzip eigener Buße im Prinzip abgeschafft – und damit der Priester zum bloßen Repräsentanten seiner Kirche mit bestenfalls noch vereinzelten medialen Funktionen zurückgeschnitten.

7.2. Die Schamanen

Der geweihte oder zum Dienst »berufene« Priester besaß seine Macht kraft seinem religiösen Wissen und seiner Funktion als Speicher, Hüter und Vermittler sakraler Überlieferungen. Dies schließt Wissen über astronomische, naturkundliche, juristische, mathematische oder biologische Sachverhalte ein – der Priester war zugleich ein Meister der Wissenschaft. Die gelehrten Tempelpriesterschaften waren demzufolge zugleich Schwerpunkte kulturellen Lebens. Die Aufrechterhaltung der geistlichen Ordnung ließ sich von der Durchsetzung und Befolgung von weltlichen Gesetzen kaum trennen. Solange der Priester als Medium fungierte, kam ihm deshalb häufig zugleich auch juristische Autorität und somit Rechtsgewalt zu. Das alles war beim Schamanen nicht (mehr) der Fall. Der Schamane, wie er hier verstanden werden soll, ist weder von einem Gott oder seinem leibhaftigen Stellvertreter, quasi von außen, in sein Amt eingesetzt worden, noch basiert seine Macht primär auf Wissen und bestimmten kulturellen Funktionen, noch geht es gar um die Aufrechterhaltung einer religiösen oder einer kulturellen, einer juristischen oder einer umfassend gesellschaftlichen Ordnung oder überhaupt um eine körperschaftliche oder institutionalisierte (Religions-) Gemeinschaft.

Der Schamane ist weder Priester noch Zauberer oder Magier noch Mystiker oder Prophet, sondern der Schamanismus läßt sich definieren als »eine institutionelle und formgebundene ekstatische, mit Hilfe von Trommel, Tracht und Tanz hergestellte Verbindung besonders veranlagter qualifizierter Personen mit jenseitigen Schutzgeistern im Dienste einer bestimmten Gemeinschaft« (Khoury 1995, 8f.; vgl. auch Jensen 1951, 300f.; Kim 1993, 27ff.). Schamanismus ist weder »spiritistische Religion« oder »primitive Stammesreligion« noch »psychische Technik« oder »Ekstasetechnik« (vgl. Frerkes 1982, 84ff.), sondern der Schamane muß als ein archaisches Menschmedium gelten, dem zu unterschiedlichen Zeiten unterschiedliche Funktionen zukamen. Der Schamane fungiert als ein »Grenzgänger zwischen den Welten«, der sowohl hinab in die Unterwelt als auch, über den Weltenbaum, hinauf in den Himmel steigen kann; er wird als jemand verstanden, »der außer sich ist, der die Trommel schlägt und dazu tanzt und unverständliche Lieder singt«. »Er wußte, daß die Welt aus drei Ebenen besteht: die normale ›Mittelerde‹ des Alltags, die von der großen Erdmutter beherrschte Unterwelt, in der Geburt und Tod zu Hause waren, und die Oberwelt des himmlischen Vaters mit den Seelen der Ahnen.« Ohne diesen kosmologischen Hintergrund ist der Schamane als Medium nicht zu verstehen. »Der Schamane versucht, die Welt in ihrer Gesamtheit zu verstehen und aus diesem Bewußtsein heraus Lösungen für konkrete Einzelfälle zu finden.«(Braem 1994, 50+54+56) Damit sind die drei wesentlichen Merkmale genannt, die immer wieder aufgeführt werden (z.B. Schröder 1955; Narr 1961, 147f.; Stolz 1988; Walsh 1992, 22f.; Kim 1993, 28; Hoppál 1994, 11; Khoury 1995, 1ff.): Geisterwelt, Ekstase, Heilung.

Ursprünglich handelt es sich beim Schamanen um eine zentrale Gestalt im Glaubenssystem der Bewohner Sibiriens, der Antarktis und Innerasiens, der Tungusen, Jakuten, Ostjaken, Korjaken, Giljaken, Burjaten usw., seit der Eisenzeit, die lediglich für Kulturanthropologen, Ethnologen und Religionshistoriker von Interesse war, aber sie findet sich praktisch in allen späteren großen Kulturen der Erde (z.B. Eliade 1975; Walsh 1992, 28, u.a.). Manche Beiträge versuchen sogar, mit Interpretationen aller Art, den Schamanen zurück bis in manche Darstellungen an den Höhlenwänden, speziell in Lascaux, zu projizieren (z.B. Kirchner 1952, 254ff.). Für die Geschichte der Medien ist der Schamane insofern wichtig, als er teils eine Verkörperung, teils und vor allem eine Weiterentwicklung des archaischen Animismus der Jägerkulturen im Sinne einer Alternative zum Medium Opferritual darstellt (vgl. Kap. 3.2.): Die Ausstattung eines jeden Tiers und Dings mit einer Seele muß im Falle der Tötung der Tiere bei der Jagd offenbar nicht unbedingt zum Opfertod als gemeinschaftsfundierter Sühne führen, sondern erlaubt auch die »Seelenwanderung« des Stellvertreters als Weg der Versöhnung; der Schamane führt im Krisenfall mit Hilfe sogenannter »Hilfsgeister« einen stellvertretenden Kampf mit den bösen Geistern und stellt damit sozusagen eine unblutige Variante des Opferrituals dar (vgl. auch Findeisen 1957, 22f.). »Der Schamane ist kein Opferer«, befindet Mircea Eliade (1975, 177). Deshalb wird der Schamane auch gelegentlich als »Seelenführer« (z.B. Findeisen 1957, 14) oder »Seelenbegleiter« (Eliade 1975, 199ff.) definiert, der stellvertretend die Sühne auf sich nimmt. Er mag aus dem Glauben an das Weiterleben der Verstorbenen, aus dem Kult der Ahnen (vgl. die Pyramiden der altägyptischen Hochkultur, Kap. 6.2.) entstanden sein, deren Geister verehrt wurden, um damit Hilfe gegen die täglich auftretenden Bedrohungen der Natur zu erlangen bzw. Gefahren und Heimsuchungen durch Krankheit oder Katastrophen, die von bösen Geistern hervorgerufen werden, abzuwehren (vgl. auch Frerkes 1982, 86).

Wichtigstes Instrument des Schamanen war die Trommel, vergleichbar der Höhle und deren Rekurs auf das Medium Frau – ein sakraler Gegenstand und seinerseits Träger von Symbolen, etwa der Tierhaut als Trommelfell. Auch der Kleidung, der Kopfbedeckung, der Maske, den Knochen und dem Schamanenstock kam symbolische Bedeutung zu (vgl. Findeisen 1957, 80ff., 148ff.; Eliade 1975, 148ff.; Lommel 1980, 163ff.; Stolz 1988, 78ff.; Hoppál 1994, 108ff.). Der Schamane ist im 19. Jahrhundert häufig visualisiert worden, aber fast immer romantisierend. Am häufigsten findet sich in der Literatur eine bildliche Darstellung aus dem Jahr 1705, die den Schamanen mit Tiermaske, Trommel und tiergestaltigen Händen und Füßen zeigt (Abb. 58). Wohl verläßlicher in seiner Anschaulichkeit dürfte ein Stich aus der »Lapponia« von Johannes Schefferus (1673) sein (Abb. 59): Die oberen beiden Bilder zeigen zeitgenössische lappische Schamanentrommeln mit magischen Zeichen, das untere Bild visualisiert den Schamanen, wie er neben seinem traditionellen Wohnzelt kniet, in Ekstase die Trommel schlägt und singt, während hinter ihm sein weiblicher Schutzgeist mit einer Maske erscheint. Faktisch hatte der Schamane in vielen Fällen eine ähnlich gewichtige Bedeutung wie der Priester – deshalb muß ihm für gewisse Regionen und für bestimmte Zeiten zweifellos Mediencharakter zugesprochen werden. Mihály Hoppál schreibt (1994, 16): »Der Schamane sieht seine Kraft und sein Wissen stets als soziale Funktion. Welches sind die wichtigsten Funktionen, die er übernehmen konnte? In den verschiedenen Kulturtypen erwarteten ihn mannigfaltige Rollen, und natürlich besaß der eine Sippe lenkende Schamane in einer kleinen Gemeinschaft aus Fischern und Jägern ein anderes Gewicht als die obersten Hofschamanen in den großen Reiternomadenreichen. Kurz gesagt gehörten die folgenden sozialen Rollen und Aufgaben in den Wirkungsbereich der eurasischen Schamanen: 1. praktischer und geistiger Führer der Sippe (Hüter des ethnischen Bewußtseins), 2. ›Opferpriester‹, 3. ›Seelenführer‹, 4. Kenner der Weissagungen, 5. Heiler, 6. Dichter, Sänger, Hauptfigur im

Abb. 58: Der Schamane als »Medium« zum Reich der Geister

Drama des schamanischen Aktes.« Abgesehen von der wohl unzutreffenden Annahme des »Opferpriesters« kommen dem Schamanen also ähnlich wie dem Priester wesentliche kulturelle und soziale Orientierungsfunktionen zu.

Die oben genannten drei zentralen Merkmale (Geisterwelt, Ekstase, Heilung) des Schamanen oder der Schamanin sollten vielleicht noch kurz erläutert werden. Die Geisterwelt (erstens) meint vor allem den Kontakt mit einem persönlichen Schutzgeist (vgl. Lommel 1980, 83ff.). Dabei handelt es sich einfach um ein zoomorphes Wesen, um ein konkretes Tier wie Wolf, Bär oder Rabe oder aber auch um die Verkörperung des jeweils anderen Geschlechts – weshalb man die Beziehung zwischen Schamane und Hilfsgeist auch als »Liebesverhältnis« beschrieben hat (Lommel 1980, 98;

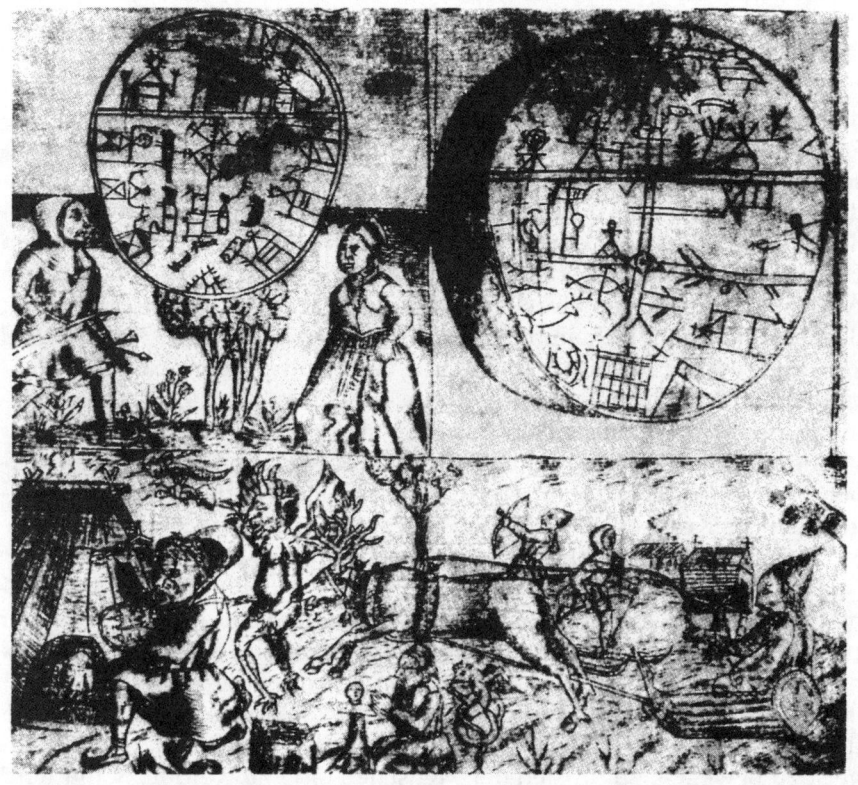

Abb. 59: Der Schamane – Geisterwelt, Ekstase, Heilung

vgl. auch Eliade 1975, 89f.). Joan Halifax spricht vielleicht zutreffender
von der Androgynität des Schamanen: Es geht um das Mysterium der
Ganzheit des zweigeschlechtlichen Menschen, in das der Schamane bei
der Auflösung der Gegensätze von Leben und Tod, von Licht und Dunkel
eingehen muß – »als Erlangung des Gleichgewichts in einem fließenden
Spannungsfeld zwischen zwei Kraftpolen und als die Vereinigung der
Seinsebenen von Himmel und Erde, männlich und weiblich (...), Mond
und Sonne« (1981, 33ff.).

Die Ekstase (zweitens), deren Erscheinungsweise oft als epilepsieähnlich
charakterisiert wird, ist eine individuelle, häufiger vererbte Gabe, auf deren Grundlage die Berufung durch den Geist geschieht, oft gegen den
Willen des Berufenen (ausführlich z.B. Knoll-Greiling 1953). Die Entrük-
kung, in der die Verbindung mit dem Geist oder den Geistern erfolgt,
nimmt oft die Form der Ohnmacht oder des »Schlafs« an. Es handelt sich

dabei eher um einen tiefenhypnotischen Zustand als um eine Ekstase im psychologischen Sinn (siehe auch Walsh 1992, 263ff.) oder gar um eine Ekstase im Sinne religiöser Mystik (z.B. Josuttis 1987; vgl. auch Leuba 1927); eben nicht war Dionysos der »Gott des archaischen Schamanismus« (Kirby 1975, 100+129; vgl. auch Kap. 9). Und natürlich ist damit auch keine medizinisch verifizierbare »Geisteskrankheit« gemeint. Das ekstatische Erlebnis ist vielmehr mit übermenschlichem Kraftaufwand verbunden. Umschreiben ließe es sich mit Ent-Ichung: »Das Ichbewußtsein verschwindet. Das Bewußtsein von Zeit und Raum geht verloren.« Eine andere Realität wird erreicht. (Beck 1906, 27+37ff.) Das meint »nicht Chaos, sondern Ordnung, nicht Taumel, sondern Verpflichtung, nicht Hinsinken, sondern Aufbau bindender Gemeinschaft mit den Vorfahren«, wie Otto Höfler mit Bezug auf kultische Geheimbünde der Germanen definiert (1934, IX). Mittel zur Erregung der Ekstase waren häufig Gifte und Drogen, extreme Affekte, dann aber auch Tanz und Rhythmus (vgl. oben Kap. 4). Für den Schamanismus wird immer wieder das Erlebnis des Zerstückeltseins und der Wiedergestaltung als zentral angeführt, das archaische Erlebnis von Sterben und Auferstehen, als das erwähnte Selbstopfer des Schamanen zugunsten des Kranken zu verstehen (vgl auch Findeisen 1957, 50ff.; Eliade 1975, 62ff.; Lommel 1980, 76ff.; Walsh 1992, 79ff. u.v.a.).

Die Krankenheilung (drittens) ist die zentrale rituelle Tätigkeit des Schamanen. »Der Geist ist der Herr des Schamanen, nicht der Schamane der Herr des Geistes. Gleichwohl verfügt der Schamane durch die Inbesitznahme seines Wesens durch den Schutzgeist über die Kräfte, die dieser ihm überträgt. Bei einer nur lockeren Kontaktnahme mit dem Geist muß der Schamane durch Opfer, Bitten und Drängen versuchen, den Schutzgeist zu bewegen, zugunsten der Menschen tätig zu werden. Somit wird deutlich, daß der Schamanismus grundsätzlich nicht mit Magie gleichzusetzen ist. Denn der Schamane herrscht nicht über den Geist und kann ihn nicht in seinen Dienst zwingen, wie es in der Magie erstrebt wird.« (Khourly 1995, 6) Nach innen läßt sich das Wirken des Schamanen insbesondere als »psychische Technik« zur Behebung von Störungen des Unterbewußtseins interpretieren (Lommel 1980, 109f.). Krankheit wird als »Verlust der Seele« verstanden, die sich verirrt hat oder die entführt wurde und nun zurückgeholt werden muß (Eliade 1975, 313ff.; vgl. auch Walsh 1992, 227ff.). Abgesehen von der Heilung von Kranken dienten die schamanischen Praktiken auch zur »Heilung« im sozialen Sinn – zugunsten einer erfolgreichen Jagd, eines ertragreichen Fischfangs, des Schutzes vor Krankheiten und beim Totengeleit, zur Verbesserung der Fruchtbarkeit, der Erleichterung bei Geburtsschmerzen usf. Nach außen erscheint der Heilungsakt als »großes Schauspiel« (Schenk 1994, 141f.), als »ur-theatre« (Kirby 1975, 2). »Der Schamane praktizierte in der Séance – gleichsam als ein Ein-Personen-Prototheater – eine hohe Schule des Illusionismus« (Hoppál 1994, 22). »Viele Vorgänge während der Seelenfahrt, insbesondere Hindernisse auf dem Wege, werden dramatisch dargestellt, außerdem aber spielt der Schamane auch seine eigene Person in ihrem Verhalten auf der Reise.« (Lommel 1980, 201) Allerdings vollzieht sich die Katharsis – »ein schauerliches Traumritual« (Findeisen 1957, 54) – hier nicht symbolisch durch das gemeinschaftsfundierte Opferritual, sondern als individuelle reale Heilung. Claude Lévi-Strauss hat die drei einander ergänzenden Aspekte benannt, die für einen solchen Heilerfolg unabdingbar sind – er nennt es »den Schamanen-Komplex« (und meint auch den Schamanen, obwohl er ihn gelegentlich wie hier auch als Zauberer tituliert): »zunächst der Glaube des Zauberers an die Wirksamkeit seiner Techniken; dann der des Kranken, den jener pflegt, oder des Opfers, das er verfolgt, an die Macht des Zauberers selbst; schließlich das Vertrauen und die Forderungen der öffentlichen Meinung, die ständig eine Art Gravitationsfeld bilden, in dem die Beziehungen zwischen dem Zauberer und denen, die er verzaubert, liegen und sich definieren lassen« (1977, 197+184). Charakteristisch ist denn auch der Unterschied in ökonomischer Hinsicht. Während der Opferpriester die Opfergaben, mindestens teilweise, für sich selbst behält (bzw. der Zauberer die Bezahlung), wird die schamanische Heilung nicht entlohnt, sondern als Dienst am Wohlergehen der Gemeinschaft aufgefaßt und mit Prestige und Hochachtung, nicht aber materiell beantwortet. Gleich in mehrfacher Hinsicht also kommt dem Schamanen entscheidende sozialstabilisierende Funktion zu, zu unterscheiden von den Steuer- und Herrschaftsfunktionen etwa der Priesterschaft.

Mit Blick auf eine umfassende Geschichte der Medien hat freilich auch der Schamane, wie der Priester, seine Bedeutung als Menschmedium rasch verloren – was in seinem personalen Charakter und der Individualität seiner Wirkmächtigkeit wohl bereits angelegt war (z.B. Jensen 1951, 304f.). Die Profanisierung der Heilungsstrategien setzte sich, nach Stationen wie dem Wunderheiler Jesus, dem indischen »Guru als Heiler« (Clément/kakar 1993, 187ff.) und den fahrenden Quacksalbern und Medizinhändlern des Mittelalters (Faulstich 1996, 210ff.), spätestens mit der Etablierung in der bürgerlichen Gesellschaft der Städte zu Beginn der Neuzeit durch: im Beruf des Arztes, noch später im Beruf des Psychologen. Am Beispiel indischer Heiler hat Sudhir Kakar (o.J.) diesen Wandel vom Schamanen als Herrn der Geister über den Heiligen mit seinen mystischen Komponenten bis zum modernen Mediziner und Psychiater exemplarisch angedeutet. Heutzutage gibt es in bestimmten Kulturen zwar noch originäre Schamanen, in der westlichen Welt ist die Seánce aber längst zur spirituellen Sitzung mit einem »Medium« im verdunkelten Raum, mit Tischrücken, Telekinese und Klopfen von Verstorbenen rudimentiert. »Mediumismus«, heute auch »Channeling« genannt (z.B. Klimo 1987), meint , »daß aus dem Mund eines Mediums (das als Kanal, »Channel«, funktioniert) ein Geistwesen spricht.« (Walsh 1992, 156) Doch an die Stelle von Geistern, Göttern, Dämonen, Engeln u.ä. sind inzwischen die Außerirdischen getreten.

7.3. Heilfrauen, Medizinmänner, Zauberer

In ihrer zentralen Funktion der Heilung sind dem Schamanen bzw. der Schamanin ohne Zweifel die Heilfrauen und Medizinmänner am nächsten, aber zum Teil ohne Geisterwelt und vor allem ohne Ekstase (z.B. auch Petri 1953, 217). Während sich in den Heilfrauen eine Jahrtausende überdauernde Institution zu erkennen gibt, die von den Tempel-Huren der matriarchalen Hochkulturen über die sprichwörtlichen mittelalterlichen »Kräuterweibsen« und Hexen bis zu den Krankenschwestern (bzw. in gewissem Sinn auch Prostituierten) der Neuzeit reicht, stellt der Medizinmann als Medium eher ein kulturenspezifisches Phänomen dar. Wir kennen den Medizinmann heute meistens nur von den Karl May-Romanen her, für die Kultur der nordamerikanischen Indianer, aber er findet sich auch in einigen anderen Kulturen wie z.B. in Australien. Beide, Heilfrauen und Medizinmänner, zeichnen sich durch eine besondere Nähe zur Natur und ihren Heilkräften aus, wobei allerdings der Medizinmann in bestimmten Kulturen noch sehr viel länger Medienfunktionen wahrnahm als die Heilfrau, die – insbesondere auch durch das Christentum – weltweit diffamiert, verfolgt und ausgegrenzt, ihrer Orientierungsfunktion in einer ohnehin patriarchalen Gesellschaft spätestens ab dem Beginn unserer Zeitrechnung weitgehend beraubt wurde. Hans Schadewaldt betont besonders für die Anfänge noch die multiple Funktion des Medizinmannes: »denn die Persönlichkeit, die in der Regel mit dieser Bezeichnung belegt wird, übt ja nicht nur die Heilkunde aus, sondern ist daneben noch als Priester, Zauberer und Wahrsager tätig, ja ist häufig Häuptling eines Stammes oder König eines Volkes. Bei manchen Naturvölkern fällt ihm außerdem die Aufgabe zu, als Sänger und Rezitator die bedeutenden Ereignisse im Leben seiner Sippe wieder lebendig werden zu lassen; eine in der schriftlosen Gesellschaft der Naturvölker außerordentlich wichtige Funktion.« (1968, 37) Andreas Lommel unterscheidet dann im Sinne einer allmählichen Ausdifferenzierung: »Als Persönlichkeit ist der Medizinmann von überragender Intelligenz und von deutlichem Machtstreben (...) Der Unterschied zwischen Medizinmännern und Schamanen liegt einmal in der verschiedenen Form und Intensität des Berufserlebnisses und zum anderen in der andersartigen Technik der Beeinflussung.« (1980, 13; vgl. auch Kim 1993, 32) Und auch in der aztekischen Hochkultur waren z.B. Medizinmann, im Sinne des Magiers, und eigentlicher Arzt bereits getrennt (Schadewaldt 1968, 42).

Helmut Petri hat am Beispiel des australischen Medizinmannes charakteristische Merkmale herausgestellt (1952+1953): Er war ein Meister der Krankenbehandlung, ein Beherrscher gefürchteter magischer Mächte, eine führende Persönlichkeit im geistigen, politischen Gemeinschaftsleben, ein Wahrer der historischen und religiösen Überlieferungen seines Volkes. Geisterwelt, Traumreisen und eine bestimmte Theatralik erinnern stark an das Schamanentum, erhalten aber durch das Individual-Totem eine ganz eigene Natur. Jeder Medizinmann trug einen heiligen Gegenstand bei sich, in seinem »Medizinbeutel«, oft ein Teil von einem Tier, in dem sich die eigene Seele verkörperte. Verlust oder Vernichtung dieses Totems bedeuteten den Verlust des Himmels, der Erlösung, des Zugangs zur jenseitigen Welt – man konnte nicht »in die ewigen Jagdgründe eingehen«. Das Totem fungierte dabei nicht nur als Alter ego seines Trägers, sondern »Individual-Totemismus und Schutzgeisterglauben (bildeten) einen einheitlichen und in sich geschlossenen Vorstellungskomplex« (Petri 1952, 278), der sich auch in sozialer Hinsicht auswirkte, insofern sich daraus gesellschaftliche Gruppen strukturierten, z.B. in Gestalt von Clans. Als multifunktionale Figur – Heilpraktiker oder auch »Regenmacher«, »Barde und Dichter« (Petri 1953, 190ff.) und dominante Gestalt des Alltagslebens – stand er nicht so am Rand der etablierten sozialen Gruppe wie etwa die Heilfrau oder auch der Schamane. Petri gelangt zu der These, daß »im Nordwesten, Süden und Südosten Australiens, in den Gebieten der menschheitsgeschichtlich ältesten Zivilisationen des fünften Erdteils«, »die Gesamtkultur eines australischen Stammes in der Gestalt des Medizinmannes kulminiert« (1953, 212+196) – freilich begrenzt auf die Zeit bis Anfang des 19. Jahrhunderts; »als die Kolonisierung (Australiens) zu Beginn der 40er Jahre des vorigen Jahrhunderts ihren Anfang nahm, gehörten alle großen Medizinmänner bereits der Vergangenheit an. Die weiße Zivilisation verurteilte diesen einst für das Eingeborenenleben so bedeutsamen Stand zum Untergang.« (Petri 1953, 210f.) Die Kommunikations-, Steuerungs- und Orientierungsfunktion des Medizinmannes als Medium war damit auch in der australischen Kultur endgültig beendet.

Der Priester ist Diener einer höheren Gewalt, nach dem Stellvertreterprinzip. Der Schamane leitet seine Macht aus seiner persönlichen ekstatischen Fähigkeit des Zugangs zur Geisterwelt ab. Der Medizinmann verfügt ähnlich mit Hilfe seines Individual-Totems über Kontakte zur Geisterwelt. Der Zauberer aber handelt ausschließlich aus eigener Initiative und Autorität. Der Zauberer war ursprünglich wohl definiert ebenfalls durch seine Heilkunst – im spirituellen wie im rein körperlichen Sinn. Spirituell war er zuständig für die von bösen Geistern besessenen Menschen oder Gebäude, Plätze und dergleichen. Ihm kam die Aufgabe zu, den bösen Geist im Exorzismus auszutreiben, also zu besprechen, zu verstoßen und damit Unglück, Krankheit und Tod abzuwenden und dem Menschen bzw. den Dingen die je eigene »gute« Natur zurückzugeben. Der Akt der Beschwörung und Vertreibung war auch gelegentlich mit einem Opfer verknüpft, um den Bann zu überwinden. Für körperliche Krankheiten wurden die Heilkräuter der Natur und entsprechende Praktiken wie etwa das therapeutische Mittel der Inkubation genutzt, d.h. der Kranke mußte im Tempel schlafen und wurde in nächtlichen Visionen und Träumen sowie mit Hilfe von Medizin von seinen Ängsten und seinen körperlichen Krankheiten geheilt. Immer aber war auch zentral Magie dabei im Spiel. Deshalb kann man auch von einem »radikalen Prinzipienkonflikt zwischen Magie und Religion« ausgehen, wie Frazer in bezug auf den Kontrast zum Priester ausführt: »Die stolze Selbstgenügsamkeit des Magiers, sein anmaßendes Auftreten gegenüber den höheren Mächten und sein unverschämter Anspruch, ein Regiment wie das ihre auszuüben, mußten den Priester notwendig abstoßen (...). Gelegentlich dürfen wir vermuten, daß auch niedere Beweggründe hinzutraten, welche des Priesters Feindschaft schürten. Er behauptete, das rechte Medium zu sein, der wahre Mittler zwischen Gott und den Menschen, und zweifellos wurden seine Interessen wie seine Gefühle häufig durch einen nebenbuhlerischen Quacksalber geschädigt, der einen sicheren und ebeneren Weg zum Glück predigte als den rauhen und schlüpfrigen Pfad göttlicher Gunst. Dennoch scheint dieser Gegensatz (...) verhältnismäßig spät in der Religionsgeschichte zutage getreten zu sein. In einer früheren Periode waren die Funktionen eines Priesters und Zauberers vielfach in einer Person vereinigt (...), sie waren noch nicht voneinander getrennt.« (Frazer 1922/1994, 75) »Zauberei ist die bewußte, gewünschte Verwandlung der sich ständig verändernden Welt. (...) Zauberei ist das geheime Wissen um die Nutzung der verborgenen Kräfte des Universums«, heißt es einleitend zu einem neueren »Lexikon der Zauberpflanzen aus ethnologischer Sicht« (Rätsch 1988, 12). Als Fetischpriester mit Bildzauber und Rachepuppen (vgl. Darwin 1948, 39ff.) haben Zauberer schon bei den alten Ägyptern um 1170 v.u.Z. auf der Basis von Furcht und Bedrohung eine große Berühmtheit beim Volk gewonnen – hier zeigt sich wieder das Medium Priester in seiner Macht- und Herrschaftsfunktion. Entsprechend hat man wie auch schon beim Schamanen versucht (z.B. Schadewaldt 1968, 50ff. u.v.a.), den Zauberer bereits auf den Höhlenwänden der Frühgeschichte zu sehen (vgl. oben Kap. 5, Abb. 33).

Im Sinne eines schematischen Entwicklungsmodells also wird die Zauberei hier, im Unterschied zum Priester, Schamanen und auch Medizinmann, eher als Spiel und Tricktechnik, als Zeremonie, als Hokuspokus verstanden – ganz im Sinne einer alten Definition aus dem Jahr 1907: »Die Zauberhandlungen sind ursprünglich und in ihrem Kerne von jeder Vorstellung übersinnlicher Wesen und ihrer Mitwirkung frei; sie vertrauen lediglich auf die Wirkungskraft des sie ausübenden Menschen« (Vierkandt 1907, 21). Der Zauberer ist also letztendlich der Magier (vgl. auch Kirchgässner 1959, 315ff.), der durch Nahzauber oder Fernzauber, durch Nachahmung oder Übertragung seine Kunst praktiziert, positiv als Hilfe (»weiße Magie«) oder negativ als Bedrohung und Unheil (»schwarze Magie«). Zu den unentbehrlichen Insignien gehören insbesondere Talismane (um die Hilfe der guten Geister herbeizurufen) und Amulette (um böse Geister abzuwehren). Der Zauberer ist ein Hexenmeister, der mit Formeln und Sprüchen, magischen Gebärden und Handlungen die gewünschten Wirkungen hervorruft – oder eben nicht. Dem öffentlichen Zauberer ging es vor allem um Einfluß und Macht, etwa mit der Beherrschung der menschlichen Gesundheit oder des Wetters. Der Zauberer wurde gerufen im Falle von Krankheit und Unheil. Insbesondere als Regenmacher hat er in vielen frühen Hochkulturen eine herausragende Bedeutung gehabt (Darwin 1948, 33ff.). Der »Regenmacher« sicherte das Überleben der Vegetation, der Tiere und Menschen und war von entsprechender Wichtigkeit für die Gemeinschaft. Häufig wurde deshalb der Zauberer gleich zum König gemacht. Heute ist »Zauberer« dagegen längst eine Berufsbezeichnung geworden: für einen Illusionskünstler.

7.4. Seher und Propheten

Selbstverständlich gab es von Anfang an zahlreiche Priester, Schamanen und Zauberer, die auch als Seher fungierten; es gab Priesterpropheten, Hofpropheten, Kultpropheten der unterschiedlichsten Art in den meisten frühen Hochkulturen (ausführlich z.B. Guillaume 1938). Petri nimmt ebenfalls an, »daß mehr oder weniger alle australischen Medizinmänner als besonders erleuchtete und mit der Geisterwelt auf vertrautem Fuße lebende Personen auch zu einer prophetischen Schau zeitlich und räumlich fernliegenden Geschehens befähigt sind« (1952, 311f.). Er nennt es Hellsichtigkeit. Dennoch können Seher und Propheten als eine wiederum andere Ausgestaltung des Ausgangsmediums Priester begriffen werden. Die archaischen Seher oder Wahrsager der frühen Hochkulturen nahmen in Form von Orakeln, Träumen und Visionen den Willen der Götter in Bezug auf zukünftige Handlungen und zukünftige Ereignisse zur Kenntnis. In Mesopotamien beispielsweise wurde der Wille der Götter in Gestalt einer immer ausgefeilteren Astrologie ermittelt. In zahlreichen frühen Hochkulturen bediente man sich auch, wie bei den Etruskern, der »Inspektion« von Leber und Eingeweiden der Geopferten, die als der Sitz der Seele verstanden wurden (James o.J., 40f.). In Babylon hießen diese Personen »barû« (= Sehende), »sha´ilu« (= Fragende) oder »sabru« (= Traumdeuter). Bei den Römern wurde die Auspizie, d.h. die Auslegung des Vogelflugs, Vogelschreis und anderer Zeichen, institutionalisiert und von den Auguren überwacht. Bei den Germanen gab es keinerlei ausgebildetes und hierarchisch durchstrukturiertes Priesterwesen wie etwa bei den alten Ägyptern. Paul Herrmann erklärt mit dem Fehlen eines solchen Priesterstandes die folgenreiche Duldung des Christentums (1929, 10+16). Kultische Aufgaben waren vielmehr dem Führer der Dorfgemeinde, der Sippe, des Gaues, des Stammes übertragen – und »niemand, der den Göttern nahe sein wollte, (bedurfte) eines Mittlers«. Vielmehr »glaubten die Germanen, daß die Gabe des Sehens und Wahrsagens den Frauen verliehen sei, die nach ihrer Anschauung etwas Heiliges und Prophetisches be-

sitzen, deren Rat man nicht verschmäht und deren Bescheid man achtet«
(vgl. auch Rosenberg 1988, 50ff.). Die Erforschung der Zukunft durch Los-
orakel und Weissagung war hier eine Domäne der Frauen, wie Tacitus
berichtet: Veleda bei den westfälischen Bructern, Ganna bei den Semnonen,
Gambara bei den Vinnilern, Thiota bei den Alemannen und Franken usf.
– sehr zum Ärger der Kirche.

»Da der Wahrsagekunst in ihren verschiedenen Formen die Macht aus
der Gewißheit, Sicherheit und Hoffnung zufließt, die sie im Angesichte
von Unentschiedenheit, Vergeblichkeit und Furcht anbietet, üben der Seher, berufsmäßige Wahrsager, Heiler und Astrologe in Tagen der Krisis,
der Feindseligkeit und des Ungestüms einen festigenden Einfluß aus (...).
Kraft ihrer visionären Erfahrung und okkulten Macht hinsichtlich der
guten und üblen Gewalten, orakelmäßigen Äußerungen (...), scharfsinni-
gen Beobachtungen, therapeutischen Geschicklichkeit und technischen
Kenntnis der Tieranatomie, der Sternkonstellationen, des Vogelflugs und
anderer zur Wahrsagung und Astrologie gehörenden Mittel, standen sie
von selbst in einer Gesellschaftsklasse von übernatürlicher Art. Aber sie
sind (...) in einer gefährlicheren Situation als die Priesterhierarchien, da
sie (...) immer in Gefahr sind, ihr Prestige zu verlieren«, etwa wenn die
Vorausssagen nicht eintreffen (James o.J., 72f.). In dieser Orientierungs-
und sozialen Stabilisierungsfunktion zu Zeiten der Krise gründet aber auch
ihr besonderer Mediencharakter. Exemplarisch sollen die Merkmale des
speziellen Charismas dieses Menschmediums verdeutlicht werden: an den
zwei Beispielen des griechischen Orakels von Delphi und des israelischen
Propheten, die untereinander kaum Parallelen aufweisen (vgl. Forbes 1995,
z.B. 308).

Während die Ausgestaltung des Propheten die Zukunftsorientierung
und den Verheißungscharakter der Religion besonders deutlich macht,
vollzieht sich im Orakelspruch der Seherin oder des Sehers die eher weltliche Variante gemäß dem Prädestinations- und Schicksalsgedanken, wie
ihn insbesondere die griechische Tragödie gestalten sollte (vgl. Kap. 9.2.).
In der Annahme von verborgenen kausalen Zusammenhängen zwischen
Dingen und Daseinsformen im Kosmos als einem in sich geschlossenen
Gefüge von Zusammenhängen soll das Große im Kleinen erkannt werden. Am bekanntesten ist das Delphische Orakel (z.B. Parke / Wormell 1956,
zusammenfassend z.B. Schneider 1967, 268ff.) – aber es ist keineswegs die
einzige Orakelstätte Griechenlands gewesen (vgl. Dodona, Klaros, Didyma
u.a.). Ebenso wie im alten Israel der Prophet für die Vermittlung zwischen
Jahwe und dem Gläubigen als einzelnem steht, meint auch das Delphische Orakel mit der Schlüsselaufforderung »Erkenne dich selbst!« das Individuum. Allerdings wurde das Orakel hier meist in Spruchform mitge-
teilt oder aufgeschrieben, seltener als Rätsel verkündet, mit jenen fatalen
Folgen wie bei der griechischen (weiblichen) Sphinx, die übrigens wieder
auf archaisches Gedankengut zurückgeht (vgl. Kap. 6): Die mächtigen Fi-

Abb. 60: Der (männliche) Sphinx von Gizeh

guren der altägyptischen Sphingen, in der Regel (männliche) Löwen, hatten die Pharaonentempel zu beschützen, so wie etwa der Sphinx von Gizeh (Abb. 60). »Delphi« heißt wörtlich »Schoß, Gebärmutter«, und an seinem

Abb. 61: Die (weibliche) Themis als Delphisches Orakel

matriarchalen Ursprung kann es keinen Zweifel geben (vgl. auch Rosenberg 1988). Manche Darstellungen zeigen noch die Erdgöttin selbst auf
dem Thron vor dem Orakel-Heiligtum, mit einer Orakeltaube und weiteren Utensilien der Wahrsagung (z.B. Temple 1982, 54). Das Delphische
Orakel war in jedem Fall eine Frau, ursprünglich mit der Minoischen
Muttergöttin assoziiert, die »Themis« genannt wurde (vgl. etwa auch
Harrison 1912). Nach der Sage soll Delphine von Apollon, dem Sohn des
Zeus, ermordet worden sein. Später war es Pythia, wie Sibylle (vgl. Rosenberg 1988, 34ff.) eine inspirierte Gestalt, welche der Stimme des Gottes
Apollon, der die Stelle von Themis eingenommen hatte, Ausdruck ver-
lieh. In visueller Veranschaulichung zeigt etwa eine Trinkschale aus Vulci
(ca. 440/430 v.u.Z.), wie Themis als Pythia auf dem Dreifuß Aigeus einen
Sohn prophezeit (Abb. 61).

»Delphi war der Mittelpunkt der Welt«, schreibt Michael Maass (1993,
1). »So groß war der Ruf und Einfluß Apollos, daß ganz Griechenland
Pythia in Delphi besuchte, um Aufschlüsse über Kulthandlungen, Politik
und Gesetze, in Fragen der Reinigung, in Mordfällen und in allen Angelegenheiten des täglichen Lebens, des Staates wie des Individuums zu erhalten. (...) Als zivilisierende und konsolidierende Macht war deshalb der
Einfluß des Orakels bemerkenswert. (...) Um 600 v. Chr. wurde Apollo in

Delphi zur wichtigsten Vermittlungsstelle in dem Wirrwarr der Stadtstaaten mit unermeßlicher Bedeutung für die soziale Struktur und religiöse Organisation der griechischen Welt.« (James o.J., 46f.) Das »Medium« war demnach immer noch die Frau, allerdings nun als Sprachrohr für einen männlichen Gott, und es waren auch männliche Priester, welche die Worte Pythias interpretierten, – Ausdruck für den Wandel vom Matriarchat zum Patriarchat (vgl. oben Kap. 2.1. u. 3.1.). Später degenerierte es zu einer lokalen Appellationsstelle in Gewissensfragen, und sein Tempel wurde 371 v.u.Z. zerstört. Während des 2. Jahrhunderts v.u.Z. erlebte es eine neue Blüte und wurde erst 390 u.Z. von Theodosius geschlossen. Das Christentum konnte im Orakel nur das Wirken von Dämonen sehen, in Gestalt von Besessenen wie der Sibylle von Erythräa, und lehnte die Sibyllinischen Bücher (82 v.u.Z. durch ein Feuer im Kapitol zerstört), wie alle Orakelbücher, im Prinzip ab, sofern sie nicht propagandistisch für eigene Zwecke (ekstatische Visionen von Heiligen und Mystikern etc.) usurpiert werden konnten (vgl. ausführlicher James o.J., 49ff.).

Abgesehen von solchen kultisch institutionalisierten Orakeln gab es auch noch ein wanderndes Sehertum, das hier mindestens erwähnt werden soll, denn wandernde Seher ließen sich in dieser Zeit häufig noch nicht abgrenzen von den herumziehenden Sängern und Dichtern (vgl. Kap. 8). Und auch die Sibyllen des griechischen Ostens gehören zu den Erscheinungen des Sehers und Propheten als einer Variante des Mediums Priester, die bei den Römern besonders gepflegt wurde (überblickartig z.B. Prümm 1954). Es ist wieder die Orientierungs- und Steuerungsfunktion der Propheten wie der Seher, die ihnen für eine begrenzte Zeitspanne Medienstatus verlieh. Marie Theres Fögen hat »die Enteignung der Wahrsager« unter kaiserlichem Wissensmonopolanspruch in der Spätantike ausführlich dargestellt (1993). Was dann folgte, von Nostradamus (1503–1566) bis zu »Hellsehern« heutiger Tage, hat keinerlei mediale Bedeutung mehr.

Anders bei den Propheten und ihrer herausragenden Stellung in den diversen Religionen, vor allem dem Judentum. »Der maßgebliche religiöse Einfluß, den in anderen Gesellschaften Wahrsager, Priester oder Päpste geltend machen, geht in Israel von den Propheten aus.« (Lang 1980, 13; ausführlicher z.B. von Rad 1981) Das Phänomen der israelitischen Prophetie »ist innerhalb der Völkerwelt völlig einzigartig« (Rosenberg 1988, 10). Man unterscheidet in der Geschichte Israels einmal vorklassische Propheten, die sich aus Wahrsagern entwickelt haben mögen, dann die sogenannten klassischen Propheten und schließlich nachklassische Propheten, die ihren Schwerpunkt auf apokalyptischen Prophezeiungen haben. An anderer Stelle findet sich die Unterscheidung in erstens Genossenschaftspropheten, mit einem schulischen Zugang zum Prophetenberuf, zweitens Tempelpropheten, darunter auch Frauen, und drittens »freien Propheten«, die zahlenmäßig kleinste, aber wichtigste Gruppe (Lang 1980, 33ff.). Die

Abb. 62: Der Prophet als »Medium« des jüdischen Gottes

klassischen oder kanonischen Propheten traten in der Zeitspanne etwa vom 8. bis 5. Jahrhundert v.u.Z. auf; im Nordreich Israel waren es zunächst Amos und Hosea, im Südreich Juda waren es Jesaja und Micha. Später folgten zahlreiche andere wie Nahum, Habakuk und vor allem Jeremia, Ezechiel und Deuterojesaja. Sie waren kultische Seher besonderer Art, weil ihre Botschaft »*Israel im ganzen* betrifft, und zwar im zeitgenössisch-welthistorischen Zusammenhang« (Wolff 1987, 11). Im Unterschied zum Priester waren sie nicht amtlich bestellte Mitglieder einer Institution, sondern wurden von ihrem Gott Jahwe individuell berufen. Der hebräische Prophet war »Knecht« seines Gottes, dessen »Stellvertreter« auch in dem Sinne, daß er das göttliche Leiden selbst durchleben mußte: »Er wird aufgerieben zwischen dem Zwang zur Unheilsverkündigung und dem Spott seiner Hörer; schweigt er, so verzehrt ihn der Brand des Wortes in seinem Inneren; redet er, so umbranden ihn Spott und Verfolgung (...). So fallen Amt und Person ganz in eins, ja, die Botschaft und der Bote werden identisch.« (Wolff 1987, 23f.) Der hebräische Prophet als Medium läßt sich als eine Art Erweiterung der Persönlichkeit Jahves ansehen, d.h. er nahm für eine begrenzte Zeit an seiner göttlichen Natur teil (James o.J., 92) und war damit in die Lage versetzt, sich auch gegen die Repräsentanten politischer Herrschaft, gegen den herrschenden Kultus und die Mißstände der etablierten Priesterschaft zu wenden. Charakteristisch in diesem Sinne ist beispielsweise eine Miniatur auf Pergament (Konstantinopel, Mitte bis 2. Hälfte des 10. Jahrhunderts), die den thronenden Salomon im Prunkgewand des Kaisers zeigt, hinter ihm eine weibliche Personifikation, möglicherweise Symbol der »Weisheit«, links im Vordergrund der Prophet Jesus Sirach, die Hand im Redegestus erhoben (Abb. 62). Adam C. Welch spricht sogar speziell von einem gewissen »Gegensatz von Priester und Prophet« (1936, 72).

Der Prophet muß aber auch strikt vom Schamanen abgegrenzt werden. Nicht durch ekstatisches Besessensein durch den Gott, sondern durch einen »Ruf« erhielt er die Botschaft, »bei hellwachem Bewußtsein; sie hören, beobachten, antworten. (...) Die Propheten müssen selbst in Worte fassen, was sie erspäht haben. (...) Jeder einzelne Prophet hat zu sehen, zu prüfen, zu urteilen und das Wort zu gestalten. Keiner wird seines Selbst beraubt. Jeder übernimmt mit seiner Eigenart volle Verantwortung.« (Wolff 1987, 12f.). Die Gotteserfahrung des Propheten vollzog sich nur selten im Traum. »Jeremia stellt heraus, daß die Traumerzähler im Grunde von menschlichen Wünschen beherrscht sind, aber nicht vom göttlichen Willen. (...) Man muß also die Träume der falschen Propheten und die Visionen der rechten Propheten scharf unterscheiden, so scharf wie eigene Wünsche und Gottes Willen. In der prophetischen Gotteserfahrung muß der eigene Wille ebenso überwunden werden wie die Wünsche der Zeitgenossen.« (Wolff 1987, 33) Die hebräischen Propheten, ebenso wie später Mohammed (um 570–632), verstanden sich als Empfänger göttlicher Offenbarungen, Sprachorgane Gottes, mit der Verpflichtung, die göttliche Information zu verbreiten (vgl. z.B. Hagemann 1985). »Ob er ein Mitglied einer Kultorganisation ist oder nicht, er muß jedenfalls fähig sein, mit der spirituellen Welt in Verkehr, *en rapport*, zu kommen und göttliche Inspiration zu empfangen. So lange er diese Verbindung aufrechterhält, übt er Prophetie aus, und wenn er von hoher prophetischer Eingebung erfüllt ist, ist er auch gezwungen, seine Botschaft zu verkünden, gleichviel, ob das Volk auf ihn hört oder sich von ihm abwendet. Da das Wort, das zu verkünden der Prophet berufen ist, in vollkommenem Gegensatz zu der Politik stehen kann, die vom herrschenden Regime eingeschlagen wurde, wie im Falle des Jeremias in Juda in den unmittelbar dem Exil vorausgehenden Tagen, kann es eine zersetzende Wirkung auf die soziale Organisation ausüben. Die hebräischen Propheten verkündeten in der Tat beharrlich Weissagungen in direktem Gegensatz zur bestehenden sozialen, religiösen und wirtschaftlichen Ordnung« (James o.J., 111f.). Ihre Anklagen lauteten u.a.: Die Armen werden ausgebeutet, die Richter bestochen; die Händler betrügen die Menschen; die Priester bereichern sich an den Opfern; heidnische Orakelpraxis und schwüle Sexualkulte zur Förderung der Fruchtbarkeit sind verbreitet; das Volk Israels hat seinen Gott, der es aus Ägypten durch die Wüste bis ins gelobte Land geführt hat, vergessen (vgl. auch Rosenberg 1988, 11ff.).

Auch physische oder seelische Heilung, die Nähe zur Natur oder die Theatralik wie beim Medizinmann oder Zauberer muß dem Propheten abgesprochen werden. Der Prophet hat vielmehr eine ganz eigene Natur: »Zwar spielt in der Prophetie auch die Kritik der gegenwärtigen Verhältnisse eine erhebliche Rolle. Doch vorrangig und charakteristisch ist ihr Zukunftswort.« (Wolff 1987, 15) Der Prophet sagt das Künftige als das Neue, zugleich als das Unabänderliche voraus: daß der Gott Jahwe den Vertrag mit »seinem« Volk, das sündig geworden war und sich abgekehrt hatte, gekündigt hat, daß nun das Gericht folgt mit seiner Strafe. Hauptfunktion des Propheten ist also weniger die Gegenwartskritik als die Strafbegründung und die Verheißung. Nicht um den Ruf zur Umkehr geht es dem Propheten, sondern um die Verkündigung der kommenden Geschichtswende, den gewaltigen Umbruch: »Das Ende ist gekommen für mein Volk Israel«, wie Amos sagt. (Wolff 1987, 42) Das bedeutet das Ende der bisherigen Heils- und Erwählungsgeschichte. Gott schreitet im Diesseits ein, und das »Gottesvolk« verliert im Kampf gegen die Assyrer Land, Staat, Jerusalem und das Heiligtum. Freilich wird nach dem Fall Jerusalems dann der »neue Bund« verheißen, welcher den Menschen letztlich die personifizierte Erlösung weissagt: Jesus Christus (vgl. auch z.B. Rosenberg 1988, 18ff.). Insofern markiert der Prophet als Medium die Ankündigung der Begegnung von Gott und Mensch nicht mehr auf der Grundlage eines Vertrags zwischen Gott auf der einen und seinem ganzen Volk auf der anderen Seite, sondern als einer *personalen* Konfrontation, die nunmehr jeden einzelnen unmittelbar und direkt angeht (Wolff 1987, 47). Mit anderen Worten: Der hebräische Prophet wurde – medienhistorisch – zum Bindeglied zwischen dem frühkulturellen Seher auf der einen und dem Apostel, Missionar und Prediger der frühchristlichen Kultur auf der anderen Seite, und zugleich steht er für den Niedergang eines vormals mächtigen Menschmediums, das gesellschaftlich als kultureller und sozialer Orientierungsrahmen nur in einer von Endzeitvorstellungen geprägten Krisenperiode allgemein akzeptiert war. Zwar gab es auch in hellenistisch-römischer Zeit noch jüdische Seher und Propheten, aber in der Phase des sogenannten »normativen« Judentums, nach der Neuordnung des jüdischen Gemeinwesens, waren sie kein Medium mehr – das Charismatikertum hatte hier keinen Platz mehr (Meyer 1990, 157). Und bei den frühchristlichen Propheten gingen, nachdem der Messias ja gekommen war, Prophezeiung, Predigt und Lehre funktional letztlich untrennbar Hand in Hand (vgl. etwa Forbes 1995, 225ff.).

Bernhard Lang (1980, 11ff.) hebt zusammenfassend hervor, daß der Prophet in Israel mehr war als nur »der von Gott berufene und inspirierte Bußprediger und Ansager des Messias« (vgl. auch Schunck 1990), mehr als ein »schöpferischer Außenseiter« außerhalb der bestehenden Kommunikationsstrukturen, mit charismatischer Distanz und Freiheit für die Oppositionsrolle, sondern vielmehr auch »ein Faktor der Politik« und von enormer Bedeutung für die Speicherung und Tradierung nationaler Überlieferungen und geschichtlich-politischen Wissens, mithin eine Bildungsinstanz ersten Ranges (vgl. auch Hardmeier 1990). Als »Straßensänger«, etwa auf Marktplätzen, häufig mimisch-gestisch, mit Spiel und Requisiten zum »Straßentheater« ausgeweitet, erwies er sich als Fachmann »für öffentliche Agitation und Propaganda«. In der Beschreibung des französischen Orientalisten Ernest Renan aus dem Jahr 1889: »Der Prophet des 8. Jahrhunderts ist ein Journalist, der unter freiem Himmel wirkt, der seinen Artikel in eigener Person vorträgt und ihn mit Mimik begleitet, ja nicht selten in Zeichensprache umsetzt. Es kommt vor allem darauf an, das Volk zu beeindrucken, eine Menschenmenge anzulocken. Um das zu erreichen, versagt sich der Prophet keiner Schelmerei, deren Erfindung sich die moderne Publizistik rühmt. Er stellt sich an einem Ort auf, wo viele Menschen vorbeikommen, vor allem am Stadttor. Um dort Zuhörer zu gewinnen, bedient er sich der kühnsten Reklametricks, der vorgetäuschten Verrücktheit, neuer Wörter und ungewöhnlicher Ausdrücke, trägt beschriebene Plakate selbst herum. Umstehen ihn Zuhörer, dann klopft er seine Sprüche, läßt sie dröhnen, beeinflußt sein Publikum bald durch vertraulichen Ton, bald durch bitteren Spott. Die Gestalt des Volkspredigers ist geschaffen.« (zit. bei Lang 1980, 30)

7.5. Abschließend lassen sich die systematischen und historischen Unterschiede und Ähnlichkeiten noch einmal tabellarisch zusammenfassen:

Priester, Schamane, Zauberer und Seher unterscheiden sich prinzipiell voneinander, auch wenn sie sich in ihren Funktionen und Erscheinungsweisen tatsächlich vielfältig überlappt haben dürften.

	Form	Methode	Ausrichtung	dominante Funktionen
Priester	Institution, Hierarchie Amt	Zeremonien, Opferritual, Prozession	Dienst an Gott	soz. Steuerung, Herrschaft, kultischer Speicher, Rechtsgewalt
Schamane	Einzelperson, Initiation	Ekstase, Naturbezug, Seelenwanderung, Selbstopfer	Dienst am Kranken, an d. Gemeinschaft	Heilung seel. u. körp. Krankheit, Katharsis, kult. Orientierung
Zauberer	Einzelperson, Eigeninitiative	Magie, Naturbezug, Theatralik, Nah-/ Fernzauber	Hilfe für d. einzelnen, Rache am Feind, gruppenbezogen	Macht, Heilung, persönlicher Gewinn, Unterhaltung
Seher	Einzelperson, »Ruf«	Astrologie, Orakel, Traumdeutung, Vogelschau, Verheißung	teils Institution, teils der einzelne, teils für d. einzelnen, teils f.d. Gemeinschaft	Kultkritik, Zukunftsgewißheit, indivi- Orientierung

Der Priester verweist auf Gott, als dessen Stellvertreter er sich zugleich definiert. Er ist eingebunden in eine Institution. Der Schamane dagegen verweist auf die Natur, die Geister und Seelen. Der Zauberer ist gekennzeichnet durch Magie, die vielleicht profanste Ausgestaltung des Mediums. Der Seher schließlich bezieht sich auf die Zukunft. Interessant an einem solchen Schema, das wenig mehr als ein Denkansatz sein kann, sind aus systematischer Sicht gleichermaßen die deutlichen Unterschiede im Zugang (Bestellung, Initiation, Eigeninitiative, Ruf), die Kontraste bei den Methoden und bei der grundsätzlichen Wirkungsrichtung. Historisch zeigen sich vor allem zwei Merkmale: erstens eine tendenziell zunehmende Profanisierung und Instrumentalisierung des Mediums von Ausgestaltung zu Ausgestaltung, zweitens der reflexive Schritt von der Institution (Priester) zur Kritik an der Institution (Prophet). Beides signalisiert eine gewisse Gegenbewegung als Prinzip des Wandels. Kommunikations-, Steuerungs-, Herrschafts- und Orientierungsfunktion kommen dagegen – zu unterschiedlichen Zeiten in unterschiedlichen Kulturen in unterschiedlichem Ausmaß – dem Priester und seinen drei Ausgestaltungen gleichermaßen zu.

8. Von den Aoiden bis zu den Rhapsoden

8.0. Man kann in der Geschichte der Medien von den Anfängen bis zur Spätantike mindestens zwei übergreifende Veränderungsprinzipien erkennen, die bereits mehrfach angesprochen wurden: Ausdifferenzierung und Verweltlichung, also Zunahme und zugleich Reduktion von Komplexität. Die kontinuierliche Ausdifferenzierung derjenigen Instanz, die zwischen Menschen und Göttern »vermittelte«, des archaischen Menschmediums, läßt sich als eine fortlaufende Spezialisierung begreifen – so wie aus der Einheit des Opferrituals etwa der Tanz, die Musik, das gesprochene, gesungene Wort, das Ritual, das Spiel, das Theater, der Priester gesondert hervortraten, oder so wie sich aus dem Priester wieder idealtypische Variationen entwickelten (Schamane, Zauberer, Seher). Die Profanisierung zeigte sich als kontinuierliche Verwandlung von Kult in Kultur – so wie etwa bei der Entwicklung vom Opferritual, über die Vermenschlichung von Göttern, zum attischen Fest und von dort zum Theater oder vom sakralen Tanz zum Schautanz und Unterhaltungstanz. Der Welt- und Wirklichkeitsausschnitt wurde rückgebildet zum bloßen Diesseits, er wurde um sein Transzendentes beschnitten. Beides ist zum Verständnis jenes neuen Mediums wichtig, das man übergreifend mit dem Begriff des »Sängers« fassen kann.

Der Sänger, der sich über die Spielleute des Mittelalters (Faulstich 1996, 71, Abb. 26), die Volkssänger und angelsächsischen Barden des 18. und 19. Jahrhunderts bis zu den Rock- und Popstars unserer heutigen Zeit verfolgen läßt, muß freilich funktional jeweils in seiner zeitspezifischen Besonderheit bestimmt werden. Innerhalb unserer Zeitspanne bildete der Sänger zunächst jene Instanz, welche die heiligen Mythen und Weisheiten der archaischen Traditionen *außerhalb* des sakralen Bereichs präsent hielt und verbreitete. Seine wesentlichen Funktionen waren deren Speicherung und Übertragung, und damit trug er erheblich zur Stabilisierung der gesellschaftlichen Ordnung bei. Kultische Informationen wurden hier in lyrischer Form und zum Musikinstrument, aber episch-narrativ vermittelt. Das Wort stand im Vordergrund – die Verbalsprache, mit einer Eigengesetzlichkeit, die man später als »literarische« bezeichnen sollte. Die Verselbständigung des Tanzes zur Körper- und Bewegungskunst (Kap. 4), von der wir bereits gesprochen haben, die Verselbständigung der Gestaltungsmedien, etwa der Skulptur, zur Bildenden Kunst (Kap. 6), später dann auch die Verselbständigung des Rituals, Fests, Spiels zur (dramatischen) Theaterkunst (Kap. 9), erfuhr im Sänger als mündlichem Medium von Literatur, von Wort- oder Sprachkunst, eine weitere Ergänzung. Kunst wurde auch hier Statthalter und Ersatz für Religion, ohne doch im Profanen aufzugehen. Nach einem Wort Nietzsches aus der Selbstkritik zur »Geburt der Tragödie«: Kunst wurde zur eigentlich metaphysischen Tätigkeit des Menschen; es ging um das Dasein der Welt nicht mehr als *kosmologisches* oder *theologisches*, sondern nun als *ästhetisches* Phänomen. Spezifisch ist, daß Kunst zwischen zwei konträren, gegenläufigen Tendenzen vermittelt: der Orientierung an einer höheren Norm, einem von außen als verbindlich gegebenen »Gesetz«, und dem Einverständnis mit einer gegenüber dem Absoluten stets nur relativen Verwirklichung. Literatur ist entsprechend sprachliche Verdichtung zum »medialisierten Utopischen«: die Utopie als Sehnsucht, die im literarischen Werk sich auswirft und im Medium als geschichtlichem gebremst wird (Faulstich 1982a, 61-86).

8.1. Als neues Menschmedium ist der »Erzähler-Sänger« bereits für die Mykenische Kultur, für das sogenannte »heroische Zeitalter«, von etwa 1600 bis 1200 v.u.Z., verbürgt. Homer gab ihm später die Bezeichnung »göttlicher Aoide« (vgl. auch Gentili 1988, 6). Der Aoide »ist für uns die erste Gestalt, deren Worte aus dem Dunkel der Vorgeschichte herausführen. Faßbar ist er allerdings erst in der zweiten Hälfte des 8. Jahrhunderts auf der kritischen Spätstufe einer Sängertradition, die einerseits bis in mykenische Zeit zurückweist und andererseits den Beginn der schriftlichen Epik bezeichnet, verkörpert in der Gestalt Homers.« (Zaminer 1989, 125) Die Aoiden waren fahrende Sänger, die zur Laute, der Phorminx, selbst komponierte Götter- und Heldenlieder vortrugen (Nilsson 1938, 24ff.), gelegentlich auch alte Sagen, Tanzlieder und Trauergesänge. Es handelte sich um Berufssänger in privilegierter Stellung an den Fürstenhöfen und es ging vor allem um den Ruhm als Überwindung des Todes (Abb. 63). Herwig Maehler hat die Aufgabe des Aoiden so umschrieben: »durch ihn lebt das Andenken an die großen Helden und ihre Taten im Gedächtnis der Menschen weiter; er ist gleichsam der Garant für ihr Weiterleben in der ›Kunde‹, im Heldenlied. Dieses Fortbestehen, selbst über den Tod hinaus, überschreitet, strenggenommen, das Maß des Menschlichen – das bedeutet aber für Homer: es ist etwas Göttliches. Genauer gesagt, es ist die einzige Form, am Göttlichen Anteil zu erhalten, die dem Menschen offensteht.« (1963, 14f.) Hesiod sah den Aoiden von Apoll und den Musen abstammend und bezeichnete ihn als ihren Diener.

Das altgriechische Helden-Epos – wie alle anderen Epen aller Kulturen der Menschheit – kann nur über sein Medium, den Erzähler-Sänger, zureichend verstanden werden (vgl. insbes. Nilsson 1938, Kirk 1962, Bowra 1964, Lord 1965, Perry 1971, Haymes 1977, Jensen 1980 u.a.). In Komposition, Transmission und vor allem Performanz war es ganz und gar »orale

Abb. 63: Der Aoide als Erzähler-Sänger – Medium der Götter (mit einer Laute)

Dichtung«, Menschmedien-Kultur (vgl. Finnegan 1977, 16ff., 133). Alle ästhetischen Formen (Rhythmus, Wiederholung, Reim, Strophe, Parallelismus, Alliteration usf., aber auch Themenstrukturierung, Figurenauftritte oder Motivketten) erklären sich erst aus den mündlichen Vermittlungsleistungen der Aoiden. Der Formelcharakter der Geschichten, die Erzählschablonen und Kompositionstechniken hatten vor allem mnemotechnische Bedeutung. Der Aoide war live-Medium, nicht Dichter oder gar Autor. Er ging in seinem Vortrag situationsbezogen, improvisierend, spontan jeweils auf die unmittelbaren Reaktionen seiner Zuhörer ein, variierte, verlängerte und schmückte aus, was gefiel, verkürzte, was auf Ablehnung stieß. Sein Werk entstand erst als präsentiertes, im Prozeß der Darbietung. Er improvisierte »mehr oder weniger« seine Lieder »durch lange

Übung aus dem Schatz der überlieferten Formeln schöpfend« (Nilsson 1938, 28). »Der Sänger oder Barde, der ein Gedicht rezitiert, komponiert es im Akt der Rezitation.« (Bowra 1964, 237) Das altgriechische Epos darf demnach nicht verwechselt werden mit seiner verschriftlichten Version, wie es uns überliefert wurde. In gewissem Ausmaß sind die Aoiden als Menschmedium vergleichbar den späteren Sängern im Binnenraum der mittelalterlichen Burg (vgl. ausführlich Faulstich 1996, 69ff.), nur daß sie ihre Steuerungsfunktion natürlich im Rahmen der Mykenischen Palastkultur entfalteten – nicht im Kontext des Ritterlebens innerhalb einer sich funktional zu Teilöffentlichkeiten ausdifferenzierenden Kultur und Gesellschaft, und auch nicht gleichsam auf der Straße und bei lärmenden Festgelagen und Wettkämpfen wie ihre Nachfolger, die Rhapsoden.

Der Ruhm (ausführlich vgl. Steinkopf 1937 u.a.) hatte in oralen Kulturen eine gesellschaftstragende Funktion insofern, als sich darin die geltenden Werte- und Normenhierarchien als allgemeiner Orientierungsrahmen für menschliches Handeln vermittelten. Auch darin gründet der Mediencharakter der Aoiden: daß sie in bestimmten Formen, insbesondere der Lobpreisung und – eng damit verbunden – dem Tadel (Edwards / Sienkewicz 1990, 83ff.), Anwesende direkt adressierten oder in Gestalt von Dritten – Götter, Helden, Ahnen – bewerteten. C. M. Bowra verweist auf die Vorläufer des Heldenepos mit der These, »daß die Heldendichtung einerseits viel von der schamanistischen Erzählung und ihrer Fähigkeit, eine Geschichte um ihrer selbst willen zu erzählen, gelernt, andererseits aber auch viel von der Preis- und Klagedichtung und deren liebevoller Betonung der Tugenden, die einem Manne die Bewunderung seiner Genossen eintragen, übernommen hat.« »Heldendichtung lebt Seite an Seite mit Preis- und Klagedichtung und erfüllt ihre eigene, besondere Funktion. Während Preis- und Klagelieder primär für bestimmte Personen und Ereignisse gedacht sind, rechnet Heldendichtung mit der öffentlichen Versammlung vieler Menschen, kann sie vorgetragen werden, wann immer es verlangt wird.« Daraus leitet Bowra eine idealtypische Folge von Entwicklungsstufen des Erzählens ab, die sich auch als Abfolge von Medien formulieren ließe: »Am Anfang steht die schamanistische Dichtung, deren Hauptfigur der Magier ist und in der Magie das wichtigste Hilfsmittel des Erfolges darstellt. In diese Dichtung bricht der neue Geist eines um den Menschen als Mittelpunkt kreisenden Universums ein, der zunächst in Preis- und Klageliedern zum Ausdruck kommt, später in die Erzählung selber eindringt und eine Heldendichtung kreiert, in der Götter und Menschen nebeneinander ihre Rollen spielen. Diese wiederum spaltet sich auf in Götter- und Menschendichtung. Die eigentliche Heldendichtung findet sich also auf der ganzen zweiten und auf der Hälfte der dritten Stufe der Entwicklung. Sie entspringt der Überzeugung, daß ihre Gestalten einer besonderen, höheren Klasse Menschen angehören, die sie dann in einer kurios anmutenden Vergangenheit ansiedelt.« (1964, 18 + 22

+ 26f.) Heldendichtung war also einesteils »Emanzipation vom Ideal des Zauberers« (Bowra 1964, 99), andernteils anthropozentrisch, und zugleich verklärend-utopisch. Damit wurde für die Gemeinschaft ein allgemeiner Wertekonsens hergestellt, wurden Verhaltensregeln ins kollektive Gedächtnis eingeschrieben, Konflikte bewältigt, wurde Sinn produziert. Helden waren nichts weniger als die kulturellen Leitbilder (Bowra 1964, 4). Die Aoiden formulierten, als »Autorität auf dem Gebiet der Vergangenheit« (Bowra 1964, 44), also einen Kodex für sozial akzeptiertes Verhalten und hatten insofern für ihre Zeitgenossen durchaus auch Steuerungsfunktion.

Der Übergang lag mutmaßlich bei Homer (vgl. auch Kirk 1962). Walther Kraus fragt: »Was ist nun die Aufgabe des Sängers? Was leistet er für die Gesellschaft? Die Herren rufen ihn, damit er bei festlicher Tafel durch seinen Gesang die Gäste erfreue. (...) Am Tisch der Götter erfüllen diese Aufgabe Apollon und die Musen. Später tritt an die Stelle des Sängers, der sich auf der Phorminx begleitet, der rezitierende Rhapsode. (...) Die Wirkung des Gesanges ist zunächst (...) ›erfreuen‹. Das Wort ist ein fester Terminus. (...) Aber der Gesang erfreut nicht nur, er bezaubert (...). Das ist ein magischer Begriff.« (1955, 68f.) Ursprünglich waren es offenbar die Helden selbst gewesen, die von ihren Taten singend berichteten. In der »Ilias« nun bedienten sich die Musen, abgesehen von Ausnahmen wie Achill, bereits des Sängers als ihres Werkzeugs (z.B. Kambylis 1965, 14). »Dichterische Eingebung« war etwas Göttliches, nicht etwa gleichbedeutend mit menschlicher Kreativität. Darauf basierte der Wahrheitsanspruch des Epos. »Entweder ist der Dichter nur Empfänger der göttlichen Kraft oder Instrument der Gottheit, die durch ihn das Werk schafft (...), oder der Dichter erhält von seinem Gotte die Gabe des Dichtens geschenkt, die er dann nach seiner Weise und seinem Belieben gebrauchen kann, oder sein Gott steht ihm durch seinen Rat in besonders schwierigen Fällen bei usw., immer also ist in irgend einer Weise die Beziehung zwischen dem Dichter und seinem Gott hergestellt.« »Die Muse gibt auf dem Wege der Belehrung und des Unterrichts ihren Lieblingen Auskunft und Kenntnisse über Dinge, die Menschen gewöhnlicher Art nicht wissen können« – so bezeichnete Pindar den Aoiden als »Propheten der Musen«, Platon nannte ihn »göttlich« (Falter 1934, 3+64+75). Zahlreiche Momente finden sich auch hier noch, die bereits im Zusammenhang mit dem Priester, dem Schamanen, Zauberer und Seher benannt wurden (vgl. Kap. 7), etwa Weihe und Beschenkung, Träume und Visionen oder göttliche Begeisterung und Ekstase.

Aber die Wahrheit war nicht nur durch den Sänger als Vermittlungsinstanz garantiert, sondern auch im Gegenstand selbst: »Die Wahrheit, um die es ihm geht, ist die Größe des Helden, wie sie im Ruhm weiterlebt« (Maehler 1963, 20; vgl. auch Kraus 1955, 70; Steinkopf 1937). Freilich gründete bereits in der »Odyssee« der Ruhm des Helden weniger auf kriegerischen Fähigkeiten und großen Taten, wie etwa im Falle des tapferen Achill, als vielmehr auf intellektuellen Vorzügen, wie beim listenreichen Odysseus. Das ist ein Ruhm, dem die Transzendenz ganz fehlt (Steinkopf 1937, 100). Immer noch kam dem Sänger, ebenso wie dem Seher, dem Arzt, dem Baumeister u.a., hohes soziales Prestige zu, aber er konnte bereits gegen Bezahlung in Dienst genommen werden (vgl. Kraus 1955, 66f.). Die Dichtkunst erschien, auf der Grundlage göttlicher Gabe, verstärkt als eigene Leistung. Ihre vormals primär kultische Funktion war zurückgetreten hinter die Unterhaltungsfunktion. Annemarie Jeanette Neubecker hat demnach mit Recht zwei Arten von Liedern unterschieden: erstens diejenigen, die mit dem Kult verbunden waren – den Hymnos, den Paian (Chorlied), den Nomos (Einzellied), den Dithyrambos (im Dionysoskult, vgl. Kap. 9), ferner den Prosodion (Prozessionslied), den Parthenaion (Lied für Mädchenchöre), den Hyporchema (Tanzlied); zweitens die Lieder außerhalb des Kultus – Hymenaios und Epithalamion (Hochzeitslieder), Threnos (Klagelied), Epinikion (Siegeslied), Enkomion (Preislied), Skolion, Liebes-, Arbeits-, Marsch-, Volkslied (1977, 42ff.). Ähnlich markiert etwa Gregory Nagy den Unterschied zwischen Homers Epik und Pindars Preisliedern (1988). Darin kommt wieder die bereits erwähnte Profanisierung zum Ausdruck. »Der homerische Dichter hat nicht nur die Heldensage, sondern auch die Göttergeschichten vermenschlicht, er hat die alten brutalen Mythen anthropomorphisiert. (...) Der homerische Dichter hat die Mythen vermenschlicht, aber zugleich die Kluft zwischen Göttern und Menschen erweitert. (...) Die Götter sind menschlich, allzu menschlich geworden; ihr Eingreifen wird fast immer in rationalistisch faßlicher Weise geschildert. Der homerische Dichter hat dem jonischen Philosophen den Weg gebahnt; er hat niedergerissen, wo dieser dann bauen konnte.« (Nilsson 1938, 33f.) Der Aoide als Medium fungierte demnach als Übergang zu jener Instanz mit primär erziehender, bildender Funktion, von der noch zu sprechen sein wird: dem Lehrer (Kap. 10).

8.2. Nach der Zerstörung der Mykenischen Kultur und dem darauf folgenden »dunklen Zeitalter«, über das der Forschung nur wenig bekannt ist, folgte der Abschnitt des archaischen Griechenland mit den Anfängen der späteren klassischen griechischen Kultur, etwa von 900 bis 500 v.u.Z.. Hier fungierten die Rhapsoden in der Nachfolge der Anoiden als Menschmedium (vgl. Gentili 1988, 6f.). Auch die Rhapsoden waren fahrende Epen-Sänger, gelegentlich auch als Wanderdichter tituliert, unterschieden sich aber erheblich von ihren Vorläufern. Sie waren freie Vortragskünstler, die bereits bekannte Werke reproduzierten. Die Rhapsoden können allgemein als »Rezitatoren der von der Allgemeinheit hoch geschätzten Dichtungen« definiert werden (Salmen 1966, 11f.): »Der etwa seit dem 7. Jahrhundert v. Chr. geschichtlich bekannte Rhapsode war ein der Aristokratie dienender Dichter und Sänger des ›Reihens‹. Er erfaßte die Fülle der Wirklichkeit nach dem monostichischen Prinzip in der nur für den mündlichen Vor-

Abb. 64: Der Rhapsode als Wanderdichter und Rezitator –
Unterhaltungsmedium (mit einem Wanderstab)

trag bestimmten Ordnung der Reihe« (»monostichisch« = aus metrisch
gleichen Einzelversen bestehend). Statt neu zu gestalten, zu gliedern, zu
strukturieren, dominierte hier das Formprinzip der Reihung, der Reproduktion des bereits Festgelegten. Auftrittsanlässe waren Feste jeglicher
Art, Wettkämpfe, Hochzeiten, Siegesfeiern u.ä., bei denen zielgruppen-
spezifisch ein buntes Potpourrie an Texten vorgetragen wurde. Wolfgang
Schadewaldt (vgl. Abb. 64) charakterisiert die Rhapsoden unter Bezugnahme auf Platon, Homer und andere Quellen anschaulich wie folgt: »Sie
führen ein Wanderleben, ziehen von Stadt zu Stadt, von Fest zu Fest und

ringen an den musischen Wettspielen um die Preise. Beim Vortrag steht der Rhapsode in reichem Kleid und goldenem Kranz auf einem Hochtritt inmitten der wohl über zwanzigtausend Köpfe zählenden Menge; das ist so viel wie die ganze Bevölkerung einer Stadt. (...) Ein starkes Gedächtnis ist für den Rhapsoden Ehrensache. Die Art seines Vortrags ist kein Singen, sondern ein Sprechen, freilich ein gehobenes, ein Rezitieren.« »Auf einer Zweitfigur-Amphora im Britischen Museum aus Vulci steht ein stattlicher bärtiger Mann, angetan mit einem schönen Chiton, einem Kranz im Haar, er steht auf einem Podium (...). Er führt keinerlei Musikinstrument, hält in der weit ausgestreckten Hand dafür aber einen tüchtigen Krückstock. Er ist ein Rhapsode, und um das Jahr 480 muß er gemalt sein.« (1951, 55f.)

Hesiod (um 700 v.u.Z.) war der erste griechische Sänger, der die Anonymität des epischen Sängers als Medium durchbrochen und seinen eigenen Namen genannt hatte. Sein Hauptwerk, die »Theogonie«, wird von Maehler wie folgt charakterisiert: »Alle einzelnen Elemente dieses Preisliedes auf die Musen haben preisende, hymnische Funktion, und formal stellt sich zunächst auch die Erzählung von der Musenbegegnung so dar, aber dadurch, daß der Dichter nicht distanziert-objektiv ein Tun der Gottheit besingt, das nur zu ihrem Preise dient, sondern eines, das zugleich auf ihn selbst die stärkste Wirkung geübt hat, dadurch also, daß er die ursprüngliche Form des Hymnus mit allerpersönlichster Aussage füllt, durchbricht er das Gesetz der Gattung« (1963, 38). Das Ich des Dichters versteht sich gleichwohl nicht als autonom, sondern immer noch als Mund der Gottheit – »Hesiod fühlt sich als Priester und Prophet« (Maehler 1963, 41). Der Sänger, kraft seines Sendungsbewußtseins, verlor aber die ursprüngliche Fundierung in der Gemeinschaft, die ihrerseits auch nicht mehr homogen war. Mit dem »Erga« hat Hesiod das Lehrgedicht als neuen Typus geschaffen; an die Stelle der homerischen Erzählung trat die Mahnung. Und »so wie sich die Anonymität des Rhapsoden zum Ich des in eigener Person und Sache sprechenden Dichters konkretisiert, so verdichtet sich das anonyme Publikum zum direkt angesprochenen Gegenüber.« (1963, 47) Ahtanasios Kambylis markiert den Unterschied wie folgt: »Homer und die homerischen Sänger *sind* berufen, Hesiodos (und später Kallimachos und Properz) *werden* berufen. Wesentlich ist dabei, daß diese Berufung den Dichter einen neuen Weg gehen läßt, und dieser Weg ist ein erstes Kennzeichen des über sich selbst und seine Kunst reflektierenden Künstlers.« Daraus folgt die Bedeutung der »Dichterweihe«, mit Lorbeer und Wasser als zentralen Symbolen: Der Lorbeer verweist auf Apoll und die heilende Kraft der Pflanze, das Wasser als archaisches Element des Lebens auf die Unsterblichkeit, beide zugleich auf die reinigende Funktion als Voraussetzung für den Eintritt des Gottes in den Menschen. Auch Pythia in Delphi, wo ein großer Lorbeerbaum neben der Quelle stand, hatte das Wasser getrunken, um sich für die prophetische Offenbarung des Gottes zu befähigen – und ihre Orakelsprüche wurden in der Tat auch oft in Versen erteilt (1965, 16ff.).

Als eine weitere Stufe der Entwicklung wäre Archilochos mit seiner Lyrik zu nennen. Walter Kraus beschreibt: »Inzwischen waren neben der epischen andere Formen der Dichtung hervorgetreten, denen von vornherein andere Gehalte entsprachen. Von den Taten der Helden erzählte nun nicht mehr der Sänger im Kreise adeliger Herren, sondern der Rhapsode vor dem zum Fest versammelten Volke. Aber den Herren selbst hatte das Epos die Zunge gelöst; was dort die Helden taten und sagten, das fand ein Echo in ihrem eigenen Leben, und mit der Möglichkeit war das Bedürfnis erwacht, sich selbst in ähnlicher Weise auszusprechen. Beim Gelage lauschte man nun nicht mehr dem außerhalb des Standes stehenden Sänger, man wagte selbst aus dem Stegreif einen Spruch zu sagen, nach dem Rhythmus, den ein Flötenspieler angab. Bezeichnenderweise ist Archilochos von Paros, der als besitzloser Bastard der adeligen Gesellschaft nicht voll angehörte, der erste, der diese Kunstübung so weit trieb, daß seine Schöpfungen Dauer gewannen und er selbst mit Staunen sich bewußt wurde, daß er nicht nur ein Krieger war, sondern auch ein Dichter« (1955, 74f.). Der Gesang wurde hier zur Waffe in persönlichen Auseinandersetzungen. Die Funktion seiner Gedichte bestand ansonsten – subjektivistisch – in Beschwichtigung und Trost bei Schmerz und Leid: Der vorgetragene Text scheint zum Heilmittel funktionalisiert. Jeder Gedanke an Ruhm, wie er von Pindar und der Chorlyrik im 6. Jahrhundert noch einmal aufgegriffen wurde (vgl. auch Gundert 1935), ist hier ausgeklammert. Friedrich Nietzsche bestimmte, in der »Geburt der Tragödie« (I, 6), den Kontrast zur »neuen Welt der Poesie, die der homerischen in ihrem tiefsten Grunde widerspricht«, darin, daß nunmehr die Sprache (des »Volksliedes«) die Aufgabe erhielt, »die Musik nachzuahmen«. Das vormals dominante Wort hatte nunmehr dienende Funktion gegenüber der Melodie. Die zunehmende Trennung von Sprache und Musik wird nicht zuletzt daraus ersichtlich, daß den Rhapsoden nicht mehr die Laute oder sonst ein Musikinstrument zugeordnet wird, sondern der bereits erwähnte Wanderstab, den die Musen Hesiod schenkten, als sie ihm göttlichen Gesang einhauchten (z.B. Webster 1960, 350).

Orientiert man sich an den wichtigsten Formen der Hinwendung der Sänger an ihr Publikum, wie sie in oralen Kulturen verbreitet waren, so wären ergänzend zu Lobpreisung und Tadel, wie sie für die Heldenepik der Aoiden galt, insbesondere Prahlerei und Beschimpfung anzuführen (Edwards/Sienkewicz 1990, 100ff.) – allerdings bevorzugt bei den Rhapsoden. Das Werk von Archilochos wäre dafür ein gutes Beispiel, und die Wettkämpfe der Rhapsoden der angemessene Kontext. Weitere »Dichter« lassen die Profanisierung immer deutlicher erkennen – Kallinos, Tyrtaios, Solon, Sappho oder Anakreon. »Die Dichter dieser Gesellschaftspoesie, der Elegie und des Iambos ebenso wie der monodischen Lyrik waren nicht im sozialen Sinn Berufsdichter: sie dichteten aus eigenem Antrieb, nicht in fremdem Auftrag, es sei denn einmal ein Kultlied.« Die eigentlichen Nachfolge der Epen-Sänger, der Aoiden und Rhapsoden, waren dann die Chorlyriker, die sich gegen Bezahlung affirmativ zur »Wahrheitsproduktion« bereitfanden – ein Vorwurf, der dann auch den Sophisten gemacht wurde. (Kraus 1955, 78)

Die Rhapsoden waren auch im klassischen Griechenland und wohl bis zum Niedergang der Antike noch verbreitet, können aber in dieser Zeit nicht mehr als eigenständiges Medium gewichtet werden. Ihre Präsenz vollzog sich in neuen Kontexten. »Sie fehlten als unbehaust Fahrende bei keinem Götterfeste. Im Wettstreit der musischen Agone zu Delphi oder bei den großen Panathenäen maß man sich untereinander, erntete den Beifall des Volkes oder verfiel in Ablehnung. Vor dem Aufblühen der Tragödie waren sie die Alleinverwalter der epischen Dichtung.« (Salmen 1966, 14) Bereits seit dem 5. Jahrhundert v.u.Z. büßten die Rhapsoden ihr hohes Ansehen ein – der Niedergang des Mediums begann. Walter Salmen führt das darauf zurück, »daß die Rhapsoden damals bereits nur noch schulmäßig eine Tradition weitertrugen, daß sie unproduktiv an der altehrwürdigen Kunstsprache Homers haften geblieben waren, daß sie stumpf und geistlos auftraten.« (1966, 14f.) C. M. Bowra dagegen erklärt sich den »Niedergang der Heldendichtung« mit sozialen Gründen, allgemeinen historischen Prozessen und dem Tatbestand, »daß eine Gesellschaft ihren Geschmack ändert« (1964, 592). Entscheidender aber dürfte wohl die Verschiebung in der gesamten Medienkonstellation der Zeit gewesen sein: Seit der Niederschrift der Homerschen Epen ca. 700 v.u.Z. hatte sich in weiten Bereichen ein Übergang von der Mündlichkeit zur Schriftlichkeit vollzogen: »keine einheitlich schriftlich fundierte Mündlichkeit von Homer bis zum Beginn der Buchkultur, sondern ein allmähliches, stufenweises, erst Produktion sowie interne Bewahrung in der rhapsodischen Zunft und zeitversetzt auch die Rezeption durch das Publikum bestimmendes Vordringen der Schrift, und zwar innerhalb einer hierfür plausiblen Zeitspanne von rund 250 Jahren« (Rösler 1980, 52f.). In dieser Periode gab es ein Neben- und Miteinander von traditioneller oraler Dichtung, ohne jede Verschriftlichung, von Rezitationen von Klassikern der mündlichen Ependichtung wie z.B. »Ilias« unter Zuhilfenahme schriftlicher Gedächtnisstützen, und auch von Werken, die von vornherein schriftlich abgefaßt waren. Seit der zweiten Hälfte des 5. Jahrhunderts v.u.Z. wurden in Athen jedenfalls in kulturrelevantem Umfang »Bücher« geschrieben und verbreitet (Kap. 11). Zur Recht sah man denn als Nachfolger der Heldendichtung neben der nach wie vor mündlich vorgetragenen Ballade vor allem die Erzählung, den Roman, das Gedicht: aber als *geschriebene*. Daß dem Dichter zu späteren Zeiten die Qualität des Sehers, des göttlichen Sprachrohrs zugesprochen werden konnte, liegt ausschließlich an seinem archaischen Status als Medium zwischen 1600 und 450 v.u.Z.

8.3. Zusammengefaßt: Die Aoiden als ein neues Menschmedium der kulturellen Frühgeschichte übernahmen vor allem Funktionen der Produktion, Tradierung und Speicherung sowie der Übertragung und Verbreitung kultischen Wissens. Darin und nicht zuletzt auch in ihrer Legitimierung von Herrschaftsansprüchen des Adels hatten sie wichtige Stabilisierungs- und Steuerungsaufgaben zu erfüllen. Später jedoch, in Gestalt der Rhapsoden, hatten sie sich gewandelt und wurden verstärkt als unterhaltende Rezitatoren instrumentalisiert, während die Tradierungs-, Speicherungs- und Orientierungsfunktion auf neue Medien (»Buch«, Theater u.a.) übergingen. Eric A. Havelock begriff irrtümlicherweise die Verschriftlichung Homers zwischen 700 und 550 v.u.Z. als den »Donnerschlag«, der die unwiderrufliche Zerstörung der oralen Kultur einleitete (1978, 3ff.). Tatsächlich aber handelt es sich hier um den Prozeß dieses Funktionswandels des Mediums Sänger: vom Aoiden zum Rhapsoden, vom Sänger zum Rezitator, von der Leier zum Stab, von einer oralen Kultur des Adels zu einer auditiven Kultur der Polis und Tyrannis, vom Erzähler und Bewahrer göttlicher Weisheiten und Mythen zum Sprecher schriftlich fixierter und tradierter Texte, von der kultischen Verehrung der Götter und unsterblichen Helden zu Amüsement und Unterhaltung der Menschen. Eben deshalb akzeptiert Sokrates, in Platons Dialog »Ion«, den Rhapsoden: »da ja der Rhapsode den Zuhörern den Sinn des Dichters überbringen soll«, und zwar »über den Homeros nur«, »nämlich nicht durch Kunst bringen sie dieses hervor, sondern durch göttliche Kraft«, als »Sprecher der Sprecher«, als »mittlerer Ring« zwischen dem Dichter und den Zuschauern, als »göttlicher Ausleger«, – Platon ordnete dem Rhapsoden noch die medialen Qualitäten des Aoiden zu.

9. Vom Dionysoskult zum antiken Theater

9.0. Ausführungen zu den Anfängen des Theaters in etablierten Theater-
geschichten, die im übrigen in aller Regel nur kurz gehalten sind, bedienen sich meist dunkler Metaphern. Margot Berthold beispielsweise beginnt ihre »Weltgeschichte des Theaters« (1968, 1f.) mit dem Kapitel »Das
Urtheater der Naturvölker«: »Das Theater ist so alt wie die Menschheit.
Es hat sie in seinen Urformen von Anbeginn begleitet. Die Verwandlung
in ein anderes Ich gehört zu den Archetypen menschlicher Äußerungen.(...)
Der Schamane, aus dessen Mund die Stimme des Gottes spricht, der
Maskentänzer, der die Dämonen schreckt, der Schauspieler, der das Werk
des Dichters ins Leben ruft – sie alle dienen dem gleichen Gebot: der Beschwörung einer anderen, wahrhaftigeren Wirklichkeit. Daß diese Beschwörung zum ›Theater‹ wird, setzt zweierlei voraus: die Verwandlung
des Akteurs zu einem Wesen, das über dem Gesetz des Alltags steht, das
zum Medium einer höheren Erkenntnis wird, und die Anwesenheit des
Zuschauers, der bereit ist, die Botschaft dieser höheren Erkenntnis zu
empfangen.« »Das Theater der Naturvölker verharrt auf dem breiten Untergrund urtümlicher Lebensimpulse. Daraus erwachsen seine geheimnisvollen Kräfte der Magie, der Beschwörung, der Verwandlung: aus dem
Jagdzauber des Steinzeitnomaden; aus den Ernte- und Fruchtbarkeitstänzen der ersten Pflanzer und Ackerbauern; aus den Initiationsriten, dem
Totemismus, dem Schamanentum; aus dem Götterkult.« Diese Vermischung zahlreicher Phänomene, die im Gegenteil möglichst exakt voneinander zu unterscheiden wären, führt hier zu ganz falschen Aussagen. Das
Theater ist eben nicht genauso alt wie die Menschheit. Der Schamane, der
Maskentänzer, der Schauspieler sind völlig unterschiedliche Instanzen mit
sehr verschiedenartigen Funktionen. Zuschauer waren keineswegs seit
Urbeginn anwesend. Und warum die Verwandlung in ein anderes Ich zu
den Archetypen menschlicher Äußerungen gehören soll oder was mit
»breitem Untergrund urtümlicher Lebensimpulse« gemeint sein mag,
bleibt ganz und gar offen.

Notwendig ist es, genauer hinzusehen – auch wenn eine scheinbar end-
lose und bis heute nicht abgeschlossene Wissenschaftsdebatte zu dieser
Frage eher entmutigend ist (z.B. auch Blume 1978, Vorwort+4ff.). Dabei
zeigt sich, daß die Entstehung des neuen Mediums Theater, die hier für
Europa anhand der Antike bzw. des griechischen Theaters seit dem 6. Jahrhundert v.u.Z. exemplarisch aufgezeigt werden soll, deutlich insbesonde-

re auf drei Vorläufer zurückzuführen ist: die Medien Opferritual (Kap. 3), Tanz (Kap. 4) und Sänger (Kap. 8). Mit Recht hat man hier den Begriff des »Prätheatralischen« eingeführt (Stoessl 1987, 1f.). Das Theater unterscheidet sich markant aber auch vom Priester als Medium (Kap. 7), weil es eben den Schauspieler ins Zentrum rückt (vgl. dagegen Kirby 1975, 100ff.), d.h. den Menschen als Gestalter, nicht als Vermittler, und setzt dabei auch noch bestimmte Speichermedien, insbesondere die Rolle (vgl. Kap. 6.2.), voraus. Das Theater wurde ein ganz und gar eigenständiges Medium und stellt insofern im Kontext der Geschichte der Medien einen weiteren Schritt im Prozeß der Ausdifferenzierung des gesamten Mediensystems dar, insbesondere des Primärmediums Mensch. Bislang hat m.W. lediglich George Thomsen versucht, eine kontinuierliche Entwicklung vom Stammesritual und von Initiationsriten über den Demeter- und den Dionysoskult bis zum Drama und Theater des Aischylos zu beschreiben (1957).

In der Forschung besteht aber in einem Punkt offenbar weitgehend Übereinstimmung mit Aristoteles (»Poetik«): daß das antike Theater aus dem Dionysoskult entstanden ist. Allerdings wäre es irreführend, dies in die verbreitete Formel vom angeblichen »Ursprung des europäischen Dramas im Kultus« zu kleiden. Erstens geht es hier nicht um ein Produkt (»Drama«), sondern um ein Medium (Theater), also nicht um Literatur-, sondern um Mediengeschichte, und zweitens wird dabei die Frage nach jener Funktion gar nicht gestellt, gemäß der sich das Theater von anderen Medien (»Kult«) unterscheidet. An die Stelle der kultischen Funktion trat beim neuen Medium Theater nämlich erneut zunächst keine blank profane, etwa unterhaltende, sozial reglementierende und gesellschaftlich orientierende Funktion wie beim Fest (Kap. 3.2.), welches bis ins Mittelalter hinein für bestimmte Bereiche Mediencharakter behalten sollte (Faulstich 1996, 87ff.), sondern das Sakrale wurde – wie beim lyrischen Lied bzw. Epos durch den Sänger, im Schritt vom Aoiden zum Rhapsoden (vgl. Kap. 8) – zwar verweltlicht, aber ohne den Schauder des Göttlichen in Amüsement und Spaß gleich rückstandslos aufzulösen, etwa als Verschiebung vom Kultakt zur Kunstschau (Buschor 1963/79, 34). Beim Theater geht es um Kunst und Literatur, freilich nicht um lyrische oder epische, sondern um dramatische Kunst, um eine ganz neue Art von Aufführungsliteratur. Das neue Medium Theater postulierte erstmals dramatisch jenen Sinn, der aller Literatur in allen Medien zueigen sein würde: die mediale Gestaltung der eben nicht mehr religiösen Sehnsucht als ersatzhafte Versöhnung des Traums von einer besseren Welt, von einem vollkommenen Ich mit dem Faktischen. Es ist wieder die Utopie als Sehnsucht, die im literarischen Werk auch in diesem Medium sich auswirkt und im Medium als geschichtliche gebremst wird. Das neue Medium Theater leistete erstmals die *dramatische* Gestaltung des Utopischen im Sinne historischer Grenzüberschreitung, wobei jedoch unaufhebbar das Utopische in der Vermittlung qua Medium desavouiert wird, weil im Werkgenuß, subjektiv, der runde Schein der Versöhnung aufbricht (Faulstich 1982a, 61-86). Die Ausweitung des Sängers, des Aoiden oder Rhapsoden, als eines Ein-Personen-Mediums zum Zwei- und Mehr-Personen-Medium Theater zeigt den ersten der drei Vorläufer. Im Dionysoskult verbergen sich die beiden anderen, Tanz und Ritual.

Zunächst soll deshalb im folgenden der vieldiskutierte Kult um den Gott Dionysos (vgl. etwa Kerényi 1976, 115ff.) in jenen zwei Erscheinungsformen vorgestellt werden, wie sie für patriarchale Rituale bereits beschrieben wurden: als »Dionysische Religion« oder »Dionysosreligion« (z.B. Otto 1989, 50, 56; vgl. auch Kallistow 1970, 54ff.) und als Dionysosfest, bei dem der Tanz große Bedeutung innehatte (9.1.). Auf diesem Hintergrund sollen dann die charakteristischen Merkmale und Formen des neuen Mediums Theater abgeleitet werden (9.2.).

9.1. Dionysosreligion und Dionysosfest

»Für die Verhältnisse im vorklassischen Griechenland ist davon auszugehen, daß das Fest der genuine Ort ist, an welchem die Religion stattfindet«, heißt es in einem Diskussionsbericht zum Phänomen Fest (Haug/ Warning 1989, 93). Dennoch soll hier zwischen Religion und Fest ein Unterschied gemacht werden, vor allem weil sich zwei ganz unterschiedliche Grundtendenzen und damit auch Gewichtungen bei den entsprechenden Funktionen namhaft machen lassen. Erneut wird sich zeigen, daß die Zeremonien der Festlichkeiten gegenüber dem religiösen Kern des Kults eine Umfunktionalisierung darstellen, die als wichtiger Schritt bei der Herausbildung des antiken Theaters gewichtet werden muß.

9.1.1. Unter den vielen griechischen Göttinnen und Göttern, wie sie bereits angesprochen wurden (Kap. 3.3.), nahm Dionysos eine besondere Stellung ein. »Dionysos erschien den Griechen vornehmlich als Weingott, Stiergott und Gott der Frauen.« (Kerényi 1976, 58) Die Herkunft des Dionysoskults ist umstritten, aber »Dionysos muß zum mindesten schon gegen Ende des zweiten Jahrtausends im griechischen Kulturkreise heimisch gewesen sein.« (Otto 1989, 56; vgl. auch Kerényi 1976, 9) »Wer ist Dionysos?« fragt Walter F. Otto und erläutert: »Der Gott der Verzückung und des Schreckens, der Wildheit und der seligsten Befreiung, der wahnsinnige Gott, dessen Erscheinung die Menschen in Raserei versetzt, kündet schon in der Empfängnis und Geburt das Geheimnisvolle und Widersprüchliche seines Wesens an. Er war das Kind des Zeus und einer sterblichen Frau.« (1989, 62) Nach dem Mythos paarte sich Zeus mit Semele, einer der vier Töchter des Königs Kadmos von Theben. (Ein anderer Text verweist auf Persephone auf Kreta, die durch ihren eigenen Vater geschwängert wurde.) Sie verbrannte jedoch in den Blitzflammen des Liebhabers, noch ehe das Kind geboren war. Während sie selbst zu den Olym-

pischen Göttern emporsteigen durfte, nahm Zeus »die noch nicht lebens-
fähige Frucht in seinen göttlichen Leib auf, und als die Zahl der Monde
erfüllt war, brachte er den Sohn ans Licht.« »Der so Geborene ist nicht
bloß der Jauchzende und Freudenbringende, er ist der leidende und ster-
bende Gott, der Gott des tragischen Widerspruchs. Und die innere Gewalt dieser Doppelwesenheit ist so groß, daß er wie ein Sturm unter die
Menschen tritt, sie erschüttert und ihren Widerstand mit der Peitsche des
Wahnsinns bändigt. Alles Gewohnte und Geordnete muß zersprengt werden. Das Dasein wird plötzlich zum Rausch – zum Rausch der Seligkeit,
aber nicht weniger zu dem des Schreckens.« (Otto 1989, 62+74)

Die Parallele des altgriechischen Mythos zur späteren christlichen Religion ist unübersehbar – eine Sterbliche hat einen Gott empfangen und zur
Welt gebracht. Dieser Gott ist der Gesalbte und auch der Leidende. Er hat
eine Doppelnatur. Deutlich zeigt sich hier ein Grundprinzip des patriarchalen Opferrituals. Dionysos, nach dessen Vorbild sich auch der spätere
Jesus mit einem Weinstock verglich und an seine Jünger Wein reichte als
»sein Blut«, wurde entsprechend als ein »Urtyp des Erlöser-Gottes« definiert (Walker 1983/93, 170). Ebenso wie die christlichen Rituale sehen auch
die geheimen dionysischen Opferzeremonien, wie alle Initiationsriten, die
Wiederkehr bzw. Wiedergeburt vor (vgl. Kerényi 1976, 207ff.). Zugleich
aber lassen sich auch Reste der matriarchalen Weltauffassung nachweisen, wie sie mit der Frau als erstem Medium der Kulturgeschichte vorgestellt wurden. Karl Kerényi erklärt das mit dem Hinweis auf zwei Phasen
des Dionysoskults – erst als Kult der Frauen, dann in der Vermittlung
durch Pegasos als Kult der Männer (1976, 140ff.). Dionysos wurde von
Göttinnen aufgezogen, seinen »Ammen«, die zu seinem rasenden Gefolge wurden. Man nannte sie Mänaden, die Wahnsinnigen, oder Bacchan-
tinnen. Sie verehrten den Gott und erschöpften sich in orgiastischen Riten, Tieropfern, Wein- und Trancetänzen. Man stellte sie oft in Gestalt von
Nymphen dar und trug damit einem charakteristischen Merkmal des
Dionysoskults Rechnung: der Bedeutung der Feuchtigkeit, des Wassers.
Nach dem Mythos kommt Dionysos aus dem Wasser und kehrt auch ins
Wasser zurück, in der Wassertiefe hat er seine Zufluchtsstätte und Hei-
mat. Walter F. Otto interpretiert: »Das Wasser ist für den mythischen Sinn
das Element, in dem die Urgeheimnisse alles Lebens wohnen. Geburt und
Tod, Vergangenheit, Gegenwart und Zukunft schlingen hier ihren Reigen.«
(1989, 146) Für Otto ist der Gott Dionysos deshalb Verkörperung des
»Mysteriums des sich neu gebärenden Lebens«, seine Welt ist »vor allem
eine weibliche Welt« (1989, 124+129+130+155): »Es ist der Wahnsinn des
Mutterschoßes, der allem Schöpfertum beiwohnt (...), die Einheit und To-
talität einer unendlich vielfältigen, ja alles Lebendige umfassenden Welt«.
»Im Feuchten geschieht die Zeugung. Aber ihm entsteigt auch die Geburt. Das Wasser ist immer als das Element des Weiblichen empfunden
worden.«

Dionysos seinerseits paarte sich mit einer Irdischen, noch bevor er mit Ariadne – eine Variante der kretischen Mondgöttin, im Mythos ebenfalls irdisch – die Ehe einging: »Er, dem die Frauen dienen, der immer eine Geliebte an seiner Seite hat, trat über die Schwelle des irdischen Hauses und nahm die Herrin in Besitz. Das Haus, in dem die heilige Ehe vollzogen wurde, das Bukolion, war nach Aristoteles die ehemalige Amtswohnung des Archon Basileus. Aristoteles wußte, was er sagte. Also in das Haus des hohen Beamten, der den Titel der alten Könige geerbt hatte, setzte der Gott seinen Fuß, um dessen Gattin für sich selbst in Anspruch zu nehmen. Das ist etwas ganz anderes, als die im Kult gefeierten heiligen Hochzeiten eines Gottes und einer Göttin.« (Otto 1989, 78f.) In der Tat setzt sich Dionysos damit an die Stelle des alten Königs und erinnert an jenes archaische Fruchtbarkeitsritual, das mit dem Hieros Gamos bereits vorgestellt wurde (Kap. 2.3.). Es ist denn wohl auch kein Zufall, daß Dionysos öfters in der Gestalt von Stier oder Bock dargestellt wurde – also von Tieren, deren Geilheit, Zeugungskraft und Fruchtbarkeit besonders hoch eingeschätzt wurden, oder daß er mit dem Symbol der verführerischen Schlange in Zusammenhang gebracht wird (Kerényi 1976, 102ff.). Und charakteristisch sind auch die Satyrn oder Silenen, jene Fruchtbarkeitsdämonen im Gefolge des Dionysos, die – auf griechischen Vasen häufig dargestellt – mit eregiertem Penis (die Forschung spricht hier von »ithyphallischen Figuren«) die Lüsternheit verkörpern und den Mänaden bzw. Nymphen nachstellen. Freilich gab es im festlichen Ritual eine Reihe von Besonderheiten, auf die zurückzukommen sein wird.

Ähnliche Bezüge finden sich im Medium Tanz – der Rausch des Dionysoskults basiert auf jener Körperlichkeit und Sinnlichkeit, die diesem Vorläufermedium zentral zu eigen waren; die ekstatische Vereinigung der Mänaden mit dem Silen hält erneut Reste des Hieros Gamos präsent, charakteristisches Merkmal des sakralen Tanzes. Der Tanz der Mänaden um das Idol des Dionysos, wie auf einer griechischen Vase dargestellt (Abb. 65), bringt Ekstase und Befreiung im Tanz als Begegnung mit dem Gott in Zusammenhang mit dem Wein als Rauschmittel – Verweis auf einen Kult, der auf dem Lande, mit den Lenäen, gefeiert wurde und dem eigentlichen, dem »großen« Dionysosfest in den Städten vorausging. Die tänzerische Gestaltung mit dem Körper ist hier nur noch Teil des Ganzen; der dionysische Tanz ordnet dem Agieren des Körpers in der sakralen Handlung dienende Funktion zu, auch gegenüber dem gesungenen und gesprochenen Wort. Dionysos ist der Gott der Trunkenheit und des Wahnsinns. »Sein Mythos lebt von dem Rhythmus des Untergangs und der Wiederauferstehung.« (Küchenhoff 1989, 119) Deshalb steht er dem Vegetations- und Fruchtbarkeitskult besonders nahe. Aber er ist ein männlicher Gott. Der Rausch des Lebens kippt um in den Rausch der Vernichtung. Der Wahnsinn äußert sich in der grenzenlosen Gewalt, die Dionysos und sein Gefolge den Menschen, vor allem den Frauen, antun und die

Abb. 65: Der Tanz der Mänaden um das Idol des Gottes Dionysos

umgekehrt dann auch ihm angetan wird. Menschen, oft Kinder, werden in Stücke zerrissen, manchmal aufgegessen – die Raserei mordlüsterner Jägerinnen, raubtierähnlich, gewinnt die Gestalt des blutigen Opferrituals. Die »Sphäre des Todes«, »auch die Schrecken der Vernichtung (..) gehören als schauerliche Lust dem Reich des Dionysos an.« (Otto 1989, 104) Und schließlich ist es Dionysos selbst, der als Opfer fungiert. Bei Heraklit erscheint Dionysos denn auch als leibhaftiger Fürst des Totenreichs. Deshalb wurden an manchen Hauptfesten des Dionysos die Verstorbenen gefeiert. Die beiden zentralen, gegenläufigen Momente des Dionysoskults also entsprechen ganz deutlich dem mit Tod und Wiedergeburt komplementären Charakter der archaischen Initiationsriten.

Die Einbindung des Tanzes in das antike Theater markiert im abendländischen Kulturraum (im Unterschied etwa zu Indien) das Ende dieses Mediums als eines eigenständigen Ausdrucks- und Kommunikationsmediums mit sakraler Funktion; nennenswerte Orientierungs-, Integrations- oder sonstwie gesellschaftlich relevante Steuerungsfunktionen wurden abgelöst von untergeordneten Verwertungskontexten und Servicefunktionen, etwa als Kunst oder im Rahmen von Festen. Der schon oben (Kap. 4) erwähnte Schritt vom Dionysos*tempel* zum Dionsysos*theater* Ende des 6. Jahrhunderts mag als Indiz für diesen mediengeschichtlichen Wandel gelten. Die Dionysos*religion* verwies noch auf zyklische Zeit; gefeiert wurde der Rhythmus der natürlichen Lebenszeit. Das Dionysos*fest* im Theater war in seiner Institutionalisierung dann bereits ereignisfundiert:

künstlerisch. Und mit seiner Förderung während der Tyrannenherrschaft des Peisistratos (ca. 600–528/27) offenbarte es von Anfang an seine politische Verwertbarkeit (z.B. Thomson 1957, 94f.).

9.1.2. Dionysos galt als der Gott des Festes. Die Dionysosfeste dienten primär nicht der Machtdemonstration nach außen bzw. der Herrschaftssicherung nach innen, sondern sie hatten einheitsstiftende Funktion. Es waren nicht herrschaftliche, sondern ekstatische Feste, wie Joachim Küchenhoff beschreibt (1989, 100f.): »Das ekstatische oder orgiastische Fest ist (...) dadurch gekennzeichnet, daß die Festgemeinschaft nicht ein äußeres Objekt, sondern sich selbst zum Ich-Ideal erhebt. Ich (Festgemeinschaft) und Ich-Ideal (Gott des Festes) fallen hier zusammen. Das temporäre Zusammenfallen von Ich und Ich-Ideal aber entspricht der psychodynamischen Formel der Manie. Die manische Steigerung, der rauschhafte Exzeß gehören zu diesem ekstatischen Fest.« Das Fest ist gegenüber dem Alltag ein Ausnahmefall, es gestattet ausdrücklich die Überschreitung von Grenzen, ist »eine regelhafte Regellosigkeit« (Küchenhoff 1989, 102). Das Fest vermittelt also zwischen kontradiktorischen Widersprüchen: Überschreitung und Gesetz, Chaos und Ordnung, Trieb und Verbot, Anarchie und Zwang, Spiel und Ernst. In dem Maße, in dem es gefeiert wird, bestätigt und zementiert es Gesetz und Ordnung: je mehr Exzeß, desto mehr Zwang und Verbot. Umgekehrt: In dem Maße die Grenzen zwischen Alltag und Fest fallen bzw. die Ordnungsprinzipien so weit verinnerlicht sind, daß der Exzeß nicht mehr möglich ist und das Fest von der gesamten Gesellschaft nicht mehr getragen wird, hat es seinen Mediencharakter verloren.

Im Fest nimmt die Grenzüberschreitung gegenüber dem Alltag die Form des Rollenwechsels oder zumindest der Rollendistanz an; man wird für begrenzte Zeit ein anderer. »Im Fest ist es möglich, mit der eigenen Identität zu spielen«, formuliert Küchenhoff – womit dem Fest eine Identitätsentlastungsfunktion zukommt. Identitätskonflikte können im Spiel einer anderen Rolle, in Maske und Kostüm, ausgelebt und entschärft werden. Insofern hat das Fest sowohl psycho- als auch soziohygienische Funktion – ja man konnte so weit gehen, den Orgiasmus überhaupt als Träger des Gemeinschaftslebens zu bezeichnen: »Der Eros verfügt und strukturiert die Sozietät, er gibt dem Individuum den Anstoß, sich zu überschreiten und in einem größeren Ganzen zu verlieren. Insofern ist die Soziologie vor allem das Studium der Sexualität.« (Maffesoli 1986, 77)

Die Vorgeschichte des griechischen Theaters in Gestalt der Festkultur läßt sich zurückverfolgen bis ins dritte Jahrtausend v.u.Z., gefolgt von Schwerpunkten in Kreta um 1700 v.u.Z., Reigentänzen in Athen im 8. Jahrhundert v.u.Z., Dickbauchtänzern auf korinthischen Vasen, Masken- und Stegreifspielen sowie Mädchen- und Jungfrauenchören in Sparta im 7. Jahrhundert v.u.Z. bis zum Kultlied des Dionysos, dem Dithyrambos, etwa zur selben Zeit. Dithyramben sind Chorverse in freiem Rhythmus zu Ehren des Gottes, bei denen der Chor früh durch einen »Anstimmer« oder Vorsänger (z.B. Herter 1947, 36ff.) ergänzt worden ist – in »prädramatischer« Spannung (Stoessl 1987, 72). Richard Kannicht hebt insbesondere auf die Entwicklungslinie von den Festbanketten der homerischen Epen, mit Heldengesang und Sängern, speziell den Rhapsoden, zur musischen Festkultur der Athener bis 400 v.u.Z. ab und unterstreicht: »Ungeachtet der Schrift als technischen Hilfsmittels der Produktion und der bewahrenden Fixierung der Texte, beruhte diese musische Kultur als solche ganz auf der Mündlichkeit der Vermittlung und Überlieferung, Darbietung und Aufführung der Epen und Gedichte, Lieder und Dramen; sie war daher eine wesentlich *orale* Kultur.« (1989, 3) »Die entscheidenden Schritte zu Theater und Drama hin erfolgten um die Wende des siebenten zum sechsten Jahrhundert« (Stoessl 1987, 73) – mit Sappho im Kulturzentrum Lesbos, Arion von Methymna im Kulturzentrum Korinth um 600 und weiteren Schwerpunkten in Silyon, Megara und Athen.

Im Vergleich zur heutigen Zeit war die allgemeine Festkultur der Athener im 5. Jahrhundert v.u.Z. enorm entwickelt. Man könnte daraus die Überlegung ableiten, daß das Verhältnis von Alltag und Fest und dessen je besondere Ausprägung aufschlußreich sei für gesellschaftlichen Stillstand bzw. Wandel (vgl. Meier 1989, 571f.): Die Konzentration der Öffentlichkeit auf Feiern und Feste ließe sich dann interpretieren als epochenspezifische Gestalt einer neuen – nämlich demokratischen – Wir-Identität. Ebenso wie das kultische Opferritual der Stabilisierung der sakralen Ordnung diente, dienten die Feste dem Bestand der politischen Ordnung. Es gab Feste für Bürger, Feste speziell für Frauen sowie für Männer, Feste für Nichtbürger, sogar für Sklaven. Die bereits erwähnte Ausdifferenzierung der Feste nach den zahllosen Gottheiten diente dem Abbau von Konflikten und Spannungen, schuf Binnengemeinschaften und legitimierte die gegebenen aristokratischen bzw. bürgerlichen Herrschaftsverhältnisse. Noch wichtiger dürften die jeweiligen sportlichen Wettkämpfe gewesen sein, offen ausgetragen und eher die soziale als die sakrale Öffentlichkeit regulierend: für die Kämpfer Form der Bewährung, für die Gesellschaft »Politisierung der Muße« (Meier 1989, 578). Bernhard Zimmermann bilanziert: »Für einen Bürger Athens standen die großen, prunkvollen Götterfeste auf derselben Stufe wie ein Baudenkmal; ja, sie waren für ihn Monumente im eigentlichen Wortsinn, da er im Fest durch den Ritus und insbesondere durch die anläßlich eines Festes vorgetragenen Kultlieder und Dichtungen an das Vergangene und an die Tradition erinnert wurde, z.B. an die Gründung des Festes durch einen Heros oder Gott. Gleichzeitig jedoch ermöglichten ihm die Riten und Lieder des Festes das Verstehen der Gegenwart: Im Spiegel des Mythos fallen die beiden Zeitebenen, Gegenwart und Vergangenheit, in eins zusammen. In der Festgemeinschaft verschwinden die Schranken zwischen Alt und Jung, zwischen Individuum und Gesellschaft: Der einzelne sieht sich in der ›Teilhabe‹ am Opfer und Ritual als Glied der Gemeinschaft, der Polis, in der er seinen sinnvollen Platz als Bürger hat.« (1991, 154) Neben Unterhaltungs- und Entlastungsfunktionen kamen dem Fest hier also gleichwohl maßgebliche Integrations- und Orientierungsfunktionen zu.

Beim Kult des Dionysos selbst unterscheidet man die weniger wichtigen Feste auf dem Lande – die ländlichen Dionysosspiele im Dezember und Januar, die Lenäen im Januar und Februar, die Anthesterien im Februar und März – vom Fest der Großen Dionysien in der Stadt, das im März und April gefeiert wurde und im Jahr 534 zur offiziellen Volks- und Staatsfestlichkeit erklärt wurde (vgl. detailliert in großer Ausführlichkeit Pickard-Cambridge 1968), mithin von eminent politischem Charakter war (Zimmermann 1991, 154). Es war einzigartig mit seinem Wettkampf der tragischen Dichter, die mehrere Tragödien (und später auch Komödien) zur Auswahl anboten und dann vortrugen, um anschließend von einem Jurorengremium begutachtet und möglicherweise mit einem Preis ausgezeichnet zu werden. Schon um 534 (manche nennen das Jahr 510) hat zum ersten Mal dieser Wettbewerb zwischen mehreren Tragikern stattgefunden (z.B. Kirby 1975, 90; Meier 1989, 574; im Überblick bei Blume 1978, 30-45). George Thomsen sieht im Charakter des Wettkampfs der Tragödien-(dichter), der an sich nicht unbedingt naheliegend oder gar zwingend für die Entwicklung vom Dionysoskult zum Theater wäre, insbesondere die Bewährung des Kämpfers und damit ein Relikt des Initiationsritus (1957, 246ff.). Das Dionysosfest wurde jährlich gefeiert, verbunden mit einem feierlichen Festzug, der beim Meer bzw. Fluß seinen Anfang nahm und die Wiederkehr des Gottes darstellte (»Schiffskarrenzug«), mit mehrfachem Halt an verschiedenen Altären, wo Tänze aufgeführt wurden, und mit einem Tieropfer gekrönt; bezeichnenderweise war das Tier meist ein Bock (vgl. auch Kerenyi 1976, 78ff.; Meier 1989, 581). Im Jahr 489 v.u.Z. dauerte das Fest bereits sechs Tage (Kindermann 1957, 27f.). Zimmermann notiert als die wesentlichen Funktionen: Selbsterkenntnis und Identitätsfindung des einzelnen, Entlastungs- und Unterhaltungsfunktion, politischer Charakter, Harmoniestiftung und Stabilisierung – bis zum Zusammenbruch Athens und dem Ende seiner Demokratie, als die Aufkündigung der »Konsensbasis der Gesellschaft« sich in einem Wandel der Kommunikationsbedingungen spiegelte (1991, 154ff.).

Es sind die erwähnten Besonderheiten, die – multifaktoriell, in ihrer Verflechtung – als Vorläufer des neuen Mediums Theater eine wichtige Rolle spielten – und die übrigens im hohen Mittelalter in Gestalt der Buffonen und Harlekins, im Charivari, wieder auftauchen sollten (vgl. Faulstich 1996, 220ff.).

– Die erste Besonderheit war das Symbol der Maske. Zwar gab es auch in anderen Kulten Masken – entsprechende Überblicke verweisen stets auf den Zusammenhang zwischen Masken aus archaischen Zeiten, den frühen Hochkulturen, den Schamanen über den mittelalterlichen Narren und Harlekin bis hin zum Fasching unserer heutigen Tage (z.B. de Blue o.J., Lommel 1970, Bertschi 1982 u.v.a.), »Dionysos aber ist der eigentliche Maskengott« (Otto 1989, 81). Dionysos erschien als Gott in der Maske des Bärtigen mit langem Gewand (vgl. oben Abb. 65). Die Maske, die sich vielleicht als Residuum des früheren Gestaltungsmediums Skulptur begreifen ließe (vgl. Kap. 6.2.4.), ermöglichte die atemberaubende und unausweichliche körperlich-sinnliche Präsenz des rasenden Gottes, hatte einen mitreißenden – erregenden ebenso wie verstörenden – Appellcharakter. »Sein Kommen bringt die Raserei.« (Otto 1989, 85) Zugleich aber verdeckte die Maske auch die Person desjenigen, der stellvertretend das Opfer vollzog, also tötete – die Vermummung ist Ausdruck von Schuld. »Die Maske *verbirgt*, die Maske *erschreckt*, sie *schafft* aber vor allem eine Beziehung zwischen dem Menschen, der sie trägt, und dem Wesen, zu dessen Darstellung sie sich eignet. (...) Die Maske (...) ist das Gerät einer *vereinigenden Verwandlung*« (Kerényi 1966, 342).

– Zweite Besonderheit war der gewaltige Lärm, mit dem Dionysos und sein Gefolge daherkamen. Das Getöse wurde vor allem durch gellende Schreie sowie dröhnende und grelle Instrumente, insbesondere die Posaune, erzeugt. Musik und die zu Ehren des Dionysos von Chören und Vorsängern im Wettkampf gesungenen Kultlieder prägten Umzug und Opferfeierlichkeiten gleichermaßen. Im schrillen Schreien äußert sich originär der emotionale Höhepunkt des Opfers, der Akt der Tötung (Burkert 1990, 22). Johannes Quasten zieht die Parallele zu den archaischen Initiationsriten und spricht von der »religiösen Katharsis durch Musik« (1930, 45ff.).

– Dritte Besonderheit: Weinquellen sprudelten angeblich aus dem Boden, Weinreben reiften scheinbar innerhalb ein und desselben Tages, an dem der Gott in Erscheinung trat, und die Festteilnehmer begannen ihr berühmtes Wettrinken, um mit dem berauschenden Gott gemeinsam zu feiern, mit ihm eins zu werden. Dionysos war ja auch der Gott des Weines. Bei den Umzügen wurden entsprechend große Weingefäße und künstliche Trinkhörner mitgeführt (vgl. oben Abb. 65).

– Viertens: Die Mänaden feierten ihren Gott mit ekstatischen Tanzwirbeln. Bei den Mysterienfeiern auf Kreta zeigten die Frauen ihre nackten Brüste und erinnerten damit an die Ammen des Gottes. Die Chortänze in Tierverkleidungen verweisen auf archaische Tiertänze (wohl eher als auf bestimmte schamanistische Trance-Rituale; Kirby 1975, 123; vgl. auch Kap. 7).

– Und fünftens: Bei den Dionysosfestzügen wurde ein riesiger hölzerner Phallus, symbolträchtig geschnitzt aus dem »feuchten« Holz des Feigenbaums, mitgeführt und bekränzt, Verweis auf Zeugung und Männlichkeit (»Phallophorie«; konträr die Interpretation von Kirby 1975, 129f.). Auch Stierköpfe wurden getragen. »Die großen Dionysien wurden zu einem eigentlichen Fest der *Männer*.« (Kerényi 1976, 250)

Die Darstellung eines Satyrchors auf einer Vase aus Neapel (ca. 400 v.u.Z.) zeigt diese Merkmale vereint (Abb. 66): Einzelne Schauspieler halten ihre Masken in der Hand. Andere musizieren oder werden mit Musikinstrumenten abgebildet. Im Hintergrund neben dem Dionysos, der in der Bildmitte auf einem Lager ruht, findet sich eine Weinrebe. Und die meisten Schauspieler sind im Kostüm von Göttern und Helden mit Bocksfell oder künstlichem Phallus ausgestattet.

9.2. Charakteristische Merkmale des antiken Theaters: Tragödie, Komödie

Was Richard Southern (1966) als drei verschiedene Zeitalter des Theaters (der kostümierte Schauspieler, die großen religiösen Festspiele, das Berufstheater) unterschied (vgl. auch Hunningher 1955 u.v.a.), gehört in Wahrheit eng zusammen. Umgekehrt wird die einleitende Definition des Theaters durch Margit Berthold (zwei Kernelemente: Schauspieler, Zuschauer) der historischen Spezifizierung des neuen Mediums ebenfalls nicht ganz gerecht. Und schon gar nicht wird man die charakteristischen Merkmale des Theaters durch eine unhistorische Sichtweise erfassen können (z.B. Sauermann 1935, vgl. als umfassenderen Versuch zum »attischen Bühnenwesen« auch Müller 1902). Der mediale Wandel zum Beginn der griechischen Hochkultur war zugleich geballt und komplex. Der Schritt vom Dionysosfest zum antiken Theater vollzog sich in mehreren Schritten:

– Am Anfang stand die bereits erwähnte Ergänzung des dionysischen Satyrchors, den es bereits um 600 v.u.Z. gab, durch den Vorsänger bzw. »Antwortenden« (um 550 v.u.Z.) und dann um mehrere Schauspieler, erst zwei, dann drei, zugleich die Entwicklung vom Gesang über die Rede bis zum Dialog (z.B. auch Kaimio 1970). Damit wurde das Spiel in einer medienspezifischen Zuordnung von Musik, Tanz und Wort (vgl. etwa Dale 1969, 156ff.) zum *dramatischen* Spiel (z.B. auch Frischauer 1967, 30). Otto sieht denn auch die Tragödie bereits in der »Weltwahrheit des Dionysos«, im »Urphänomen der Zweiheit« angelegt (1989, 189). Das dialogische Grundprinzip stellt gegenüber dem Priester, dem Orakel, dem Schamanen als Instanzen der Wahrheitsvermittlung die Selbstreferenz in den Vordergrund: die nicht von außen eingegebene, sondern selbst erzeugte Einsicht. Als gänzlich profanes Merkmal charakterisiert dieses Dialogprinzip auch den Wandel vom Lehrer zum Lehr»buch«, der noch ausführlicher behandelt werden soll (Kap. 10).

– Entsprechend verlief die Entwicklung des Theaterraums: Keimzelle war der Tempel. Der gesonderte kreisrunde Orchestra, der Tanzplatz des Chors, war von den Zuschauern zunächst wohl nur einfach umringt, dann

Abb. 66: Schauspieler des Satyrchors mit Masken, Musikinstrumenten, Dionysos, der
Weinrebe, Bocksfellen und künstlichen Phalli

wurde der Zuschauerraum abgegrenzt, aber noch nicht etwa durch einen
Vorhang vom Orchestra getrennt (»Theatron« heißt »Ort zum Zuschau-
en«). Bald darauf bildete sich die Skene heraus, ursprünglich eine Art
»Zelt« oder »Holzbude« am Rande, die als Umkleideraum und Requisi-
tenkammer diente, allmählich verstärkt als Spielhintergrund genutzt. Später wurden Proskenien gebaut, d.h. Anbauten auf Pfeilern oder Säulen,
die mit der Skene verbunden waren; sie wurden »Logeion« genannt, d.h.
»der Ort, wo man spricht«. Die Einheit von Orchestra – die Bühne –, Skene
und Logeion wurde schließlich halbkreisförmig umringt von den Zuschau-
errängen.

– Die Einführung des Schauspielers bedeutete den Schritt vom Gott –
über den Aoiden und Rezitator als Medium des Gottes – zum individuellen Helden. Mit der »Vermenschlichung der Götter« (Frischauer 1967, 19ff.)
bzw. der rollenhaften Individualisierung des Helden verlief zugleich die
Umfunktionalisierung des Chors zum bühnenpräsenten Publikum, als
konstituierender Faktor von Öffentlichkeit (Lehmann 1991, 48ff.). Das
Novum des Mediums Theater definierte sich im ästhetischen Rollenspiel
von Chor und Spielern, spezifiziert durch Maske, Kostüm und Requisiten.

– Entgegen allem Ritual und Kult zielte die Aufführung auf Affekte, auf
Vergnügen und Unterhaltung. Das dramatische Spiel wurde zum Schau-
Spiel. Das bedeutete den Schritt vom empirischen Partizipanten zum Zu-
schauer, der die dargestellte Wirklichkeit nicht mehr als empirische, son-
dern als ästhetische, fiktionale Realität begriff. Das neue dramatische
Medium entstand im Kern als ästhetische Inszenierung von Realität im
Einverständnis von Schauspieler und Publikum, deren Interaktion kon-
stitutiv war. Die Perspektive auf Welt war deshalb nicht mehr partikulari-

stisch wie noch beim Opferritual mit dem Ziel von Herrschaft und Macht, sondern arbiträr, für den einzelnen möglicherweise nur noch konsumistisch.

– Der Vollzug war nicht mehr religiös-kultisch reglementiert, sondern sozial institutionalisiert. Es gab individuelle »Dichter«, welche die Stücke schrieben. Sie waren für die Aufführung im spezifizierten, exklusiven Spielraum gedacht, für die Bühne. Kritik war nicht mehr verboten, sondern geradezu nahegelegt, denn hier spielten gute oder schlechte Schauspieler gute oder schlechte Stücke, häufig vor jeweils einer verhältnismäßig kleinen, heterogenen Öffentlichkeit (ausführlich z.B. Kindermann 1979). Charakteristisch für die Abgrenzung des neuen Theaters von »älteren« Menschmedien war denn auch der Bedeutungsverlust, den der »Dichter«, zunächst als der Spielleiter noch in herausragender Position, bereits im 4. Jahrhundert gegenüber dem »Schauspieler« erfuhr (z.B. Blume 1978, 79). Im 4. Jahrhundert gab es schon Chorlehrer und den professionellen Hauptdarsteller, und Ende des 3. Jahrhunderts v.u.Z. waren die ersten Schauspieler-Gilden etabliert (z.B. Pickard-Cambridge 1968, 281ff.) – der Status des Schauspielers als Künstler war berufsmäßig etabliert, das Theater institutionalisiert.

– In seiner Architektur hielt das Theater den kreisförmigen Tanz um den Altar als Wurzel zunächst noch präsent, das Opferritual (Frischauer 1967, 9), aber bei veränderter Funktion. Das Dionysos-Theater am südlichen Abhang der Akropolis beispielsweise, vermutlich in den letzten Jahrzehnten des 5. Jahrhunderts erbaut (Bieber 1920, 5), faßte über 10.000 Zuhörerinnen und Zuhörer. Das Theater erhielt insofern, wie bereits angesprochen, eine politische Funktion, war »politische Kunst« (Meier 1989, 582f.). »Das Theater gehörte im alten Griechenland zu den Aktionsräumen, in denen sich das öffentliche Leben abspielte.« (Kindermann 1979, 14) Mit seinen Produkten, den Theaterstücken, lag sein Heil nicht mehr im Transzendenten, der Religion, sondern in der künstlerischen Illusion, im Gefühl der Versöhnung. Friedrich Nietzsche benannte in der »Geburt der Tragödie« nur den *personalen* Aspekt daran, als kulturelle Funktion: Demnach ist das Leiden des tragischen Helden, an dem wir als Zuschauer ästhetische Freude empfinden, das Leiden an der Individuation, und sein Untergang gilt uns als Untergang der bloßen Erscheinung. »Trotz Furcht und Mitleid sind wir die Glücklich-Lebendigen, nicht als Individuen, sondern als das eine Lebendige, mit dessen Zeugungslust wir verschmolzen sind.« (Nietzsche 1969, 93) Zugleich gibt es aber auch den *sozialen* Aspekt. Demnach erhielt das Theater, das einen kultischen Untergrund hatte (der im Opfer zu besänftigende Neid der Götter), eine politische Funktion im engsten Sinn des Wortes: war kulturelle Orientierung für einen sich zu jener Zeit politisch enorm verändernden Stadtstaat. Literatur wurde hier ähnlich in Dienst gestellt wie jene Mythen und Epen der Aoiden und Rhapsoden, nur noch unmittelbarer politisch. Vielleicht am besten wird

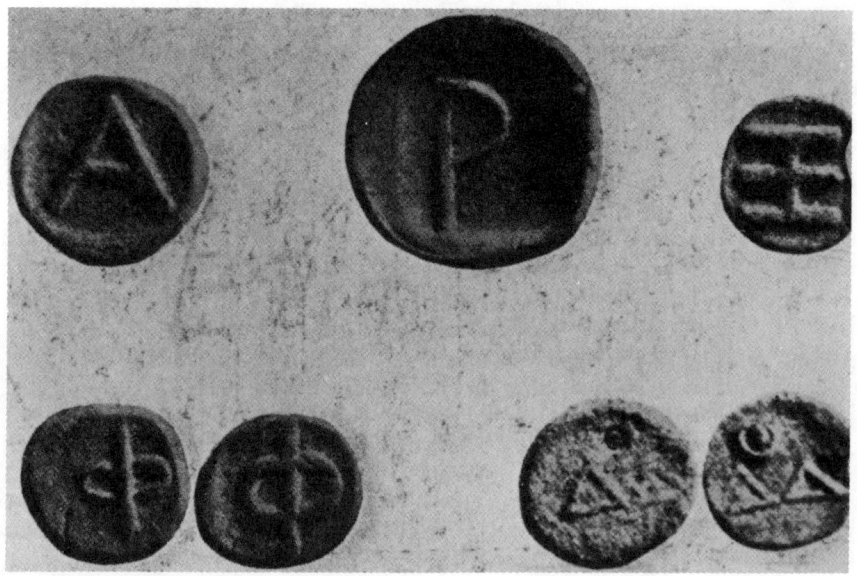

Abb. 67: Eintrittsmünzen für das griechische Theater

das veranschaulicht durch die Gepflogenheit des Perikles (ca. 500–429), sich die Volksgunst und politische Macht u.a. dadurch zu erkaufen, daß er für die Aufführungen im Dionysos-Theater, die anfänglich gemäß dem religiösen Ursprung noch frei für alle waren, Eintrittskarten verschenkte (um 450 v.u.Z.) – »Theaterbillets«, die teilweise schon Platzkartencharakter hatten (z.B. Bieber 1920, 84f.; Kindermann 1979, 20, u.v.a.). Viele solcher Eintrittsmünzen sind noch erhalten (Abb. 67).

Wollte man analog zum Übergang vom matriarchalen zum patriarchalen Kultus (oben Kap. 3.2.) den »Umwandlungsvorgang« »in ein antithetisch-theatralisches Kunstwerk« (Kindermann 1957, 14), also die Unterschiede auch zwischen Opferritual und Theater, schematisch verdeutlichen, ergäbe sich entsprechend folgendes Bild:

	Sakrales Opferritual	Antikes Theater
Wesen	Abwehr, Heischung	ästhetisches Rollenspiel
Form	abstrakt, Zeremonie	Inszenierung, Aufführung
Kreativität	professionell, zentralisiert	individuell
Struktur	hierarchisch	bipolar interaktiv
Perspektive	partikularistisch	konsumistisch, politisch
Vollzug	kontrolliert	reglementiert, institutionalisiert
Raum	lokalisiertes Fest, Festplatz	spezifizierter Spielraum, Bühne
Zeit	funktional-profan	fiktional
Öffentlichkeit	groß, heterogen	teils klein, heterogen
Erleben	im stellvertretenden oder symbolischen Handeln	als Zuschauer
Kritik	verboten	nahegelegt
Ziel	Herrschaft, Macht	Vergnügen, Belehrung, Unterhaltung
Heil	in der Zukunft (Religion), transzendent	als Illusion, im Gefühl der Versöhnung

Theater ist Mimesis im Sinne einer Funktion von Rollenspiel und Rollen-
wahrnehmung. Der immer wieder mit Recht als zentral hervorgehobene
Begriff der Rolle, unter den sich Maske, Kostüm, Schauspieler, Dialog usw.
subsumieren ließen, ist im Kern tatsächlich kein sozialwissenschaftlicher
oder gar nur ästhetischer, sondern ein medienwissenschaftlicher Begriff
(vgl. Moreno 1987, 60ff.); denn Rolle meint zunächst (wörtlich) das geroll-
te Blatt (lat. rotula) mit dem Text, den der Schauspieler auf der Bühne zu
präsentieren, zu »verkörpern« hat, verweist dann aber natürlich ganz
grundsätzlich auf den Schauspieler-Status selbst und den Status auch jedes anderen Menschmediums (Frau/Mutter, Priester, Aoide usf.). Das
Theater entstand also nicht etwa »aus ursprünglichen Spielelementen«,
»aus dem Mimus« oder sonstigen quasi angeborenen, existentiell menschlichen Merkmalen als angeblichen Wurzeln (z.B. Kindermann 1957, 14),
sondern als Ausdifferenzierung früherer Menschmedien bei Verschiebung
der ursprünglichen Funktionen. Dabei kann beim antiken Theater der
Dionysoskult als »der Mutterschoß für Tragödie und Komödie« (z.B. Herter
1947, 42, u.v.a.) gelten. – Gelegentlich werden noch das Satyrspiel (z.B.
Kallistow 1970; Blume 1978, Seidensticker 1979 u.v.a.) und auch die chor-
lose Posse, Vorläufer des heutigen Puppenspiels, als weitere Theater-
gattungen unterschieden (z.B. Butor 1963/79, 52ff.; vgl. auch Breitholtz
1960). Doch ist davon nur wenig erhalten und die Diskussionen über deren Stellenwert halten an; sie werden deshalb hier nicht einbezogen.

9.2.1. »Tragodia« heißt, wie bereits im Zusammenhang mit dem Tanz
erwähnt, »Gesang aus dem Anlaß des Bocks«. Es geht um die dionysische
Opferzeremonie. Das Ziegenopfer war zum einen eine Tötung aus Freude über die Epiphanie des Gottes, zum andern aber auch eine Tötung des
Gottes selbst als dessen Bestrafung (Kerényi 1976, 251ff.). Vermutlich der

griechische Tanzlehrer und Chorführer Thespis – »der erste anerkannte Schauspieler der Geschichte« (Frischauer 1967, 35) – führte ab 536/535 v.u.Z. in seiner »tragodia« sich selbst erstmals als einen einzelnen Schauspieler ein (Protagonist), der als maskierte Person in der Rolle des Opfers auftrat – vor Zuschauern und auf dem Theaterplatz. Hier wurde der leidende Gott seinem Schicksal unterworfen. Die angestrebte Reinigung der Zuschauer geschah in der ästhetischen Gestaltung der Schuld. Walter Burkert hat diesen Zusammenhang zwischen griechischer Tragödie und archaischem Opferritual besonders hervorgehoben (1990; vgl. auch Rank 1922; Thomson 1957, 202f., u.a.). Im Kern kann die Tragödie bei Aischylos (525/24–456/55 v.u.Z.), Sophokles (ca. 496–406 v.u.Z.) und Euripides (485/84–407/6 v.u.Z.) auf die Idee des Opfers als ritueller Tötung nicht verzichten (vgl. Burkert 1990, 27ff.). Deshalb steht auch, nach der Poetik des Aristoteles, gerade die (szenische) Handlung im Mittelpunkt der Tragödie (vgl. Lehmann 1991, 52f.). Von den rund 300 Tragödien von Aischylos (7), Sophokles (7) und Euripides (19) und den rund tausend, die außerdem noch im 5. Jahrhundert v.u.Z. entstanden sind, sind übrigens nur 33 erhalten (Maier 1989, 589). Es ist anzunehmen, daß sehr viele auch niemals aufgeschrieben wurden, zumindest nicht in voller Länge, daß sie also eher noch zur oralen Kultur der Zeit gehörten. Schätzungen für diese Epoche belaufen sich auf 46 Dichter und mehr als 600 Dramen (Blume 1978, 7).

Aischylos führte um 490 einen zweiten (Deuteragonist) und Sophokles um 465 einen dritten Schauspieler ein (Tritagonist), wobei jeder mehrere Rollen zu übernehmen hatte (Kindermann 1957, 37). Damit war auch die Differenzierung der Dekoration verbunden, die ihrer Charakterisierung diente. Kindermann verlegt »die entscheidende Wendung vom rhythmisch-verbalen Theater der Frühzeit zum ersten dekorativen Theater des Abendlandes« auf die Zeit um 465 v.u.Z. (1957, 45f.). Schon bei Aischylos hatte es einen Bühnenbildner (Agatharchos) gegeben, ferner die sogenannten »sprechenden« Requisiten – beispielsweise der Dreizack für Poseidon, die Keule für Herakles, der Heroldstab für Hermes – sowie Bühnenmaschinerien etwa für Donner, Blitz und mobile Spielplätze (Henokles ist als einer seiner Bühnentechniker verbürgt), nicht zuletzt Statisten (vgl. auch Frischauer 1967, 35ff.). Allerdings spricht man hier eher von »Skenographie«, d.h. der Bemalung der Skene, und einem Flugapparat (»mechane«), für den »deus ex machina«, als von Bühnenbild, Bühnenmalerei und Bühnentechnik in unserem heutigen Sinn (z.B. Blume 1978, 60ff.).

Die Zeremonie der Theaterdarbietung selbst enthielt neben dem gesprochenen Wort Chorgesang, Einzelgesang, Tanz und gestische Elemente, vor allem Gebärden wie Lausch-, Begrüßungs-, Späh-, Abschieds-, Droh-, Gewalt-, Kampf-, Trauer-, Enthüllungs-, Einlaß- oder rollentypische Signalgebärden (Kindermann 1979, 49ff.). Das Miteinander von Maskierung, Kostümierung, Gestik und gemalter Kulissentür wird anschaulich in ei-

Abb. 68: Maske, Kostüm, Gestik und gemalte Kulissentür

ner Skizze einer Szene aus der Komödie »Die Brüder« von Adelphi (160 v.u.Z.) visualisiert (Abb. 68). In der Regel begann die Zeremonie mit einem szenischen »Prolog«, gefolgt von drei »Episoden«, und wurde abgeschlossen mit einem »Exodus«. Diese fünf dramaturgischen Teile mit den gesprochenen Passagen wurden durch vier Chorlieder mit Musikbegleitung und Tanz voneinander getrennt. Die lauten Musikinstrumente des Dionysoskults waren bei der Tragödie allerdings der Flöte gewichen.

Im Gegensatz zu den realen Priesterinnen und Priestern beim Dionysoskult, welche die Ehrengäste der Theatervorstellungen im Dionysostheater waren, gab es auf der Bühne nur noch männliche Schauspieler. Sie mußten nicht nur laut deklamieren und gestisch beredt gestalten, sondern auch singen und tanzen können. (Hinter den Masken war ihre Mimik naturgemäß irrelevant.) Die Masken waren Typenmasken mit entsprechenden Perücken (Greis, reifer Mann, Jüngling, trauernde Jungfrau usf.). Manche Quellen nennen nicht weniger als 28 tragische Masken (vgl. Blume 1978, 91). Exemplarisch werden sie anschaulich etwa in einem Mosaik aus der Villa Hadrians bei Tivoli aus dem 2. Jahrhundert v.u.Z. (Abb. 69). Nach Kindermann ist Atossa die erste Bühnengestalt, bei der der Kostümwandel (von reicher, königlicher Kleidung über ein schlichtes Gewand bis zum Trauerkleid) bedeutungsgenerierend eingesetzt wurde (1957, 60; vgl. auch

Abb. 69: Tragische Masken

z.B. von Boehn 1921). Kostüme, über die hier im einzelnen nicht gesprochen werden kann (z.B. auch Frischauer 1967, 41ff.; Blume 1978, 95ff.,
u.v.a.), gehören ebenfalls zur Medienspezifik: Die Träger erschienen als
Heroen; Frauenrollen konnten von Männern übernommen werden; das
Gewand bot hinreichend Bewegungsfreiheit für gestische Darstellung;
und es ließ sich gegebenenfalls schnell wechseln – alles »primär Erfor-
dernisse der Bühne« (Blume 1978, 97). Der Chor, der ebenfalls Tanz-
bewegungen ausführte, bestand aus mindestens 12, teils 15 bis zu 24 Personen (Kindermann 1957, 55f.); mehrfach werden in der Forschung auch
50 Sänger pro Chor genannt (Blume 1978, 22). Im Unterschied zu den
Gesängen der Choreuten bei den Dionysosumzügen, an denen sich jedermann beteiligen konnte, war der Vortrag hier freilich geschult und reglementiert.

Im Zentrum der Diskussion um die griechische Tragödie steht die Katharsis – das antike Theater bzw. das Theater als neues Medium war ganz
und gar wirkungsorientiert. Einige verstehen sie als »intellektuelle Klä-
rung«, mithin das Medium Theater als Medium der Aufklärung, als Bil-
dungs-, Unterweisungs-, Lernmedium (z.B. Golden 1969). Aber zumeist
wird Katharsis als emotionale Kategorie begriffen. Originär ist Katharsis

Ausdruck einer emotionalen Ambivalenz infolge der Überwindung der menschlichen Tötungshemmung. Im neuen Medium Theater fungiert sie
– z.B. als die Gestaltung der »schuldlosen Schuldlosigkeit« der Menschen gegenüber den göttlichen Mächten wie in der Prometheus-Trilogie von Aischylos;
– z.B. als die Gestaltung des Schicksalscharakters wie in »König Ödipus« von Sophokles, wo der Mensch sich unheilvoll von der Götterwelt immer stärker isoliert;
– z.B. als die Gestaltung des aus dem Menschen selbst geborenen Schicksals wie etwa in der »Medea« von Euripides (Kindermann 1957, 43+65+72).

Hans-Thies Lehmann unterscheidet ähnlich, doch nach Affekten: »Bei Aischylos dominiert der Schmerz, bei Sophokles das Mißtrauen, das mit dem Fernerrücken der Götter und der Erfahrung der Isolation veknüpft ist. Bei Euripides wird ein anderes Motiv, das freilich auch früher nicht fehlte, zum eigentlichen Movens: Angst.« (1991, 177) Die Relativierung der Werte also wird anthropozentrisch, schon innerhalb der Geschichte des antiken Dramas. Aristoteles definierte in seiner »Poetik« (Kap. 6) die Katharsis, die Wirkung der Tragödie, – heute offenbar immer noch umstritten und interpretierbar – als Erregung von Jammer und Schauder bzw. Furcht und Mitleid und damit als Reinigung oder Läuterung solcher Emotionen, d.h. als Befreiung von deren Übermaß. Gerade in dieser psychohygienischen Funktion zeigt sich wieder das Opferritual als Vorläufer. George Thomson kann deshalb die »Katharsis« über den Dionysoswahn zurückverfolgen bis zum ekstatischen Tanz und der künstlich herbeigeführten Hysterie, mit der Störungen in der archaischen Stammesgesellschaft behoben wurden (1957, 393ff.). Die Wirkung der Katharsis bei den Zuschauern des antiken Theaters war demnach psychologisch nichts weiter als Schuldentlastung, soziologisch ein Regulativ als Kompensation für die mythische Weltordnung, die bei der Ausdifferenzierung und Individualisierung der griechischen Gesellschaft spätestens ab dem 6. Jahrhundert in der Polis verlorengegangen war. Thomson schreibt: »Der Bürger, der sich auf diese Weise gereinigt hat, wird dadurch ein zufriedener Bürger. Der gefühlsmäßige Druck, der sich durch den Klassenkampf angesammelt hat, wird durch ein Schauspiel erleichtert, in dem er als Konflikt zwischen Mensch und Gott oder Schicksal oder Notwendigkeit sublimiert wird. Plato verbot die Tragödie, weil sie auf die bestehende Ordnung zerstörend wirkte; Aristoteles antwortete, eine genaue Analyse zeige, daß sie die staatliche Ordnung erhalte.« (1957, 405) Auch in der Katharsis beharrt also das Theater auf seiner eminent politischen Funktion.

Christian Meier faßt für die Tragödie zusammen, was eigentlich für das gesamte antike Theater als ein neues Medium gilt (1989, 590): »Die Tragödie trug dazu bei, die griechische Fähigkeit, die Dinge von verschiedenen Seiten zu sehen, weiterzubilden – und in Situationen anzuwenden, wo es angesichts politischer Gegensätze besonders schwer fiel.« (Meier 1989, 590) Wechsel der Rolle, Wechsel der Identität, Wechsel des Standpunkts: »Die Tragödie vermochte mithin die Bürgerschaft über sich selbst klarer werden zu lassen, sie verschärfte die Probleme (...) und entschärfte sie zugleich, da es ein Spiel war, was sich in ihr vollzog, und da dies Spiel in einer entrückten Vergangenheit stattfand. Sie brachte über die Gegensätze hinweg ein gemeinsames Geistiges und damit doch wohl auch Polis-Interesse zur Geltung. Sie leistete damit etwas, was keine Volksversammlung hätte leisten können«, »etwas, was derart einheitsfördernd wohl nur in der Öffentlichkeit geleistet werden konnte, in der sich in der Demokratie alle Kräfte trafen und auseinandersetzen«. Das in dieser Weise öffentlichkeitskonstituierende Medium Theater wuchs zu einem zentralen Orientierungsmedium der attischen Gesellschaft – »als wesentliches Element der Struktur, als Lebensbedingung einer Gesellschaft, der athenischen wie im weiteren Sinne wohl auch der griechischen«.

9.2.2. Nicht weil »Weinen und Lachen Komplementär-Faktoren der menschlichen Existenz sind« (Kindermann 1957, 86), muß neben der Tragödie noch die Komödie unterschieden werden, sondern weil die beiden Dramenformen eine multiple Ausdifferenzierung des Dionysoskults in Gestalt des neuen Mediums Theater darstellen. Die Komödie entwickelte sich aus den phallischen Tänzen und Gesängen. »Komos« heißt die Verehrung des Weingottes, »Komodia« ist das Lied aus diesem Anlaß (Kerényi 1976, 263). Die Komödie verweist somit auf einen »Festschwarm« mit »zügellosen Gesängen«: »Die Teilnehmer am ›komos‹ genossen Narrenfreiheit.« (Frischauer 1967, 27). Nach George Thomsen ist das Satyrspiel, sind die ländlichen Dionysien nichts weiter als die Manifestation desjenigen Teils der archaischen Initiationsriten, der bei den städtischen Dionysien verdrängt und ausgeschieden wurde: Hieros Gamos und Fruchtbarkeitsritual. »Die beiden Kunstformen (Tragödie und Komödie, WF) gehen auf einen gemeinsamen Ursprung zurück.« (Thomson 1957, 248ff.).

Im Zentrum der Komödie steht das Lachen, die Lockerheit, es ging um Spott, Gelächter, Entlarvung und Parodie – Abbild der dionysischen Zügellosigkeit. Die direkte Linie »vom dionysischen Tanz zum komischen Spiel« der attischen Komödie (Herter 1947) wäre ohne Berücksichtigung des magischen Tanz-Kults und der phallischen und Tierchöre nicht zu verstehen. Hans Licht schrieb bereits in seiner »Sittengeschichte Griechenlands« mit Pathos: »Daher ist die Komödie durchtränkt von Obszönitäten, die (...) mit dem Kult der Fruchtbarkeitsdämonen untrennbar vereinigt sind. Weil die Komödie das ins Groteske verzerrte Spiegelbild des Lebens ist, so begegnet uns das Geschlechtsleben in der griechischen Komödie überall in seiner dominierenden Bedeutung, ein brodelnder Hexenkessel, eine ungeheure Orgie, in der das unendlich komplizierte Getriebe aller sexuellen Praktiken und aller erotischen Abarten um die hochragende Achse eines grotesken Riesenphallus sinnverwirrend herumwirbelt. Die Knabenliebe hat in ihr fast dieselbe Bedeutung wie die Liebe zum Weibe.« (1965, 111)

Die Vorläufer der späteren Komödiendichter markieren noch am deutlichsten den Ursprung im Dionysoskult bzw. den kleinen Dionysosfesten und Lenäen auf dem Lande: »Die Phallophoren, Ithyphallen und Autokábdaloi sind Stegreif-Sänger und Stegreif-Spieler, die in Jamben abgefaßte Spottlieder auf die Mitbürger oder neuesten Tagesereignisse, verbunden mit entsprechender Gebärde, im Rahmen volkstümlicher Aufzüge und kleiner Szenen singen.« (Kindermann 1957, 89) Das Berufskomödiantentum war hier schon früh ausgebildet – Musikanten, Clowns, Jongleure, Gaukler, Possenreißer, die herumreisten und auf improvisierten Bühnen ihr derbes, dreistes, klamaukhaftes Theater zum Besten gaben.

Ab dem Jahr 486 v.u.Z. gab es bei den Theater-Wettbewerben neben den Tragödien auch Komödien, insbesondere bei den Lenäen. Neben Krates, Kratinos und Eupolis waren vor allem die Stücke von Aristophanes (445–385) von Bedeutung, von der Mitte des 5. Jahrhunderts bis ins 4. Jahrhundert v.u.Z., aber die meisten Komödiendichter waren unbekannt und ihre Stücke sind nicht erhalten (ausführlich u.a. Ehrenberg 1968). Von den mindestens 44 Werken des Aristophanes sind lediglich 11 überliefert. Satire, Humor, Witz, Farce, Zote, Posse, Karikatur, Polemik, die spöttische Entlarvung von Schwächen, – bei der Komödie ging es um »Pathos-Enthronung«: »Die Vermenschlichung der Götter- und Heroensphäre ist in Text und Spiel ein Hauptmittel der komischen Wirkung.« (Kindermann 1957, 90f.) Vehement zog beispielsweise Aristophanes mit den »Wolken« etwa gegen Sokrates ins Feld, den er für den größten der Sophisten hielt, und nicht minder hart auch in den »Fröschen« gegen Euripides als den angeblichen Zerstörer des griechischen Mythos. Für die ältere Komödie hat man mindestens 530 Stücke und mehr als 50 Dichter errechnet, für die »mittlere Komödie« mehr als 1.000 Stücke (insbesondere von Antiphanes und Alexis) und für die jüngere Komödie ebenfalls Hunderte – freilich überwiegend nicht erhalten (Blume 1978, 7ff.).

Bei der Komödie wechselten Sprech-, Rezitations- und Gesangsverse einander ab. Tänze und Streitszenen waren charakteristisch. Insbesondere dem leidenschaftlich-komischen Tanz kam eine wichtige Rolle zu: »Er war ursprünglich orientalischer Herkunft und so frech, daß es als schamlos galt, ihn ohne Maske zu tanzen« (Kindermann 1957, 107). Die Individualisierung war hier teilweise programmatisch, weil ja Einzelpersonen angegriffen wurden und deshalb wiedererkennbar sein mußten. Entsprechend waren die Masken vielfältiger als bei der Tragödie (z.B. gab es neun verschiedene Greisenmasken, elf verschiedenartige Jünglingsmasken, siebzehn Frauenmasken usw.). Manche Quellen nennen 44 komische Masken (vgl. Blume 1978, 91). Deren historische Veränderung, etwa von den dämonischen Masken zu den Charaktermasken Mitte des 4. Jahrhunderts (vgl. Blume 1978, 95), kann hier nur erwähnt werden. Zur Veran-

Abb. 70: Komische Masken

schaulichung können etwa Masken der neueren attischen Komödie dienen, wie in einem Relief dargestellt (Abb. 70). Der Code war jedenfalls
allgemein bekannt: Stumpfnasige Typen waren geil, Habichtsnasen ein
Zeichen für Schamlosigkeit, dicke Lippen signalisierten Einfalt, rote Ge-
sichtsfarbe Jähzorn, weißer Teint bei Frauenmasken Feigheit usw. Je länger das Hemd, desto vornehmer die Herkunft, Jünglinge erschienen in
Purpur, Hetären in grellbunten Stoffen, Sklaven waren weißgekleidet etc.
Bezeichnenderweise verschwand der Chor allmählich aus der Komödie.
Grotesk übertriebene Kostümierung, etwa als Dickbäuche, und witzige
Requisiten ließen den Unterhaltungscharakter der Komödie dominieren;
Kindermann spricht geradezu von einer »Entpolitisierung« des Mediums
(1957, 111). Die Komödien eines Menander (342/341–291/90) beispielsweise waren allesamt »Charakter-Komödien aus der kleinbürgerlichen
Alltagssphäre« (Kindermann 1957, 115). An die Stelle dominanter szeni-
scher Handlungen traten also nun dominante Charaktere, die zwar typi-
siert, aber stärker als etwa bei der Tragödie differenziert und individualisiert waren. Gelegentlich sprachen hier die Schauspieler das Publikum
sogar direkt an.

Der Unterschied der Komödie zur Tragödie ist in vielfältiger Weise paradigmatisch. So gilt das Jahr 350 als »Geburtsstunde des Klassiker-Spielplans« (Kindermann 1957, 35), als Jahr der Kanonisierung von Aischylos, Sophokles und Euripides. Seit der Zeit um 330 v.u.Z. wurden die Tragödien in Textform im Staatsarchiv hinterlegt und galten als Vorlage für Neuinszenierungen – was einesteils deutlich macht, daß Theater von Anfang an und gleichbleibend nicht eigentlich als aufgeschriebene Literatur betrachtet werden darf, obwohl die Stücke immer häufiger *auch* aufgeschrieben wurden, sondern wesenhaft nur als aufgeführte Literatur, d.h. der Text selbst fungierte nur gleichsam als Partitur, als Regie- oder Rollenbuch. Andernteils gehörte es zur griechischen Tragödie, daß ihre Stücke im Text unverändert blieben und immer wieder aufgeführt wurden – mithin stärker dem sakralen Opferritual verhaftet blieben. Bezeichnend für die Komödie dagegen ist, komplementär, daß sie selten wiederaufgeführt wurde (Ausnahme: Aristophanes); es gab ja immer neue, aktuelle komische Stücke. Mit der Komödie, speziell in der Gestalt des bürgerlichen Lustspiels ab dem 3. Jahrhundert v.u.Z., trennte sich das Medium Theater endgültig von seinen kultischen Wurzeln.

9.2.3. Das neue Medium Theater, nachdem es um 400 v.u.Z. unwiderruflich etabliert und verbreitet war, war ein »Kulturschock« – nach dem fundamentalen Wandel von der matriarchalen zum patriarchalen Gesellschaft, von der Frau zum Opferritual, der zweite in der Geschichte der Medien. Wohl am besten läßt sich das an der erwähnten Kulturkritik Platons an den »Dichtern« darstellen. Im zehnten Buch der »Politeia« (597a–607a) wird im Dialog zwischen Glaukon und Sokrates zwischen drei hierarchisch angeordneten Instanzen unterschieden: oben den Wesensbildner oder Gott, der die Idee der Dinge gibt, darunter den Werkbildner, der sich an der Idee orientiert (z.B. den Tischler), und darunter schließlich den Nachbildner (den Maler eines Tisches), der sich freilich nicht an der Idee bzw. Wahrheit orientiert, sondern an dem Werkbild, d.h. der Erscheinung oder dem Schattenbild der Wahrheit (einem realen Tisch). Genau dies wirft Platon dem Tragödiendichter vor: daß »alle Dichter nur Nachbildner von Schattenbildern der Tugend seien und der anderen Dinge, worüber sie dichten, die Wahrheit aber gar nicht berühren«, daß sie nichts von dem verstehen, was wirklich ist, »sondern nur davon, wie jedes erscheint«, daß »die Nachbildung eben nur ein Spiel ist und kein Ernst, und daß, die sich mit der tragischen Dichtung beschäftigen in Jamben sowohl als in Hexametern, insgesamt Nachbildner sind so gut als irgendeiner« – weshalb Theaterleute in einem idealen Staat einfach nichts zu suchen hätten. Das Theater verwirre die Seelen der Menschen durch Emotionen, Betrübnis, Freude, Leid, statt Vernunft und Gesetz als Richtschnur und Maßstab des Handelns zu nehmen, ja das Theater verderbe sogar »die um Tugend bemühten Menschen«.

Die Erklärung dieser heftigen Verurteilung liegt in dem benannten mediengeschichtlichen Umschwung: im Schritt von Opferritual, Tanz und Sänger als ordnungsfundierenden, systemstabilisierenden Medien zur Mimesis des Schauspielers, zum Theater; vom unveränderlich-einheitlichen Wesen des Göttlichen zum Spiel mit Rollen, das eine Übernahme einer anderen Identität darstellte, zum Überhandnehmen von Dialogen, zur Präferenz von Gefühlen vor dem Vernunfthaften, zum gezielten Auslösen von Klagen, Weinen, Angst, der Verunklarung und Vermischung von Gut und Schlecht, von Tugend und Untugend. Das alles setzte die alte feste Ordnung außer Kraft, zerbrach die göttlich gegebene Struktur des traditionellen gesellschaftlichen Weltbildes, das noch in den Epen unhinterfragt geblieben war, und unterminierte seine Gültigkeit und Durchsetzbarkeit. Hans-Thies Lehmann markiert das mit der Formel »Zersetzung des identischen Subjekts qua Mimesis bedroht den Staat«. Er formuliert: »Sicher hat Platon die Tragödie als die Ganzheit von dialogisiertem Text und körperlicher Mimesis vor Augen, das ganze Spektakel – und diesem gilt sein Kampf. Es ist nicht zuviel gesagt, daß die theatralische Darstellung Platon als ein gefährliches Spiel mit der Identität erscheint, das es zu verhindern gilt.« Das heißt: »Die Tragödie nimmt (...) eine Umdeutung des Mythos vor.« Im Epos war das Leiden fraglos und bloßes Moment im Verlauf der Ereignisse, in der Tragödie dagegen steht die Reaktion des Menschen auf das Leid im Zentrum; das Subjekt hat sich aus dem mythischen Kosmos gelöst und und im Blick des Chors bzw. des Helden auf sich selbst individuiert (1991, 151f., 12, 60f.).

Der Niedergang des immer stärker spezialisierten und professionalisierten Theaters als Medium in den ersten Jahrhunderten unserer Zeitrechnung begann wohl bereits mit der immer stärkeren politischen Funktionalisierung des Theaters im Römischen Weltreich (vgl. auch Auguet 1972), von den »ludi Romani« (240 v.u.Z.) bis zu den »circenses« in den Amphitheatern, spätestens aber mit der blutigen Unterdrückung der Bacchusmysterien in Rom (ab 186 v.u.Z.), der Schließung der heidnischen Tempel und dem Verbot der Götzendienerei – beziehungsweise mit der Legalisierung des Christentums (Cumont 1981, z.B. 196). Die Bronzetafel ist noch erhalten, auf der die Dionysosfeiern durch den römischen Senat im Jahr 186 v.u.Z. als angeblicher Sittenverfall verboten wurden (Abb. 71). Die Unterschiede zum griechischen Theater waren überhaupt mannigfaltig: Bei den römischen Mimus-Spielen ging es primär um die Gunst der Volksmassen, wurden die Frauenrollen von Frauen übernommen, Balletttänze nahmen breiten Raum ein, Sitzen während des Spiels war noch im Jahr 150 v.u.Z. verboten, Bühne und Zuschauerraum wurden jeweils erst zur Aufführung aufgebaut (erst im Jahr 55 v.u.Z. wurde das erste steinerne Theater gebaut), usw. (ausführlich z.B. Duckworth 1952).

Die kontinuierliche Ausdifferenzierung des Theaters zu einer Art Kulturmarkt mit Arbeitsteilung markiert die zunehmende Bedeutung auch des

*Abb. 71: Verbot der Dionysosfeiern durch den römischen Senat
(186 v.u.Z.)*

ökonomischen Faktors. Der Dichter oder Dramatiker verkaufte sein Stück,
meist an den späteren Hauptdarsteller, der seinerseits Aufführungsver-
träge mit einem Veranstalter schloß und auch das Darstellerpersonal ein-
stellte. Der Schauspielerstand setzte sich überwiegend aus Unfreien zusammen, die Gagen erhielten. Kindermann spricht von der »Haltung eines aufklärerisch-säkularisierten, skeptisch gewordenen Weltbildes, wie
sie im Grund das ganze römische Theater spiegelt« (1957, 150). Auch die
Masken wurden allmählich von der Mimik der Schauspieler selbst abgelöst. Entsprechend würden später – neben und nach Seneca, Plautus und
Terenz – Tragödie und Komödie verdrängt werden von der Pantomime.
Das Gebärdenspiel, in Verbindung mit dem untergeordneten Ausdrucks-
tanz, begann seinen Siegeszug im Jahr 22 v.u.Z., befördert durch das Wohl-
wollen der Kaiser Caligula, Nero, Domitian, Antonius und Justitian (527–
565 u.Z.), der sogar eine der berühmtesten zeitgenössischen Pantomimen-
tänzerinnen als Kaiserin Theodora zu sich auf den Thron hob (Kindermann 1957, 175). Zunehmend dominierte das Optische gegenüber dem
Akustischen. »Die staatlichen Auftraggeber wünsch(t)en, daß die Interes-
sensphäre des Theaters möglichst intensiv auf die Erwartungshaltung des
jeweiligen Publikums eingehe, um es über Sorgen oder politische Empö-

rungsgelüste wegzutragen.« »Die Herrscher Spätroms hatten im Grunde Angst vor dem Theater und seiner Publikumswirkung.« (Kindermann 1979, 215+221) Im 2. und vollends im 3. Jahrhundert war der Niedergang des antiken Theaters unaufhaltsam geworden. Auch zahlreiche Kirchenväter und Kirchenversammlungen wandten sich gleichbleibend gegen den Beruf des Schauspielers, der mit der christlichen Lebensführung nicht vereinbar sei. Das vierte karthagische Konzil (399 u.Z.) untersagte generell den Theaterbesuch, die Kirche verbot Ehen zwischen Christen und Mimen oder Histrionen, und im Jahre 692 hieß es: »Diese heilige und allgemeine (Trullanische) Synode verbietet die Mimen und ihre Schauspiele, die Schaugepränge der Jagden und die theatralischen Tänze. Wer diesen Dingen sich ergibt, wird, wenn Kleriker, abgesetzt, wenn Laie, exkommuniziert.« (zit. bei Hefter 1936, 8ff.) Schauspieler waren zwar vielfach beliebt, aber mit dem aufkommenden Christentum rechtlos, ehrlos, verdammt. Das Theater als neues, eigenständiges Medium ging in den Wirren der Völkerwanderung offenbar zunächst wieder unter (Forschungen zu diesem Zeitabschnitt fehlen).

Festzuhalten bleibt: Das Medium Theater entstand aus den Vorläufermedien Opferritual, Tanz und Sänger im Zuge einer Ausdifferenzierung des gesamten Mediensystems. Als dramatische Kunst oder Aufführungsliteratur kompensierte es einen zunehmenden Sinnverlust oder Vertrauensverlust sowohl gegenüber mythologischer als auch religiöser Weltsicht und etablierte mit seiner gesellschaftlichen Institutionalisierung – in Europa zeitlich begrenzt auf die Antike – eine neue, individuierte Ordnungsstruktur. Seine wesentlichen Funktionen bestanden erstens in der Entsakralisierung traditioneller Rituale, einer markanten Säkularisierung, zweitens der sozialen Steuerung und Demokratisierung bzw. Politisierung und drittens der Etablierung dramatischer Sprachkunst im Rahmen eines sich kontinuierlich ausdifferenzierenden Kultursystems. Das antike bzw. griechische Theater ist zwar Vorläufer unseres heutigen Theaters, aber in zentralen Merkmalen doch sehr unterschiedlich. Als das Theater im Mittelalter – eigentlicher Beginn unseres heutigen Theaters – wieder neu entwickelt wurde, in einer einmaligen Synthese von geistlichen und weltlichen Spielen, hatte es ganz andere Funktionen und Formen und vor allem einen ganz anderen Stellenwert als Orientierungsmittel für Kultur und Gesellschaft (vgl. Faulstich 1996, Kap. 9+10). Heinz Kindermann betont mit Recht die »Differenzen« zwischen dem antiken und dem neuzeitlichen Theater; das antike Theater sei stärker sprach- statt handlungsbetont, szenen- statt figurenbetont, eher rezipientenintegrativ statt Schau-Spiel und vor allem – stofflich ebenso wie formal, insbesondere mit dem wichtigen Chor – mythisch-kultisch verankert statt individualpsychologisch ausgerichtet (1957, 53f.). Auch die Inszenierung und andere Aspekte sollten beim Theater der Neuzeit stärker in den Vordergrund rücken (Buschor 1963/79, 50). Das Ende speziell des *antiken* Theaters bedeutete in

Europa für das *Medium* Theater das Ende seiner Fundierung im Sakral-Kultischen und seiner öffentlichkeitskonstituierenden und damit unmittelbar politischen Funktion. Insofern kommt dem antiken Theater Brückenfunktion zu beim Wandel vom mythologischen zum profanen Weltverständnis. Was Heinz Kindermann für das griechische Theater zusammenfaßte, kann für seinen spätmittelalterlichen Nachfolger demnach in keinerlei Hinsicht mehr gelten: »Die Funktion der Dramatiker und des Theaters war integriert in den gesamten Lebensprozeß der Griechen, in den religiösen ebenso wie in den politischen und in den des täglichen Soziallebens.« (1979, 17) Mit dem Niedergang des antiken Theaters war dieses Medium innerhalb der abendländischen Mediengeschichte, als Medium, zunächst verschwunden.

10. Lehrer und Lehr»buch«

10.0. Charakteristisch für die Geschichte der Medien von den Anfängen bis zum Ende der Antike ist die Dominanz der Menschmedien, in den Hochkulturen erweitert um die Gestaltungsmedien, dies freilich nur für eine begrenzte Zeitspanne, während die Schreibmedien allmählich zunehmend an Bedeutung gewannen, um letztlich, mit dem Übergang zu den Druckmedien, die Vorherrschaft gegenüber den Menschmedien zu übernehmen. Es ist demnach nicht zureichend, lediglich von einer Koexistenz von Mündlichkeit und Schriftlichkeit zu sprechen. Das Miteinander von Mensch- und Schreibmedien in der Frühgeschichte, etwa im Verhältnis von Opferritual, Tanz und Priester/Schamane zur Höhlenwand, und zum Ausgang der Antike, etwa im Verhältnis des Theaters zu Buch und Brief, vollends des Mittelalters (Faulstich 1996), hat sich in seiner Gewichtung langsam verschoben. In den Kulturen der Antike läßt sich diese Verschiebung punktuell, am relativ gleichgewichtigen Nebeneinander von Mensch- und Schreibmedien – nämlich am Beispiel des Menschmediums Lehrer und des Schreibmediums Lehr»buch« – verfolgen und als Funktionsverlagerung beschreiben (»Buch« steht hier relativierend nicht ohne Absicht in Anführungszeichen; vgl. Kap. 11). Bevor dies anhand der Entwicklung von Sophist, Philosoph, Rhetoriker versucht werden soll, sei aber einleitend noch in Erinnerung gerufen, daß es ähnliche Phänomene auch in anderen Hochkulturen gegeben hat, etwa in den Kulturen in Mesopotamien und Ägypten.

In Sumer (vgl. ausführlich und anschaulich Kramer 1959, 19ff.) hat es Mitte des dritten Jahrtausends bereits zahlreiche Schulen gegeben, in denen Lehrer unterrichteten. Hier wurden Schriftkundige ausgebildet, aber die Schulen dienten auch der Berufsausbildung für ökonomische und administrative Tätigkeiten und entwickelten sich zu kulturellen Zentren. Hartmut Waetzoldt (1989, 34) benennt an Fähigkeit und Kenntnissen: »Beherrschung aller sumerischen Vokabulare, der Verwaltungssprache, der juristischen Phraseologie, des Briefschreibens, Erstellens von Abrechnungen und der Landvermessung. Hinzu kommen das Spielen mehrerer Musikinstrumente, Gesang und die Kenntnis der literarischen und religiösen Texte und der Königsinschriften.« Vermutlich wurden die Lehrer mit den Studiengeldern ihrer Schüler bezahlt, die überwiegend aus reichen Familien stammten und deren Väter Gouverneure waren, Botschafter, Tempelverwalter, Schreiber, Archivare, Offiziere, Seekapitäne, hohe

Steuerbeamte, Priester aller Art, Aufseher, Werkführer, Buchhalter. Aus der gleichen Zeit stammen die ersten Bibliothekskataloge, wobei allerdings unklar ist, ob und in welchem Ausmaß die »Bücher« durch die Lehrer im Unterricht eingesetzt wurden. Ein Curriculum für den Literaturunterricht wird heute jedoch als gesichert angenommen (Waetzoldt 1989, 40).

Auch in der altägyptischen Kultur gab es Schulunterricht (vgl. Brunner 1957), spätestens seit 2100 v.u.Z.; Hans-Werner Fischer-Elfert spricht vom »Schreiber als Lehrer« und erwähnt »Kemyt«, das meistkopierte zeitgenössische Schul»buch« (1989, 60ff.). »Kemyt« oder »Kemit« heißt: »das Vollständige«, »die Summe«, ein für den Unterricht im frühen Mittleren Reich entstandenes Schul»buch« (vgl. Barta 1978, 7). Von den diversen »Totenbüchern«, die erst zu späterer Zeit als Papyrusrollen Form annahmen, haben wir bereits gesprochen (Kap. 6.3.). Auch hier muß offen bleiben, inwiefern die heiligen »Bücher«, die u.a. auch in den Tempeln und im königlichen Palast aufbewahrt wurden, für den Unterricht Verwendung fanden. Sicher scheint jedoch, daß profane »Bücher«, etwa über Landvermessung, Mathematik, Astronomie, Verwaltung oder Medizin, auch in kleinen Privatbibliotheken existierten und für die Ausbildung eingesetzt wurden. Arne Eggebrecht (1984, 352f.) verweist auf Weisheitslehren wie den »Nilhymnus« oder die »Lebensgeschichte des Sinuhe«, die in den damaligen Schulen als Pflichtlektüre abgeschrieben und auswendig gelernt wurden. Die mündliche Unterweisung des Sohnes durch den Vater bzw. des Schülers durch den Lehrer bezog sich ansonsten primär auf Sprüche, mit denen die jungen Leute an die sozialen und kulturellen Gepflogenheiten angepaßt werden sollten, nicht zuletzt um auch ihr sittliches Wohlverhalten sicherzustellen.

10.1. Wenn bei den antiken Kulturen vom »Lehrer« gesprochen wird, so ist Vorsicht angebracht: Es gab nicht *den* Lehrer schlechthin, sondern hier soll unterschieden werden in mindestens drei historisch aufeinander folgende, teils einander überlappende idealtypische Konzepte von Lehrer – den Sophisten, den Philosophen und den forensischen Rhetoriker, die sich allesamt *auch* bereits des Mediums Rolle bedient haben. Diese Einteilung erscheint hier hilfreich, obwohl natürlich bewußt sein muß, daß man eigentlich *alle* gleichermaßen unter den Oberbegriff der antiken Rhetorik subsumieren muß (vgl. etwa Kennedy 1963, Eisenhut 1990 u.v.a.). Ob hier der Lehrer überhaupt noch als ein Menschmedium aufgefaßt werden darf, könnte bezweifelt werden. Wie zu zeigen sein wird, überwog im Laufe der Entwicklung immer stärker sein instrumentaler Charakter – aber eher im Sinne nur noch medialer Funktionen als im Sinne eines eigenständigen Menschmediums (vgl. auch die visuellen Darstellungen auf Vasen: Beck 1975). Jedenfalls reicht der Bogen vom Schreiber bis zur geschriebenen Rolle: Schreiber »als Lehrer« gab es in der griechischen Kultur, zu-

Abb. 72: Die Holztafel im Schulunterricht

mindest in Athen, bereits im 6. Jahrhundert v.u.Z., wie vor allem Vasen-
bilder belegen – nicht nur als Privatlehrer, sondern auch als Lehrer vor
der Schulklasse (Pöhlmann 1989). Nach dem endgültigen Sieg der Römer
über das makedonische Königreich im Jahr 168 wurden griechische Intellektuelle dann in großer Zahl als Privat- und Hauslehrer vornehmer Römer eingesetzt, teils als Sklaven, teils aber auch in Form von Privatschulen: »Diese Doppelform eines freien Privatlehrertums bezeichnet die ersten Anfänge eines sich außerhalb des Kreises der Großfamilie organisie-
renden Schulwesens in Rom.« (Rösger 1989, 121) Im Zuge der Entwicklung Roms zum Weltreich erwies sich aber auch diese menschmedien-
zentrierte Schulerziehung nach griechischem Vorbild – ganz zu schweigen von der altrömischen Familienerziehung – als wenig geeignet, die
notwendigen Kompetenzen an die Jugend in vollem Umfang zu vermitteln. In der Schul- und Bildungspraxis kam entsprechend der Wand, dem
Blatt, der Rolle, dem Buch die immer größere Bedeutung zu. Die geweiß-
te Holztafel für den Schulunterricht symbolisiert das prägnant (Abb. 72):
Der Lehrer hat den Satz in Schönschrift oben aufgeschrieben, der Schüler
mußte ihn viermal abschreiben: »Sei fleißig, Kind, damit du keine Schläge
bekommst!« Unterrichtsmedien waren bloße Instrumente zum Vermitteln
und Üben.

Johannes Christes hat in einer Studie auf die Einschätzung der Bildung
und ihrer Vermittler in der griechisch-römischen Antike abgehoben (1975).
Demnach ist von den »artes liberales« auszugehen, den Künsten, die eines Freien würdig sind; im Griechischen »enkyklios paideia«, allumfassende, runde Bildung (vgl. auch Jaeger 1934, 144, 1947, der das gesamte

Abb. 73: Die Bühne des Sophisten/Rhetorikers

griechische Geistesleben unter den Begriff der Paideia zu subsumieren sucht). »Erst als mit der Demokratie eine Alternative zur Adelsgesellschaft entstanden war und diese umgekehrt lehrte, sich im Sich-Absetzen von der Demokratie ihrerseits als Staatsform zu verstehen, entwickelte sich auch in breiteren Kreisen der freien Bürger das Bedürfnis nach einer Bildung, die als Rüstzeug für politisches Wirken dienen konnte. Dieses Bedürfnis versprachen die Sophisten zu stillen« (Christes 1975, 16f.). Nach dem Sturz des letzten Tyrannen wurden in Volksversammlungen und vor Gerichten Reden gehalten – die athenische Demokratie war zuallererst das Recht der Gebildeten: zu reden. »Beredsamkeit in öffentlicher Rede als Form individueller kommunikativer Kompetenz wurde mit der Entwicklung der Demokratie in Athen für jeden Bürger zur lebensnotwendigen Kulturtechnik« (Baumhauer 1986, 109). Bildung war hier kein Selbstzweck, sondern diente der Tüchtigkeit als Staatsbürger. In der Zeit der Polis lag das individuelle Lebensglück der Freien nach diesem Bildungsideal im Dienst an der Gemeinschaft. Der Gebildete war durch die umfassende Entfaltung seiner Fähigkeiten in der Lage, prinzipiell jeden Beruf zu ergreifen – im Gegensatz zum Fachgelehrten oder wissenschaftlichen Experten (z.B. Medizin, Architektur u.ä.), der abhängige Arbeit leistete und dem durch den Zwang, seinen Lebensunterhalt verdienen zu müssen, die Muße fehlte für die Tätigkeit des »Politen« – der etwa auf der Tribüne auf der Pnyx wirkte (Abb. 73), einem großen Versammlungsplatz im Südwesten Athens, im 4. Jahrhundert v.u.Z.

228

Den Sophisten (vgl. Pfeiffer 1968/1976) war die aktive Teilnahme am politischen Leben verwehrt, aber sie lehrten in ihrer Heimatstadt oder beim Umherreisen, als professionelle Wanderlehrer, welche Bildungsgüter den einzelnen zum politischen Handeln, d.h. zuallererst: zu öffentlichem Reden, befähigten (Sprachtheorie, Ethik, Rhetorik). Man charakterisiert das gelegentlich als »Rhetorisierung der Politik«. Im Unterschied zu den freien Bürgern selbst, und deshalb von ihnen verachtet, nahmen sie dafür Bezahlung an. »Sie waren die ersten Vertreter des höheren Lehrberufs. (...) Ihr Gelderwerb diente nicht der Schaffung einer materiellen Grundlage für das eigentliche menschenwürdige Dasein eines Politen, sondern sie gingen in ihrem Berufe auf.« (Christes 1975, 28) Die »freien« Berufe unterschieden sich also gemäß ihrer gesellschaftlichen Einschätzung im Prinzip zunächst nicht von den Handwerkern und Spezialisten.

Die Sophisten – als Rhetoriklehrer – waren marktorientierte Praktiker, die angesichts eines erweiterten Weltbilds und Horizonts, angesichts der zunehmenden Kenntnis fremder Völker, Sitten und Religionen einem neuen Bedarf an Orientierung entsprachen. Wer sich in der öffentlichen Diskussion am besten behauptete, machte Karriere, wer seinen Standpunkt am geschicktesten verteidigte, bekam recht (auch wenn er gar nicht recht hatte) – Überreden trat an die Stelle des Überzeugens. Damit wurden nicht nur die objektiven Maßstäbe für Wahrheit relativiert, sondern an die Stelle ethisch richtigen Handelns trat nun auch das Recht des (rhetorisch) Stärkeren. Entscheidende Beurteilungsinstanz wurde der Mensch selbst, als Individuum: Nach Protagoras (ca. 480–410) – neben ihm war vor allem Gorgias (um 485–um 380) der wichtigste Vertreter – ist »der Mensch das Maß aller Dinge«, und zwar nicht der Mensch als Gattung, sondern sogar jeder einzelne Mensch für sich. Es gibt nur relative Wahrheiten unter den Bedingungen des jeweiligen Wahrnehmens. Demzufolge gerieten Denken, Sprache, Grammatik, Stil, Dialektik, Logik als Darstellungs-, Gestaltungs-, als Beeinflussungskategorien in den Vordergrund – das vormalige Medium (Priester etc., Aoide, Rhapsode) war ganz und gar Vermittlungsinstrument geworden, hatte sich zu profanen Zwecken gleichsam verselbständigt. Ethik wurde bei den Sophisten im Prinzip durch Pathos abgelöst. Ernst Hoffmann weist auf diesen Zusammenhang hin (1930, 62): »Hieraus versteht es sich, daß die Sophisten äußerlich sich als Nachfolger der alten Rhapsoden gebärden und gelegentlich mit deren Pomp auftreten, wo sie offizielle Prunkreden halten. Denn die Rhapsoden waren die gewesen, die die Kunst des Vortrags besaßen.«

10.2. Mit der Philosophie des 4. Jahrhunderts drang ein theoretisch-wissenschaftliches Lebensideal vor, das angesichts der Entwicklung von der engen Welt der altgriechischen Polis zum Weltreich eines Alexander offenbar zwei unterschiedliche Reaktionen mit sich brachte: den Rückzug aus einer funktionslos gewordenen politischen Betätigung im überschaubaren Bereich der Polis und das Engagement »draußen« im Reich, in den eroberten neuen Gebieten, verbunden mit einer ungeheuren Differenzierung und Spezialisierung der Berufe. »Praktisch trat an die Stelle der Politik jetzt der fachliche Beruf... Ein Berufsethos bildete sich aus.« (M. Pohlenz, zit. bei Christes 1975, 52; ausführlicher etwa Kühnert 1961) Davon grenzten sich die Philosophen ab. Anders als die Sophisten gingen die Philosophen – in scharfer Auseinandersetzung mit diesen – nicht dem Gelderwerb nach. Philosophie »war Berufung und bedingte eine neue, den ganzen Lebensstil durchdringende geistige Daseinsform« – »den Typus des weltabgewandten, in Abgeschlossenheit lebenden und am Polisleben sich nicht beteiligenden Philosophen der platonischen Akademie« (Christes 1975, 29f.). Philosophie, Theorie, Wissenschaft, Praxis, ursprünglich (z.B. im Priester) vereint, trennten sich zunehmend. Vor allem war der Philosoph nicht mehr der »Weise«, der »Wissende«, also das Medium zwischen den Menschen und den Göttern, sondern nur noch einer, der – so Platon – »nach Weisheit strebt«. Die Erklärung dieser Welt wurde nicht mehr im Jenseits gesucht, mythisch fundiert, sondern kraft der eigenen Vernunft, rational. Aber sie wurde nach wie vor gesucht – und nicht etwa pragmatisch und wirkungsorientiert gesetzt wie bei den Sophisten. Aus pädagogischer Sicht wurde der Unterschied zwischen Sophistik und Sokrates bzw. Philosophie auch mit der Kontrastierung von Bildung und Erziehung auf den Punkt gebracht: »Der Erziehungsbegriff ist revolutionär, er ist immer revolutionär. Der Bildungsbegriff ist in gewissem Sinne immer konservativ«, »der Streit zwischen Sophistik und Sokrates (ist) der Streit zwischen relativem Bildungsideal und absoluter Erziehungsidee« (Hoffmann 1930, 66+68).

Manfred Fuhrmann hat die Existenz systematischer Lehr»bücher« bereits seit Anaximines (ca. 585–525) über Cicero bis Gaius nachgewiesen, ohne freilich den Mediencharakter zu thematisieren: »Methode und Darstellungsform sämtlicher erörterter Kompendien stimmen in allem Wesentlichen überein. (...) In der Rhetorik des Anaximines sind bereits sämtliche Charakteristika des Lehr›buch‹s voll ausgebildet; die spätere Zeit hat dem Typus kein einziges Merkmal genommen oder hinzugefügt.« (Fuhrmann 1960, 122) Übrigens gilt dieser hohe Grad formalistisch gleichbleibender Durchstrukturierung auch für das antike Lehrgedicht – mit dem in metrisch gebundener Sprache und mit dialogischer Anrede Wissen aus den unterschiedlichsten Gebieten wie Landwirtschaft, Fischfang, Geographie, Medizin, Pharmakologie, ursprünglich wohl nur mündlich und dann in verschriftlichter Form, als Blatt oder Rolle, vermittelt wurde (vgl. z.B. Effe 1977). Die Redekunst der Sophisten zeigt vergleichbare Tendenzen zu den Lehr»büchern«, die Redekunst der Dichter zu den niedergeschriebenen Lehrgedichten. Die Redekunst des Sokrates (Abb. 74) aber – im Unterschied zu seinem Schüler Platon, der die Dialoge des Sokrates mit den Sophisten und weiteren Gesprächspartnern aufzeichnete und in

Abb. 74: Sokrates – der Lehrer als Menschmedium

»Buch«form faßte – unterscheidet sich grundsätzlich und markant (z.B. Gaiser 1959, Gundert 1971, Puster 1983). Das soll am Beispiel der sogenannten »sokratischen Methode« und anhand des Vergleichs von Schriftlichkeit und Mündlichkeit im Dialog »Phaidros« verdeutlicht werden.

»Sokrates war weder ein Bücherschreiber noch ein einsamer Grübler noch ein dozierender Professor. Er ging auf den Markt und die Straßen. Es war ihm ein Bedürfnis, die Wahrheit im *Zwiegespräch* mit anderen zu finden.« (Vorländer 1969, 64) »Zwiegespräch« ist allerdings nicht ganz zutreffend, denn es handelt sich um eine ganz besondere Dialogführung, die auch als Maieutik (»Hebammenkunst«) bezeichnet wurde. Gemäß dieser Metapher fungiert Sokrates als »Geburtshelfer«. »Durch die Maieutikmetaphorik wird illustriert, daß das Wissen, um das es im Dialog geht, eng an den Wissenden geknüpft ist, und daß das Wesentliche der Erkenntnis von demjenigen, der erkennen will, selbst als Eigenes unter hohem Einsatz, unter Mühen und Anstrengungen hervorzubringen ist.« (Mugerauer 1992, 266) Lehrer und Gesprächspartner sind beide Nichtwissende, die im gesteuerten Dialog zu neuen Erkenntnissen des Gesprächspartners finden.

Ein kurzer Textausschnitt soll das spezifische Frage-Antwortspiel illustrieren (»Menon«, 70a-74a in Auszügen):

MENON: Kannst du mir wohl sagen, Sokrates, ob die Tugend gelehrt werden kann? Oder ob nicht gelehrt, sondern geübt? Oder ob sie weder angeübt noch angelernt werden kann, sondern von Natur den Menschen einwohnt oder auf irgendeine andere Art?

SOKRATES: (...) du scheinst mich ja für gar glückselig zu halten, daß ich von der Tugend doch wenigstens wissen soll, ob sie lehrbar ist oder auf welche Art man sonst dazu gelangt; ich aber bin so weit davon entfernt, zu wissen, ob sie lehrbar ist oder nicht lehrbar, daß ich nicht einmal dieses, was die Tugend überhaupt ist, ordentlich weiß. (...) Wovon ich aber gar nicht weiß, was es ist, wie soll ich davon irgendeine besondere Beschaffenheit wissen?

MENON: (...) Aber weißt du in der Tat nicht einmal, was die Tugend ist, Sokrates? Und soll ich das von dir auch zu Hause erzählen?

SOKRATES: Nicht nur das, mein Freund, sondern auch, daß mir auch noch kein anderer vorgekommen ist, der es gewußt hat, soviel mich dünkt. (...) Du selbst aber, Menon, um der Götter willen, was sagst du, daß die Tugend ist? (...)

MENON: Das ist ja gar nicht schwer zu sagen, Sokrates. Zuerst, wenn du willst, die Tugend des Mannes; so ist es leicht zu sagen, daß dieses des Mannes Tugend ist, daß er vermöge, die Angelegenheiten des Staates zu verwalten und in seiner Verwaltung seinen Freunden wohlzutun und seinen Feinden weh, sich selbst aber zu hüten, daß ihm nichts dergleichen begegne. Willst du die Tugend des Weibes, so ist auch nicht schwer zu beschreiben, daß sie das Hauswesen gut verwalten muß, alles im Hause gut im Stande haltend und dem Manne gehorchend. Eine andere wiederum ist die Tugend eines Kindes (...).

SOKRATES: Ganz besonders glücklich, o Menon, scheine ich es getroffen zu haben, da ich nur eine Tugend suche und einen ganzen Schwarm von Tugenden finde, die sich bei dir niedergelassen. (...) Meinst du aber dieses etwa nur von der Tugend, Menon, daß es eine andere gibt für den Mann und eine andere für die Frau und so für die übrigen, oder auch von der Gesundheit und von der Größe und Stärke ebenso? Dünkt dich eine andere Gesundheit die des Mannes zu sein und eine andere die der Frau? Oder ist es überall derselbe Begriff, wenn es Gesundheit ist, mag sie in einem Manne sein oder in wem sonst immer?

MENON: Dieselbe dünkt mich wohl die Gesundheit des Mannes zu sein und die der Frau.

SOKRATES: Also auch wohl Größe und Stärke? Wenn eine Frau stark ist, wird sie vermöge desselben Begriffs und derselben Stärke stark sein. Dieses »derselben« meine ich aber so, daß es der Stärke keinen Unterschied macht in dem Stärkesein, ob sie in einem Manne ist oder in einer Frau. Oder scheint es dir einen Unterschied zu machen?

MENON: Mir nicht.

SOKRATES: Der Tugend aber soll es in dem Tugendsein einen Unterschied machen, ob sie in einem Knaben ist oder in einem Alten, in einem Manne oder in einer Frau?

MENON: Mir wenigstens schwebt irgendwie vor, daß dieses jenem übrigen nicht mehr ganz ähnlich ist.

SOKRATES: Wie doch? Sagtest du nicht, die Tugend des Mannes wäre, den Staat zu verwalten, die der Frau aber, das Hauswesen?

MENON: Ja.

SOKRATES: Ist es nun wohl möglich, Staat oder Hauswesen oder was irgend sonst gut zu verwalten, wenn man es nicht besonnen und gerecht verwaltet?

MENON: Gewiß nicht.

SOKRATES: Wenn sie es nun besonnen und gerecht verwalten: so verwalten sie es doch mit Besonnenheit und Gerechtigkeit?

MENON: Notwendig.

SOKRATES: Desselben also bedürfen beide, wenn sie gut sein sollen, das Weib und der Mann, der Gerechtigkeit nämlich und Besonnenheit?

MENON: Offenbar. (...)

SOKRATES: Alle Menschen also sind auf einerlei Art gut. Denn indem sie dasselbe an sich haben, werden sie gut.

MENON: So scheint es.

SOKRATES: Gewiß aber könnten sie, wenn ihre Tugend nicht eine und dieselbe wäre, nicht auf einerlei Art gut sein.

MENON: Nicht füglich.

SOKRATES: Da also die Tugend eine und dieselbe ist für alle: so versuche nun auszusprechen und mir in Erinnerung zu bringen, was (...) sie sei (...). Viele Tugenden nämlich haben wir gefunden, da wir nur eine suchen (...); die eine aber, die in allen diesen ist, können wir nicht finden.

Am Schluß kommt Menon zu der Erkenntnis, daß er nicht weiß, was Tugend überhaupt sei.

SOKRATES: Wenn wir aber jetzt in unserer ganzen Untersuchung richtig zu Werke gegangen sind und geredet haben: so entstände die Tugend weder von Natur, noch wäre sie lehrbar, sondern durch göttliche Schickung wohnte sie denen bei, und ohne Vernunft, denen sie beiwohnt. (...) Zufolge dieser Untersuchung also, o Menon, scheint die Tugend durch eine göttliche Schickung denen einzuwohnen, denen sie einwohnt. Das Bestimmtere darüber werden wir aber erst dann wissen, wenn wir, ehe wir fragen, auf welche Art und Weise die Menschen zur Tugend gelangen, zuvor an und für sich untersuchen, was die Tugend ist.

Ganz offensichtlich fungiert Sokrates hier nicht als Lehrer im sophistischen Sinn:»Die Partner des sokratischen Dialogs sind prinzipiell gleichberechtigt. Sokrates nimmt im Dialog nicht die Stellung des Wissenden ein, der den Partner belehrt. Er beansprucht nicht die autoritative Stellung des Lehrenden, der dem Partner, der die Rolle des rezipierenden Schülers innehat, beibringt, was es mit dem in Frage stehenden Sachverhalt eigentlich auf sich hat. Vielmehr versucht er, mit dem Partner gemeinsam eine Orientierung und Intention auf die fragliche Sache und auf die Wahrheit zu realisieren. Er und der Partner stehen diesbezüglich auf derselben Stufe.« (Mugerauer 1992, 235) Es geht hier also nicht darum, eine Message an den Mann zu bringen, sondern sich dialogisch zu verständigen. Lernen wird nicht als Übertragung verstanden, sondern als »Erweckung« (Gundert 1971, 6). Der »sokratische Dialog« oder die »sokratische Dialektik« hat primär erzieherische Funktion: Diese zeigt sich einerseits, auf Seiten des gesprächsführenden Sokrates, als Entbindung: Er führt Menon strategisch, mit Scharfsinn und beträchtlicher Ironie zu Widersprüchen, zur Verwirrung über das als Selbstverständlichkeit Angenommene; andererseits, auf Seiten des Gesprächspartners, zeigt sie sich als Gebären – nämlich der selbstkritischen Einsicht Menons, daß er das, was er bisher zu wissen meinte, eigentlich gar nicht weiß, d.h. der skeptizistischen Erkenntnis, selbst nicht zu wissen, was denn die Tugend sei, am Schluß immerhin bereichert um das Wissen um dieses Nichtwissen (ausführlicher etwa bei Gundert 1971, 43ff.).

Der platonische Sokrates hat sich auch dezidiert mit Schriftlichkeit im Vergleich zu Mündlichkeit auseinandergesetzt. Im Dialog »Phaidros« (274c-276a) erzählt er seinem Gesprächspartner zunächst den altägyptischen Mythos von Theuth (vgl. oben Kap. 6.3.2. Thot = Gott der Schreibkunst). Thot habe dem König Thamus die »Buchstabenkunst« angeboten: »Diese Kunst, o König, wird die Ägypter weise machen und gedächtnisreicher, denn als ein Mittel für Erinnerung und Weisheit ist sie erfunden.« Aber der König lehnt ab: »Denn diese Erfindung wird den Seelen der Lernenden vielmehr Vergessenheit einflößen aus Vernachlässigung der Erinnerung, weil sie im Vertrauen auf die Schrift sich nur von außen vermittels fremder Zeichen, nicht aber innerlich sich selbst und unmittelbar erinnern werden. Nicht also für die Erinnerung, sondern nur für das Erinnern hast du ein Mittel erfunden, und von der Weisheit bringst du deinen Lehrlingen nur den Schein bei, nicht die Sache selbst. Denn indem sie nun vieles gehört haben, ohne Unterricht, werden sie sich auch vielwissend zu sein dünken, obwohl sie größtenteils unwissend sind, und schwer zu behandeln, nachdem sie dünkelweise geworden statt weise.«

Was solche ägyptischen Reden denn sollen, fragt ihn Phaidros, und Sokrates zeigt ihm die Schwäche der Schrift auf, und dabei mindestens drei Aspekte beim Übergang von der Dominanz der Menschmedien zur Dominanz der Schreibmedien:

– *Erstens*: Antwortlosigkeit, Einseitigkeit von Kommunikation, die zur bloßen Information, und einer beschränkten, redundanten dazu, reduziert wird (»Du könntest glauben, sie – die ›Bücher‹, WF – sprächen, als verständen sie etwas, fragst du sie aber lernbegierig über das Gesagte, so bezeichnen sie doch nur stets ein und dasselbe.«).

– *Zweitens*: Adressatenwillkür, Ungerichtetheit und damit Beliebigkeit, Intentionslosigkeit sowie Relevanzverlust (»Ist sie aber einmal geschrieben – also in ein Schreibmedium gefaßt, WF –, so schweift auch überall jede Rede gleichermaßen unter denen umher, die sie verstehen, und unter denen, für die sie nicht gehört, und versteht nicht, zu wem sie reden soll und zu wem nicht.«).

– *Drittens*: Interpretationsbedürftigkeit und Nutzlosigkeit (»Und wird sie beleidigt oder unverdientermaßen beschimpft, so bedarf sie immer ihres

Abb. 75: Platon – der Lehrer als Benutzer
von Schreibmedien

Vaters Hilfe; denn selbst ist sie weder sich zu schützen noch zu helfen imstande.«).

Der Wandel von der Dominanz der Menschmedien zur Dominanz der Schreibmedien scheint zentral ein reduktiver Wandel von der Dominanz von Kommunikations-, Steuerungs-, Vermittlungs-, Orientierungsfunktionen zur Dominanz von Informations- und Speicherungsfunktionen. Daß Platon (Abb. 75) die sokratischen Dialoge verschriftlicht hat, allerdings unter Beibehaltung ihrer Dialogstruktur, markiert genau diesen Übergang.

10.3. In dem Maße sich der Niedergang der Polis vollzog und die Entwicklung zum Individualismus voranschritt, folgten der platonischen Akademie die Schulen des Isokrates und des Aristoteles: »kein Zufluchtsort für den vom öffentlichen Leben sich abwendenden Menschen, sondern eine Institution (...), die für dieses öffentliche Leben ausbildet« (Christes 1975, 32). Philosophie und Rhetorik wurden zu Rivalinnen. »Da die Rhetorik für sich beanspruchte, alle Bildungsinhalte in sich zu umfassen, wurde sie zur Trägerin einer formalen Bildung« – getreu der Devise von Isokrates, wer gut sprechen könne, könne auch gut denken und sogar gut leben (Christes 1975, 40). Bildung »hatte nicht mehr den Politen zum Ziele, sondern das in seinen Fähigkeiten voll entfaltete Individuum. (...) Fachbildung, die auf der höheren Allgemeinbildung aufbaute, wurde standesgemäß und bewirkte hohes gesellschaftliches Ansehen. (...) Der professionelle Fachgelehrte teilte sich mit den geistig anspruchsvollen Vertretern der bürgerlichen Oberschicht in den Besitz höherer Bildung und entwickelte ein Berufsethos, das dem Standesbewußtsein des Bourgeoisen in nichts nachstand.« (Christes 1975, 73f.; siehe auch Kühnert 1961)

Die »Redekunst« (auf die in unserem Zusammenhang als solche nicht genauer eingegangen werden muß) bezog sich nicht mehr nur auf die Rede vor einem politischen Gremium, wie es in der Polis und bei den Sophisten der Fall gewesen war, die sogenannte deliberative Rede, und schon gar nicht auf die »Dialogkunst« eines Sokrates, die ja gerade das Gegenteil einer (monologischen) Rede darstellte. Sondern die Rhetorik in dieser Entwicklungsphase bevorzugte die Festrede oder Begräbnisrede, die sogenannte epideiktische Rede, – eine Profanisierung des alten Ruhms der klassischen griechischen Helden (vgl. Kap. 8.1.) – sowie, vor allem, die Rede vor Gericht, die sogenannte forensische Rede, die den späteren Rechtswissenschaften zugrundegelegt wurde.

Reden wurden aufgeschrieben bereits seit Antiphon (ca. 480–411); zu Zeiten der Sophisten gab es eine Fülle von Rhetorik-Handbüchern. »Es ist bemerkenswert, daß die Rhetorik, das theoretische Studium der Technik der Überredung und die Abfassung rhetorischer ›Handbücher‹, nicht die Folge der Praktik war, geschriebene Reden in Umlauf zu bringen, sondern daß sie diesem Verfahren in Wirklichkeit um eine kurze Zeitspanne vorausging und es zweifellos stimulierte.« (Dover 1981, 290) Auch die Philosophen seit Anaximenes verschriftlichten ihre Lehren in Schreibmedien; ein Aristoteles wäre ohne das Medium »Buch« gar nicht mehr denkbar. Und spätestens seit Isokrates und Lysias (ca. 445–380) und später Demostenes (384–322) wurden auch die Gerichtsreden, die in vielen Fällen ohnehin von politischen Interessen durchdrungen waren, aufgeschrieben und veröffentlicht bzw. als geschriebene öffentlich zugänglich gemacht. »Das Problem des Redenschreibens (für Gerichtsverhandlungen, WF) war in gewisser Weise dem eines Dramatikers nicht unähnlich. Allerdings mit dem entscheidenden Unterschied, daß von einer Charakterschilderung in einem Drama niemandes Leben oder Freiheit abhing,« schreibt Kenneth J. Dover (1981, 296) und macht damit einen weiteren Zusammenhang deutlich, bei unterschiedlichen Funktionen; die dramatische Rhetorik vor Gericht verwies auf das Rechtssystem und damit eine Stütze des Staatssystems, die dramatische Rhetorik auf der Bühne dagegen »nur« noch auf Kunst (vgl. Kap. 9).

Vollends bei den Römern wurde griechische Kultur und Bildung gemessen an ihrem unmittelbar praktischen Nutzen. Man eignete sich wissenschaftliche Erkenntnisse und kulturelles Wissen bevorzugt aus »Büchern« an (Christes 1975, 171). Landwirtschaft, Kriegswesen, Medizin und andere praktische »Künste«, darunter auch die Beredsamkeit, rückten in den Vordergrund. Die »artes liberales« hatten sich zu den »bonae artes« gewandelt, waren in ihrer ursprünglichen Fassung – eine Art von Wertewandel – auf den unteren Hierarchieplatz abgesunken, mit nur noch vorbereitender Funktion für die Staatskunst als oberstem Ziel (Christes 1975, 197ff.). Dem Staatsmann und Feldherrn folgt der Rechtskundige, mit großem Abstand der Musiker, Grammatiker und Dichter, und irgendwann kam auch einmal der Philosoph.

Spätestens bei Cicero (106–43), der an Isokrates anknüpfte, wurde die forensische Rhetorik zur Perfektion ausgebildet. Die möglichst glänzende Darstellung einer Sache vor Gericht sollte den Hörer überwältigen und die Massen (im guten Sinn) lenken. Cicero war selbst Jurist mit politischen Ambitionen und zugleich Verfasser von einflußreichen Werken wie »De oratore« (Über den Redner) und »De re publica« (Über den Staat), in denen der Zusammenhang von Rhetorik, Rechtskunde und Staatskunst in seiner normativen Bedeutung beschrieben wurde. Auch Cicero verwendete, außer in seinem Frühwerk, den Dialog in seinen rhetorischen Schriften, im Unterschied zum platonischen Sokrates aber eher als Stil- und Darstellungsprinzip aus eklektizistischer Sicht: Unterschiedliche Standpunkte wurden hier in methodischer Weise einander gegenübergestellt – nicht um eine *Person*, den Gesprächspartner, zu führen, nicht mit erzieherischer Absicht, sondern um einen *Sachverhalt* in seiner ganzen Komplexität zu entfalten. Manfred Fuhrmann faßt für die römischen Lehrbücher als Ergebnis seiner vergleichenden Analysen zusammen, »daß ihre Verfasser die gesamte Methodik aus ihren bisherigen stofflichen Zusammenhängen gelöst, auf neue Gegebenheiten angewandt und so eine beachtliche, im Falle der Jurisprudenz sogar eine die Entwicklung von Jahrtausenden bestimmende wissenschaftliche Leistung vollbracht haben« (1960, 157). Die fundamentale Bedeutung des römischen Rechts im Imperium Romanum spiegelte sich in den juristischen Kompendien. Das Rechtssystem des Weltreichs funktionierte nicht mehr wie in der Polis auf der Basis von öffentlichen Reden vor Gericht, mit einer mehr oder minder geschliffenen Rhetorik als Waffe von Ankläger und Angeklagtem, sondern auf der Grundlage eines institutionalisierten Rechtsunterrichts, der sich zentral des Mediums »Buch« bediente und deshalb der »Auslegung« besondere Bedeutung zuordnete. Die von Platon noch beklagte Interpretationsbedürftigkeit der Schreibmedien setzte mit den Juristen einen ganzen Berufestand ins Brot.

10.4. Zusammengefaßt: Die Entwicklung vom Lehrer zum Lehr»buch«, vom Menschmedium zum Schreibmedium wird paradigmatisch gekennzeichnet durch die Ablösung des Lehrers Sokrates, seiner dialogischen »Geburtshilfe«, durch seinen Schüler Platon, der die Dialoge im »Buch«

fixierte und in seiner Akademie per Schreibmedium an wiederum seine Schüler weitervermittelte. Übergreifend vollzog sich eine Funktionsverlagerung als Wertewandel: vom personalen Bildungsideal des attischen Bürgers, der auch mit den Sophisten maßgebliche Kommunikations- und Steuerungsfunktionen wahrnahm, zugunsten des Allgemeinwohls in der Polis, über den Lehrer und Philosophen als Vermittlungs- und Orientierungsinstrument für zunehmend individuelle Entfaltung bis hin zu den forensischen Rhetorikern und dem »Buch« als Informationsquelle und Speicher juristischen Wissens im Sinne einer notwendigerweise »entpersonalisierten«, entindividualisierten, objektivierten Rechtsprechung im Römischen Weltreich.

11. Von der Rolle zum Kodex:
Zur Frühgeschichte des Mediums Buch

11.0. Die Probleme einer holistischen funktionalen Mediengeschichtsschreibung lassen sich bei den Anfängen des Mediums Buch gut veranschaulichen. Der Forschungsstand hier ist im Vergleich zu anderen Medi-
en, speziell den Menschmedien, durchaus entwickelt (wenn auch immer
noch stark defizitär – eine Geschichte des Mediums Buch liegt bis heute
nicht vor). Und diese Ausgangssituation verführt bereits zu einem ersten
denkbaren und verbreiteten Mißverständnis: Ungewollt wird der Eindruck
erweckt, daß es sich beim Medium Buch um ein für Frühgeschichte und
Altertum dominantes, gar zentrales Medium gehandelt habe. Die Proportionierung verschiebt sich und führt dabei zu einem falschen Bild: beim
Medium Buch durch den Tatbestand relativer Forschungsintensität, d.h.
den besonderen Interessen einer an ihrer eigenen Geschichte interessierten Buchkultur (bei anderen Medien auch durch den Tatbestand, daß ihre
Produkte häufiger oder besser oder einfach überhaupt nur erhalten sind).
Die hier behandelte Epoche von den Anfängen bis zum Niedergang der
Antike (und bis weit ins Mittelalter hinein) war – das muß man sich immer wieder vor Augen halten – eine Epoche primär der *Mensch*medien,
nicht der *Schreib*medien, und schon gar nicht des Mediums Buch.

Die relative Forschungsintensität bringt gleich ein zweites und drittes
Mißverständnis mit sich: Man schlägt dem Medium Buch schnell Erscheinungsformen zu, die ihm ganz und gar nicht zustehen. Usurpatorisch wird
für das Buch vereinnahmt, was eigentlich als ganz eigenständiges Medium Geltung beansprucht: die Rolle. Und weil die Beiträge zur Geschichte
des »Buchs« zum überwiegenden Teil bislang aus dem Blickwinkel von
Bibliothekswissenschaft, Buchwissenschaft, Kulturgeschichte, Paläogra-
phie geschrieben wurden, dominiert auch eine entsprechende Funktions-
zuweisung: Das Buch erscheint überwiegend bis ausschließlich in seiner
Funktion als kulturelles Speicherungs- und Tradierungsmedium. Diese
Interpretation ist aus der Sicht einer Kulturauffassung des 19. und 20. Jahrhunderts, die das Buch als Leitmedium begreift, verständlich, aber in dieser Absolutheit ein großer Irrtum. Das Buch hatte in unserem Zeitabschnitt
vergleichsweise nicht nur geringe Bedeutung, sondern seine wichtigsten
Funktionen müssen im Kontext der gesamten Medienkultur der Zeit auch
erst neu bestimmt werden.

Und ein viertes Mißverständnis verstellt den Blick: Allzuoft wird das Buch nicht als Medium behandelt, sondern unterm Gesichtspunkt der Schrift (siehe oben Kap. 6.0.) und des Materials (Holz, Baumrinde, Bast, Leinen, Leder, Papyrus, Pergament usw.). Da wird gerne der Bogen gespannt von den archaischen »Felsbildern« über Tontafel und Keilschrift und die ägyptischen Schreiber bis zur Bibliothek in Griechenland, dem Papier bei Chinesen und Arabern und mexikanischen Stelen aus Stein – ohne daß in Rechnung gestellt wird, daß es sich hier um eine Vielzahl höchst unterschiedlicher Medien (Wand, Blatt, Rolle, Buch, Stele) handelt, deren Funktionen in den verschiedenen Kulturen zudem differieren und die vor allem nur bedingt materialfundiert waren (den Brief beispielsweise gibt es auf fast allen diesen Materialien). Die Verwechslung von Medium und Material (jüngst z.B. Sandermann 1992, Blanck 1992) betrifft besonders die Vorläufer des Mediums Buch, nämlich Blatt und Rolle.

11.1. Die Medien Blatt und Rolle

Schon mehrfach wurde auf kultisch-literarische Phänomene wie die Schreiber hingewiesen (z.B. Kap. 6.3.2.), die in dienend-gebückter Haltung, mit Palette und Binse, die heilige Botschaft des Pharao oder eines hohen Priester-Beamten zu notieren bereit waren (vgl. Abb. 76; Kalksteinfragment der 18. Dynastie). Das Handwerkszeug der Schreiber in der Antike war noch ausgeprägter und läßt sich veranschaulichend ausbreiten (Abb. 77): Holztafel (1), Wachstafel (2), versiegelte Papyrusbriefe (3, 4), Papyrusrolle (5) Tintenfässer (6, 7), Polyptychon (8), Siegelstein (9), Siegelring (10), Palette mit Binse (11), ferner diverse Griffel und Rohrfedern. (Zwei miteinander verbundene Tafeln hießen »Diptychon«, drei »Triptychon«, noch mehr »Polyptychon«.) Auch Ostraka und ihre Bedeutung im Alltagsleben verschiedener Hochkulturen wurden bereits erwähnt (z.B. Kap. 6.3.4.). In Sumer wie in Ägypten und im griechischen und römischen Altertum pflegten Schüler mit Wachs- oder Tontafeln in Schulen oder im Privatunterricht zu lernen (vgl. Kap. 10). Tontafeln, Wachstafeln, Ostraka u.ä. nun sollen hier, im Übergang von den Gestaltungs- zu den Schreibmedien, als Vorformen des bis heute fast gänzlich vernachlässigten Mediums Blatt eingeschätzt werden (vgl. Faulstich/Rückert 1993, 348ff.). Blatt und Rolle stehen in einem sehr unterschiedlichen Verhältnis zum Medium Buch, obwohl sie gelegentlich in eine pseudohistorische Abfolge gebracht (vom Blatt zur Rolle zum Buch) oder selbst jeweils als »Buch« bezeichnet werden, weil sie zum Teil ähnliche Funktionen innehatten. Werner Ekschmitt formuliert teils irreführend: »Die Verdrängung der Rolle durch den Kodex ist ein Wandel der Form. Gleichzeitig jedoch vollzog sich auch ein Wechsel des Materials: der Papyrus wurde abgelöst durch das Pergament.

Abb. 76: Schreiber des Pharao mit Palette und Binse

So wie die Rolle charakteristisch ist für den Papyros, so gehört die Form des Kodex zum Pergament.« (1968, 245) Aus medienhistorischer Sicht handelt es sich hier aber nicht um einen bloßen Form- oder gar nur Materialwandel, auch wenn es an der Ablösung des Papyrus durch das Pergament (seinerseits nur eine Variation des ursprünglicheren Leders) keinerlei Zweifel gibt; sondern es handelt sich vielmehr um einen Medien- und einen Funktionswandel.

Das Blatt in diesem Sinn (Papyrusblatt, Tafel, Ostrakon) übernahm in zweierlei Kontexten eine wichtige Aufgabe: einmal kultisch als Speicherungsmedium für heilige und für wichtige profane Texte (Archivfunktion), sodann pragmatisch als Notizzettel oder als praktische Zwischenstation bei der Übertragung diktierter Passagen auf teurere Beschreibmaterialien (Zwischenspeicherfunktion). Vor allem ersteres wurde in der Geschichtsschreibung bislang gewürdigt. In diesem Sinne spricht man etwa von den ersten Bibliotheken, d.h. »räumlich abgetrennten Aufbewahrungsorten von Schriftträgern« (Jochum 1993, 13), vor mehr als 3000 Jahren v.u.Z. in Mesopotamien, Ägypten und China (Wirtschaftstexte, heilige Texte, Briefe von Kaufleuten usw.), teils in Herrschaftsresidenzen und Tempeln, teils auch als Privatarchive. Planvoll gesammelt und zusammengestellt wur-

Abb. 77: Handwerkszeug der Schreiber in der Antike

den solche Texte erstmals in der »Bibliothek« Assurbanipals (668–627
v.u.Z.), womit babylonische Texte für die assyrischen Herrscher verfügbar gemacht wurden. Man schätzte die Zahl der hier zusammengetrage-
nen Tafeln auf 5–10.000, mit etwa 1.500 Texten. Aber nicht alle großen Tafel-
funde verweisen auf Bibliotheken. Uwe Jochum korrigiert: »Der umfäng-
lichste Fund von Keilschrifttafeln, der ›Tafelhügel‹ in Nippur mit seinen
rund 40.000 Tontafeln, ist nicht der Bestand einer großen Bibliothek, sondern besteht aus den Überresten verschiedener privater Tafelsammlungen,
die sich dort in den ehemaligen Priesterquartieren und Tempelschulen
befanden.« (Jochum 1993, 16; vgl. auch Ekschmitt 1968, 38f.)

Bei den Ägyptern, die zunächst das Monopol auf die Papyrusproduktion
hatten, gab es Archive für Akten, Briefe und Urkunden, die von den heiligen Texten auf Tontafeln und vor allem Papyrusrollen aber nicht zu trennen sind. Jochum verweist zusammenfassend auf zwei verschiedene Begriffe für »Bibliothek«: einmal »Bücherhaus« mit kultischer Funktion, als
Teil des Tempels, sodann »Lebenshaus« mit eher instrumenteller, z.B. di-
daktischer und profan-informativer, Funktion, als Teil einer dem Tempel
angegliederten Wissens- oder Ausbildungsinstitution (vgl. auch Ekschmitt
1968, 113ff.; Kenyon 1951, 4ff). »Es verwundert nicht, wenn die Bücher in

242

beiden Bibliothekstypen als ›geheim‹ galten, denn in beiden wurde das Herrschaftswissen der Priesterkaste, die zugleich Verwaltungskaste war, aufbewahrt.« (Jochum 1993, 20f.) Die älteste nachgewiesene ägyptische Bibliothek ist die Bibliothek des Königs Schepseskaf, Mitte des 3. Jahrtausends v.u.Z. in Giza. Für später sind umfangreiche Bibliotheken auch in Heliopolis und Hermepolis belegt. Charakteristisch ist jeweils »die enge Zusammengehörigkeit von Kultstätte, Bibliothek und Administration« (Jochum 1993, 23). In der Ptolomäer-Zeit kam der Bibliothek des Museion (= Musensitz) in Alexandria mit seinen geschätzten 4–700.000 Rollen (inklusive Kopien und diversen Fassungen) besondere Bedeutung zu (vgl. auch Ekschmitt 1968, 262ff., u.v.a.). Man vermutet, daß die Rollen hier klassifiziert waren, z.B. die Autoren eingeteilt wurden in Poeten (Epiker, Lyriker, Tragiker), Prosaschriftsteller (Philosophen, Historiker, Rhetoren usw.) und Fachautoren (z.B. Mediziner, Mathematiker usw.). »Das Museion war ein philologisches und literarisches Forschungszentrum ersten Ranges.« (Kleberg 1967, 17) Jochum sieht hier vor allem das Interesse imperialer Repräsentation ausschlaggebend – Bibliothek und Medium als Ausfluß einer Art Kult- bzw. Kulturpolitik. Solche Bibliotheken wurden jedoch allesamt zerstört, die von Museion durch die Araber bei der Eroberung Alexandriens im Jahre 638 (ausführlich z.B. Ekschmitt 1968).

Der zweite Kontext, die Verwendung des Blatts als Zwischenspeicher, ist von einer alltäglichen Selbstverständlichkeit geprägt, die man oft keiner Erwähnung für würdig befindet. V. Gardthausen betont: »Das lose Papyrusblatt pflegte man im Altertum namentlich für Aktenstücke und Notizen des täglichen Lebens zu verwenden, zu denen sonst auch Wachstafeln oder Ostraka gebraucht wurden, also bei Billetts und Briefen des täglichen Lebens, Rechnungen, Quittungen, Listen der verschiedensten Art und Notizen der Steuer- und Schuldverhältnisse; doch auch die Amulette seien hier erwähnt mit ihrem magischen Inhalt, die man bei sich zu tragen pflegte.« Auch zu Anfragen nach Orakelsprüchen bediente man sich oft des Mediums Blatt. Solche Blätter aus Papyros wurden häufig gefaltet. (1911, 133) Das Blatt stellt insofern eine Zwischenstufe auch zum Buch dar, als immer häufiger die Notiztafeln zusammengebunden wurden zum Notiz»buch« oder Stenogramm»heft« (Abb. 78) bzw. man Blätter aneinandergeklebt und die größeren Flächen gefaltet und an drei Seiten aufgeschnitten hat, wodurch die erste Form des neuen Mediums Buch aufkam: der Kodex (Kap. 10.3.). Mit Recht konstatiert Herbert Hunger: »Die große buchgeschichtliche Bedeutung der Polyptycha besteht darin, daß sie die Form des Kodex in nuce vorwegnehmen« (1988, 30).

Bei der Rolle handelt es sich um ein genuines Medium per se; sie erhält ihren Mediencharakter nicht erst als Vorläufer des Mediums Buch, sie *ist* auch nicht selbst ein Buch, sondern eben eine Rolle. Bei der Rolle handelt es sich so wenig um ein Buch wie beim sogenannten »elektronischen Buch« (tatsächlich eine CD-ROM). Diese Auffassung unterscheidet sich von dem

Abb. 78: Das Notiz»buch« – auf dem Weg vom Blatt zum Buch

gegenteiligen Standpunkt, der bislang – mit einigen guten Gründen – im allgemeinen vertreten wird. Grund für die neue Gewichtung ist zunächst einmal die unterschiedliche Form von Rolle und Buch, die aufgrund ihrer verschiedenartigen Bedeutung dann aber auch eine unterschiedliche Nutzung mit sich bringt. Damit ist zuallererst die rein praktische Seite gemeint, beispielsweise daß man zum Lesen der Rolle stets beide Hände benötigt, daß lange Texte bzw. dicke Rollen sehr schwer sind oder daß man nach der Lektüre die Rolle wieder rückwärts rollen muß, um den Text wieder verfügbar zu machen. Exemplarisch veranschaulicht das etwa die hier abgebildete geöffnete Papyrusrolle (Abb. 79) mit einer Steuerliste aus dem 1. Jahrhundert unserer Zeitrechnung. Werner Ekschmitt beschreibt sehr anschaulich: »Nehmen wir einmal eine Papyrusrolle in Gebrauch. Die rechte Hand ergreift die geschlossene Rolle, die linke ihren Anfang und zieht ihn zu sich herüber. Zunächst sehen wir noch gar nichts, sondern halten ein leeres Stück in Händen, ganz entsprechend dem leeren Vorsatzblatt unserer Bücher. Es war eine Schutzmaßnahme: erlitt der Papyrus in geschlossenem Zustand eine Beschädigung, so wurde auf diese Weise nicht sofort der Text verletzt. (...) Wir rollen unser Exemplar ein wenig weiter auf, und nun erscheint die Schrift. (...) Wir (...) beginnen zu lesen, beginnen mit der ersten Spalte, denn der Text ist in Spalten eingeteilt, ähnlich wie unsere Zeitungen und Lexika. Die Kolumne, die wir gelesen haben, zieht nun die linke Hand zu sich herüber und rollt sie gleich wieder zusammen. Dafür gibt uns die rechte neue Lektüre frei. Der Papyrus wird also in unseren Händen abgespult wie ein Film auf seinen beiden Rollen. Ist die Lektüre beendet, so ruht die Papyrusrolle zwar wieder geschlossen, aber nun mit dem Ende statt mit dem Anfang zuoberst, nun in

Abb. 79: Das Medium Papyrusrolle

der linken statt in der rechten Hand. Gemäß dieser Praxis weiß man denn
auch sogleich, wie man antike Bildwerke zu verstehen hat. Hält der Dargestellte die Buchrolle in der rechten Hand, so bedeutet das, daß die Lektüre noch allererst bevorsteht, hält er sie in der linken, so ist die Lektüre
oder der Vortrag bereits beendet.« (1968, 224) Erst dann aber kannte man
auch den Titel (der bei antiken Autoren zunächst weitgehend unüblich
war) und den Verfassernamen, die erst am Textschluß standen, also im
Innern der Rolle.

Die Rolle bietet den Text zwar in Seiten aufgeteilt, aber ohne Paginie-
rung und im Zusammenhang einer medienspezifischen Kontinuität (Abb.
80: Teil einer Rede des attischen Redners Hypereides gegen Euxenippos);
ein schnelles Zurückblättern an den Textanfang oder eine Lektüre zunächst
des Textschlusses, noch vor der ersten Seite, wäre bei der Rolle nicht oder
nur mit hohem »Rollaufwand« möglich. Die Form der Rolle erzwingt eine
ganz bestimmte Nutzung, die an das Zeitkontinuum der *live*-Medien Prie-

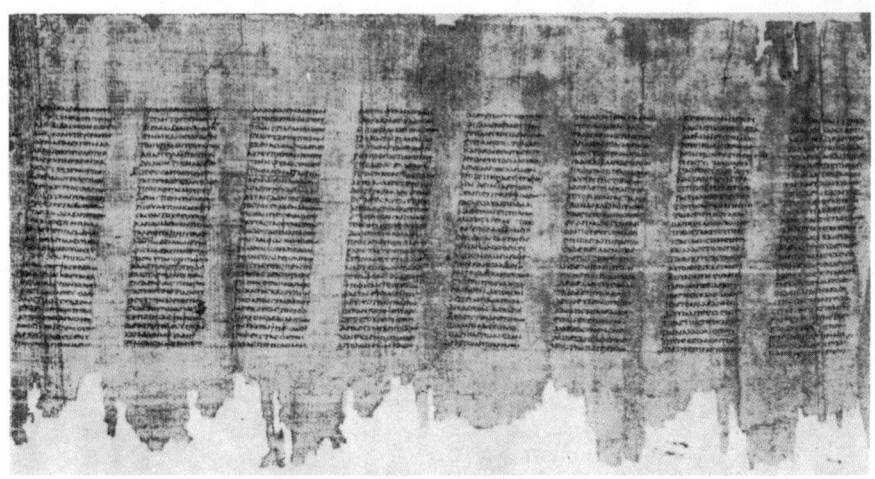

Abb. 80: Teil einer geöffneten Rolle mit Textkolumnen

ster oder Sänger oder Rhetoriker erinnert. Der Prozeßcharakter, der für die orale Performanz charakteristisch ist, wird hier in der Nutzung noch beibehalten. Die Rolle steht mithin den Menschmedien näher als andere Schreibmedien.

Auch der autoritative Charakter, den der Rollentext als ein Ganzes für sich in Anspruch nehmen kann, nimmt in seiner Gestalt als Buch deutlich ab; die Verfügbarkeit über den hier in Blättern parzellierten, gleichsam zerstückelten Text läuft der unverletzbaren Einheitlichkeit des Textes als Rolle zuwider. Die Steuerliste als Papyrusrolle läßt sich im Unterschied zum Buch, aus dem man problemlos eine Seite entfernen könnte, kaum nachträglich manipulieren; umgekehrt: der heilige, überlieferte Text konnte erst in Buchform fragmentarisiert und instrumentalisiert werden. E. G. Turner berichtet davon, daß die älteste erhaltene griechische Rolle (auch er spricht hier vom »Buch«), ein Exemplar von »Die Perser« von Timotheos, aus dem 5. Jahrhundert v.u.Z., zerstückelt wurde: »die Restaurierer zerschnitten das Buch (die Rolle, WF) in ihre einzelnen Kolumnen (Seiten, WF)« (1952, 6). Der Wechsel ein und desselben Textes von der Rolle zum Kodex wäre vergleichbar einem heutigen Wechsel vom (z.B. Comic-) Heftchen zum (Comic-) Taschenbuch – es wäre unzweifelhaft ein Medienwechsel. Der Vergleich mit dem heutigen Beispiel signalisiert, daß der Medienwechsel stets auch einen Kontextwechsel darstellt, der insbesondere auf unterschiedliche Marktkonstellationen zurückzuführen ist und z.B. neue Produktionstechniken, neue Distributionsformen, neue Rezeptionsweisen oder eine neue Wertschätzung mit sich bringt. Genau dies war auch beim Übergang von der Rolle zum Buch der Fall, beispielsweise hinsichtlich seiner unterschiedlichen Wertinstrumentalität. Die Rolle war ursprünglich längeren sakralen Texten vorbehalten, hatte stärker repräsentativen Charakter und wurde entsprechend zunächst auch in der kultischen Öffentlichkeit verwendet (vgl. auch Blanck 1992, 99ff.). Der Rolle war von ihrem Einsatz her ursprünglich ohne Zweifel eine besondere kultische Würde zuzuordnen, die vom Text auf das Medium übertragen wurde. Das Toten»buch« der altägyptischen Kultur (vgl. oben Kap. 6.3.2.) war kein Buch im Sinne des Mediums, sondern eine Textsammlung; sie wurde zum Vorläufer des Buches als Medium erst in ihrer Gestalt als Rolle. Die ältesten beschrifteten Papyri in Ägypten, soweit erhalten, stammen aus dem 3. Jahrtausend v.u.Z., die ältesten Papyus*rollen* aus dem 2. Jahrtausend v.u.Z. (Hunger 1988, 33; vgl. auch 43ff.). Während das Blatt bzw. Notiz»buch« materialiter, in seiner äußeren Gestalt bis hin zum Kodex das Buch als neues Medium vorbereitete, übernahm das Buch von der Rolle deren Funktion als kultisches Herrschaftsmedium – wobei die Rolle etwa mit Beginn des antiken Theater eine säkularisierte Bedeutung erhielt (vgl. Kap. 9.2.).

Andere Speichermedien, die den älteren Gestaltungsmedien ähnelten, wie beispielsweise Prismen oder Zylinder aus Ton, wie sie etwa bei den Sumerern üblich waren, hatten für die Entwicklung des Mediums Rolle keine besondere Bedeutung mehr. Um diesen Wandel zu begreifen, genügt ein Blick auf einen der alten Zylinder wie etwa den Gudeal-Zylinder (um 2050 v.u.Z.) mit der umfangreichen Tempelbauhymne, einer der umfangreichsten Kompositionen der sumerischen Literatur (Abb. 81). Die Rolle war im Vergleich sehr viel praktischer, der Kodex räumlich im Prinzip unbegrenzt.

11.2. Rolle und Rollenhandel in der Antike

Wer also vom »Buch« und »Buch«handel in der Antike spricht, meint stets Rolle und Rollenhandel. »Die Papyrusrolle ist für das klassische Altertum die eigentliche Trägerin der Litteratur«, heißt es bereits 1911 (Gardthausen 1911, 136). Wilhelm Sandermann konzediert denn auch: »Unter *Buch* verstand man allgemein die Papyrusrolle.« (1992, 50) Das Lehr»buch«, von dem oben die Rede war (Kap. 10), ist also eigentlich eine Lehr-Rolle. Die gesamte Literatur, Wissenschaft, Philosophie, das gesamte Erbe der Mythen und Gesänge von den Anfängen bis zur antiken Hochkultur wurde im Medium Pergamentrolle gespeichert, tradiert, vor allem aber kommuniziert, verbreitet – die Rolle war das wichtigste Sozialisations- und Bildungsmedium der Zeit.

Wie kam es dazu, daß man sich in Athen in großem Umfang des Mediums Rolle bediente? Mit Recht wendet sich Turner gegen die These, bei

Abb. 81: Der Gudeal-Zylinder als Speichermedium (ca. 2050 v.u.Z.)

Abb. 82: Der Lehrer beim Schulunterricht mit Tafel und Rolle

den ersten Rollen hätte es sich erst um die Texte der Tragödien gehandelt (vgl. auch oben Kap. 9.2.). Auch bereits die Texte der Ionischen Naturphilosophen, seit Anaxagoras, und der Rhapsoden und Sophisten sowie Historiker wurden medienbewußt eingesetzt: in Rollen niedergeschrieben, vervielfältigt, zirkuliert bzw. distribuiert, gekauft, individuell und (wie in der Antike allgemein üblich) laut gelesen (1992, 16ff.). Ein wichtiger Faktor dabei war das schon erwähnte Bildungsideal. In Griechenland waren die Eltern durch Gesetz verpflichtet, ihre Söhne zu erziehen – in den Fächern Gymnastik, Lesen, Schreiben, Literatur, Ästhetik, Ethik, Mathematik, Logik. Nachdem durch die Verfügbarkeit des ägyptischen Papyrus die materielle Voraussetzung gegeben war, dominierten in Privatschulen neben dem Lehrer als Erziehungsinstrument die Medien Blatt (auch in Form der Tafel und des Ostrakon) und eben Rolle (Abb. 82). »Jeder gebildete Mensch kannte seinen Homer in- und auswendig. (...) Das Buch (die Rolle, WF) hat seinen Einzug in die Welt der Schule gehalten«. Im 4. Jahrhundert wurde als Selbstverständlichkeit vorausgesetzt, daß die Schuljungen Rollen kaufen. (Kleberg 1967, 4+11). Ein zweiter und entscheidender Faktor aber war darüber hinausgehend die Herausbildung eines kompletten Markts für Rollen. Die entsprechenden Instanzen waren neben dem Autor, der nur teilweise selbst schrieb und häufig vielmehr einem Schreiber diktierte, erstens der Verleger, der meistens zugleich als Buchhändler fungierte, zweitens der Sammler bzw. Bibliothekar und drittens der Käufer und Leser. Natürlich gab es daneben auch alle üblichen Phänomene, wie sie vom späteren mittelalterlichen Buchmarkt und anderen Medienmärkten bekannt sind: die Rolle als Geschenk, die Rolle als begehrenswertes Diebesgut, die Vernichtung und Verbrennung von Rollen als Form staatlicher Zensur, die Fälschung von Rollen usw. Nur die wichtigsten Instanzen können hier kurz erläutert werden.

Zum *Verleger-Rollenhändler:* Tönnes Kleberg vertritt eine vergleichsweise enge Gegenstandsauffassung: »Von einem wirklichen Buchhandel (Rollenhandel, WF) kann man erst dann sprechen, wenn jemand gewerbsmäßig die Herstellung und den Verkauf von Büchern (Rollen, WF) betreibt. Das Vorkommen eines Buchhandels (Rollenhandels, WF) in diesem Sinne können wir erstmalig während der Großmachtperiode Athens im zweiten Teil des 5. Jahrhunderts feststellen.« (1967, 6) »Die fabrikmäßige Vervielfältigung von Büchern (Rollen, WF) beginnt mit dem Aufkommen der Sophistik, die die vielgeschmähte Neuerung in Griechenland einführte, Wissenschaft zum Zweck des Gelderwerbs zu treiben.« (Ekschmitt 1968, 230) Die Texte wurden in Skriptorien von Sklaven abgeschrieben und die Abschriften dann auf dem Marktplatz oder an anderen geeigneten Orten, auch durch reisende Rollenhändler, verkauft. Die antiken Rollenhändler blieben überwiegend anonym. Zu kaufen gab es Kochrollen, Anekdotensammlungen, Anstandsrollen, Rezeptrollen für Kranke und natürlich philosophische, profane und literarische Texte aller Art. Auch die Gerichtsreden des Rhetorikers Isokrates wurden in Rollenform vertrieben. Die Preise waren hoch, aber für die gebildeten Bürger erschwinglich. Platon zitiert in der »Apologie« Sokrates mit der Information, daß die Werke des Philosophen Anaxagoras für eine Drachme zu kaufen seien (ein Schaf kostete zu jener Zeit 12 bis 17 Drachmen). »Der Buchhandel (Rollenhandel, WF) ging aber damals, am Ende des 5. Jahrhunderts, bereits über Athen hinaus und erreichte mit seinen Produkten sogar die Grenzgebiete der griechischen Welt.« (Blanck 1992, 114)

Neben der kommerziellen Herstellung von Kopien gab es noch eine zweite Art der Textproduktion. In den Schulen oder bei öffentlichen Vorträgen und Reden vor Gericht pflegten oft Schüler und Interessierte die Texte sozusagen privat mitzuschreiben und sie eigenständig zu kopieren und zu verkaufen. Horst Blanck weist etwa auf das Beispiel des Stoikers Epiktet hin, dessen Vorträge durch den jugendlichen Arrian in Nikopolis (etwa 117–120 u.Z.) mitgeschrieben wurden und nur in dieser Form der Nachwelt erhalten blieben (1992, 121).

Der erste Verleger-Rollenhändler Roms soll Titus Pomponius Atticus gewesen sein, ein Freund Ciceros. Atticus hatte einen gut organisierten Verlag mit einem effizienten Vervielfältigungssystem: Ein Vorleser diktierte einer großen Zahl von Schreibern, so daß gleich in größeren Auflagen kopiert wurde (Sandermann 1992, 57). Die Kopien wurden von einer Heerschar von Korrekturlesern kontrolliert. Die Verlagtätigkeit des Atticus war entsprechend erfolgreich: »Seine Auflagen sowohl von römischen als auch von griechischen Schriftstellern standen wegen ihrer guten Texte in hohem Ansehen. Die Tätigkeit von Atticus bildet in dieser Hinsicht tatsächlich einen Meilenstein für das römische Verlagswesen.« (Kleberg 1967, 24) Andere bekannte Verleger waren beispielsweise die Gebrüder Sosius, die die Gedichte des Horaz herausbrachten, oder Tryphon, der die späteren Epigramme Martials sowie das pädagogische Hand»buch« der Beredsamkeit von Quintilian verlegte.

Die Rollenkopien wurden dann vom Verleger auf eigene Rechnung verkauft, in der Regel ohne Honorar an den Autor, der nur Interesse an einer möglichst großen Verbreitung seines Textes hatte. Horst Blanck bilanziert: »Ein Autorenhonorar, das der Verleger heutzutage zahlt, scheint es in der Antike nicht gegeben zu haben. Ein Großteil der antiken Autoren war jedoch finanziell gesichert. Die griechischen Philosophen Platon, Aristoteles oder Theophrast beispielsweise waren Vorsteher von akademischen Schulen oder auch Prinzenerzieher; Männer wie Cicero, die beiden Plinii oder Tacitus verfügten über beträchtliches Vermögen. Für solche Männer gehörte die Beschäftigung mit der Literatur, sowohl passiv als auch aktiv, schlechthin zu ihrem Lebensbild. Die ›armen Schlucker‹ dagegen waren auf ein Mäzenatentum angewiesen. Für sie konnte die Widmung einer Schrift an eine begüterte, einflußreiche Persönlichkeit, die Abfassung eines Gedichtes zu einem bestimmten Anlaß oder – auch das gab es – die Veräußerung eines Werkes an einen anderen, der damit als eigenes Produkt glänzen wollte, eine Belohnung in barer Münze darstellen oder sogar einen sozialen Aufstieg bewirken. Ein solcher Fall war Martial, der als Gesellschaftspoet mit seinem Lob auf die flavischen Kaiser alles andere als zurückhaltend war und von Titus und Domitian mit dem Dreikinderrecht und sogar der Erhebung in den Ritterstand ausgezeichnet wurde. Für diese Literaten war es freilich wichtig, daß ihnen eine weite Verbreitung ihrer Werke durch den Buchhandel (Rollenhandel, WF) das Image eines Erfolgsautors gab.« (1992, 128f.) Verfasserhonorar und materielles Urheber- oder Verlagsrecht also waren weitgehend unüblich.

Tönnes Kleberg beschreibt den Weg vom Manuskript bis zum Leser (1967, 25ff.): Oft wurde ein Text zunächst als Lesung des Verfassers vorgestellt, sei es im Freundeskreis, sei es einer begrenzten Öffentlichkeit. Diese »Rezitationen« waren insbesondere im Rom der Kaiserzeit populär, wenn auch nicht immer besonders hoch gewürdigt. Hinsichtlich einer späteren Verbreitung durch einen Verleger-Rollenhändler waren sie gewissermaßen Marktbarometer für die Einschätzung eines möglichen Erfolgs beim Kaufpublikum. Ein zweiter Schritt waren dann häufig Abschriften für einen kleinen Kreis von Freunden. Die wirkliche »Veröffentlichung« geschah erst im dritten Schritt: *Jeder* Interessierte konnte dann das Werk entweder kostenlos erhalten, nämlich wenn es vom Verfasser selbst in Abschriften verteilt wurde, oder aber es erwerben, wenn es in einer Rollenverkaufsstelle angeboten wurde. »Die Höhe der Auflagen hat natürlich stark geschwankt. (...) Auflagen von etwa 1000 Exemplaren dürften nicht ungewöhnlich gewesen sein. (...) Sie sollten ja über ein Weltreich hin Verbreitung finden.« (Kleberg 1967, 62f.)

Nach Kleberg gab es in Rom Rollenhandlungen »im Überfluß, und zwar von verschiedener Größe«, genannt »libraria« (1967, 42f.). Zu dieser Zeit hatte der Prozeß der Ausdifferenzierung bereits den Nur-Rollenhändler, den Sortimentsrollenhändler hervorgebracht, zunächst nur in Rom, dann auch in den Provinzen. Kleberg bilanziert: »Im zweiten Jahrhundert n. Chr. kann man mit gewissem Recht von einem verhältnismäßig einheitlichen literarischen Publikum in größeren Teilen des römischen Weltreiches sprechen. Die Grenzen von Nationalitäten und Kulturen sind gefallen. Das Imperium Romanum bildete mit Rom als Zentrum auch literarisch eine Einheit. In dieser Welt des literarischen Kosmopolitismus bildete das Erbe von Hellas immer den ideenschöpferischen Kern. Bald konnte man die Werke der lateinischen und griechischen Schriftsteller in den Buchhandlungen (Rollenhandlungen, WF) des heutigen Frankreich ebenso wie in Nordafrika, in Spanien ebenso wie in dem hellenisierten Orient kaufen.« (1967, 44f.) Als beispielsweise der Presbyter Sulpicius Severus um 400 u.Z. einen frommen Roman über den heiligen Martin schrieb, brachte der Bischof Paulinus das Manuskript von Trier nach Rom, wo es als Rolle herauskam und ein großer Publikumserfolg wurde. Ähnliches geschah mit den Schriften der Kirchenväter.

Zum *Sammler bzw. Bibliothekar:* Die ersten griechischen Bibliotheken waren nicht öffentliche, sondern Privatbibliotheken, insbesondere der philosophischen Schulen. Umfangreiche Bibliotheken hatten etwa Platon, Aristoteles, Eukleides, Euthydemos, Zenon (ca. 335–263), der Gründer der Stoiker-Schule, u.v.a. »Zur Zeit Alexanders des Großen, gegen Ende des 4. Jahrhunderts v. Chr., ist das Büchersammeln (Rollensammeln, WF) offenbar immer üblicher und der Buchhandel (Rollenhandel, WF) immer lebhafter geworden.« (Kleberg 1967, 11) Die erste öffentliche Bibliothek soll von dem Tyrannen Peisistratos eingerichtet worden sein; deren Rollen wurden im Jahr 480 v.u.Z. durch Xerxes entführt und um 300 v.u.Z. von König Seleukos Nikanor wieder zurückgeholt (Blanck 1992, 134). Mit »Bibliothek« war allerdings weniger ein Raum oder gar ein eigenes Gebäude gemeint, sondern zunächst nur eine Rollensammlung. »Während der Kaiserzeit wurde es allgemeine Sitte, sein Haus mit einer Bibliothek auszustatten.« (Kleberg 1967, 48)

Die Rollen wurden häufig bereits rubriziert, wobei neben Sachgruppen und Orten (Fund- oder Herstellungsorten) auch kuriose Kriterien maßgeblich waren (z.B. waren Rollen unter der Rubrik »von den Schiffen« diejenigen Rollen, die von einlaufenden Schiffen zwangsweise requiriert, sprich gestohlen, waren; der ursprüngliche Eigentümer wurde seinerzeit mit einer schnell angefertigten Kopie einfach abgespeist). Die Namen von Bibliotheksleitern oder -vorstehern, die sortierten und ordneten, sind verbürgt (z.B. Blanck 1992, 141+148). Auch Textvergleiche, Editionen von Klassikern, Interpretationen und andere philologische Arbeiten entfielen in dieses Aufgabenfeld. Bibliotheken wurden, nach dem Beispiel der Museionsbibliothek, zu einem wichtigen Zentrum textorientierten Gelehrtentums. Vorbilder waren das Serapeion, die berühmte Ptolomäer-Bibliothek in Alexandria, das Ptolemeion in Athen und die Pergamon-Bibliothek im westlichen Kleinasien.

Allerdings wurde der exklusive Privatbesitz an Rollen, sei es von einzelnen Personen, sei es von Schulen, in Griechenland ansonsten erst unter römischem Einfluß überwunden. Jochum konstatiert: »Die erste große, den Verhältnissen in den hellenistischen Staaten entsprechende Bibliothek in Athen war (...) ein Geschenk des römischen Kaisers Hadrian (117–139 n. Chr.). Diese Bibliothek war um eine mehr als hundertsäulige Wandelhalle herum angelegt und besaß auch Vorlesungsräume, war also nach dem Vorbild der Bibliothek des Museions konzipiert.« (Jochum 1993, 41; vgl. auch Blanck 1992, 146ff.) Um das Jahr 100 v.u.Z. entstanden denn auch zum erstenmal Anweisungen zum Rollensammeln und zur richtigen Benutzung von Rollen, verfaßt vom Grammatiker Artemon von Kassandreia (Kleberg 1967, 20).

Eine wieder andere Gruppe bilden die Bibliotheken der Gymnasien, nachdem diese unter staatliche Aufsicht gestellt wurden. Man geht heute davon aus, »daß in den größeren Städten des hellenistischen Griechenland, vom Westen bis zum Osten, Bibliotheken eher die Regel als die Ausnahme waren. In der Mehrzahl der Fälle werden die Bibliotheken zu den Ephebengymnasien gehört haben.« (Blanck 1992, 151)

»Alexandria blieb das reichste Buchhandelszentrum der antiken Welt. Erst ganz allmählich wurde es von Rom übertroffen.« (Kleberg 1967, 20) Auch in Rom gab es eine Fülle von privaten Rollen-Bibliotheken (vgl. ausführlich Blanck 1992, 152ff.; ferner Hunger 1988, 65), bevor Gaius Asinius Pollio als Begründer der ersten öffentlichen Bibliothek Roms in die Geschichte einging (etwa 39 v.u.Z.), gefolgt von der palatinischen Bibliothek, gegründet von Kaiser Augustus, und weiteren Bibliotheken, nicht zuletzt im gesamten Römischen Imperium (z.B. die berühmte Celsus-Bibliothek in Ephesos) Spätestens im 5. Jahrhundert dürften die alten kaiserlichen Bibliotheken jedoch ihre große Bedeutung verloren haben – während die neuen christlichen Bibliotheken im Buchbestand noch klein und vor allem beschränkt waren auf die Bischofskirchen und Klöster.

Zum *Käufer und Leser:* Wer waren die Nutzer, die Käufer und Leser der Rollen in Griechenland? Bemerkenswerterweise gibt es kaum Informationen zu diesem Fragebereich. An erster Stelle stehen vermutlich die Sophisten, Philosophen und Rhetoriker, dann aber auch die Priester und die Herrscher, schließlich gefolgt von den freien Bürgern, darunter insbesondere die Schüler, die Gelehrten und die Besucher der Gerichtsverhandlungen und Theater. Ansonsten heißt es mit großer Selbstverständlichkeit: »Bücher (Rollen, WF) waren leicht zugänglich, die Gewohnheit zu lesen, war allgemein verbreitet.« (Kleberg 1967, 4) Ein in der Fachliteratur sehr häufig abgebildetes Pompejanisches Fresko zeigt veranschaulichend ein römisches Ehepaar mit den beiden Vorläufern des Mediums Buch: die

*Abb. 83: Die Frau mit einem Tryptichon, der Mann mit einer Rolle
– dominante Medien der Antike*

Frau mit einem Triptychon, den Mann mit einer Rolle (Abb. 83). In der
Regel hat man selbst, allein gelesen, und zwar laut, oder die Rollen wurden von Sklaven laut vorgelesen. Über den Grad der Literalität der griechischen und römischen Antike scheinen keine gesicherten Informationen vorhanden zu sein, obwohl die Unterschiede zumindest zwischen
den Metropolen (Athen, Rom etc.) und dem Land bzw. den Provinzen
enorm gewesen sein müssen.

254

Im Imperium Romanum wurden die griechischen Rollenbestände vereinnahmt; es gehörte zum Statusausweis der Reichen, eine Privatbibliothek sein eigen nennen zu können. Auch öffentliche Bibliotheken dienten weniger der Versorgung einer literarisch interessierten Öffentlichkeit als der »staatlichen Repräsentation«. Zu Zeiten des Kaisers Konstantin (285–337) gab es in Rom noch 28 öffentliche Bibliotheken. Nachdem die römischen Privatbibliotheken im Jahr 380 geschlossen und die heidnischen öffentlichen Bibliotheken allmählich von christlichen Bibliotheken abgelöst wurden (Jochum 1993, 45ff.), ging auch die Epoche des Mediums Rolle zu Ende.

»Der Übergang von der Rolle zum Kodex ist die große Revolution in der Geschichte des Buchs der Antike«, schreibt Tönnes Kleberg leicht verfälschend (1967, 80), denn tatsächlich handelt es sich hier um einen Medienwechsel, dem freilich mit Recht revolutionäre Bedeutung zugesprochen werden kann. Die Rolle hat in einer übergreifenden Geschichte der Medien Brückenfunktion zwischen den Mensch- und Gestaltungsmedien auf der einen und den Schreibmedien auf der anderen Seite. Wolfgang Speyer hat die Bedeutung markiert, die der Rolle als magisch-religiösem Kraftträger im griechischen und römischen Altertum zumindest noch vom Beschreibungsstoff her zukam. Im 7. Jahrhundert v.u.Z. setzte sich in Griechenland ein rational-kritisches, wissenschaftliches Erfassen der Wirklichkeit durch; man spricht von der »neuen Logoskultur seit dem 5. Jahrhundert«. Und in der Tat erhielt das Medium Rolle bei der Ausbildung von Geschichtsschreibung, Geographie, Medizin, Philologie usw. einen rein instrumentalen Charakter, wurde »Träger diskursiv gewonnener profaner Erkenntnisse«. Aber Papyrus als Material garantierte noch jenen uralten magisch-kultischen Wert, der in kosmologisch-naturbezogenen Religionen auch dem Stein und anderen Gestaltungsmedien wie beispielsweise der Stele (vgl. oben Kap. 6.2.) zugesprochen wurde. »Der aus der Papyrusstaude bereitete Beschreibstoff war kultisch rein.« Totes dagegen machte den Träger unrein. Deshalb waren Leder, Felle, Häute vom Tempelbezirk ausgeschlossen; sie stammten von einem toten Tier. »Insofern mußte zunächst Pergament als Beschreibstoff für magisch-religiöse Texte wegfallen.« (1992, 74ff.) Der kulturelle Wert der Rolle basierte also auch auf dem kultischen Wert des altehrwürdigen Materials. Umgekehrt läßt sich die Bevorzugung des (Pergament-) Kodex gegenüber der Papyrus-Rolle innerhalb der christlichen Frühgeschichte interpretieren als Abwehr einer kosmologisch-naturbezogenen, heidnischen, letztlich matriarchalen Weltauffassung (vgl. Kap. 2) – unter alternativer Betonung des Opferrituals, des Tier- bzw. explizit des »Menschensohn«-Opfers als dem konträren Prinzip, dem ersten patriarchalen Medium in der Geschichte der Menschheit (vgl. Kap. 3). An die Stelle der Rolle profanen Inhalts, die als Medium zwischen Mensch und Gottheit nicht mehr taugte, trat der Kodex als Medium wieder sakralen Inhalts: analog zu den Gesetzestafeln eines Moses in der Bundeslade nunmehr die Evangelien und »heiligen Schriften« des Neuen Testaments.

11.3. Das Buch als Kodex

Der Kodex, erst Ende des ersten und Anfang des zweiten Jahrhunderts unserer Zeitrechnung entstanden, war die erste Form des auch heute noch, freilich bevorzugt in Taschenbuchform, verbreiteten Mediums Buch (auch wenn sich Kodikologen nicht unbedingt als Buchwissenschaftler verstehen). Das Buch ist somit ein Medium unserer Zeitrechnung und sehr viel jünger, als bislang angenommen. Beim Kodex handelt es sich um eine Lage aufeinandergelegter bzw. gefalteter und geschnittener Pergament-Blätter – nur als Ausnahme waren es Papyrus-Blätter – (vgl. auch Gardthausen 1911, 155ff.), die fortlaufend beschrieben wurden. Herbert Hunger definiert: »Unter dem Codex verstehen wir eine Mehrzahl von gefalteten und gehefteten Blättern beliebigen Materials – es gibt Papyrus-, Pergament- und Papiercodices –, die in der Regel einen Einband erhalten. Der Buchblock eines Codex besteht aus sogenannten Lagen, d.h. jeweils zusammengefalteten Doppelblättern.« (1989, 24) Das Pergament ließ sich leichter knicken, war schöner, widerstandsfähiger, besser konservierbar und konnte vor allem auch zweiseitig beschrieben werden. Die Seiten wurden oft so angeordnet, daß Fleischseite auf Fleischseite und Haarseite auf Haarseite zu liegen kam. Die Seiten lagen entweder lose aufeinander oder waren durch einen Faden aneinander befestigt. Später wurde der Kodex auch gebunden und mit einem festen Umschlag versehen.

Ein anschauliches Beispiel bieten die Handschriftenbücher von Nag Hammadi, aus dem größten ägyptischen Papyrusfund, der je gemacht wurde (Abb. 84): 13 Kodizes mit 48 gnostischen Schriften, aus der zweiten Hälfte des 4. Jahrhunderts. Sie sind ausgezeichnet erhalten, weil sie von alten Ledereinbänden geschützt wurden. Nach Werner Ekschmitt betrug noch im 3. Jahrhundert »bei den heidnischen Papyri das Verhältnis Rolle zu Kodex 10:1, im 4. bereits ungefähr 2:1«, »auch ist dabei von den Kodizes rund ein Viertel nicht mehr auf Papyrus, sondern auf Pergament geschrieben.« Nach neueren Angaben betrug der Anteil der Kodizes für heidnische Literatur an der Wende vom 2. zum 3. Jahrhundert 2,9%, an der Wende vom 3. zum 4. Jahrhundert bereits 73,95% (zit. bei Jochum 1993, 53; vgl. auch Sandermann 1992, 62; Kleberg 1967, 83f.; Kenyon 1951, 96ff.). »Aus welchen Gründen immer die Christen der Kodexform den Vorzug gegeben haben mögen, durchgesetzt hat sie sich jedenfalls deshalb, weil sie gegenüber der Rolle bedeutende praktische Vorteile bot.« Soviel »steht fest, daß das Pergament dem Papyrus an Dauerhaftigkeit ganz erheblich überlegen, ja daß es ziemlich unverwüstlich ist«. »In ganz anderem Maße

Abb. 84: Kodizes (2. Hälfte des 4. Jh.s), von Ledereinbänden geschützt

auch als der Papyrus bot das Pergament die Möglichkeit der Wiederver-
wendung. Ohne ihm nennenswerten Schaden zu verursachen, konnte die
ursprüngliche Schrift abgeschabt und dadurch Platz für einen neuen Text
geschaffen werden« (genannt: »Palimpsest«; Ekschmitt 1968, 249f.).

Bereits zur Zeit Ciceros hatte man den Kodex verwendet, allerdings
bezeichnenderweise zunächst für Senatsakten und juristische Gebrauchs-
texte (Kleberg 1967, 77f.). Kaiser Konstantin bestellte im Jahr 313, als das
Christentum Staatsreligion wurde, für seine neue Hauptstadt Konstantinopel 50 Exemplare der heiligen Schriften – in Kodexform auf Pergament
(Kleberg 1967, 81f.). Spätestens in diesem 4. Jahrhundert hatte der Kodex
die Dominanz der Schreibmedien errungen, war das Buch als neues Medium endgültig und folgeträchtig etabliert (Ekschmitt 1968, 251; vgl. auch
Hunger 1988, 47f.). »Was im Laufe dieser Umstrukturierung nicht umge-
schrieben wurde, schied aus dem Kanon aus und wurde dem Vergessen
überlassen.« (Jochum 1993, 53) Als Hieronymus Ende des 4. und Anfang
des 5. Jahrhunderts die lateinische Bibelübersetzung (»versio vulgata«)
vornahm, bezeichnete er seine Vorlagen bereits ausnahmslos als »codices«.
Man hat die Bevorzugung des Kodex durch die Christen auch ganz praktisch mit dem Umstand zu erklären versucht, daß sich Kodizes leichter
verbergen lassen als die umfänglichen und schweren Rollen – was zu Zeiten der Verfolgung von Nutzen gewesen wäre. Wahrscheinlicher dürfte
die Bevorzugung des neuen Mediums auf seine bessere Handhabbarkeit
auf den Missionsreisen zurückgeführt werden können. Aber wohl auch

der Tatbestand mag einen Einfluß gehabt haben, daß Briefe und Berichte der Apostel – im Gegensatz zu den »Rollen« der jüdischen »Schriftgelehrten« – vor allem Kodexform hatten und dieses Medium bevorzugt wurde, um sich von der jüdischen Glaubensgemeinschaft abzugrenzen und zugleich den heiligen Charakter der biblischen Heilsgeschichte gegenüber den längst profanen Texten auf Rolle hervorzuheben. »Wir sehen (...) den Sieg des Kodex über die Rolle mit dem Sieg des Christentums eng verknüpft. Zwar können wir noch im 5. und 6. Jahrhundert die Verwendung der Papyrusrolle bei Autoren des Westens und Ostens beobachten, und einzelne Beispiele finden sich noch später. Allein, die Skriptorien, denen die Zukunft gehörte, die Schreibermönche Cassiodors und des hl. Benedikt, beschrieben Pergamentkodizes und keine Rollen. Das gleiche gilt für den byzantinischen Bereich, so daß seit dem Beginn des 7. Jahrhunderts – zugleich Anfang der mittelbyzantinischen Zeit – der Kodex als die Normalform des Buches anzusprechen ist.« (Hunger 1988, 49; vgl. auch Widmann 1975, 6; Hunger 1989, 26f.)

Das »neue« Medium Kodex bzw. Buch unterscheidet sich demnach vom »alten« Medium Rolle nicht nur materialienmäßig, nicht nur gemäß seiner formalen Gestalt und seiner Nutzungsweise, nicht nur gemäß seinem Kontext und seinen sich ändernden Marktkonstellationen, sondern auch in seinen Nutzern und in seiner dominanten Funktion. Zur Veranschaulichung der Rezeptionsunterschiede sei auf entsprechende Darstellungen verwiesen – der Rollenleser (Abb. 85: Vasenbild des Cartellino-Malers; vgl. Immerwahr 1964; Immerwahr 1973) und der Buchleser (Abb. 86: Augustinus, Wandgemälde). Das Buch übernahm jene magische Aura, jenen Repräsentationscharakter des Heiligen, Göttlichen, die bislang der Rolle und noch früher dem Aoiden, Propheten, Priester bis zurück zur Frau zugekommen waren. Jochum verweist darauf, daß zu Zeiten Karls des Großen, zu Beginn des Mittelalters, die Begriffe »Bibel« und »Bibliothek« praktisch synonym gebraucht wurden. »Der Kodex war nicht einfach mehr Gegenstand der Lektüre, sondern schon durch seine Ausstattung Träger einer religiösen Bedeutung, die sich auch all denen mitzuteilen vermochte, die selbst nicht lesen, sondern die Kodizes nur betrachten oder berühren konnten. Wenn Bücher aber durch ihre Ausstattung irdischer und himmlischer Schatz zugleich waren, dann nimmt es nicht wunder, daß sie wie ein Schatz verwahrt und wie eine Reliquie verehrt wurden, zumal für die Mehrheit der illiteraten Bevölkerung das Buch nur als Sakralobjekt eine Rolle spielte.« (1993, 60f.). Im Kodex war die prinzipielle Ablösung der Dominanz der Menschmedien durch die Dominanz der Schreibmedien endgültig und unumkehrbar durchgesetzt. Die Entwicklung des Schreibmediums Buch in den christlichen Klosterbibliotheken und an den Universitäten (Faulstich 1996, Kap. 5+6) begründete dann den historischen Aufschwung dieses Mediums und bereitete seine kulturelle Dominanz als Druckmedium vor.

Abb. 85: Der Rollenleser (Vasenbild)

11.4. Ausblicke: Das Buch in Byzanz, die Rolle in China

Was bei der Darstellung der Mediengeschichte des Mittelalters (Faulstich 1996) noch ausgespart war bzw. für die Zukunft des Mediums Buch, als Druckmedium, zur ausschlaggebenden Voraussetzung werden würde, soll hier ausblickhaft nachgetragen werden: die Leistung des Buchs in der Epoche des Byzantinischen Reichs, von Konstantin dem Großen (330) bis zur Eroberung durch die Osmanen (1453), und die Entwicklung des Verlagswesens und Papiers bei den Chinesen.

Abb. 86: Der Buchleser (Wandgemälde)

11.4.1. Wenn Herbert Hunger über »die byzantinische Buchkultur« schreibt (1989, insbes. 14), so meint er in der Tat, auf der Basis des Kodex, das Christentum als »Buchreligion« und nicht mehr die antike Rollen-Kultur. In der byzantinischen Mentalität hat man unbedenklich eine Art »Schriftverkehr« zwischen Himmel und Erde angenommen. Das dominante Schreibmaterial (Pergament) soll bekanntlich seinen Namen vom Hof des Eumenes II. (195–158 v.u.Z.) in Pergamon erhalten haben. So wie die Papyrus-Rolle der staatlichen Repräsentanz diente, diente der Kodex der kirchlichen Repräsentation. Die prunkvoll illuminierten, mit Bildern und gehämmerten Goldblättchen ausgestatteten Handschriften, überwiegend Bibeltexte und geistliche Schriften, waren meist Stifterexemplare, d.h. vom Kaiser, von Mitgliedern der kaiserlichen Familie oder von Angehörigen der führenden Gesellschaftsschicht in Auftrag gegeben. Ansonsten existierten jene profanen Kodizes für die Schulen und die etablierten, reicheren Bürger, wie wir sie aus der Antike in Rollenform bereits kennen (Medizin, Geometrie, Arithmetik, Rechtswissenschaft, Kriegswissenschaft, Fabel- und Rätselsammlungen usw.). Die gezahlten Preise sollen hier übrigens »nicht überwiegend hoch« gewesen sein (Hunger 1989, 41f.). Es gab Skriptorien und Bibliotheken, insbesondere in Konstantinopel eine große kaiserliche Bibliothek und eine Patriarchatsbibliothek. Und auch bei der Rezeption scheinen keine spezifischen Merkmale geltend gemacht werden zu können. Charakteristisch waren vor allem Gebrauchsexemplare durchschnittlicher Qualität für verschiedene Zielgruppen – insbesondere theologische Texte im weitesten Sinn für die Mönche in den Tausenden von neu entstehenden Klöstern (Evangeliare, Lektionare, Psaltern, asketische Schriften, homiletische und exegetische Predigten, hagiographische Literatur usw.). Manfred Fuhrmann hat übergreifend die Bedeutung vor allem der Hagiographien und der Bibelepik des 4. Jahrhunderts als charakteristisch für die Spätantike skizziert und dabei auch auf das irische und angelsächsische Klosterwesen abgehoben, wie es analog im byzantinischen Kulturkreis aufblühte (1994, 217ff., 356ff.).

Es gibt vor allem zwei Gründe, den byzantinischen Kodex besonders zu würdigen: erstens die Ausdifferenzierung bei seiner Produktion, zweitens seine Überlieferungs- und Tradierungsleistung. *Ad 1:* Was sich im europäischen Mittelalter vollziehen sollte, war hier bereits zu einem früheren Zeitpunkt ausgeprägt: die Ausdifferenzierung des Buchwesens in eine Vielzahl hochspezialisierter Berufe, insbesondere Pergamenthersteller, Skriptor, Rubrikator, Illuminator, Miniator, Korrektor, Buchbinder, Lederhersteller. *Ad 2:* Herbert Hunger hebt hervor: »Als man in Byzanz seit dem frühen 9. Jahrhundert und noch weit ins 10. Jahrhundert hinein daranging, nach der Zäsur der ›dunklen Jahrhunderte‹ das überlieferte literarische Erbe zu sichten und zu sichern, mußte man die alten Codices systematisch kopieren. (...) Dieser großzügigen Umschriftaktion verdanken wir im Grunde alles, was wir noch an antiker und spätantiker, also frühbyzantinischer Literatur lesen können.« (1989, 66)

11.4.2. Papier soll bereits in der ersten Han-Dynastie (206 v.u.Z. – 24 u.Z.) bekannt gewesen sein, wie Wilhelm Sandermann in seiner Papiergeschichte als Kulturgeschichte darstellt (1992; vgl. auch Twichett 1994, 6f.). Die »Erfindung« des Papiers wird meist Tsái Lun für das Jahr 105 v.u.Z. zugeschrieben, einem kaiserlichen Hofbeamten, bei dem nicht recht klar ist, ob er es tatsächlich erfunden oder nur eine wichtige Verbesserung beigesteuert oder aber es kraft seines Amtes nur über das ganze Land verbreitet hat (1992, 66). »Das Papier setzte sich schnell durch. Schon im 2. Jahrhundert gab es in China Papiertaschentücher und 363 n. Chr. erschien die Pekinger Zeitung, die erst 1936 eingestellt wurde. Im 6. Jahrhundert kam das Toilettenpapier auf.« Papier, hergestellt zunächst aus Seidenlumpen, später aus Maulbeerrinde u.a. (erst ab dem 19. Jahrhundert aus Holz), wurde aber auch für Möbel, Vorhänge, Fenster, Türen, Schirme, Laternen, Kleidung, Schuhe, Bettwäsche, Briefe, Fahnen usw., nicht zuletzt für Papiergeld verwendet. In einem hochentwickelten Bildungswesen, in einem ausdifferenzierten Behördenwesen und in den chinesischen Klöstern wurden ungeheure Mengen an Papier benötigt.

Sandermann skizziert die weiteren Stationen: Ab 539 u.Z. benutzten die Chinesen zur Vereinfachung der Schreib- und Kopierarbeit den Blockdruck mithilfe von Holztafeln, insbesondere für Abbildungen, Embleme, kurze Texte, Heiligenbilder, Spielkarten u.ä. »Die ältesten chinesischen Blockdrucke stammen aus der Zeit von 713–742 n. Chr. Kurz danach gelangte die Kunst des Holzplattendrucks von China nach Japan.« Dort wurde dann der seinerzeit größte Druckauftrag durchgeführt: Im Jahr 770 u.Z. ließen Kaiserin Suiko und ihr Mitregent ein Blatt mit Zaubersprüchen drucken – in einer Auflage von 1 Million (= sehr viele); jedes Exemplar wurde in eine kleine hölzerne Pagode gesteckt und an alle Tempel Japans verschickt, um das japanische Reich vor schädlichen Einflüssen, d.h. vor einer grassierenden Pockenepidemie, zu schützen. (1992, 75f.) Berichtet wird auch vom König von Wu-Yüeh, der 975 Zauberformeln drucken und in Pagoden einschließen und in einer Auflage von 85.000 Exemplaren verteilen ließ (Twichett 1994, 28). Der Druck der kanonischen Schriften des Konfuzianismus bedeutete einen weiteren Meilenstein in der Druckgeschichte, weil sie staatliche Akzeptanz in hohem Maße zur Folge hatte. Die magisch-kultische Funktion des Blattes bestätigt sich auch beim »Tripitaka«, der vermutlich schon im 5. Jahrhundert v.u.Z. entstandenen und im Jahre 977 als Holzdruckwerk herausgegebenen heiligen Schrift des Buddhismus. Manche Schriftrollen waren hier länger als 20 Meter. »Um 900 n. Chr. war der Druck im Blockdruck, ausgehend von der Provinz Szechuan, in ganz China üblich. Im Jahre 983 wurde eine tausendbändige chinesische Enzyklopädie gedruckt.« Als Höchstleistung kam 1405 die Enzyklopädie »Yung-Lo Ta Tien« in den Handel, die das gesamte Wissen der damaligen Zeit zusammenzufassen suchte; 2000 Gelehrte hatten dazu 229.937 Bücher in 11.995 Rollen verfaßt.

Die Papierindustrie war, wie gesagt, nicht nur auf Kommunikationsmedien ausgerichtet, sondern ein gesellschaftlich umfassender Zweig mit enormer Bedeutung. Bereits in der Sung-Dynastie (960–1279) entwickelte sich ein breites kommerzielles Druckgewerbe mit zahlreichen Verlegern und Händlern auf einem etablierten Markt. Der Druck mit beweglichen Lettern wurde erfunden. In der Ming-Zeit (1368–1643) sollen allein in der Stadt Shih-thang in der Provinz Chiangsi 30 Papierfabriken mit je 1–2000 Arbeitern existiert haben; im Jahr 1597 sollen allein dort 50.000 Arbeiter in der Papierindustrie tätig gewesen sein. (Sandermann 1992, 78) Im späten 15. und 16. Jahrhundert wurden dann in China bewegliche Metallettern aus Kupfer und Blei verwendet, in gegossener Form im späten 17. und 18. Jahrhundert (Twitchett 1994, 68ff.).

Die Papierherstellung erreichte im 8. Jahrhundert u.Z. die Araber, die wesentliche Verbesserungen vornahmen und vor allem den Koran auf Papier übertrugen, und im 11., spätestens im 12. Jahrhundert Spanien. Der neue Beschreibstoff wurde jedoch nur sehr zögerlich aufgenommen. Sandermann erwähnt, daß beispielsweise Kaiser Friedrich II. 1231 die Verwendung von Papier für Urkunden verbot oder daß die Statuten Paduas keine Rechtskraft hatten, weil die Urkunden auf Papier geschrieben waren (1992, 121). Grund war allerdings weniger eine Konkurrenz der Beschreibstoffe (Papier versus Pergament) als vielmehr ein erneuter Medienwechsel bei entsprechender Funktionsänderung – was für die frühe Neuzeit aufzuzeigen wäre.

Wenn in der Literatur vom »Buch« im alten China gesprochen wird, von Verlagswesen, Buchhandel oder Bücherverbrennung, Buchpreisen, Bibliotheken, Buchzensur und Leserschaft (ausführlich z.B. Twichett 1994), so muß ähnlich korrigiert werden wie im Falle der Antike. Denis Twitchett beschreibt: »Zur Herstellung eines Buches wurden die einzelnen Papierbogen, die jeweils etwa 30 mal 45 Zentimeter maßen, durch haarfeine senkrechte Linien in Kolumnen aufgeteilt, in die der Text geschrieben wurde. Die fertigen Bogen wurden dann aneinandergeklebt und ergaben eine fortlaufende Schriftrolle. Diese wurde auf eine Holzrolle montiert, und es wurde ein Blatt schweren Einbandpapiers oder eine Seidenbinde am freien Ende der Rolle angebracht, um als Einband zu dienen. Eine Rolle enthielt gewöhnlich den Text eines Buchkapitels. (...) Jeweils zehn Schriftrollen wurden in einer Stoffhülle zur bequemeren Lagerung gebündelt.« (1994, 8f.) Während in der byzantinischen Kultur gegenüber der Rolle der Kodex dominierte, allerdings noch handgeschrieben und aus Pergament, gab es in China noch die Rolle, allerdings bereits aus Papier und bedruckt. Die Kostenersparnis bei der Herstellung war enorm; zugleich waren damit erstmals Massenauflagen möglich. Der Schritt von der Handschrift zum Druck ist übrigens ebenso als Verlust der »Authentizität des Textes«, als Traditionsverlust beklagt worden wie zuvor der Schritt vom Menschmedium zum Schreibmedium, vom Oralen zum Literalen (vgl. Schmidt-Glintzer 1994, 82ff.). Dieser »Kulturschock« wird genauer für das europäische 15. Jahrhundert aufzuzeigen sein (vgl. Faulstich 1997 a).

11.5. Zusammengefaßt: Zentrales Schreibmedium der Antike war die Rolle, nicht das Buch. Der in dieser Zeit sich herausbildende Rollen-Markt war der wichtigste Faktor ihrer gesellschaftlichen Bedeutung. Das »Buch« war zunächst nichts weiter als eine inhaltlich-formale Kategorie der Textbegrenzung: im Medium Rolle. Dieses klassische Kulturmedium der Antike ist als solches bislang nur unzureichend gewürdigt worden. Die Rolle hatte weniger Speicher- und Tradierungsfunktion, sondern primär Kommunikations-, Sozialisations- und Bildungsfunktion; die Rolle war Statusausweis und Orientierungsmedium für die bürgerliche, kulturtragende Klasse. Mit ihren medienspezifischen Verweisen auf orale Kommunikationsprozesse und ihrer charakteristischen Wertinstrumentalität steht die Rolle den Menschmedien näher als andere Schreibmedien. Man kann der Rolle eine Art historische Brückenbedeutung zusprechen zwischen Mensch- und Gestaltungsmedien einerseits und Schreibmedien andererseits.

Das Buch ist erst nach Beginn unserer Zeitrechnung entstanden, Ende des 1. bis Anfang des 2. Jahrhunderts, mit dem Kodex als seiner ersten Gestalt. Zum dominanten Schreibmedium wurde das Buch erst im 4. Jahrhundert. In der Spätantike hatte der Kodex, gut ablesbar am byzantinischen Kulturkreis, vor allem Speicher- und Tradierungsfunktion. Spezifisch ist einmal seine Entwicklung aus blattähnlichen Vorläufern (Tafel, Polyptichon), die ihrerseits instrumentell in pragmatisch-profane Kontexte eingebunden, gegenüber dem »heiligen« Papyrus-Blatt also deutlich säkularisiert waren, und zum andern seine gegenläufige Funktionalisierung als erneut kultisch-sakrales Herrschaftsmedium – nur nicht mehr im Sinne einer kosmologisch-naturbezogenen, heidnischen, letztlich matriarchalen Weltauffassung, sondern im Dienste des Christentums mit seiner im Kern dem archaischen Medium Opferritual verpflichteten Ideologie. Der Schritt von der Rolle als bürgerlichem Kulturträger in Athen über die imperiale Repräsentation wie im Museion und später durch Rom bis zur christlichen Indienstnahme des neuen Kodex bzw. Buchs war ein revolutionärer Medienwechsel, der unter Nutzung alter chinesischer Vorläufer (Papier als Material, Druck als Vervielfältigungstechnik) in der frühen Neuzeit zur ersten medialen Weltveränderung führen sollte.

---
* * *
---

12. Der Brief von den Anfängen
bis zum Zerfall des »cursus publicus« und
der Staatspost der Kalifen

12.0. Auch der Brief war ursprünglich, jahrtausendelang ein Mensch-medium. Zum Verständnis dieses Befunds bedarf es einer leichten Kor-rektur verbreiteter Forschungsansichten darüber, was überhaupt als Brief gelten kann. Beim Medium Brief steht auch heute noch – im Unterschied etwa zur personalen face-to-face-Kommunikation oder auch zum Medi-um Blatt – der Übermittlungsvorgang oder Transport im Zentrum: Kon-stitutiv für den Brief ist die räumliche (oder zeitliche, mentale usf.) Di-stanz. Peter Bürgel markiert das mit der Formel vom »brieftypischen Phasenverzug« (1976, 288). Die spezifische Leistung des Briefs ist dem-nach die Distanzüberbrückung, nicht etwa sein »Ersatz«charakter für mündliche Kommunikation, wie die meisten, unhistorisch konzipierten Brieftheorien unterstellen (zumal das Merkmal des Dialogischen keines-wegs zwingend ist). Der Brief ist also nicht (negativ) »Redesubstitut«, son-dern (wertneutral) eine spezifische Übertragungsform von Rede. Verschie-dene Inhalte, z.B. faktische Informationen, persönliche Appelle oder un-terschiedliche Selbst-Äußerungen (Nickisch 1991, 13ff.), machen da einen Unterschied allenfalls in der Funktion, nicht aber im Mediencharakter. Der Brief als spezifische Übertragungsform von Rede bedarf demnach keineswegs mit Notwendigkeit einer Verschriftlichung. Nicht nur die ge-schriebene, sondern auch die gesprochene Nachricht kann ein Brief sein, soweit damit Distanz überbrückt wird. – Übrigens bedienen wir uns auch heute noch des Menschen als Übertragungsinstanz von Rede, von Infor-mationen, von Appellen usf. in diesem Sinn, etwa wenn wir jemanden bitten, einem Dritten eine Nachricht zukommen zu lassen. Nur bezeich-nen wir diese Distanzüberbrückung nicht mehr als Medium, weil sie seit langem vom Brief als Schreibmedium (und anderen gesellschaftlich rele-vanten Medien) überlagert wird. An der medialen Funktion dieser »menschfundierten« Vermittlung von Kommunikationsinhalten aber kann es keinen Zweifel geben.

Der Brief war »lebendiger Brief«, Menschmedium zu einer Zeit, als Schreibmedien noch nicht verbreitet waren, also in der Vor- und Frühge-schichte und in den frühen Hochkulturen der Menschheit. Spätestens seit Beginn unserer Zeitrechnung vollzog sich der Übergang zur Dominanz des Briefs als Schreibmedium, das dann im Mittelalter endgültig durchgesetzt war (vgl. Faulstich 1996, 251f.). Über die Anfänge, über den Brief als Menschmedium hat die Forschung bislang nur wenig zutage gefördert. Mit Sicherheit kann angenommen werden, daß die Übermittlung von Nachrichten ursprünglich mündlich durch spezielle Boten erfolgte. Der Bote, etwa ein Sklave oder ein angestellter Kurier, lernte die Botschaft auswendig und reproduzierte sie beim Empfänger. Die Vertraulichkeit der Nachricht gegenüber Dritten war dadurch weitgehend gewährleistet, denn der Brief konnte dem Boten nicht – wie im Falle eines Schriftstücks – geraubt werden. Die Vertraulichkeit gegenüber dem Boten selbst wurde mitunter dadurch gewährleistet, daß die Nachricht in einer Sprache abgefaßt war, die der Bote selbst nicht verstand. Der Bote war häufig aber auch ein hochgestellter Gesandter, Träger offizieller politischer Botschaften, ein hoher Offizier, eine Ordonanz u.ä. (z.B. Riedl 1913, 121f.; vgl. auch Stöhr 1933, 27ff.).

Man kann vielleicht darüber streiten, ob auch der Ausrufer, der Herold ein Medium war oder nur mediale Funktion hatte. Heutzutage jedenfalls finden wir in westlichen Gesellschaften, etwa mit dem Pressesprecher in Unternehmen und Organisationen aller Art oder auch dem Marktschreier auf Verkaufsmärkten und in Fußgängerzonen, nur noch einen Restbestandteil des Menschmediums als Sprachrohr. Aber vieles spricht dafür, daß zu früheren Zeiten der Ausrufer dieselbe Bedeutung als Medium innehatte wie etwa im Mittelalter der Prediger, nur nicht in geistlicher, sondern in weltlich-politischer Hinsicht. Wolfgang Riepl etwa gewichtet: »Das Universalorgan der Verkündigung vor versammelter Menge ist (...) im ganzen Altertum stets die Stimme des Ausrufers gewesen (...), der bei allen öffentlichen Akten unentbehrlich war.« (1913, 329) Und er verweist auf die Nähe zum öffentlichen Spaßmacher, der etwa im Mittelalter als Narr für begrenzte Zeit durchaus als Medium verstanden werden muß (Faulstich 1996, 52ff.). Über die Jahrhunderte hinweg immerhin bis ins 20. Jahrhundert wurden, an vielen Orten auf dem Land, die Beschlüsse und Nachrichten der lokalen Obrigkeit durch Ausrufer vermittelt, die von Straße zu Straße zogen und mittels einer Glocke oder Schelle die Aufmerksamkeit der Anwohner auf sich zogen. Zum Herold oder Ausrufer als Medium scheinen aber bislang noch keine Arbeiten vorgelegt worden zu sein. Überlegungen Riepls (1913, 333ff.) indizieren in jedem Fall seine reglementierende bzw. Ordnungsfunktion für bestimmte Binnenöffentlichkeiten (z.B. bei Leichenfeiern, sonstigen Festlichkeiten, öffentlichen Auktionen, Gerichtssitzungen usw., aber auch als Stundenausrufer im kleineren Gemeinwesen).

Mythologischer Hintergrund des »lebenden Briefs« war der Götterbote Hermes (bei den Griechen) bzw. Merkur (bei den Römern) – häufig visualisiert mit Flügeln (Abb. 87), um die Eile zu signalisieren, in der die Nachricht überbracht wurde. In welchem Ausmaß das »mündliche« Botenwesen

266

Abb. 87: Der Götterbote Hermes mit Flügeln auf dem Helm
– der »lebende« Brief als schnelles Nachrichtenmedium

der archaischen Zeitspanne bereits organisiert und institutionalisiert war, ist offenbar bis heute ungeklärt. Insbesondere in Indien, wo sich die Schrift verhältnismäßig spät einbürgerte, könnte sich das Menschmedium Brief möglicherweise in größerem Umfang nachweisen lassen. In jedem Fall muß man davon ausgehen, daß der Brief als Menschmedium damals die einzige Form der Kommunikation über große Entfernungen hin darstellte, mithin allein schon diese Singularität die gesellschaftliche Bedeutung des »lebenden Briefs« als Medium verbürgt. Werner Büngel weist darauf hin, daß viele Briefe aus der Zeit Hammurapis, der um 2100 v.u.Z. in Babylon regierte, noch mit der Formel beginnen: Zu N.N. (= Adressat) sprich:« – »als ob der Brief wie ein Bote ein lebendes Wesen sei, das zu dem Empfänger reden soll« (1939, 10f.).

Drei mit dem Medium Brief häufig verknüpfte Phänomene müssen einleitend noch besonders angesprochen werden: das Gerücht und andere Formen der Mensch-zu-Mensch-Übermittlung, diverse Formen zeichenhafter Nachrichtenübermittlung und der Zusammenhang von Brief und Zeitung.

Erstens: Gelegentlich wird, ausgehend vom Brief als Übermittlung einer Nachricht, auch das Gerücht als Medium bezeichnet – weil mit Gerücht, Klatsch, Tratsch, Mundpropaganda usw. bekanntlich sehr schnell Nachrichten verbreitet wurden (und werden). Hier wird nach derzeitigem Wissensstand Abstand davon genommen, Gerücht oder Klatsch als einen medienhistorisch relevanten Gegenstand einzubeziehen. Das Gerücht wäre in jedem Fall nur die Form des Kommunikats, nicht aber selbst ein Medium, d.h. das Medium des Gerüchts wären eigentlich Menschen, potentiell jeder Mensch, und damit entbehrte es jeglicher Spezifik, durch die sich ein Medium charakterisiert. Bei Gerücht und Klatsch handelt es sich vielmehr um informelle Kommunikation, die zwar nach bestimmten Regeln und Mustern abläuft, aber nicht vergleichbar ist mit den Formen medialer Kommunikation. Gerüchte gab und gibt es im übrigen, so lange es Menschen gab und gibt, und weder konnten bislang dazu nennenswerte kulturspezifische Besonderheiten noch besondere historische Veränderungen festgestellt werden, wie sie die Mediengeschichte kennzeichnen (vgl. auch Riepl 1913, 322ff.). »Klaschhaftes Handeln« (Bergmann 1987, 191ff.) ist stets face-to-face-Kommunikation, die sich u.a. gerade darin auszeichnet, daß es keine objektivierende Medienreferenz gibt; die Unschärferelation des »Hörsensagens« (Lauf 1990, 15ff.) gehört vielmehr zum Reiz der sehr speziellen Interaktion zwischen Klatschproduzent und Klatschrezipient. Das Gerücht also soll hier nicht als Medium, sondern eher als ein *soziales* Phänomen verstanden werden, dem natürlich seine kommunikative Natur nicht abgesprochen werden kann. Zwischen dem »lebenden Brief« als Medium und dem Gerücht als kommunikativem Phänomen im Rahmen eines sozialen Netzwerks besteht jedenfalls kein medienhistorisch relevanter Zusammenhang.

Wolfgang Riepl hebt bei seiner Beschreibung des antiken Nachrichtenwesens darauf ab, »daß das unausgesetzte Kommen und Gehen auf den Hauptverkehrsstraßen wie ein unausgesetzt tätiges Nachrichtenrelais wirkte. Indem auf jeder Station der eben Abgehende von dem eben Ankommenden die neueste Neuigkeit von Bedeutung frisch erfuhr und bei der Ankunft auf der nächsten Station den dort eben zum Abgehen sich Anschickenden mitteilte, entstand gewissermaßen automatisch eine Relaisverbindung von beinahe idealer Vollkommenheit, wie sie der auf den Wechsel des Boten selbst verzichtende Kurierdienst nicht erreichte. Das auf dem Relaiswege sich fortpflanzende Gerücht wechselte nicht nur Wagen-, Reit- und Saumtier, sondern unausgesetzt auch den Träger der Nachricht selbst.« (1913, 239) In der Tat sollten die Fahrenden des Mittelalters, die Vaganten, Spielleute, Goliarden, Bettler, Pilger und viele andere, eines der zentralen Medien damaligen gesellschaftlichen Wandels und teilöffentlichkeitsübergreifender Kommunikation darstellen (vgl. Faulstich 1996, 227ff.), aber für das Altertum bietet die Forschung für eine solche Interpretation (noch) keine hinreichenden Belege.

Auch der Rufpost, dem Postenruf in Form von Relais-Stationen, wurde bereits die Bedeutung eines Menschmediums zugesprochen, doch scheint sie vergleichsweise selten und zudem primär militärisch funktionalisiert gewesen zu sein. In Rom war sie praktisch nicht existent. Anders dagegen in China und vor allem später bei den Inka und Azteken, die auch ein ausgebildetes Botenläufersystem hatten. Fundierte Informationen dazu stehen jedoch ebenfalls noch aus.

Zweitens: Der Brief wird häufiger auch mit optischen oder auditiven, zeichenhaften Nachrichtenübermittlungen in Zusammenhang gebracht, die als Vorfomen von Telegraphie u.ä. vorgestellt werden (z.B. Maury 1895, 15ff.; ausführlich Riepl 1913, 13ff.; Diels 1924, 77ff.; Stöhr 1933, 2ff.): Signalfeuer, Fackelzeichen, Raucherscheinungen, militärische und seemännische Flaggensignale u.ä., bei den Persern, Griechen und Römern. Allerdings gilt, daß »das Signalwesen im Altertum trotz seiner weiten Verbreitung und vielfachen Anwendung und trotz der zahlreichen Versuche einer Verbesserung dennoch auf den untersten Entwicklungsstufen stehen blieb« (Riepl 1913, 91) und eher nur Instrumentalcharakter aufwies – also unzweifelhaft mediale Funktion hatte, aber nicht als eigenständiges Medium im Sinne umfassend gesellschaftlicher Bedeutung gewichtet werden kann.

Drittens: Zumindest hingewiesen werden muß hier schließlich, als Vorausdeutung, darauf, daß der geschriebene Brief in manchen seiner Gestalten, etwa als »Nachrichten-Brief«, seinerseits ein Zwischenglied darstellt: eine Vorform war bei der Herausbildung wiederum neuer Medien wie der Zeitung und der Zeitschrift ab der Wende vom 16. zum 17. Jahrhundert. Wolfgang Riepl beispielsweise spricht von Julius Caesar als dem »Begründer der ersten regelmäßig erscheinenden Zeitung in Rom« und unterscheidet Formen wie den »Zeitungsbrief« und die »Briefzeitung«. Gewerbsmäßige Reporter, die gegen Bezahlung mit Zeilenhonorar Nachrichten verfassen, soll es schon Mitte des vorchristlichen Jahrhunderts in Rom gegeben haben, wobei Cicero als »der glänzendste Journalist« des alten Rom dargestellt wird. Die »Acta publica«, ab 59 v.u.Z., welche die Ergebnisse der Verhandlungen im Senat und vor der Bürgerschaft offiziell protokollierten und in handgeschriebener Form zugänglich machten, werden als amtlicher römischer Staatsanzeiger, als »offizielles Publikationsorgan« bewertet, letztlich als »ein täglicher Anzeiger oder ein Tageblatt in wörtlichem Sinne«. Riepl sieht hier sogar eine »Entwicklung zum Hofjournal und Intelligenzblatt« (Riepl 1913, 378ff.). Aber von einem »Zeitungswesen«, wie er es nennt, zumal in unserem heutigen Sinn, kann damals mit Sicherheit noch nicht gesprochen werden. Bei aller anzunehmenden Periodizität, auch angesichts einer gewissen Aktualität, kann von inhaltlicher Vielfalt und vor allem von einer nennenswerten Publizität der handschriftlichen Acta nicht die Rede sein.

Heutzutage wird der Brief, sofern er nicht verfälschend nur als »Literaturgattung« oder »Textsorte« begriffen wird, mit Recht als Medium *schriftlicher* Kommunikation verstanden (was allerdings seiner jüngsten Form, dem elektronischen Brief mit der Mailbox im Datennetz, ebenfalls nur noch partiell gerecht wird). Historisch gesehen, hat er freilich seinen Vorläufer. Der Brief – als Schreibmedium, nicht mehr in seiner Gestalt als Menschmedium – ist im Grunde die miniaturisierte und mobile Wand: funktionale Ausdifferenzierung der Höhlenwand, Variation des ersten Individualmediums der Geschichte (vgl. auch Riepl 1913, 340ff.). Eine entsprechende Zwischenstellung nimmt denn auch der an der Wand öffentlich ausgehängte Brief ein, eine Vorform des späteren Mediums Plakat. Allerdings haben sich mit dem Schritt von der »bemalten« Wand zum geschrieben Brief auch die Funktionen verschoben. Der Brief ist nicht mehr kultisches Steuerungsmedium bzw. historiographisches Speichermedium bzw. mythologisches Tradierungsmedium wie die Höhlenwand (vgl. Kap. 5), sondern hat primär Informations- und Übertragungsfunktion; er ist entsprechend geprägt nunmehr von mittelfristiger Aktualität.

In Anlehnung an die durchweg ältere Standardliteratur von E. E. Hudemann (1875), O. Veredarius (alias Ferdinand Hennicke, 1885), Lucian Maury (1895), Amand Freiherr v. Schweiger-Lerchenfeld (1901), Wolfgang Riepl (1913), Eric J. Holmberg (1933), Ludwig Kalmus (1937) u.v.a. lassen sich im folgenden drei Abschnitte der Entwicklung des Briefs im Altertum umreißen:

– der Brief bei den Ägyptern, Persern und Griechen,
– der Brief im Römischen Imperium mit dem »cursus publicus« und
– das Postwesen bei den Kalifen und Sultanen.

Den bislang noch allzu knappen Hinweisen der Fachliteratur ist zu entnehmen, daß die Entwicklung des Postwesens etwa in China oder Japan, in Indien oder Amerika im Prinzip durchaus ähnlich verlief.

12.1. Der Brief bei den Ägyptern, Persern, Griechen

Neben und nach der gesprochenen Nachricht als Brief entstand der Brief auf Stein, Tonplatte oder anderen Materialien. Er setzte den Gebrauch der Schrift voraus. Ein gutes Beispiel (Abb. 88) bietet der sogenannte Amarna-Brief 324, den Widia von Askalon an den Pharao schrieb (vgl. Ekschmitt 1968, 126):

> »Zu dem König, meinem Herrn,
> meiner Sonne, meinen Göttern, der Sonne
> vom Himmel,
> (spricht) also Widia, dein Diener,
> der Staub deiner beiden Füße,
> der Stallknecht deiner beiden Pferde
> (...)
> Siehe, ich habe bereitgestellt Speisen,
> Rauschgetränke, Öl, Getreide, Rinder
> ... für die Krieger des Königs, meines Herrn
> (...)«

Der »steinerne« Brief oder »Keilschriftbrief« (vgl. etwa Edel 1978), Gestaltungsmedium wie etwa die Stele, war noch deutlich in kultische Verwertungszusammenhänge eingerückt, ähnlich wie die damals üblichen

Abb. 88: Der Brief auf Stein (Ägypten)

Briefe an Götter oder Verstorbene, hatte aber als offensichtliche Antwort auf einen entsprechenden Arbeitsauftrag gleichwohl bereits Informationscharakter im Sinne profaner Kommunikation. Zu den rein kultischen Briefen kamen erstmals im 2. Jahrtausend v.u.Z. Privatbriefe mit Geschäftlichem und Familiärem hinzu (Jochum 1993, 13).

Maßgeblich für die Geschichte des Briefs als Schreibmedium ist die Entwicklung vom Boten, der einen einzelnen Brief vom Sender zum Emp-

271

fänger brachte – zunächst zu Fuß, dann per Reittier –, zum Boten, der mehrere Briefe besorgte, bis zur Botenkette, als Staffette, – eine Entwicklung, die primär auf die Verschnellerung der Beförderung ausgerichtet war und mit der Organisation des Transports ein eigenes, immer stärker ausdifferenziertes System entstehen ließ.

Das System der Nachrichtenübermittlung durch Arbeitsteilung in Form einer Stafettenkette ist uralt, aber erstmals nachweisbar im großpersischen Reich (vgl. die Beiträge von Ilwof 1880, 5ff., bis Sautter 1950, 105f.). Zwar hat sich bereits Pharao Amenemhat III. von Ägypten um 2300 v.u.Z. die Nilwasserstandsmeldungen in Form einer Botenkette übermitteln lassen (z.B. Riepl 1913, 181). Aber gemäß den genauen Beschreibungen bei Xenophon und Herodot scheint erst für den Perserkönig Cyrus ein etabliertes Nachrichten- und Transportsystem, mit wechselnden Reitern, ausgeruhten Pferden, festen Stationen mit Stallungen und Unterkünften entlang des Transportwegs und mit einem Tag-und-Nacht-Betrieb, nachgewiesen – übrigens von der Staatskasse finanziert. Die königlichen Kuriere wurden »angarii« genannt. »Dieser persische Kurierdienst war (...) in seinem technischen Prinzip und rein äußerlich der heutigen Post annähernd gleich. Was ihn aber von ihr unterscheidet, ist seine nationalökonomische Seite. Die Benutzung dieser persischen ›Staatspost‹ stand nämlich nur dem König und seinen Beamten frei, eine Benützung durch Private war nicht zulässig und ist auch nirgends erwähnt. Ihr Personal arbeitete außerdem nur dann, wenn gerade Dienstschreiben zu befördern waren. Es fehlte also außer der allgemeinen Benützbarkeit auch die Unabhängigkeit vom individuellen Anlaß, beides Begriffe, die mit einer Post in unserem Sinne untrennbar verbunden sind.« (Kalmus 1937, 7ff.; vgl. Sautter 1950, 106). Dieser Unterschied verweist bereits klar auf die damals dominante Herrschaftsfunktion des Mediums Brief.

Bei den Ägyptern ist die Staatspost erst seit dem dritten Jahrhundert v.u.Z. nachgewiesen (Kalmus 1937, 12; vgl. auch Holmberg 1933, 29). Manchmal spricht man als Anfang des Postwesens in der Kulturgeschichte aber auch von der ptolomäischen Staatspost bereits im 4. Jahrhundert v.u.Z. (vgl. z.B. Preisigke 1907; Homberg 1933, 18ff.). Auf der Grundlage eines Tagebuchfragments in Papyrusform (vgl. auch Preisigke 1907, 241ff.) läßt sich die Arbeit in einer dieser Poststationen rekonstruieren – dreimal täglich kamen die Boten; Reittiere mußten unentgeltlich bereitgestellt werden; der Transport wurde jeweils von einem Postbegleiter überwacht, der namentlich erfaßt war und die Transportzeit festzuhalten hatte; befördert wurden ausschließlich Sendungen des Königs und der Zentralbehörden, insbesondere des Finanzministers; bezahlt wurden die fünf Beamten der Station vom König, usw. Später gab es auch ein ausgebildetes Botenwesen auf Gauebene. Gegenüber dem persischen Postwesen wurde das System in Ägypten, abgesehen von den Beamten selbst, aber von der Bevölkerung getragen; es waren die Bauern und Bewohner der Umgebung der Stationen, welche für die Verköstigung und Unterkunft der Reisenden sowie die Versorgung der Pferde zuständig waren (z.B. Holmberg 1933, 30f.).

Briefe in Ägypten hatten überwiegend Papyrusform (z.B. Gardthaausen 1911, 162; auch Schlott 1989, 72ff. u.v.a.) – ein Blatt wurde entweder zusammengelegt oder gerollt, letzteres manchmal um einen Stab herum, außen mit Absender und Adresse versehen und versiegelt (außer, wenn der Empfänger bekannt war und der Bote nur diesen einen Brief zu überbringen hatte). Manchmal wurden auch mehrere Briefe in einem Behälter oder einem »Briefpaket« transportiert (vgl. auch Riepl 1913, 249ff). Privatbriefe wurden ausschließlich durch Boten, oft Freunde oder Bekannte oder sonstige Reisende, überbracht.

Bei den Griechen war bereits eine nennenswerte Briefkultur entwickelt. So unterschied beispielsweise Pseudo-Demetrios von Phaleron 21 verschiedene Briefarten. Ein Brief mußte bestimmte ästhetische Anforderungen erfüllen, z.B. persönlich und kurz sein, Dinge einfach sagen, Anmut ausdrücken usw. Es gab Briefsteller und Musterbriefe, aber natürlich auch Brieffälschungen (z.B. Schneider Bd. 2, 1969, 325f.). Der Zusammenhang zwischen dem Briefeschreiben und der Kunst der Rhetorik (vgl. Kap. 10) ist offensichtlich.

Auch bei den Griechen und den Römern war Papyrus das wichtigste Schreibmaterial. Wolfgang Riepl verweist aber auch auf die Wachstafel, insbesondere in Gestalt des Diptychon oder Triptychon, als Vorform, auf die sogenannten »codicilli-Briefe«: Die Tafeln wurden übereinandergelegt, mit der Schrift nach innen, und die Rahmen wurden durch die vorgesehenen Löcher mit Riemchen, Faden oder Draht miteinander verbunden und dann versiegelt (1913, 125). Allerdings wurden auch Holz, Knochen, Leder und Blei verwendet. Bei dem ältesten erhaltenen griechischen Brief handelt es sich um den Bleibrief des Mnesiergos aus dem 4. Jahrhundert v.u.Z. (Abb. 89), der, auf dem Land vom Frost überrascht, seine Hausgenossen um einige Wintersachen bat. Das Blei wurde dünn gehämmert und ließ sich deshalb nicht nur rollen, sondern sogar falten wie Papier. »Später diente das Blei fast ausschließlich magischen Zwecken. Es galt als dem Nächtigen und Unterweltlichen zugehörig und war das Material, auf dem die Rachsucht des Altertums ihre Verwünschungen niederschrieb.« (Ekschmitt 1968, 240ff.).

Die Boten in Griechenland waren meist Sklaven oder Freigelassene, »junge, ausgebildete, abgehärtete Schnelläufer«, bei denen gelegentlich unterschieden wurde zwischen den »statores« (regelmäßige Überbringer offizieller Botschaften) und den »tabellarii« (andere amtliche und private Briefträger). (Holmberg 1933, 21+35) Sie wurden durch die athenischen Avisoschiffe ergänzt. Dabei handelte es sich um schnellsegelnde Staatschiffe zur Übermittlung von Botschaften, Nachrichten, Geldtransporten, zur Beförderung vornehmer Personen und nicht zuletzt, bezogen auf Götter-

Abb. 89: Der Brief auf Blei (Antike)

feste, zum Transport von Kultgegenständen: »Als solche standen sie auch im Dienste der Götter und wurden heilig genannt.« (Holmberg 1933, 22.)

12.2. Der Brief im Römischen Imperium – der »cursus publicus«

Im Römischen Weltreich bestand – anders als im kleinstaatlichen Griechenland – die unbedingte Notwendigkeit eines effizienten und institutionalisierten Transport- und Nachrichtenwesens. Wolfgang Riepl macht anschaulich, wie sich die längste Diagonale eines zurückzulegenden Weges im römischen Reich verändert hat: »Von 3–4 Tagesmärschen Normalentfernung zur Zeit des Galliereinfalls haben sich die römischen Nachrichtenwege am Beginn der Kaiserzeit auf 150–200 Tagesmärsche verlängert.« (1913, 127) Heinrich Stephan errechnete für die Kaiserzeit eine Distanz von 7500 Kilometer für die längste Diagonale (1868). Karl Sautter beziffert die Länge des römischen Straßennetzes zur Kaiserzeit auf immerhin 76000 Kilometer (1950, 112; vgl. auch Stephan 1868, 102ff.). Die Höchstleistung eines berufsmäßigen Boten zu Fuß wird dabei mit kaum glaublichen 70 bis 80 Kilometern am Tag angegeben, der Durchschnitt lag wohl bei 40 Kilometern (Riepl 1913, 143ff.). Reitende Boten überwandten mit 90 bis 100 Kilometern täglich nur unwesentlich mehr Strecke, während bei Wagenfahrten etwa 50 bis 60 Kilometer angesetzt werden können, bei Seefahrten etwa 10 Kilometer pro Stunde. Natürlich sind solche Angaben je nach Beschaffenheit der Wegstrecke, den Umständen der Reise, den Jahreszeiten und Wetterverhältnissen etc. stark variabel.

Zur Zeit der Republik hatten noch die Boten dominiert, unterschieden nach staatlichen und privaten Briefen. »Wir wissen, daß das römische Publikum einen großen Briefverkehr hatte. Man schrieb seinen Freunden und Bekannten, seiner Familie, wenn man gerade von seinem Wohnort verreist war. Das Briefschreiben gehörte gewissermaßen zum guten Ton.« (Kalmus 1937, 18) »Männer von Einfluß und Ansehen, Beziehungen und Interessen politischer, geselliger, geistiger, geschäftlicher Natur sehen wir unaufhörlich Briefe lesen, schreiben und diktieren.« (Riepl 1913, 265) Auch Geschäftspost wurde durch eigene Boten überbracht, meist Bedienstete als Kuriere. Man muß davon ausgehen, daß »jeder, der Privatmann wie der Beamte, Feldherr, die Zentralstaatsgewalt, auch der Herrscher, so im römischen Reich noch der Imperator Caesar, wenn er irgendwohin eine mündliche oder schriftliche Nachricht, einen Auftrag, Brief oder eine Depesche senden wollte, grundsätzlich damit einen eigenen Boten nach dem Bestimmungsort abfertigen oder eine Gelegenheit abwarten (mußte), bis er einem gerade dahin reisenden Freund oder Gastfreund, Bekannten, Kaufmann usw. oder fremden Boten die Sendung mitgeben konnte« (Riepl 1913, 242). Letzteres brachte es mit sich, daß häufig Briefe, meist auch nur sehr kurze, geschrieben wurden, wenn sich überraschend eine Transportmöglichkeit ergab – Gelegenheitsbriefe, die eher allgemein der Kommunikation und Pflege der persönlichen Beziehung als konkreten Anliegen oder geschäftlichen bzw. politischen Interessen gewidmet waren.

Wolfgang Riepl schreibt: »Im allgemeinen galt dem Altertum von der Urzeit her das Briefgeheimnis als etwas Heiliges und Unverletzliches.« (1913, 296) Allerdings betont er auch, daß der Brief »im ganzen Altertum (...) in viel höherem Maße als heute ein Mittel der Nachrichtenverbreitung war. Man gab einander die Briefe, die man bekam, zu lesen, pflegte sie vorzuzeigen, vorzulesen, anderen zum Abschreiben zu geben (...). Fast ist es als Ausnahmefall zu betrachten, wenn von Briefen nicht eigentlich konfidentionellen Charakters vorausgesetzt wird, daß sie nicht unter die Leute kommen« (1913, 371f.). Wie bei den Griechen gab es auch bei den Römern einen ausgeprägten Briefkult, insbesondere den Brief »als Ausdruck der Adelskultur« (Fuhrmann 1994, 261). Ähnliches gilt für den byzantinischen Kulturkreis: »Der Brief wurde in Byzanz sowohl im privaten

Kreis als auch im Rahmen eines Theatron laut gelesen« – als ein »Ritual, das für den Brief aufgebaut wurde«, als »ein Stück Rhetorik«: Hier »bot sich in kleinen Zirkeln Gleichgesinnter, die durch das gemeinsame Bildungsniveau verbunden waren, die Möglichkeit zum Vortragen der literarisch stilisierten Briefe. Wir kennen diese byzantinische Spezialität, die wie so vieles auf die Spätantike zurückgeht. Man hat richtige Wettbewerbe veranstaltet, das Auditorium (...) hat über die Qualität der vorgetragenen Briefe abgestimmt und den Preis zugeteilt.« (Hunger 1989, 125f.) Auch hier wieder der offensichtliche Verweis auf ein anderes Medium, diesmal das Theater (vgl. Kap. 9.2.). Bisher noch nicht zureichend erforscht sind die besonderen Vermittlungsfunktionen im Prozeß der Ausdifferenzierung »alter« und Entstehung »neuer« Medien, die dem Brief insgesamt im System aller Medien – zumindest in der Phase der multiplen Hochkulturen, nachgewiesenermaßen aber auch im Mittelalter (vgl. Faulstich 1996, 251ff.) und auf den ersten Blick auch in der frühen Neuzeit – zuzukommen scheinen.

Mit der Expansion über Italiens Grenzen hinaus, spätestens ab 264 v.u.Z., begann die Entwicklung des römischen Postwesens. Mit den Reformen durch Augustus wurde der »cursus publicus« eingeführt, ein ähnliches Beförderungssystem wie bei den Persern und Ägyptern. E. E. Hudemann (1875, 61) erklärt den Begriff als Übertragung des persischen Begriffs für »Eilboten« (lateinisch = »cursores publici«). Der »cursus publicus« durchzog an den Hauptverkehrs- und Handelswegen bzw. großen Staatsstraßen nach und nach das gesamte römische Reich. Im Jahr 562 u.Z. schloß Justitian sogar einen Vertrag mit den Persern, der u.a. die Postsysteme der beiden Reiche aneinanderschloß und eine gegenseitige Benutzung vorsah (Holmberg 1933, 68). Neu gegenüber der persischen Staatspost und dem ptolomäischen System war die Einführung des Reisewagens, denn über den »cursus publicus« wurden nicht nur Briefe, sondern nun auch Personen und Lasten befördert. Die Fachliteratur zeigt hier veranschaulichend immer wieder den vierrädrigen Reisewagen des »cursus publicus« (genannt: Rheda), wie er auf einem römischen Grabstein an der Kirche von Maria Saal in Kärnten abgebildet ist (Abb. 90). Man unterscheidet im allgemeinen zwischen dem »cursus velox«, dessen Aufgabe in der möglichst schnellen Beförderung von Briefen und Nachrichten bestand, mit Pferden bzw. Mauleseln, und dem von Diocletian eingerichteten »cursus clabularius« für Transportzwecke, mit Ochsen. Die Stationen des »cursus velox« verfügten über einen dauernden Bestand von etwa 40 Tieren, die des »cursus clabularius« über einen Bestand von etwa 20 Zugtieren (Holmberg 1933, 78). Die beiden waren organisatorisch voneinander getrennt, hatten aber jeweils (z.B. Maury 1895, 70ff.) sowohl Stationen zum Wechseln von Fuhrwerken, Pferden u.ä. (»mutationes«) als auch Stationen zum Übernachten (»mansiones«). Hinsichtlich der Finanzierung richtete sich Rom nach dem ägyptischen Muster: Die Bevölkerung hatte die Lasten der

Abb. 90: Der Rheda – vierrädriger Reisewagen des römischen »cursus publicus«

Verköstigung und Unterbringung der Reisenden, der Reparaturen usw. aufzubringen, nur partiell, etwa beim Heu für die Zugtiere, gegen Entgelt (Holmberg 1933, 84f.).

In der Kaiserzeit ging der private Briefverkehr zurück, während der amtliche »riesige Dimensionen« annahm (Riepl 1913, 269). »Die meisten uns erhaltenen römischen Gesetze über den Postdienst stammen aus der Zeit von circa 200 bis 450 n. Chr., und in diese Periode fällt auch die umfassendste Ausbildung des Postwesens in diesem Weltreich.« (Ilwof 1880, 13f.) In Kriegszeiten war es üblich, gegnerische Briefboten abzufangen und die Briefe selbst zu lesen bzw. zu vernichten, wobei die Kuriere oft getötet wurden. Ansonsten aber war die Verkehrsunsicherheit, etwa durch Straßenräuber und wilde Tiere zu Lande oder durch Winterstürme zu See, relativ gering bzw. lokal und zeitlich beschränkt. Immerhin war es Sitte, einen sehr wichtigen Brief durch mehrere Boten, evtl. auf verschiedenen Wegen abzuschicken, um die Wahrscheinlichkeit, daß der Brief seinen Empfänger erreicht, zu optimieren. Dabei spielte die Verläßlichkeit des Boten ebenfalls eine wichtige Rolle (z.B. Riepl 1913, 289ff.). Die Echtheit eines Briefes wurde primär durch das Siegel des Absenders beglaubigt, das häufig die Unterschrift ersetzte.

Die Briefträger der Provinzstatthalter (»statores«) verschwanden in der Kaiserzeit allmählich. Am häufigsten erwähnt werden für diesen Zeitabschnitt die »Augusti tabellarii« oder die »tabellarii diplomarii«, »d.h. Briefträger, denen ein Diploma, ein Postreiseschein erlaubte, den Wagen des Cursus publicus zu benutzen« (Homberg 1933, 49ff.). Daneben gab es zeitweise auch die »cursores« – Boten, die in staatlichen oder privaten Diensten Briefe zu überbringen hatten (unklar ist freilich, ob unter Nutzung von Diplomata bzw. des »cursus publicus«). Das Diploma (später auch »tractoria« oder »evectio« genannt) war ein Erlaubnisschein des Kaisers bzw. Provinzstatthalters oder Oberpostmeisters (»praefectus praetorio«) als seiner Vertretung – ein zeitlich beschränktes, höchst begehrtes Privileg, mit dem immer wieder Mißbrauch getrieben wurde (ausführlich Holmberg 1933, z.B. 54ff.). Ursprünglich war die Benutzung des »cursus publicus« nur dem Kaiser und seinem Gefolge erlaubt gewesen, dann auch dem Militär, natürlich den Staatsboten, zeitweilig sogar den christlichen Bischöfen. »Der schwierigste Punkt im Betrieb des Cursus publicus (bestand) für den Kaiser darin, seine freie Benutzung innerhalb vernünftiger Grenzen zu halten.« (Holmberg 1933, 145)

Zu den Beamten des »cursus publicus« gehörten ab dem beginnenden 3. Jahrhundert u.Z. auch die »agentes in rebus« – »eigentlich kaiserliche Boten oder Briefträger, die aber außerdem auf ihren Reisen auch Spionagedienste für den Kaiser leisteten und den gesamten Apparat des Cursus publicus überwachten.« (Holmberg 1933, 104ff.) Das war durchaus notwendig, weil die Vernachlässigung von Pflichten oder das Überschreiten von Nutzungsrechten hier besonders nahelag und mit drakonischen Strafen bedacht war; wer zum Beispiel die erlaubte Zahl seiner Diplomata überschritt oder sonstwie unrechtmäßig den »cursus publicus« benutzte, mußte ebenso mit der Todesstrafe rechnen wie ein Stationsvorsteher, der in den fünf Jahren seiner Dienstzeit insgesamt mehr als fünfzig Tage von seinem Amt fernblieb (z.B. Maury 1895, 92ff.). Der Zusammenhang zwischen Briefträger und Agent oder Spion war schon in der frühen Kaiserzeit mit den »frumentarii« hergestellt worden. Darunter sind zu Caesars Zeiten Proviantmeister zu verstehen, die später auch Verhaftete einzubringen und schließlich selbst als Spione tätig zu werden hatten, womit sie beim Volk so unbeliebt geworden waren, daß man sie hatte abschaffen müssen (z.B. Hudemann 1875, 81ff.). Mit den »agentes in rebus« wurde der römische Nachrichtendienst in Teilen also erneut zu einem Geheimdienst ausdifferenziert, der später zeitweilig zwar wieder aufgelöst wurde, letztlich aber für den Kaiser unentbehrlich geworden war. Straff nach militärischem Vorbild organisiert, waren die »Agenten« eine Art geheimer Staatspolizei unter dem Deckmantel der Post.

Daß der Brief in der Spätantike immer stärker zum uneigentlichen Brief wurde, etwa in der Gestalt des Lehrbriefs (z.B. Büngel 1939, 30), verweist zum einen, indirekt, auf die oben (Kap. 10) bereits thematisierte Ablösung des Menschmediums Lehrer durch Schreibmedien bzw. den Wandel von kommunikativer zu informativer Funktion. Zum andern und vor allem zeigt sich, etwa mit dem »Sonntagsbrief«, ein weiterer Funktionswechsel, wie er am Beispiel der pastoralen Apostelbriefe bereits benannt wurde (Faulstich 1996, 258ff.): Der Sonntagsbrief sollte im 6. Jahrhundert u.Z. die Sonntagsheiligung durchsetzen und wurde deshalb – im Sinne des Briefs als magisch-religiöser Kraftträger, der noch Restbestände der archaischen Kult-Kommunikation zwischen Menschen und Göttern präsent hielt – »als Brief des erhöhten Christus ausgegeben«, analog der Tafel mit den 10 Geboten des Moses als dem »echtem Himmelsbrief« (Speyer 1992, 82f.).

Der Brief hier war nur noch mittelbar Herrschaftsmedium, insbesondere im Hinblick auf die militärische Bedeutung einer schnellen Nachrichtenübermittlung und den Spionagedienst, und hatte nur noch sehr vereinzelt kultische Funktion, sondern wies eher zwei andere dominante Funktionen auf:

– zum einen Organisations-, Koordinations- und Verwaltungsfunktion, mithin allgemeine und für jedes größere Gemeinwesen unverzichtbare Steuerungsfunktionen in unterschiedlichster Form, soweit es den »cursus publicus« angeht,

– zum andern Informationsfunktion im privaten und geschäftlichen Bereich, bezogen auf das Botenwesen.

Der Verfall des »cursus publicus« nach dem Untergang des Imperium Romanum wurde zwar durch Theoderich, die Vandalenkönige und Justitian, die sich der Reste dieses Verkehrssystems für ihre eigenen kommunikativen Zwecke bedienten, aufgehalten (vgl. z.B. Hudemann 1875, 41ff.; Stöhr 1933, 52ff.; Büngel 1939, 41f.), letztlich aber nicht verhindert. Noch Karl der Große sollte sich 807 an die Tradition des römischen »cursus publicus« anzuschließen suchen, aber ebenfalls mit wenig Erfolg (Maury 1895, 68; vgl. Faulstich 1996, 255).

12.3. Zum Postwesen bei den Kalifen und Sultanen

Die Eroberung Ägyptens, Nordafrikas und großer Teile Europas durch die Araber im 7. und 8. Jahrhundert schuf ein neues großes Reich mit einer ähnlichen Notwendigkeit für ein ausdifferenziertes, institutionalisiertes Briefwesen wie im Falle des Römischen Reichs: »Von Frankreich bis an die Grenzen des sagenhaften Indien dehnte sich das Reich der Kalifen, der ›Nachfolger Mohammeds‹.« (Kalmus 1937, 28; vgl. auch Ilwof 1880, 33f.) Posteinrichtungen sollen schon von Kalif Moawija (661–679) und Kalif Al-Mahdi (775–786) geschaffen worden sein (Ilwof 1880, 34). Ibn Chordadbe, ehemals Oberpostmeister unter dem Kalifen Motamid im Djebel, schrieb um 860 ein Werk, dem zahlreiche Informationen über die Organisation des Postwesens der damaligen Zeit zu entnehmen sind. Andere Texte, etwa des Geographen Qodoma, verbreitern das Bild. Im ganzen Reich sollen damals 930 Poststationen existiert haben. Es gab einen vom

Kalifen ernannten Generalpostmeister mit einer ausgeprägt hierarchischen Struktur des Beamtenapparats nach unten. Im Unterschied zum römischen »cursus publicus« wurden die Kosten der Erhaltung der Post nicht mehr größtenteils der Bevölkerung aufgebürdet, sondern vom Staat getragen. Das beförderte eine schon beim römischen »cursus publicus« thematisierte Nutzung: Neben dem Transport von Briefen, Paketen und Personen diente der Apparat vermehrt Spitzeldiensten; »je unruhiger die Zeiten waren, desto mehr trat die Aufgabe der Briefbeförderung gegenüber den staatspolizeilichen Diensten zurück, die die Post zu leisten hatte. Die politische Bedeutung der Post wird hier klar, und Politik, Polizei und Post bleiben von da an eng miteinander verbunden. Die Post war von einem mehr oder minder untergeordneten Verkehrsmittel zum politischen Machtfaktor geworden.« (Kalmus 1937, 29)

Verwendet wurden neben den traditionellen Fußboten bzw. Pferden und Maultieren auch Kamele. Ludwig Kalmus verweist noch auf eine weitere Besonderheit (vgl. auch Maury 1895, 5ff.): »Außer ihrer Post verfügten die Kalifen noch über eine andere Einrichtung zur Briefbeförderung, die Brieftauben. Schon in Griechenland hatte man sich ihrer bedient, um Siegesnachrichten von den Kampfspielen zu verbreiten. Die erste Erwähnung von Brieftauben in der griechischen Literatur finden wir bei Anakreon (530 v. Chr.). Auch den Römern war die Verwendung von Brieftauben bekannt. Varro, Cato, Columella und andere Autoren haben in ihren Schriften Mitteilungen darüber gemacht. Plinius und Aelian erzählen, daß die Benützung der Tauben als Briefboten bis in das frühe Altertum zurückreichte. (...) Die Araber waren jedoch die ersten, die die Brieftauben in größerem Ausmaß verwendeten. Bekanntlich waren ihre Kenntnisse auf dem Gebiet der Tierzucht besonders groß. Der Vorteil der Brieftauben gegenüber Boten bestand nun darin, daß die Taube viel rascher flog, als ein Reiter reiten konnte, und daß diese Beförderungsart viel sicherer war als jene mit Reitkurieren, da man den Brieftauben nicht auflauern und sie nicht berauben konnte. Ein Nachteil bestand nur darin, daß es nicht möglich war, ihnen allzuschwere Lasten anzuhängen. Die Araber wußten dem jedoch abzuhelfen. Schon längst hatten sie die Herstellung des Papiers kennengelernt und dieses immer mehr an Stelle des Papyrus verwendet; trotzdem war das allgemein erzeugte Papier schwer, viel zu schwer für eine kleine Taube. Man ging daher dazu über, eine besonders feine Sorte zu erzeugen«, genannt »Vogelpapier« (Kalmus 1937, 35ff.). Bereits im 8. Jahrhundert soll es Brieftaubenstationen gegeben haben, die größtenteils entlang der gewöhnlichen Poststraßen angelegt waren, eben nur in größeren Abständen, d.h. daß Brieftauben gleichsam im Stafettenflug eingesetzt wurden. Im 11. und 12. Jahrhundert sollen sie in großem Ausmaß eingesetzt worden sein. Lucian Maury berichtet von Türmen mit Taubenschlägen im Abstand von zwölf Meilen, je mit einem Vorsteher und mehreren Wächtern versehen (1895, 7ff.). Für die Taubenpoststation Kairo al-

Abb. 91: Romantisierende Darstellung der »arabischen Brieftaube«

lein wurde beispielsweise für das Jahr 1288 die Zahl von 1900 Brieftauben
genannt. Im europäischen Mittelalter ist die »arabische Brieftaube« durch
Reisebeschreibungen bekannt geworden. Vielleicht deshalb wurde sie
häufig romantisierend dargestellt, etwa im Buch des Ritters Hans von
Montevilla 1480, – so als hätte man den Tauben die Briefe gleichsam um-
gehängt (Abb. 91), statt sie am Körper auf eine Weise zu befestigen, die
beim Fliegen nicht hinderlich wurde.

Das Auseinanderbrechen des Kalifenreichs und die Herausbildung eigener Staaten jeweils mit einem Sultan an der Spitze bedeutete auch das
Ende der arabischen Staatspost, die für den einzelnen Herrscher zu kost-
spielig geworden war. Singuläre Kamelreiter und teils sogar wieder nur
Fußboten hatten einzelfallbezogen die Lücke zu füllen. Erst im 13. Jahrhundert, unter dem Marmelucken Beibars, soll es noch einmal zu einer
Wiederbelebung und Nutzung der Poststraßen der alten Kalifenpost gekommen sein. Mit dem Niedergang der Sultanate verfielen aber auch die
Reit- und Taubenposten zur Briefbeförderung.

12.4. Zusammengefaßt: »Das Altertum kannte keine jedermann zu jeder
Zeit gleichmäßig zugänglichen Einrichtungen für die regelmäßige Beförderung von Nachrichten, wie unsere Post-, Telegraphen- und Telephon-
anstalten. Wo sich diesen verwandte Einrichtungen im Altertum finden
wie die persischen Angarien oder der Cursus publicus der römischen
Kaiserzeit, dienen sie (...) ausschließlich politischen und militärischen
Zwecken.« Dieser Befund (Riepl 1913, 241) muß wie beschrieben differen-

ziert und modifiziert werden. Insbesondere ist dabei festzuhalten, daß traditionelle Herrschaftsfunktionen des Briefs von allgemeinen Organisations- und Verwaltungsfunktionen überlagert und von Informationsfunktionen im privaten und geschäftlichen Bereich ergänzt wurden.

Zugleich sind zwei weitere Momente deutlich geworden:

– einmal, daß die Geschichte des Mediums Brief exemplarisch wieder die Entwicklung vom Menschmedium (»lebender« Brief) über das Gestaltungsmedium (»Keilschriftbrief«) bis zum Schreibmedium (geschriebener Brief) erkennen läßt.

– Sodann wird aber auch ein Prozeß kontinuierlicher Institutionalisierung sichtbar: vom individuellen, singulären Organisationsprinzip des privaten oder amtlichen Boten über die Relaisstationen, zu Fuß und zu Pferd, bis zum Transport einschließlich Wagen als einem hochkomplexen Teilsystem im Rahmen einer sich supranational ausdifferenzierenden Gesellschaft. Friedrich Haass faßte diese Ausdifferenzierung mit ihren Funktionsverschiebungen schon vor hundert Jahren, wenngleich vereinfachend, in die griffige Formel, daß »im Altertum die Posten lediglich zu Staatszwecken im engsten Sinn – besser gesagt zu Staatsverwaltungszwecken – unterhalten wurden, im Mittelalter dagegen das Postwesen ganz aus dem Kreis der Staatsverwaltung herausfiel und den einzelnen Lebenskreisen (Fürsten und deren Höfe, Städte, Korporationen) angepaßt war, deren Veranstaltung die Allgemeinheit je nach Bedürfnis mitbenützte. In der Neuzeit dagegen hat der Verkehr von den Banden des Staates sich vollständig emanzipiert, er hat die Grenzen desselben längst überschritten und innerhalb eines Staatswesens diktiert der Verkehr dem Staat die Gesetze und nicht umgekehrt.« (1891, 1) Es wird ausführlicher zu zeigen sein, wie nach den früheren *Posten* des kaiserlich-antiken »cursus publicus« im Mittelalter zunächst wieder der Rückschritt erfolgte zu *Boten*systemen in Teilöffentlichkeiten, freilich überlagert von einer nunmehr gesellschaftsübergreifenden *publizistischen* Bedeutung des Mediums Brief (vgl. Faulstich 1996, 267), bis dann in der frühen Neuzeit das moderne Kommunikationssystem *Post* in unserem heutigen Sinne entstand.

---
* * *
---

13. Die Druiden der Kelten als letztes genuines Menschmedium der Geschichte

13.0. Gestaltungsmedien wie Pyramiden, Reliefs oder Stelen und Schreibmedien wie Rolle, Kodex oder Brief könnten einen falschen Eindruck na-
helegen, der korrigiert werden muß: Innerhalb der sich wandelnden Medienkonstellation von den Anfängen der Menschheit bis zum Niedergang
der Antike (und darüber hinaus) waren jeweils und in allen Hochkulturen unzweifelhaft die Menschmedien dominant, wenn auch mit unterschiedlich schnell schwindender Bedeutung. Um diesen Befund zu unterstreichen, sei programmatisch auf die Druiden eingegangen. Die Druiden
der Kelten erscheinen als letztes genuines Menschmedium der Geschichte. Ihr Untergang kann paradigmatisch stehen für den unaufhaltsamen
medienhistorischen Wandel von den Mensch- zu den Schreibmedien, wie
er schon mehrfach angesprochen wurde.

Ohne daß hier im einzelnen auf die komplizierte Forschungslage und
die vielfältigen Merkmale der keltischen Kultur eingegangen werden kann
(vgl. die Auswahlbibliographie bei Maier 1994, 348-392), sei doch zunächst
etwas ausführlicher als im einleitenden Überblick auf etwas rekurriert,
was als Besonderheit der Kelten gelten kann (13.1.), bevor dann die Bedeutung der Druiden als Medium erläutert werden soll (13.2.).

13.1. Die Besonderheit der Kelten

Die in vielerlei Hinsicht bis heute rätselhafte und unerschlossene keltische Kultur (z.B. Krause 1929; Pokorny 1953; Schlette 1979; Cunliffe 1980;
Dillon/Chardwick 1983 u.v.a.) reicht zurück bis ins 5. Jahrhundert v.u.Z.
(manche nennen auch das 7. oder 8. Jahrhundert v.u.Z.). Sie verbreitete
sich von Süddeutschland und Böhmen aus nach Gallien, Spanien, Portu-
gal, Italien, Griechenland und Kleinasien. Im Jahre 387 v.u.Z. schlugen die
Kelten die Römer, brannten Rom nieder und belagerten das Capitol. 278
raubten sie das Heiligtum von Delphi aus. In dieser Zeit, auf dem Höhepunkt ihrer Macht, hielten sie einen Lebensraum besetzt, der von den
Pyrenäen bis zum Rhein, von Irland bis nach Rumänien reichte. Etwa seit
Beginn des ersten vorchristlichen Jahrhunderts, in jedem Fall mit der Er-

oberung Galliens durch Cäsar 58 bis 51 v.u.Z. und der folgenden Assimilation kultischer Traditionen durch die römische und vollends die christliche Kultur, ging das Keltentum allmählich unter. Augustus verbot denjenigen Kelten, welche römische Bürger geworden waren, den Kontakt mit den Druiden. Auch Tiberius unterdrückte »die barbarische und unmenschliche keltische Religion« (vgl. Piggott 1974, 108), und Claudius verbot im Jahr 54 u.Z. das Amt des Druiden gänzlich (Maier 1994, 103). Lediglich in der Bretagne, in Wales, in Irland und Schottland hat sich das Keltentum noch länger gehalten, teils bis ins 6. Jahrhundert u.Z. Spätestens mit dem Übertritt der Druiden, ursprünglich »unversöhnliche Gegner des Christentums« (Maier 1994, 78), zum christlichen Glauben aber – über die genauen Gründe scheint es wenig gesicherte Informationen zu geben – war die keltische Kultur prinzipiell an ihrem Ende angelangt.

Interessant an den Kelten – »Europas Volk der Eisenzeit« (Time-Life-Books 1995) – ist der Widerspruch einerseits einer großen Einheitlichkeit und Verbreitung (die allerdings gelegentlich in Frage gestellt wird, z.B. von Piggott 1974, 109) und andererseits, zugleich, einer extremen Vielfalt in ihrer räumlichen Ausdehnung (Markale 1989, 26). Dieser Widerspruch läßt sich vielleicht aus den charakteristischen Faktoren der keltischen Kultur verstehen: erstens und vor allem der Einheitlichkeit von Weltsicht und Tradition, die nur mündlich weitergegeben wurden – der Gebrauch von Schreibmedien speziell im kultischen Bereich war hier untersagt; zweitens einer überall gleich hoch entwickelten Landwirtschaft; drittens einer einheitlichen Sprache indoeuropäischen Ursprungs, die sich später in das Gälische und das Brittonische aufspaltete. Warum aber haben es diese Faktoren vermocht, die nationalen und die mentalen Unterschiede, die zwischen den Bewohnern der Länder und Regionen bestanden haben müssen, weitgehend auszugleichen?

Antwort gibt möglicherweise ein weiterer Grundzug keltischer Kultur, der als Besonderheit hervorgehoben werden soll: Unübersehbar verweisen hier mehrere Umstände auf die ursprüngliche matriarchale Kultur. Jahreszeitliche Aktivitäten, Feste und Rituale nach dem Mondstand – »alles wurde vom Kalender bestimmt, dessen Berechnung und Einhaltung Aufgabe der Druiden war.« (Cunliffe 1980, 110) Vor allem der berühmte Kalender von Coligny dient hier als Quelle. Als in dieser Hinsicht typisch kann beispielsweise auch das Beltaine-Fest gelten, das am 1. Mai gefeiert wurde und einen der Höhepunkte des keltischen Festjahres darstellte (das zweite große Fest war das Samhain-Fest am 1. November). »Der Name *Beltaine* bedeutet ›Feuer des Bel‹ und evoziert die Vorstellung von Wärme und Licht. Weil dieses Fest das Ende des Winters und den Beginn des Sommers bezeichnet, ist es nicht nur besonders reich an Feuerritualen, sondern hebt auch die sakrale Bedeutung der keimenden Vegetation hervor.« (Markale 1989, 175) Die Kelten verehrten verschiedene Naturkräfte und Naturobjekte wie Sonne, Mond, Meer, Bäume, namentlich die Eiche, aber auch bestimmte Tiere, vor allem den Eber, aber auch Hirsch, Pferd, Stier, Widder u.a. Die Kultfeierlichkeiten wurden nicht in Tempeln, sondern im Freien, in heiligen Hainen, vorgenommen (vgl. auch Frazer 1994, 159ff.). Die Einheit von Gegensätzen, die kosmologischen Grundgedanken, der besondere Bezug zur Natur, speziell zu Pflanzen, die Vegetations- und Fruchtbarkeitsrituale – das alles verrät ein holistisches Grundprinzip der Weltsicht, wie es für die Frau als Medium der Urgeschichte bereits als charakteristisch vorgestellt wurde (Kap. 2). Rituale und Feste galten bei den Druiden als »magische und religiöse Handlungen mit dem Ziel, die Harmonie zwischen Wesen und Dingen, Menschen und Göttern, sichtbaren und unsichtbaren Kräften zu sichern.« (Markale 1989, 177f.) Barry Cunliffe beschreibt prägnant: »Es ging hoch her auf keltischen Festgelagen: Lärm, Trunkenheit, hemmungslose Prahlereien, versteckte Drohungen und gelegentlich offene Gewalt. Dennoch war das Fest eine wesentliche Institution, durch die man die Gesellschaft unter Kontrolle hielt, ein Ventil, das für das geordnete Funktionieren der Gemeinschaft unerläßlich war.« (1980, 43) Bei dem Beltaine-Fest sollen übrigens auch die sogenannten Johannisfeuer angezündet worden sein, in den germanischen Ländern als Walpurgisnacht bekannt. Die Frau hatte eine besondere Stellung in der keltischen Gesellschaft, die der Position der Frau etwa nach römischem Recht ganz und gar widersprach – sie konnte Familienoberhaupt sein, Seherin, Magierin, Erzieherin, es stand ihr frei zu heiraten oder auch ledig zu bleiben, sie war berechtigt, einen Teil des Vermögens ihrer Eltern zu erben usw. »Sie war weder ein Lustobjekt, noch die Repräsentantin des ›Schwachen Geschlechts‹, und konnte daher (...) einen wesentlichen Teil des gesellschaftlichen Ranges bewahren, den sie in weiter zurückliegenden Epochen einmal gehabt haben muß« (ausführlich Markale 1984, hier 42). Barbara G. Walker geht sogar so weit zu behaupten: »Offensichtlich gab es (beim Druidentum, WF) ein früheres, matriarchalisches Stadium, das nur Priesterinnen zuließ, und ein späteres, in dem es auch Priester gab.« Nach der offiziellen Bekehrung zum Christentum sollen aus den konventähnlichen »Kollegien« der Druidinnen dann Nonnenklöster geworden sein. (1983/1993, 176f.; vgl. auch Briffault, vol. II, 543ff.)

In der Tat offenbart sich dieser matriarchale Bezug auch in »steinernen« Belegen, wie sie aus den Megalith-Kulturen bekannt sind und im Zusammenhang mit der Großen Göttin bereits erwähnt wurden (Kap. 2.2.). So zeigt eine Stele aus dem Oa-Tal – »das exemplarischste Stück der keltischen Bildsäulen« (Lengyel 1994, 39) – eine zweigeschlechtliche Gottheit, deren Geschlechtsteil als Schlangenei dargestellt ist (Abb. 92). Lancelot Lengyel sieht darin die Wiedergabe eines beherrschenden keltischen Themas: »Der Tod bringt Leben, das Leben bringt Tod hervor; die Schlange entwindet sich dem Ei (Tod) und beißt der Gestalt in die Brüste (Leben). Im Gegensatz zur biblischen Konzeption, nach der das Weibliche aus dem Männlichen hervorgegangen ist, entspringt in der keltischen Mythologie

Abb. 92: Eine zweigeschlechtliche Gottheit der Kelten –
Anklänge ans Matriarchat

das Männliche (Schlange) aus dem Weiblichen (Ei).« Im Unterschied zur
matriarchalen Weltauffassung mit ihren entsprechenden Kulthandlungen
wurden in der keltischen Kultur unter Anwesenheit von Druiden aber
auch Opferhandlungen vollzogen – den Göttern wurde Gegenstände, Tiere,
möglicherweise auch Menschen geopfert. Die letzte Annahme geht vor
allem auf Tacitus, Cicero und andere antike Autoren zurück, aber es muß
offen bleiben, ob sie zutreffend ist. Stuart Piggott verweist darauf, daß die

These höchst unwahrscheinlich sei: »Die Vorstellung, daß die Druiden den Opferhandlungen pflichtbewußt beiwohnten, aber mit Ablehnung in ihren Gesichtern und edlen Gedanken in ihren Köpfen, ist schierer Romantizismus und eine Kapitulation vor dem Mythos des Noblen Wilden.« (1974, 100) Mircea Eliade betrachtet keltische Menschenopfer als unfraglich, unterstreicht aber ebenfalls den matriarchalen Charakter der keltischen Kultur, etwa mit dem Hinweis auf den Ritus der Konsekration des Königs als Variante des Hieros Gamos: »Unter den Augen seiner Untertanen paart sich der König mit einer Schimmelstute, die getötet und dann gekocht wird; das Fleisch wird unter dem König und seinen Mannen geteilt. Die Herrschaft wird mit anderen Worten durch den hieros gamos zwischen dem König und einer hippomorphen Terra Mater erlangt.« (1979, 133)

13.2. Die Druiden

Markale hält es für »sicher«, »daß es in der keltischen Gesellschaft nicht den geringsten Unterschied zwischen dem Bereich des Sakralen und des Profanen gab« (vgl. oben Kap. 2.2.). Das Druidentum war »eine gesellschaftsbezogene Religion« (1989, 13+177). Dieser Monismus hebt die besondere Position der Druiden hervor. »Die Kontrolle des Kalenders bedeutete Macht über die Gesellschaft. Es fällt daher nicht schwer, die überragende Stellung der Druiden in der keltischen Welt zu begreifen.« (Cunliffe 1980, 110)

Wenn man heute von den Druiden spricht, mag man vor allem Miraculix assoziieren – jene Figur aus der »Asterix«-Comic-Serie, die mit Mistelzweigen und allerhand anderen geheimnisvollen Kräutern den Zaubertrank mixt, der den Galliern für den Kampf mit den Römern die bekannten Superkräfte verleiht. Das Problem hat eine lange Geschichte und zeigte sich u.a. auch schon bei den Schamanen (vgl. Kap. 7.2.): daß gerne mystifiziert, romantisiert, eigenwillig-verfälschend umgedeutet wird. »Seit der Romantik stellt man sich den Druiden als majestätischen Greis mit wallendem Bart und wehendem Haar vor, der, umstrahlt von überirdischem Licht, Mistelzweige mit goldener Sichel sammelt, vom Sturm umtost seine Prophezeiungen ausstößt und auf riesigen Steinaltären, den Dolmen, Menschenopfer darbringt.« (Markale 1989, 9) Hält man sich unter Bezugnahme auf die wichtigsten Quellen an Jean Markale und die übrige Standardliteratur, so gewinnt man freilich ein ganz anderes Bild, auch wenn nach wie vor gelten muß: »Die historische Wahrheit über die Druiden ist weitgehend unter einem Wust von Mythen und unzutreffenden Darstellungen begraben.« (Time-Life-Books 1995, 108)

Gaius Julius Caesar schreibt in seinem »Gallischen Krieg«, was vielleicht als ein Schlüsselzitat für unsere Kenntnisse der Druiden gelten kann (wenngleich nicht ganz unumstritten, vgl. Piggott 1974, 109): »In ganz Gallien gibt es nur zwei Klassen von Männern, die an einigermaßen hervorragender und ehrenvoller Stelle stehen. Denn die untere Volksschicht wird fast wie Sklaven behandelt; sie wagt nicht, selbständig zu handeln, und wird zu keiner Beratung hinzugezogen. Da die meisten unter dem Druck von Schulden oder hohen Steuern leben oder aber durch rechtswidriges Verhalten der Mächtigen bedrängt werden, begeben sie sich in die Sklaverei. Die Adligen besitzen ihnen gegenüber alle Rechte, die ein Herr seinen Sklaven gegenüber hat. Von den erwähnten zwei Klassen ist die eine die der Druiden, die andere die der Ritter (Krieger, WF). Den Druiden obliegen die Angelegenheiten des Kultus, sie richten die öffentlichen und privaten Opfer aus und interpretieren die religiösen Vorschriften. Eine große Zahl von jungen Männern sammelt sich bei ihnen zum Unterricht, und sie stehen bei den Galliern in großen Ehren. Denn sie entscheiden in der Regel in allen staatlichen und privaten Streitfällen. Wenn ein Verbrechen begangen worden oder ein Mord geschehen ist, wenn der Streit um Erbschaften oder den Verlauf einer Grenze geht, fällen sie auch hier das Urteil und setzen Belohnungen und Strafen fest. Wenn sich ein Privatmann oder das Volk nicht an ihre Entscheidungen hält, untersagen sie ihm die Teilnahme an den Opfern. Diese Strafe gilt bei ihnen als die schwerste, denn die, denen die Teilnahme untersagt ist, gelten als Frevler und Verbrecher, alle gehen ihnen aus dem Weg und meiden den Umgang und das Gespräch mit ihnen, damit sie nicht durch ihre Berührung Schaden erleiden. Wenn sie etwas beanspruchen, wird ihnen kein Recht zuteil, und alle Ehrenstellen sind ihnen verschlossen. (...) Die Druiden nehmen in der Regel nicht am Krieg teil und zahlen auch nicht wie die übrigen Steuern. Sie leisten keinen Kriegsdienst und sind auf jedem Gebiet von der Abgabepflicht ausgenommen. Diese großen Vergünstigungen veranlassen viele, sich aus freien Stücken in ihre Lehre einweihen zu lassen, oder ihre Eltern und Verwandten schicken sie zu den Druiden. Wie es heißt, lernen sie dort eine große Anzahl von Versen auswendig. Daher bleiben einige 20 Jahre lang im Unterricht. Sie halten es für Frevel, diese Verse aufzuschreiben, während sie in fast allen übrigen Dingen im öffentlichen und privaten Bereich die griechische Schrift benutzen. Wie mir scheint, haben sie das aus zwei Gründen so geregelt: Einmal wollen sie nicht, daß ihre Lehre allgemein bekannt wird, zum andern wollen sie verhindern, daß die Lernenden sich auf das Geschriebene verlassen und ihr Gedächtnis weniger üben. Denn in der Regel geschieht es, daß die meisten im Vertrauen auf Geschriebenes in der Genauigkeit beim Auswendiglernen und in ihrer Gedächtnisleistung nachlassen. Der Kernpunkt ihrer Lehre ist, daß die Seele nach dem Tod nicht untergehe, sondern von einem Körper in den anderen wandere. Da so die Angst vor dem Tod bedeutungslos wird, spornt das ihrer Meinung nach die Tapferkeit besonders an. Sie stellen außerdem häufig Erörterungen an über die Gestirne und ihre Bahn, über die Größe der Welt und des Erdkreises, über die Natur der Dinge, über die Macht und Gewalt der unsterblichen Götter und vermitteln dies alles der Jugend.« (Ausgabe 1994, VI, 13+14)

Religionshistorisch werden die Druiden oft mit den indischen Brahmanen verglichen (z.B. Eliade 1979, 126), hatten aber sehr viel weitergehende Aufgaben als diese und waren deshalb weniger eine Kaste, auch wenn sie ordensmäßig, mit einem Ober-Druiden, organisiert waren, als vielmehr eine gesellschaftliche Klasse. Auch gemäß anderen Quellen galten die Druiden nicht nur als Priester, als »Mittler zwischen Göttern und Menschen« (Markale 1989, 45), sondern sie waren (z.B. Piggott 1974, 97ff. u.v.a.) Philosophen ebenso wie Magier, Dichter ebenso wie Sänger oder Barden, Seher ebenso wie Astrologen bzw. Astronomen, Geschichtsschreiber ebenso wie Richter, Harfenspieler und Ärzte ebenso wie Mundschenke für rauschhafte Getränke, sogar Münzgraveure (Lengyel 1994, 189): Die Kelten haben gleichzeitig mit den Römern, etwa 300 v.u.Z., die Münzwirtschaft eingeführt; das lateinische »pecunia« (= Geld) leitet sich bezeichnenderweise von »pecus« (= das Vieh) ab. Gelegentlich werden die Druiden aber auch, gemäß Strabo (zit. bei Krause 1929, 36; vgl. auch Piggott 1974, 92) abgegrenzt: erstens von den Barden, den Unterhaltern (»fili«), die in Irland analog den mittelalterlichen Hofsängern fungierten und bis ins 17. Jahrhundert überlebten, und zweitens von den Propheten oder Sehern (»vates«) – als zwei anderen, eigenständigen Gruppen der keltischen Oberschicht (z.B. Cunliffe 1980, 106+182f.).

Druiden waren trotz des matriarchalen Grundzugs ihrer Kultur überwiegend Männer. Als Beispiel einer nur wenig romantisierten Visualisierung mag die Gravur eines Druiden durch Aylett Sammes dienen (Abb. 93), ursprünglich in der »Britannia Antiqua Illustrata« (London 1676) abgedruckt. Stuart Piggott schreibt: »Diese Darstellung, die alle folgenden Vorstellungen der äußeren Erscheinung eines Druiden beeinflussen sollte, war die Visualisierung einer verbalen Beschreibung von John Selden, der sich zu einer Gruppe von sechs Statuen geäußert hatte, die er am Fuß des Fichtelgebirges in Deutschland gefunden hatte und die der Antiquar Conrad Celtes 1502 für Druidendarstellungen gehalten hatte.« (1974, 182) Zeugnisse aus dem 3. und 4. Jahrhundert bezeugen aber auch noch »Druidinnen« – verwiesen wird hier häufig etwa auf Morgane und ihre neun Schwestern, die Herrinnen der mythischen Insel Avalon, oder auch auf Morrigan und Brigit als Göttinnen (vgl. Krause 1929, 7ff.); aber sie spielten offenbar keine besondere Rolle mehr (vgl. auch Schlette 1979, 110; Dillon/Chadwick 1983, 258ff).

Der Druide war mehr als ein Priester. Aber was muß man unter dem Druidentum insgesamt verstehen? Jean Markale definiert es als »die Gesamtheit aller religiösen, intellektuellen, künstlerischen, sozialen und wissenschaftlichen Konzeptionen der Kelten vor ihrer Konversion zum Christentum.« (1989, 8) Eben deshalb richtete sich der Kampf der Römer ge-

Abb. 93: Visualisierung eines Druiden durch Aylett Sammes (1676)

gen die Kelten im Kern gegen die Druiden, weil sie befürchteten, daß diese die keltischen Stämme zum Widerstand gegen Rom hätten einigen können. Die umfassende politische, soziale und kultische, teils auch wirtschaftliche Bedeutung der Druiden hatte ihre ganz spezielle mediale Form. Der Schlüsselsatz zum Verständnis der Druiden als relevantem Menschmedium lautet: »Die mündliche Überlieferung ist ein Charakteristikum der keltischen Zivilisation.« (Markale 1989, 179) Die keltische Kultur war reine Oral- und Gestaltungskultur. Die Sprache der Kelten wurde niemals verschriftlicht. Als schriftliche Aufzeichnungen benötigt wurden, bedienten sich die keltischen Stämme einfach der griechischen Schrift, statt eine eigene zu entwickeln (z.B. Schlette 1979, 164). Die Druiden fungierten in der keltischen Gesellschaft demnach als zentraler Distributionsfaktor verbaler Kommunikation, als oral bestimmendes Organisationsprinzip sozialer und kultischer Interaktionsprozesse.

Die mündlichen Überlieferungen der uralten Geschichten wurden erst im frühen 8. Jahrhundert von irischen Mönchen verschriftlicht. Lancelot Lengyel bilanziert: »In großen Zügen gesehen, fragen diese Texte nach dem Endzweck, nach dem Sinn des Daseins, Fragen, die zu beantworten jede Heilige Schrift bemüht ist, seien es die Bibel, die Veden, die Upanishaden, die Lehre des Buddha, des Konfuzius, des Lao-tses, des Pythagoras oder Zarathustras. Die keltischen Heiligen Schriften unterscheiden sich indes von den anderen in einigen fundamentalen Punkten, zunächst einmal dadurch, daß sie kein Zwiegespräch zwischen Mensch und Gott kennen. Es gibt auch keine himmlische, dem Menschen zugedachte Botschaft und auch keine an Gott gerichteten Hymnen. Kein göttliches Gesetz wird hier dem Menschen auferlegt, Riten und Opfer sind nicht vorgeschrieben. Die Einstellung des Gläubigen zu Gut und Böse wird nicht durch Vorbilder oder Beispiele suggeriert, nicht der Verzicht auf unrechtmäßigen oder übermäßigen Gewinn gefordert. Das weltliche Leben gilt nicht als sündig. Askese und Einsiedlertum werden nicht gepriesen, Vollkommenheit wird nicht verlangt, – ausgenommen im Kampf. (...) Will man in diese Religion eindringen, sollte man sie einfach umbenennen, sie nicht als Religion, sondern als Glauben bezeichnen.« (1994, 350) Damit ist genau wieder jene matriarchale Weltsicht bezeichnet, die aller Religion vorausging (vgl. oben Kap. 2). Die Druiden der Kelten scheinen jene matriarchale Weltsicht tradiert zu haben, die nur in einigen wenigen frühen Hochkulturen, etwa der indischen, noch länger überdauerte.

13.3. Zusammengefaßt: Die Druiden der Kelten waren das vermutlich letzte exklusiv auf orale Kommunikation und Tradition bestehende Menschmedium der Geschichte. Sie bündeln noch einmal fast alle wesentlichen Funktionen, die den Menschmedien in den verschiedenen Hochkulturen jemals zugeordnet waren: Erstens waren die Druiden Priester, fungierten als Medium im Götterdienst und bei den Opferhandlungen. Zweitens waren sie Seher, galten als »Wissende« und als Orakel. Drittens kam ihnen als Hütern komplexer Tradition konservierende, speichernde Funktion zu. Damit verbanden sich viertens Orientierungs- und Steuerungsfunktionen – sei es in juristischer Hinsicht, wenn sie Recht sprachen, sei es in weltlich-politischen Angelegenheiten, wenn sie als Botschafter, Berater, als Vermittler tätig wurden. Fünftens waren sie in ihrem Kulturkreis auch die Dichter, Geschichtenerzähler, Lehrer, mit enormer Bedeutung für Sozialisation, Unterhaltung, Kultur. Und sechstens schließlich galten sie als die Heilkundigen, die ihrem Volk die geheimnisvollen Kräfte der Natur zugänglich und nutzbar machten. Mit der Ausbreitung und Herrschaft des Christentums wurde dieses Menschmedium unwiderruflich eliminiert. Wie schon bei der Frau als Medium, beim Opferritual oder beim Tanz wird auch hier wieder deutlich, daß die These, niemals hätte je ein Medium ein anderes verdrängt oder ersetzt, falsch ist. Sehr wohl gab es früher Medien, die es heute – als Medien – nicht mehr gibt.

***

14. Zusammenfassung:
Das Medium als Kult

14.0. Der hier versuchte Überblick über die Geschichte der Medien von den Anfängen bis zur Spätantike (8. Jahrhundert) fußt auf exemplarischen Einzelstudien, im Stadium einer ersten Annäherung und angesichts der Komplexität der frühen Hochkulturen, wie einleitend skizziert, in mehrfacher Hinsicht keineswegs erschöpfend. Einzelne Menschmedien wie der »lebende« Brief, der Herold/Ausrufer oder der Rufposten, etwa in der altindischen Kultur, aber auch in Europa, oder das Theater in außereuropäischen Hochkulturen wurden noch ausgelassen. Mangels entsprechender Forschungen mußte auch offen bleiben, welche Bedeutung dem Erzähler, der Erzählerin als möglichem Medium in den verschiedenen frühen Hochkulturen zugekommen ist. Gestaltungsmedien wie Relief, Statue oder Stele, hier dargestellt am Beispiel Altägyptens, ließen sich analog etwa auch in der griechischen Kultur aufzeigen. Frühe Schreibmedien wie die Wand als alltägliches, profanes Publikationsmedium, mit Vorformen des späteren Plakats, mußten noch ebenso unberücksichtigt bleiben wie etwa das altchinesische Brief- und Postwesen. Nicht zuletzt auch die Mensch-, Gestaltungs- und Schreibmedien der Maya, Inka und Azteken wurden noch nicht einbezogen, obwohl mit den Faltbüchern der Maya (z.B. Sandermann 1992, 94f.), den Quipus oder Knotenschnüren der Inka (z.B. Mason 1975, 372ff.) oder den Pyramidentempeln und steinernen Göttern der Azteken (z.B. Pimentel/Simoni-Abbat 1987, 309ff.) bereits Anhaltspunkte vorliegen. Die kulturspezifischen Ausgestaltungen der Medien also lassen sich in ihrer Fülle hier bestenfalls erst erahnen. Das muß bewußt bleiben: Die Ansprüche in dieser Hinsicht sind noch sehr niedrig. Allerdings spricht vieles dafür, daß die Liste der in den Einzelstudien angesprochenen Medien numerisch im Prinzip doch weitgehend vollständig sein dürfte. Somit lassen sich mit dieser exemplarisch gemeinten Bestandsaufnahme als Zwischenbilanz, auf der zukünftige Forschungen aufbauen könnten, erste übergreifende Befunde notieren. Zwei Schlüsselbegriffe sollen dazu herangezogen werden: Ausdifferenzierung und Funktionsverschiebung im Wandel.

14.1. Im systematischen Gesamtüberblick über die behandelten Medien läßt sich zunächst festhalten, daß die Gesamtzahl aller Medien – selbst wenn die Einteilung oder die Abgrenzung im Einzelfall strittig sein sollte – um 20 liegt, vergleichbar unserer heutigen Zeit (vgl. Faulstich 1994a) ebenso wie dem Mittelalter (Faulstich 1996, 269f.):

Menschmedien	Gestaltungsmedien	Schreibmedien
1. Frau, Hieros Gamos	1. Token, Kerbholz	1. Höhlenwand
2. Opferritual, Fest	2. Pyramide	2. Papyrusrolle
3. Tanz	3. Obelisk	3. Tafel, Ostrakon
4. Priester, Schamane, Zauberer, Seher	4. Relief	4. Kodex, Buch
5. Aoide, Rhapsode	5. Skulptur	5. Brief
6. Theater, Schauspieler	6. Stele	
7. Lehrer Brief		
8. Druide		

Es steht zu vermuten, daß die Zahl der gesellschaftlich jeweils relevanten oder dominanten Kommunikationsmedien, aus denen sich das Mediensystem einer Hochkultur zusammensetzt, quantitativ schon immer relativ konstant war. Sobald eine Veränderung eintritt, sei es das Aufkommen neuer Medien, sei es die Ausdifferenzierung eines alten Mediums in mehrere, wird diese numerische Begrenzung offenbar insoweit wirksam, als vormalige Medien gesamtgesellschaftlich in ihrer Bedeutung reduziert werden und sich schließlich in bloßen medialen Funktionen erschöpfen, also instrumentell, arbiträr und entsprechend austauschbar werden. Das ist insofern erstaunlich, als unterschiedliche Populationsgrößen in einer Region – beispielsweise die klassische Antike im Vergleich zum Bevölkerungsboom im europäischen Hochmittelalter oder einer Multimillionenbevölkerung in Griechenland und Italien zu heutiger Zeit – für die Komplexität des jeweiligen Mediensystems *quantitativ* als solche direkt offenbar keine Rolle spielen, jedenfalls nicht in Hochkulturen. Vorbehaltlich weiterer Bestandsaufnahmen zu späteren Abschnitten der Mediengeschichte, etwa der frühen Neuzeit mit der Entwicklung der neuen Druckmedien, muß deshalb das Hauptaugenmerk auf *qualitativen* Veränderungen liegen, und hier insbesondere auf dem Wandel von Funktionen.

Historisch gilt für bestimmte Bereiche und in bestimmten Entwicklungsphasen das Grundprinzip des Wandels in Form der Ausdifferenzierung. Dabei könnten zwei Arten unterschieden werden: erstens die Ausdifferenzierung als Verselbständigung. Die archaische Einheit von Opferritual, Tanz, Priester, Sänger, Kulttheater beispielsweise war bereits in der griechischen Hochkultur aufgebrochen in Einzelmedien und einzelne, relativ unverbundene »Künste«. Hintergrund oder Grundlage war zweifellos die sich kontinuierlich vollziehende gesellschaftliche Partikularisierung. Entscheidender Einflußfaktor war hier fraglos die Bevölkerungszunahme bzw.

die Vergrößerung des Kommunikationsraums – die altägyptische Staats-
formation bedurfte anderer Medien als die archaische Hordenformation,
das Römische Weltreich verlangte differenziertere Medien, als sie noch in
der griechischen Polis verwendet wurden und sinnvoll waren. Bei der
Entstehung des neuen Mediums Theater war das besonders augenschein-
lich: die Veränderungen vom Dionysoskult zu Tragödie und Komödie,
vom Chor zum Vorsänger, vom Tempel zu Orchestra, Skene, Theatron,
usw. Vielleicht am deutlichsten konnte die Ausdifferenzierung für den
Priester als archaisches Herrschaftsmedium aufgezeigt werden. Hier erwies sich die Spezifikation in Priester, Magier, Schamane, Heiler, Zauberer, Medizinmann, Seher, Wahrsager, Prophet freilich nicht als Verselbständigung von Teilbereichen, sondern – zweitens – als Spezifikation gemäß den kulturell jeweils anderen Bedingungen: Ausdifferenzierung war
Anpassung an unterschiedliche gesamtkulturelle Umwelten.

14.2. Zentrales Merkmal der Geschichte der Medien ist aber nicht nur die
Ausdifferenzierung, sondern – vor allem und in vielfältiger Hinsicht – die
Funktionsverschiebung. Ursprünglich hatten die Medien ausnahmslos und
primär kultische Funktion, d.h. sie standen im Zentrum von Ritualen mit
übergreifenden – kosmisch-spirituellen und religiösen – Sinnverweisen.
Das gilt gleichermaßen für Menschmedien wie die Frau, das Opferritual
oder den Priester und Schamanen, für Gestaltungsmedien wie die Pyramide, den Obelisk oder das Relief, und für Schreibmedien wie die (Höh-
len-)Wand, die Stele oder die Papyrusrolle. Wirtschaftliche, politische,
soziale und kulturelle Momente der frühen Gesellschaft waren noch integriert in ein Ganzes, in ein ungebrochen einheitliches Menschenleben als
Teil von »Natur«, gestaltet und wachgehalten im Kult. Darin bestand die
besondere Bedeutung, der »Sinn« der damaligen Medien: diesen inte-
grativen Verbund zu garantieren, den Menschen zu positionieren, als
Gattung bzw. Gemeinschaft ebenso wie als einzelnen innerhalb dieser
Gemeinschaft und im Universum. Dieser erste Abschnitt der Mediengeschichte reichte von den Anfängen bis zum Aufblühen der frühen Hochkulturen (2500 v.u.Z.).
  Mit der zunehmenden Vermehrung der Menschheit als wesentlichem
Faktor setzte ein Prozeß ein, in dem ganz allmählich die allermeisten
Medien entsakralisiert wurden, d.h. entweder zur Kunst umgedeutet, mit
handfest alltagsbezogenen menschlichen Interessen instrumentalisiert oder
durch andere, ganz neue Medien ersetzt. Ein ichbezogener Verwertungs-
zusammenhang nahm immer mehr zu: Das ursprünglich als »gegeben«
angesehene Wertesystem wurde reformuliert, modifiziert, neu »gesetzt«.
An die Stelle holistischer Werte traten profan-instrumentelle und subjek-
tivistische. Der zweite Abschnitt einer umfassenden Mediengeschichte ist
also durch zwei neue Merkmale gekennzeichnet: erstens die Fragmentarisierung des Welt-, Sinn- und Lebensentwurfs in dem Maße, in dem

das ursprünglich holistische Konzept auf kleinere Einheiten reduziert, ausdifferenziert und auch zeitlich begrenzt wurde und damit konkurrierende Modelle ausbildete. Dabei setzte sich, zweitens, eine markante Egozentrierung durch. Das läßt sich am Beispiel von Menschmedien wie dem Tanz, den Aoiden und Rhapsoden oder dem Theater ebenso aufweisen wie bei den Schreibmedien, etwa dem Ostrakon, dem Buch als Kodex oder dem Brief. Kultische Funktion wurde zunächst ergänzt und dann kontinuierlich ersetzt durch Funktionen wie Unterhaltung, Belehrung, Kunst, Herrschaft, Kreativität, Macht etc. Im Zuge dieser (im wahren Sinn) »fundamentalen Relativierung« erhielten die Medien der Zeit größtenteils partikularistische, von individuellen bzw. egozentrischen Interessen bestimmte Aufgaben. Ihre gattungsbezogene, gemeinschaftssichernde Bedeutung war deutlich relativiert, wenn nicht sogar verlorengegangen. Stattdessen beschränkten sich Kommunikationsmedien von nun an fast ausschließlich auf die Kommunikation von Mensch zu Mensch, alltagsbezogen und gegenwartsorientiert.

Ganz offensichtlich vollzog sich dieser von Fragmentarisierung und Egozentrierung geprägte Wandel, bei allmählicher Akzentverschiebung vom Kultischen zum Kommunikationsinstrumentellen, in untrennbarem Zusammenhang mit der Herausbildung der frühen Hochkulturen der Menschheit (auch wenn der defizitäre Stand kulturwissenschaftlich holistischer Forschung in dieser Hinsicht bislang noch keine genaueren Einsichten zuläßt). Sieht man von dem fundamentalen frühen Umschwung vom Matriarchat zum Patriarchat einmal ab, so war es dieser allmähliche Funktionswandel, der die Geschichte der Medien im gewählten Zeitraum im Kern charakterisiert: Die *Kult*medien wurden im Kontext von Bevölkerungswachstum, gesellschaftlicher Ausdifferenzierung, Ichbezogenheit profanisiert, säkularisiert – zu profanen *Kommunikations*medien, wie wir sie heute kennen. Charakteristisch ist eine breite Funktionendiversifikation bei einer markanten Verweltlichung. Vermutlich daraus erklärt sich auch der eminente Niedergang der Gestaltungsmedien als gesamtgesellschaftlich relevanten Kommunikationsmedien. Die Monolithen und Pyramiden fanden zwar ihre Nachfolger, etwa in den antiken Skulpturen und den mittelalterlichen Kathedralen, aber deren »Sinn« war bereits ghettoisiert: in die neuen Teilbereiche Kunst und Architektur.

14.3. Nur sehr allmählich füllte sich das entstandene kultische Defizit wieder, mit Beginn unserer Zeitrechnung: Anfangs nur unter Schwierigkeiten, dann jedoch, beflügelt vom Alleinvertretungsanspruch und Missionsimpuls, breitete sich rapide das Christentum aus – mit Jesus Christus als dem »Mittler« zwischen Mensch und Gott. Alle zentralen Merkmale dieser neuen Religion zielten, als Gegenbewegung zu Profanisierung, Partikularisierung, Egozentrierung während der zweiten Phase von ca. 2500 v.u.Z. bis zum Niedergang des Römischen Weltreichs, auf die Re-Etablierung, die Re-Institutionalisierung des Mediums als Kult: mit der einen, heiligen, weltumfassenden Kirche, mit dem zentralen Gebot der Nächstenliebe, mit dem Konzept von Geschichte als Heilsgeschichte, mit der Verbindlichkeit sowohl für den einzelnen als auch (wieder) für die Gemeinschaft bzw. die Gattung Mensch. Erneut wurde ein holistischer Welt-, Sinn-, Lebensentwurf für alle konzipiert.

Aber wichtige Unterschiede zum allerersten Abschnitt der Mediengeschichte, der im Verlauf der frühen Hochkulturen abgeschlossen wurde, bestehen gleich in mehrfacher Hinsicht: Der Aspekt kosmischer Natur blieb im Christentum, wie schon im jüdischen Vorläufer, ausgeklammert; das Weltbild wurde »entnaturalisiert« bzw. vergeistigt. Diese Entkörperung oder Entsinnlichung erschien im Lebenskonzept als eine besondere Akzentuierung des Schuld- und Opferrituals – zu Lasten irdischer Lust- und Glücksdimensionen. In unserem Zusammenhang interessiert dabei vor allem der Unterschied hinsichtlich der »Medialität«: Das archaische Medium »Opferritual« wurde in der neuen christlichen Religion über das nur noch symbolische Medium des »menschgewordenen Gottes« seines realen Gemeinschaftscharakters beraubt und im institutionell gebundenen »Kirchenmedium Priester« durch ein explizites Stellvertreterprinzip ersetzt, das nicht mehr mit weltlicher Macht und Herrschaft untrennbar gekoppelt war (wie etwa noch beim archaischen Menschmedium Priester oder beim Gestaltungsmedium Pyramide). Vor allem aber konnte die kultische Funktion des neuen, gleichsam rein geistlichen Mediums die weltlichen Funktionen der übrigen Kommunikationsmedien nicht mehr auf Dauer eliminieren. Nur für die begrenzte Zeit von rund 600 Jahren, in der Zeitspanne von 800 bis 1400, sollte es gelingen, diese noch einmal zu integrieren, zu dominieren – das war jene Epoche, die wir heute als das christliche Mittelalter bezeichnen: der dritte Abschnitt einer umfassenden Geschichte der Medien, mit einer wiederum ganz neuen primären Funktion.

Klassische Medien der Frühgeschichte und des Altertums waren hier verschwunden. Der Historiograph des Mittelalters beispielsweise war selbst kein Menschmedium mehr, sondern hatte – in der Nachfolge archaischer, antiker historiographischer Menschmedien (wie der Frau, des Schamanen, des Aoiden oder des Lehrers) – nur noch mediale Funktion, war zum bloßen Instrument zurückgeschnitten. Vergleichbares gilt auch für die mittelalterlichen höfischen Rollen, speziell die Ritter, deren Spiele nicht mehr an Bedeutung und Rang ihrer Vorläufer (z.B. Opferritual) heranreichten. Und Gestaltungsmedien, als Medien, waren gänzlich aus der Geschichte verschwunden.

Damit läßt sich ein einzelkultur-übergreifendes, ein transkulturelles Konzept der Geschichte der Medien bilanzieren, das vielleicht plausibler die Vielfalt und Verworrenheit in der historischen Abfolge kultureller Schwerpunkte zu gliedern imstande ist, als dies eschatologische Konstrukte wie das der »Achsenzeit« vermögen (vgl. oben Kap. 1.8.): Kultur-

geschichte als Mediengeschichte, verstanden als funktionale, holistische Medienkulturgeschichte, läßt sich unter den Gesichtspunkten der Ausdifferenzierung (Verselbständigung, Umweltakkomodation) und der Funktionsverschiebung (Fragmentarisierung, Egozentrierung) in der hier thematisierten Phase, von den Anfängen bis zur Spätantike (8. Jahrhundert), in zwei Abschnitte einteilen:
– einen ersten Abschnitt bis spätestens Mitte des 3. Jahrtausends v.u.Z., dem Beginn der Blütezeit der frühen Hochkulturen, die archaische Periode, dominiert von Mensch- und Gestaltungsmedien mit einer primär bis exklusiv *kultischen* Funktion, und
– einen zweiten Abschnitt bis spätestens zum Ende der Antike (800), die multiple hochkulturelle Periode, geprägt von Mensch- und Schreibmedien als Instrumenten zunehmend *profaner Kommunikation* in kleinen partikularisierten Binnenräumen, mit einer breiten *Funktionendivergenz*. Die hier insgesamt dominante Medienfunktion müßte wohl für jede Hochkultur spezifiziert werden – für die altägyptische Kultur wäre das möglicherweise die Speicherungsfunktion, für die Kultur des Römischen Reichs die Herrschaftsfunktion, usf.

Es erscheint nicht unwahrscheinlich, daß sich dieser Wandel von kultischer zu kultureller Medienkommunikation bei allen Hochkulturen gleichermaßen, wenngleich ungleichzeitig vollzog und auch aufzeigen läßt.

Versucht man den Ausblick auf die nächste große Phase der Mediengeschichte, am Beispiel des europäischen Mittelalters (800–1400), so kann man
– einen dritten Abschnitt unterscheiden, die christlich-mittelalterliche Periode, die medienhistorisch insgesamt, im Rahmen gesamtgesellschaftlicher Strukturierung durch Teilöffentlichkeiten, geprägt sein sollte von einer *sozialpublizistischen* Bedeutung der Medien (vgl. Band 2: Faulstich 1996).

Insgesamt waren in allen drei Abschnitten kontinuierlich die *Mensch*medien dominant, für eine begrenzte Zeitspanne, im Übergang und noch zu Beginn der multiplen hochkulturellen Periode, erweitert um die *Gestaltungs*medien, während die *Schreib*medien schubhaft – von Kultur zu Kultur, von Abschnitt zu Abschnitt unterschiedlich – an Bedeutung zunahmen. Sie werden dann, mit dem Übergang zu den *Druck*medien, ab dem 15. Jahrhundert allmählich die Dominanz gegenüber den Menschmedien übernehmen.

14.4. Damit ist die konkrete Bedeutung der Medien für kulturellen Wandel bestenfalls zwar erst im Ansatz sichtbar geworden. Keinen Zweifel mehr geben sollte es aber an ihrem enormen Stellenwert für das Verständnis gesellschaftlicher Veränderungen.

Aus einer solchen übergreifenden Interpretation, die sich nicht aus Vorab-Theorien legitimiert, sondern aus konkreten Einzelstudien erst abzuleiten sucht, eröffnen sich weitere, möglicherweise erst langfristig bedeutungsvolle Beobachtungen, die hier als Ausblick angedeutet werden sollen. *Erstens:* Die quantifizierende Unterscheidung der drei Abschnitte mit je unterschiedlichen primären Medienfunktionen drückt eine ungeheure Akzeleration medienkulturellen Wandels aus. Der erste Abschnitt der Mediengeschichte umfaßt rund 35.000 Jahre (bis ca. 2500 v.u.Z.), der zweite rund 3.000 Jahre (bis ca. 800 u.Z.), der dritte nur noch rund 600 Jahre (bis ca. 1400 u.Z.). Und es ist bekannt, daß die folgenden Abschnitte immer kürzer wurden, der Wandel immer schneller erfolgte, sich diese Entwicklung, die mit der Ablösung des Kosmisch-Zyklischen durch das Historisch-Lineare begann, kontinuierlich fortsetzte, etwa über die Aktualitätszwänge der Zeitung im beginnenden 17. Jahrhundert bis zur Multimedia-On-line-Revolution des ausgehenden 20. Jahrhunderts. Welche Bedeutung dieser Akzeleration im Hinblick auf eine historisch fundierte Medientheorie gegebenenfalls zukommt, läßt sich hier noch nicht absehen.

Zweitens: Als ähnlich zukunftsträchtig wie diese quantifizierende Unterscheidung ließe sich die qualifizierende Einschätzung des Medienwandels im gewählten Zeitraum insgesamt gewichten: Es war ein Wandel vom Geschlecht (Frau) über das Gemeinschaftsereignis (Opferritual, Tanz, Theater) bis zur Einzelperson (Priester, Aoide, Lehrer, Druide), und ein Wandel zugleich vom natürlichen Gegenstand (Höhlenwand) über das bearbeitete, gestaltete Naturobjekt (Pyramide, Relief, Skulptur, Stele) bis zum hergestellten, »künstlichen« Kommunikationsmechanismus (Ostrakum, Rolle, Kodex, Brief), der sich mit den Druckmedien in der frühen Neuzeit letzlich als Niedergang der Dominanz der Menschmedien offenbart. Diese zunehmende Ent»mensch«lichung medialer Kommunikation im Zusammenleben der Menschen, geprägt von Fragmentarisierung und Egozentrierung, auf der einen Seite führte naturgemäß zu einer zunehmenden subjektiven Anthropomorphisierung oder »Konstruktion« von Wirklichkeit im Gebrauch der Medien und im Weltbild auf der anderen Seite – möglicherweise erste Ansätze jener übergreifenden Entwicklung, die unübersehbar besonders in Substitutionsmedien wie Film und Fernsehen bis hin zu Cyberspace und computergenerierter »virtual reality« heutiger Tage ihre Fortsetzung gefunden hat. Im Ausblick auf das Totum der Geschichte der Medien sei jedenfalls bereits für ihre ersten Abschnitte festgehalten: Akzeleration (Zeit) und Verinnerlichung (Raum) prägten den Wandel medialer Kommunikation vermutlich bereits von Anfang an.

*** * ***

Nachweis der Abbildungsquellen

Kapitel 2

Abb. 1:	Hans-Jürgen Müller-Beck und Gerd Albrecht (Hrsg.): Die Anfänge der Kunst vor 30.000 Jahren. Stuttgart 1987, Bild neben S. 48, sowie in anderen Publikationen.
Abb. 2:	Neumann 1956 (ohne Seitenangabe).
Abb. 3:	Frank Teichmann: Der Mensch und sein Tempel. Megalithkultur in Irland, England und der Bretagne. Stuttgart 1983, S. 33 (Abb. 6).
Abb. 4:	Neumann 1956 (ohne Seitenabgabe).
Abb. 5:	Neumann 1956 (ohne Seitenangabe).
Abb. 6:	Martin Kuckenberg: Die Entstehung von Sprache und Schrift. Köln 1989, S. 197; u.v.a.
Abb. 7:	Heinz Demisch: Erhobene Hände. Stuttgart 1984, S. 54.
Abb. 8:	Karl Heinz Striedter: Felsbilder der Sahara. München 1984, Bild S. 32, Skizze S. 49.
Abb. 9:	Hans Peter Duerr: Obszönität und Gewalt. Frankfurt/Main 1973, S. 101.
Abb. 10:	Hans Peter Duerr: Nacktheit und Scham. Frankfurt/Main 1988, S. 350.
Abb. 11:	Gaston Vorberg: Ars Erotica Veterum. Balzers 1968, S. 32.
Abb. 12:	Philip Rawson: Tantra. Der indische Kult der Ekstase. München, Zürich 1974, S. 54.
Abb. 13:	Alex Comfort (Hrsg.): Weltgeschichte der erotischen Kunst. Der Osten. Hamburg 1969, Tafel 70 (ohne Seitenagabe)

Kapitel 3

Abb. 14:	Ries 1993, S. 48.
Abb. 15:	Time-Life: Die blutige Herrschaft der Azteken, 2. Aufl. Amsterdam 1993, S. 86.
Abb. 16:	James Mellaart: Catal Hüyük. Stadt aus der Steinzeit. Bergisch-Gladbach 1967 (ohne Seitenangabe); Röder et al. 1996, 250; u.v.a.
Abb. 17:	Dierichs 1993, S. 16.
Abb. 18:	Heinz Kindermann: Das Theaterpublikum der Antike. Salzburg 1979, S. 208./209.

Kapitel 4

Abb. 19:	Wosien 1985, S. 39.
Abb. 20:	Herbert Wendt: Es begann in Babel. Die Entdeckung der Völker. Rastatt 1958, S. 32/33; Calendoli 1986, S. 42; Meerloo 1959, u.v.a.
Abb. 21:	E. O. James: Religionen der Vorzeit. Köln 1960, S. 144.
Abb. 22:	Calendoli 1986, S. 11.
Abb. 23:	Demisch 1984, S. 198.

Abb. 24:	Peck/Ross 1979, S. 139; Weege 1925, S. 30; Casson 1982, S. 154; Bartels 1992; Michael V. Fox: The song of songs and the ancient Egyptian love songs. Madison/Wisc. 1985, S. 341; u.v.a.
Abb. 25:	Fox 1985, S. 341; Peck/Ross 1979, Tafel VI; Wendt 1958, Tafel 13; Paul Englisch: Sittengeschichte des Orients. Berlin, Wien 1932, S. 13; u.v.a.
Abb. 26:	Will Durant: Kulturgeschichte der Menschheit, Bd. 4: Der Aufstieg Roms und das Imperium. Köln 1985 (ohne Seitenangabe).
Abb. 27:	Werner Ekschmitt: Das Gedächtnis der Völker. Frankfurt/Main, Wien, Zürich 1968, S. 207.
Abb. 28:	Calendoli 1986, S. 29.
Abb. 29:	Wosien 1985, S. 116, sowie in anderen Publikationen.
Abb. 30:	Fritz Weege: Der Tanz in der Antike. Halle 1925, S. 36.

Kapitel 5

Abb. 31:	Bandi et al. 1962, S. 114.
Abb. 32:	Bandi et al. 1962, Titelseite.
Abb. 33:	(a+b) Raphael 1993 (ohne Seitenangabe).
Abb. 34:	König 1973, S. 120.
Abb. 35:	König 1973, S. 126.
Abb. 36:	König 1973, S. 142.
Abb. 37:	König 1973, S. 158.
Abb. 38:	König 1973, S. 348.

Kapitel 6

Abb. 39:	Földes/Papp 1966/1984, S. 100.
Abb. 40:	Schamdt-Besserat 1978, S. 4.
Abb. 41:	Hans J. Nissen, Peter Damerow, Robert K. Englund: Frühe Schrift und Techniken der Wirtschaftsverwaltung im alten Vorderen Orient. Ausstellungskatalog. Berlin 1990 (ohne Seitenangabe).
Abb. 42:	Nissen/Damerow/Englund 1990, S. 80.
Abb. 43:	Kurt Mendelssohn: Das Rätsel der Pyramiden. Augsburg 1994, S. 167.
Abb. 44:	Antikendienst 1986, Abb. 58.
Abb. 45:	Antikendienst 1986, Abb. 91.
Abb. 46:	Földes-Papp 1966/1984, S. 117.
Abb. 47:	Erik Hornung: Tal der Könige. Die Ruhestätte der Pharaonen. Darmstadt 1983, S. 47.
Abb. 48:	Antikendienst 1986, Abb. 235.
Abb. 49:	Hornung 1979, S. 185.
Abb. 50:	Ekschmitt 1968, S. 92.
Abb. 51:	Földes-Papp 1966/1984, S. 157.
Abb. 52:	Ekschmitt 1968, S. 119.
Abb. 53:	Antikendienst 1986, Abb. 9.
Abb. 54/55:	Földes-Papp 1966/1984, S. 51.
Abb. 56:	Földes-Papp 1966/1984, S. 40.

Kapitel 7

Abb. 57: Edna R. Russmann/David Finn: Egyptian sculpture. Cairo and Luxor. Austin 1989, S. 33.

Abb. 58: Alfred Stolz: Schamanen. Ekstase und Jenseitssymbolik. Köln 1988, S. 34, sowie in anderen Publikationen.

Abb. 59: Hoppál 1994, S. 44.

Abb. 60: Mendelssohn 1994, S. 104.

Abb. 61: Propyläen Literaturgeschichte, Bd. 1: Die Welt der Antike. Berlin 1981, S. 203.

Abb. 62: Propyläen Kunstgeschichte: Byzanz und der christliche Osten. Berlin 1990 (ohne Seitenangabe).

Kapitel 8

Abb. 63: Edward Chiera: Sie schrieben auf Ton. Was die babylonischen Schrifttafeln erzählen. Zürich, Leipzig 1938 (Bild 42); Kramer 1959, S. 152; u.a.

Abb. 64: Vir. Edwards, Thomas J. Sienkewicz: Oral cultures past and present. Rappin' and Homer. Oxford 1990, S. 163; u.v.a.

Kapitel 9

Abb. 65: Wosien 1985, S. 52; Kerényi 1976, Abb. 85; u.a.

Abb. 66: Verner Arpe: Bildgeschichte des Theaters. Köln 1962, S. 29.

Abb. 67: Kindermann 1979 (ohne Seitenangabe, Abb. 10).

Abb. 68: Arpe 1962, 34; Kindermann 1979 (ohne Seitenangabe).

Abb. 69: Arpe 1962, S. 15.

Abb. 70: Carl Robert: Die Masken der neueren attischen Komödie. Halle 1911, S. 78.

Abb. 71: Propyläen Literaturgeschichte, Bd. 1, 1981, S. 418.

Kapitel 10

Abb. 72: Ekschmitt 1968, S. 237.

Abb. 73: Propyläen Literaturgeschichte, Bd. 1, 1981, S. 291.

Abb. 74: Propyläen Kunstgeschichte: Die Griechen und ihre Nachbarn. Berlin 1990, Abb. 109.

Abb. 75: Propyläen Literaturgeschichte, Bd. 1, 1981, S. 279.

Kapitel 11

Abb. 76: Ekschmitt 1968, S. 112.

Abb. 77: Ekschmitt 1968, S. 220.

Abb. 78: Joachim Hermann (Hrsg.): Kulturgeschichte der Antike – Rom. Berlin 1978 (ohne Seitenangabe, Abb. 199); Wilhelm Schubart und Heinz Kortenbeutel: Die Papyri als Zeugen antiker Kultur. Hrsg. vom Generaldirektor der ehemals Staatlichen Museen zu Berlin. Berlin 1949 (ohne Seitenangabe, Tafel 4).

Abb. 79: Ekschmitt 1968, S. 208; Blanck 1992, 77; u.a.

Abb. 80: Tönnes Kleberg: Buchhandel und Verlagswesen in der Antike. Darmstadt 1967, S. 33.

Abb. 81: Ekschmitt 1968, S. 56.

Kapitel 12

Kapitel 13

Literaturverzeichnis

Altenmüller, Hartwig: Jagd im Alten Ägypten. Hamburg, Berlin 1967.

Antikendienst Arabische Republik Ägypten (Hrsg.): Die Hauptwerke im Ägyptischen Museum Kairo. Offizieller Katalog. Mainz 1986.

Assmann, Jan: Ägypten. Theologie und Frömmigkeit einer frühen Hochkultur. Stuttgart 1984.

Assmann, Jan: Kollektives Gedächtnis und kulturelle Identität. In: Jan Assmann und Tonio Hölscher (Hrsg.), Kultur und Gedächtnis. Frankfurt/Main 1988, S. 9-19.

Assmann, Jan: Stein und Zeit. Das »monumentale« Gedächtnis der altägyptischen Kultur. In: Jan Assmann und Tonio Hölscher (Hrsg.), Kultur und Gedächtnis. Frankfurt/Main 1988a, S. 87-114.

Assmann, Jan: Der schöne Tag. Sinnlichkeit und Vergänglichkeit im altägyptischen Fest. In: Walter Haug und Rainer Warning (Hrsg.), Das Fest. München 1989, S. 3-28.

Assmann, Jan: Gebrauch und Gedächtnis. Die zwei Kulturen des pharaonischen Ägypten. In: Aleida Assmann und Dietrich Harth (Hrsg.), Kultur als Lebenswelt und Monument. Frankfurt/Main 1991, S. 135-152.

Assmann, Jan: Das kulturelle Gedächtnis. Schrift, Erinnerung und politische Identität in frühen Hochkulturen. München 1992.

Assmann, Jan: Stein und Zeit: Mensch und Gesellschaft im alten Ägypten. München 2. Aufl. 1995 (Aufsatzsammlung).

Assmann, Jan: Ägypten. Eine Sinngeschichte. München, Wien 1996.

Auguet, Roland: Cruelty and civilization. The Roman games. London, New York 1972.

Bachofen, Johann Jakob: Das Mutterrecht. Eine Untersuchung über die Ganaikokratie der alten Welt nach ihrer religiösen und rechtlichen Natur (orig. 1961). Frankfurt/Main 1975.

Bandi, Hans-Georg, Henri Breuil, Lilo Berger-Kirchner, Henri Lhote, Erik Holm und Andreas Lommel: Die Steinzeit. Vierzigtausend Jahre Felsbilder. Baden-Baden 1960, 2. Aufl. 1962.

Banniard, Michel: Europa von der Spätantike zum frühen Mittelalter. Die Entstehung der europäischen Kulturen vom 5. bis zum 8. Jahrhundert n. Chr. München 1993.

Barta, Winfried: Das Schulbuch Kemit. In: Zeitschrift für Ägyptische Sprache und Altertumskunde 105 (1978), S. 6-14.

Bartels, Jutta: Formen altägyptischer Kulte und ihre Auswirkungen im leiblichen Bereich. Frankfurt/Main, Bern 1992.

Bataille, Georges: Die vorgeschichtliche Malerei. Lascaux oder Die Geburt der Kunst. Genf 1955, 1983.

Bataille, Georges: Die Tränen des Eros. München 1993.

Baumann, Hermann: Das doppelte Geschlecht. Studien zu Bisexualität in Ritus und Mythos. Berlin 1978.

Baumhauer, Otto A.: Die sophistische Rhetorik. Eine Theorie sprachlicher Kommunikation. Stuttgart 1986.

Bausani, Alessandro: Die Perser. Stuttgart 1965.

Bautz, Joseph: Die Hölle. Mainz 1882.

Bautz, Joseph: Das Fegefeuer. Mainz 1883.

Beck, Frederick A.G.: Album of Greek education. Sydney 1975.

Beck, P.: Die Ekstase. Ein Beitrag zur Psychologie und Völkerkunde. Bad Sachsa/Harz 1906.

Bergmann, Jörg R.: Klatsch. Zur Sozialform der diskreten Indiskretion. Berlin 1987.

Berthold, Margot: Weltgeschichte des Theaters. Stuttgart 1968.

Bertschi, Hannes: Masken & Gesichter. Basel 1982.

Bharati, Agehananda: Die Tantra-Tradition. Freiburg 1977.

Bie, Oscar: Der Tanz. Berlin 1906.

Bieber, Margarete: Die Denkmäler zum Theaterwesen im Altertum. Berlin, Leipzig 1920.

Blackman, Aylward M.: Myth and ritual in ancient Egypt. In: S.H.Hooke (ed.), Myth and ritual. Essays on the myth and ritual of the Hebrews in relation to the culture pattern of the Ancient East. London 1933, S. 15-39.

Blanck, Horst: Das Buch in der Antike. München 1992.

de Blue, Vera: Mensch und Maske. Betrachtungen über Jahrhunderte. O.O., o.J.

Blume, Horst-Dieter: Einführung in das antike Theaterwesen. Darmstadt 1978.

Boeckmann, Klaus: Unser Weltbild aus Zeichen. Zur Theorie der Kommunikationsmedien. Wien 1994.

Bödeker, Karin und Monika Thiele: Der Kreis als Symbol im Tanz. In: Gesellschaft für Tanzforschung e.V., Studiengang Sportwissenschaft an der Universität Bremen (Hrsg.), Der Tanz als Symbol. Bericht über das Symposium vom 23. bis 25. September 1988 in Bremen. Universität Bremen. Bremen 1988, S. 71-79.

Böhme, Hartmut: Das Steinerne. Anmerkungen zur Theorie des Erhabenen aus dem Blick des »Menschenfremdesten«. In: Christine Pries (Hrsg.), Das Erhabene. Zwischen Grenzerfahrung und Größenwahn. Weinheim 1989, S. 119-141.

von Boehn, Max: Das Bühnenkostüm. Berlin 1921.

von Boehn, Max: Der Tanz. Berlin 1925.

Böttcher, Helmuth M.: Die große Mutter. Zeugungsmythen der Frühgeschichte. Düsseldorf, Wien 1968.

Bornemann, Ernest: Das Patriarchat. Ursprung und Zukunft unseres Gesellschaftssystems. Frankfurt 1975/1984.

Bowers, Faubion: The dance in India. New York 1967.

Bowra, C. M.: Heldendichtung. Eine vergleichende Phänomenologie der heroischen Poesie aller Völker und Zeiten. Stuttgart 1964 (orig. 1952).

Breitholtz, Lennart: Die dorische Farce im griechischen Mutterland vor dem 5. Jahrhundert, Hypothese oder Realität? Stockholm 1960.

Briffault, Robert: The Mothers. A study of the origins of sentiments and institutions. 3 vols. London, New York 1927, repr. 1969.

Bröcker, Marianne (Hrsg.): Tanz und Tanzmusik in Überlieferung und Gegenwart. Bamberg 1992.

Brunner, Hellmuth: Altägyptische Erziehung. Wiesbaden 1957.

Brunner, Hellmut: Illustrierte Bücher im alten Ägypten. In: Hellmut Brunner, Richard Kannicht und Klaus Schwager (Hrsg.), Wort und Bild. München 1979, S. 201-218.

Brunner, Hellmut: Die Unterweltsbücher in den ägyptischen Königsgräbern. In: Gunther Stephenson (Hrsg.), Leben und Tod in den Religionen: Symbol und Wirklichkeit. Darmstadt 1980, S. 215-228.

Brunner-Traut, Emma: Der Tanz im alten Ägypten. Nach bildlichen und inschriftlichen Zeugnissen. Glückstadt, Hamburg, New York 1938.

Buckert, Walter: Kekropidensage und Arrhephoria. Vom Initiationsritus zum Panathenfest (1966). In: Ders., Wilder Ursprung. Opferritual und Mythos bei den Griechen. Berlin 1990, S. 40-59.

Bühl, Walter L.: Kulturwandel. Für eine dynamische Kultursoziologie. Darmstadt 1987.

Büngel, Werner: Der Brief, ein kulturgeschichtliches Dokument. Berlin 1939.

Bürgel, Peter: Der Privatbrief. Entwurf eines heuristischen Modells. In: DVjs 50 (1976), S. 281-297.

Burenhult, Göran (Hrsg.): Illustrierte Geschichte der Menschheit: Die Menschen der Steinzeit. Jäger, Sammler und frühe Bauern. Hamburg 1993.

Burkert, Walter: Homo Necans. Interpretationen altgriechischer Opferriten und Mythen. Berlin, New York 1972.

Burkert, Walter: Wilder Ursprung. Opferritual und Mythos bei den Griechen. Berlin 1990.

Buschor, Ernst: Über das griechische Drama. München 1963, Zürich 1979.

Cäsar, Gaius Julius: Der Gallische Krieg. Reclam-Ausgabe Stuttgart 1994.

Calendoli, Giovanni: Tanz: Kult-Rhythmus-Kunst. Braunschweig 1986.

Champdor, Albert: Das ägyptische Totenbuch in Bild und Deutung. Bern 1977.

Chiera, Edward: Sie schrieben auf Ton. Was die babylonischen Schrifttafeln erzählen. (orig. Chicago 1938) Zürich, Leipzig, o.J.

Christes, Johannes: Bildung und Gesellschaft. Die Einschätzung der Bildung und ihrer Vermittler in der griechisch-römischen Antike. Darmstadt 1975.

Clemen, Carl: Der Einfluß der Mysterienreligionen auf das älteste Christentum. Gießen 1913.

Coe, Michael D.: Die Maya. Bergisch Gladbach 1975.

Crawley, Ernest: The mystic rose. A study of primitive marriage. London 1902.

Cumont, Franz: Die orientalischen Religionen im römischen Heidentum. Darmstadt 1981.

Cunliffe, Barry: Die Kelten und ihre Geschichte. Bergisch Gladbach 1980.

Czerwinski, Albert: Geschichte der Tanzkunst bei den cultivirten Völkern von den ersten Anfängen bis auf die gegenwärtige Zeit. Leipzig 1862, Nachdruck Leipzig 1984.

Dale, Amy Marjorie: Collected Papers. Cambridge 1969.

Dales, George F.: Die Indus-Zivilisation: eine der frühen Hochkulturen der Menschheit. In: Vergessene Städte am Indus. Frühe Kulturen in Pakistan vom 8.–2. Jahrtausend v. Chr. Mainz 1987, S. 137-152.

Darwin, Randolph Charles: Die Entwicklung des Priestertums und der Priesterreiche oder Schamanen, Wundertäter und Gott-Menschen als Beherrscher der Welt. Ein Warnruf an alle freiheitliebenden Völker. Leipzig 1948 (orig. 1929).

Davies, Nigel: Die Azteken. Düsseldorf, Wien 1974.

Davis, Elizabeth Gould: Am Anfang war die Frau. Die neue Zivilisationsgeschichte aus weiblicher Sicht. München 1977, 4. Aufl. 1981.

Demisch, Heinz: Erhobene Hände. Geschichte einer Gebärde in der bildenden Kunst. Stuttgart 1984.

Deubner, Ludwig: Attische Feste. Darmstadt 1956.

Diels, Hermann: Antike Telegraphie. In: ders., Antike Technik. Sieben Vorträge. Leipzig, Berlin 1924, S. 71-90.

Diem, Carl: Weltgeschichte des Sports und der Leibeserziehung. Stuttgart 1960.

Dierichs, Angelika: Erotik in der Kunst Griechenlands. Mainz 1993.

Dillon, Myles und Nora K. Chadwick: Die Kelten. Von der Vorgeschichte bis zum Normanneneinfall. München 1983 (orig. 1976).

Disselhoff, H.D.: Das Imperium der Inka. Berlin 1974.

Dover, Kenneth J.: Redekunst der Griechen. In: Propyläen Geschichte der Literatur, Bd. 1: Die Welt der Antike (Redaktion: Erika Wischer). Berlin 1981, S. 289-297.

Driesmans, Heinrich: Der Mensch der Urzeit. Stuttgart 1907.

Duckworth, George E.: The Nature of Roman comedy. A study in popular entertainment. Princeton, New Jersey 1952.

Dumézil, Georges: Archaic Roman Religion, 2 vols. Chicago, London 1966.

Durant, Will: Der alte Orient und Indien. Kulturgeschichte der Menschheit, Bd. 1. Köln 1985.

Duval, P.M. et al.: Die Kelten. Entwicklung und Geschichte einer europäischen Kultur. Freiburg 1979.

Dux, Günter: Die Spur der Macht im Verhältnis der Geschlechter. Über den Ursprung der Ungleichheit zwischen Frau und Mann. Frankfurt/Main 1992.

Edel, Elmar: Der Brief des ägyptischen Wesirs Pasijara an den Hethiterkönig Hattusili und verwandte Keilschriftbriefe. Göttingen 1978.

Edwards, Viv and Thomas J. Sienkewicz: Oral cultures past and present: Rappin´ and Homer. Oxford 1990.

Effe, Bernd: Dichtung und Lehre. Untersuchungen zur Typologie des antiken Lehrgedichts. München 1977.

Eggebrecht, Arne (Hrsg.): Das Alte Ägypten. 3000 Jahre Geschichte und Kultur des Pharaonenreiches. München 1984.

Ehrenberg, Victor: Aristophanes und das Volk von Athen. Eine Soziologie der altattischen Komödie. Zürich, Stuttgart 1968.

Eichhorn, Werner: Kulturgeschichte Chinas. Stuttgart 1964.

Eisenhut, Werner: Einführung in die antike Rhetorik und ihre Geschichte. Darmstadt 4. Aufl. 1990.

Eisenstadt, Shmuel N. (Hrsg.): Kulturen der Achsenzeit. Ihre Ursprünge und ihre Vielfalt. Teil I: Griechenland, Israel, Mesopotamien. Frankfurt/Main 1987.

Eisenstadt, Shmuel N.: Allgemeine Einleitung: Die Bedingungen für die Entstehung und Institutionalisierung der Kulturen der Achsenzeit. In: ders. (Hrsg.), Kulturen der Achsenzeit. Ihre Ursprünge und ihre Vielfalt. Teil I: Griechenland, Israel, Mesopotamien. Frankfurt/Main 1987, S. 10-40.

Ekschmitt, Werner: Das Gedächtnis der Völker. Frankfurt/Main, Wien, Zürich 1968.

Eliade, Mircea: Schamanismus und archaische Ekstasetechnik (orig. 1951). Frankfurt/Main 1975.

Eliade, Mircea: Geschichte der religiösen Ideen II: Von Gautama Buddha bis zu den Anfängen des Christentums. Freiburg 1979

Eliade, Mircea: Das Mysterium der Wiedergeburt. Versuch über einige Initiationstypen (orig. 1958). Frankfurt/Main 2. Aufl. 1989.

Eliade, Mircea: Kosmos und Geschichte (orig. 1949). Frankfurt/Main 1994.

Ellfeldt, Lois: Dance. From magic to art. Dubuque, Iowa 1976.

Evers, Hans Gerhard: Staat aus dem Stein. Denkmäler, Geschichte und Bedeutung der ägyptischen Plastik während des Mittleren Reichs. München 1929.

Fahmüller, Ernst: Die Götter und ihre Tempel. In: Arne Eggebrecht (Hrsg.), Das Alte Ägypten. 3000 Jahre Geschichte und Kultur des Pharaonenreiches. München 1984, S. 227-285.

Falter, Otto: Der Dichter und sein Gott bei den Griechen und Römern. Würzburg 1934.

Faulstich, Werner: Systemtheorie des Literaturbetriebs: Ansätze. In: Zeitschrift für Literaturwissenschaft und Linguistik (LiLi), Jg. 16 (1986), H. 62, S. 125-133.

Faulstich, Werner: Filmästhetik. Tübingen 1982.

Faulstich, Werner: Medienästhetik und Mediengeschichte. Heidelberg 1982a.

Faulstich, Werner: Medientheorien. Einführung und Überblick. Göttingen 1991.

Faulstich, Werner: Die Kultur der Pornografie. Kleine Einführung in Geschichte, Medien, Ästhetik, Markt und Bedeutung. Bardowick 1994.

Faulstich, Werner (Hrsg.): Grundwissen Medien. München. 1994a, 2. Aufl. 1995.

Faulstich, Werner: Medien und Öffentlichkeiten im Mittelalter (800–1400). Göttingen 1996.

Faulstich, Werner: »Jetzt geht die Welt zugrunde«... »Kulturschocks« und Mediengeschichte: vom antiken Theater bis zu Multimedia. In: Peter Ludes und Andreas Werner (Hrsg.), Multimedia aus medien- und kommunikationswissenschaftlicher Sicht. Theorien, Trends und Praxis. Opladen 1997 a.

Faulstich, Werner und Helmut Korte (Hrsg.): Fischer Film Geschichte: 100 Jahre Film, 1895–1995, 5 Bde. Frankfurt/Main 1990–1995.

Faulstich, Werner und Corianna Rückert: Mediengeschichte in tabellarischem Überblick von den Anfängen bis heute. 2 Bde, Bardowick 1993.

Findeisen, Hans: Schamanentum, dargestellt am Beispiel der Besessenheitspriester nordeurasiatischer Völker. Stuttgart 1957.

Finnegan, Ruth: Oral poetry. Its nature, significance and social context. Cambridge 1977.

Fischer-Elfert, Hans-Werner: Der Schreiber als Lehrer in der frühen ägyptischen Hochkultur. In: Johann Georg Prinz von Hohenzollern und Max Liedtke (Hrsg.), Schreiber, Magister, Lehrer. Zur Geschichte und Funktion eines Berufsstandes. Bad Heilbrunn 1989, S. 60-70.

Fögen, Marie Theres: Die Enteignung der Wahrsager. Studien zum kaiserlichen Wissensmonopol in der Spätantike. Frankfurt/Main 1993.

Földes-Papp, Károly: Vom Felsbild zum Alphabet. Die Geschichte der Schrift. Stuttgart 1966/1984.

Fohrbeck, Karla und Andreas Wiesand: Von der Industriegesellschaft zur Kulturgesellschaft? München 1989.

Forbes, Christopher: Prophecy and inspired speech in early christianity and its hellenistic environment. Tübingen 1995.

Franz, Adolph: Die Messe im deutschen Mittelalter. Beitrag zur Geschichte der Liturgie und des religiösen Volkslebens. Darmstadt 1963 (orig. Freiburg 1902).

Frazer, James George: The Golden Bough. London 1907–1915; Kurzfassung London 1922 (dt. Der goldene Zweig. Das Geheimnis von Glauben und Sitten der Völker. Reinbek 1989, 1994).

von Freedem, Joachim: Malta und die Baukunst seiner Megalith-Tempel. Darmstadt 1993.

Frerkes, Wilhelm: Schamanen oder Pseudo-Schamanen bei den Sherpa und ihren Nachbarn. In: Die Sherpa und ihre Nachbarn. Supplementband, Beiträge zur Sherpa-Forschung, Teil VI, Khumbu Himal 14. Innsbruck 1982, S. 77-170.

Freud, Siegmund: Gesammelte Werke, Bd. 9: Totem und Tabu. Einige Übereinstimmungen im Seelenleben der Wilden und der Neurotiker. London 1940.

Freudenthal, Herbert: Das Feuer im deutschen Glauben und Brauch. Berlin, Leipzig 1931.

Friedell, Egon: Kulturgeschichte Ägyptens und des Alten Orients. (orig. 1936) München 1994.

Friedell, Egon: Kulturgeschichte Griechenlands. (org. 1949) München 1994.

Frischauer, Paul: Die Welt der Bühne als Bühne der Welt. 2 Bde. Hamburg 1967.

Fuhrmann, Manfred: Das systematische Lehrbuch. Ein Beitrag zur Geschichte der Wissenschaften in der Antike. Göttingen 1960.

Fuhrmann, Manfred: Rom in der Spätantike. Porträt einer Epoche. München, Zürich 1994.

Gaiser, Konrad: Protreptik und Paränese bei Platon. Stuttgart 1959.

Gardiner, Sir Alan: Geschichte des Alten Ägypten. Stuttgart 1994.

Gardthausen, V.: Das Buchwesen im Altertum und im Byzantinischen Mittelalter. Leipzig 1911.

Gentili, Bruno: Poetry and its public in ancient Greece. Baltimore 1988.

Gimbutas, Marija: Bilder der alten europäischen Religion. In: Burenhult, Göran (Hrsg.), Illustrierte Geschichte der Menschheit: Die Menschen der Steinzeit. Jäger, Sammler und frühe Bauern. Hamburg 1993, S. 84-89.

Gimbutas, Marija: Die Sprache der Göttin. (orig. 1989) Frankfurt 1995.

Gladigow, Burkhard: Römische Erotik im Rahmen sakraler und sozialer Institutionen (1976). In: Andreas Karsten Siems (Hrsg.), Sexualität und Erotik in der Antike. Darmstadt 1988, S. 324-346.

Göttner-Abendroth, Heide: Für die Musen. Neun kulturkritische Essays. Frankfurt/Main 1988, 7. Aufl. 1994.

Golden, Leo: Mimesis and Katharsis. In: Classical Philology, vol. LXIV (July 1969), No. 3, S. 145-153.

Gottschalk, Gisela: Pharaonen. Die bedeutendsten Gottkönige Ägyptens in Bildern, Berichten und Dokumenten. Herrsching 1984.

Graham-Campbell, James: Die Kelten auf den Britischen Inseln. Pikten, Skoten, Iren und Waliser. In: David M. Wilson (Hrsg.), Kulturen im Norden. Die Welt der Germanen, Kelten und Slawen 400–1100 n. Chr. München 1980, S. 95-126.

Grand-Chastel, P.M.: Die Kunst der Vorzeit. Stuttgart 1968.

Gregor, Joseph: Kulturgeschichte des Balletts. Seine Gestaltung und Wirksamkeit in der Geschichte und unter den Künsten. Wien 1944.

Grieshammer, Reinhard: Grab und Jenseitsglaube. In: Arne Eggebrecht (Hrsg.), Das Alte Ägypten. 3000 Jahre Geschichte und Kultur des Pharaonenreiches. München 1984, S. 287-345.

Günther, Dorothee: Der Tanz als Bewegungsphänomen. Wesen und Werden. Reinbek 1962.

Günther, Helmut: Afrikanischer und indischer Tanz – ein Vergleich. In: August Nitschke und Hans Wieland (Hrsg.), Die Faszination und Wirkung außereuropäischer Tanz- und Sportformen. Ahrensburg bei Hamburg 1981, S. 12-24.

Günther, Helmut und Helmut Schäfer: Vom Schamanentanz zur Rumba. Die Geschichte des Gesellschaftstanzes. Stuttgart 2. Aufl. 1975.

Guillaume, Alfred: Prophecy and divination among the Hebrews and other Semites. London 1938.

Gundert, Hermann: Pindar und sein Dichterberuf. Frankfurt/Main 1935.

Gundert, Hermann: Dialog und Dialektik. Zur Struktur des platonischen Dialogs. Amsterdam 1971.

Gutbrod, Karl (Hrsg.): DuMont´s Geschichte der frühen Kulturen der Welt. Köln 1975.

Haarmann, Harald: Universalgeschichte der Schrift. Frankfurt, New York 1990.

Haass, Friedrich: Entwicklung der Posten vom Altertum zur Neuzeit. Stuttgart 1891.

Habachi, Labib: Die unsterblichen Obelisken Ägyptens. Mainz 1982.

Hagemann, Ludwig: Propheten – Zeugen des Glaubens. Koranische und biblische Deutungen. Graz, Wien, Köln 1985.

Halifax, Joan: Die andere Wirklichkeit der Schamanen. Erfahrungsberichte von Magiern, Medizinmännern und Visionären. Bern, München 1981.

Hambly, W.D.: Tribal dancing and social development. London 1926.

Hammes, Manfred: Die Amazonen. Vom Mutterrecht und der Erfindung des gebärenden Mannes. Reinbek 1981.

Hanna, Judith Lynne: To dance is human. A theory of nonverbal communication. Chicago, London 1979/1987.

Harding, Anthony: Häuptlingstümer der Bronzezeit und das Ende der Steinzeit in Europa. In: Burenhult, Göran (Hrsg.), Illustrierte Geschichte der Menschheit: Die Menschen der Steinzeit. Jäger, Sammler und frühe Bauern. Hamburg 1993, S. 103-105.

Hardmeier, Christof: Prophetie im Streit vor dem Untergang Judas. Berlin, New York 1990.

Harris, Marvin: Kannibalen und Könige. Die Wachstumsgrenzen der Hochkulturen. Stuttgart 1990.

Harrison, Jane Ellen: Themis. A study of the social origin of Greek religion. Cambridge 1912.

Havelock, Eric A.: The Alphabetization of Homer. In: Eric A. Havelock and Jackson P. Hershbell (Hrsg.), Communication Arts in the Ancient World. New York 1978, S. 3-21.

Haymes, Edward R.: Das mündliche Epos. Eine Einführung in die Oral Poetry Forschung. Stuttgart 1977.

Hawkins, Gerald S., in collaboration with John B. White: Stonehenge decoded. New York 1965 (dt. Merlin, Märchen und Computer: Das Rätsel Stonehenge gelöst? Berlin 1983).

Hays, Hoffman Reynolds: In the beginnings. Early man and his gods. New York 1963.

Heinrichs, Hans-Jürgen (Hrsg.): Das Mutterrecht von Johann Jakob Bachofen in der Diskussion. Frankfurt/Main 1987.

Heinsohn, Gunnar und Otto Steiger: Die Vernichtung der weisen Frauen. Beiträge zur Theorie und Geschichte von Bevölkerung und Kindheit. München 1985/4. Aufl. 1989.

Heinz, Walther: Das Reich Elam. Stuttgart 1964.

Herrmann, Ferdinand: Symbolik in den Religionen der Naturvölker. Stuttgart 1961.

Herter, Hans: Vom dionysischen Tanz zum komischen Spiel. Iserlohn 1947.

Hester, Rudolf: Die moralische Beurteilung des deutschen Berufsschauspielers. Emsdetten 1936.

Höfler, Otto: Kultische Geheimbünde der Germanen. Frankfurt/Main 1934.

Hoernes, Moritz (und Oswald Menghin, 3. Aufl. durchges. u. ergänzt): Urgeschichte der bildenden Kunst in Europa. Von den Anfängen bis um 500 vor Christi. Wien 1925.

Hoffmann, Ernst: Der pädagogische Gedanke bei den Sophisten und Sokrates. In: Neue Jahrbücher für Wissenschaft und Jugendbildung 6 (1930), S. 59-68.

Hofmann, Wilfried: Was ist Tanz? In: Das Tanzarchiv, 27. Jg. (August 1979), H. 8, S. 413-416.

Holmberg, Erik J.: Zur Geschichte des Cursus Publicus. Uppsala 1933.

Hooke, S.H.: The myth and ritual pattern of the Ancient East. In: Ders. (ed.), Myth and ritual. Essays on the myth and ritual of the Hebrews in relation to the culture pattern of the Ancient East. London 1933, S. 1-14.

Hoppál, Mihály: Schamanen und Schamanismus. Augsburg 1994.

310

Hornung, Erik: Vom Geschichtsbild der alten Ägypter. In: ders., Geschichte als Fest. Darmstadt 1966, S. 9-29.

Hornung, Erik: Ägyptische Unterweltsbücher (eingeleitet, übersetzt und kommentiert). Zürich, München 1972/1984.

Hornung, Erik: Das Totenbuch der Ägypter (eingeleitet, übersetzt und kommentiert). Zürich, München 1979.

Hornung, Erik: Tal der Könige. Die Ruhestätte der Pharaonen. Darmstadt 2. Aufl. 1983.

Hornung, Erik: Der Pharao. In: Sergio Donadoni (Hrsg.), Der Mensch des Alten Ägypten. Frankfurt/Main, New York 1992, S. 328-360.

Hubert, Andrea: Das Phänomen Tanz. Gesellschaftstheoretische Bestimmung des Wesens von Tanz. Ahrensburg bei Hamburg 1993.

Hubert, Henri and Marcel Mauss: Sacrifice: Its nature and function. (orig. 1898) London 1964.

Hudemann, E.E.: Geschichte des römischen Postwesens während der Kaiserzeit. Berlin 1875.

Hunger, Herbert: Antikes und mittelalterliches Buch- und Schriftwesen. In: H. Hunger et al., Die Textüberlieferung der antiken Literatur und der Bibel. Stuttgart 2. Aufl. 1988 (orig. 1975), S. 25-147.

Hunger, Herbert: Schreiben und Lesen in Byzanz. Die byzantinische Buchkultur. München 1989.

Hunningher, Benjamin: The origin of the theater. The Hague, Amsterdam 1955.

Ilwof, Franz: Das Postwesen in seiner Entwicklung von den ältesten Zeiten bis in die Gegenwart. Graz 1880.

Immerwahr, Henry R.: Book roles on attic vases. In: Classical, Mediaval, and Renaissance Studies in Honor of B.C. Ullmann, Rom, Bd. 1 (1964), S. 17-48.

Immerwahr, Henry R.: More book roles on attic vases. In: Antike Kunst 16 (1973), S. 143-147.

Jäger, Ludwig und Bernd Switalla (Hrsg.): Germanistik in der Mediengesellschaft. München 1994.

Jaeger, Werner: Paideia. Die Formung des griechischen Menschen. Berlin, Leipzig 1934 (1. Band), Berlin 1944 (2. Band), Berlin 1947 (3. Band).

James, E.O.: Religionen der Vorzeit. Köln 1960.

Jaspers, Karl: Vom Ursprung und Ziel der Geschichte. Zürich 1949.

Jensen, Ad.E.: Mythos und Kult bei Naturvölkern. Religionswissenschaftliche Betrachtungen. Wiesbaden 1951.

Jensen, Minna Skafte: The Homeric question and the oral formulaic theory. Copenhagen 1980.

Jochum, Uwe: Kleine Bibliotheksgeschichte. Stuttgart 1993.

Josuttis, Manfred: Die religiöse Dimension von Rausch und Ekstase. In: Wolfgang Scheiblich (Hrsg.), Rausch – Ekstase – Kreativität. Dimensionen der Sucht. Freiburg 1987, S. 27-37.

Jung, C.G. und K. Kerényi: Das göttliche Mädchen. Amsterdam, Leipzig 1941.

Junk, Victor: Grundlegung der Tanzwissenschaft. Herausgegeben von Elisabeth Wamlek-Junk. Hildesheim, Zürich, New York 1990.

Kaimio, Maarit: The Chorus of Greek drama within the light of the person and number used. Helsinki 1970 (Commentationes Humanarum Litterarum 46).

Kakar, Sudhir: Schamanen, Heilige und Ärzte. Psychotherapie und traditionelle indische Heilkunst. O.O., o.J.

Kallistow, Dmitrij P.: Antikes Theater. Leipzig 1970.

Kalmus, Ludwig: Weltgeschichte der Post, mit besonderer Berücksichtigung des deutschen Sprachgebiets. Wien 1937.

Kambylis, Athanasios: Die Dichterweihe und ihre Symbolik. Untersuchungen zu Hesiodos, Kallimachos, Properz und Ennius. Heidelberg 1965.

Kannicht, Richard: Thalia. Über den Zusammenhang zwischen Fest und Poesie bei den Griechen. In: Walter Haug und Rainer Warning (Hrsg.), Das Fest. München 1989, S. 29- 52.

Kees, Hermann: Der Opfertanz des ägyptischen Königs. München 1912.

Kees, Hermann: Der Götterglaube im alten Ägypten. Leipzig 1956 (Berlin 1983).

Kendall, Ann: Everyday life of the Incas. London, New York 1973.

Kenyon, Frederic G.: Books and readers in ancient Greece and Rome. Oxford 2. Aufl. 1951 (orig. 1932)

de Kerckhove, Derrick: Schriftgeburten. Vom Alphabet zum Computer. München 1995.

Kerényi, Karl: Die Mysterien von Eleusis. Zürich 1962.

Kerényi, Karl: Vom Labyrinthos zum Syrtos. Gedanken über den griechischen Tanz. In: ders., Humanistische Seelenforschung. München, Wien 1966, S. 274-288.

Kerényi, Karl: Mensch und Maske. In: ders., Humanistische Seelenforschung. München, Wien 1966, S. 340-356.

Kerényi, Karl: Die Mythologie der Griechen, Bd. I: Die Götter- und Menschheitsgeschichten. München 1966, 6. Aufl. 1983.

Kerényi, Karl: Dionysos. Urbild des unzerstörbaren Lebens. München, Wien 1976.

Khoury, Adel Theodor: Schamanismus – Einleitende Bemerkungen eines Religionswissenschaftlers. In: Schamanen, Medizinmänner und Missionare. Geschichte und Kulturen, hrsg. v. Jürgen Bellers und Horst Gründer, Heft VI (Münster), 6. Jg. (1995), S. 1-9.

Kidder, J. Edward: Alt-Japan. Köln 1960.

Kindermann, Heinz: Theatergeschichte Europas. 1. Band: Das Theater der Antike und des Mittelalters. Salzburg 1957.

Kirby, E.T.: Ur-Drama. The origins of theatre. New York 1975.

Kirchgässner, Alfons: Die mächtigen Zeichen. Ursprünge, Formen und Gesetze des Kultes. Basel, Freiburg, Wien 1959.

Kirchner, Horst: Ein archäologischer Beitrag zur Urgeschichte des Schamanismus. In: Anthropos 47 (1952), S. 244-286.

Kirk, G.S.: The songs of Homer. Cambridge 1962.

Kirsten, Ernst: Von der Vorzeit bis zum Mittelalter. (Raum und Bevölkerung in der Weltgeschichte, Bd. 2) Würzburg 3. Aufl. 1968.

Kleberg, Tönnes: Buchhandel und Verlagswesen in der Antike. Darmstadt 1967 (orig. Stockholm 1962).

Klimo, J.: Channeling. Los Angeles 1987.

Kluge, Hermann: Über die ursprüngliche Bedeutung und Gestalt der Johannisfeste und der damit verwandten Feiern. In: Jahresbericht über das Gymnasium zu Mühlhausen (Ostern 1872–1873). Mühlhausen 1873.

Knoll-Greiling, Ursula: Berufung und Berufungserlebnis bei den Schamanen. In: Tribus, Bd. 2/3. Stuttgart 1953, S. 227-238.

Koch, Carl: Untersuchungen zur Geschichte der römischen Venus-Verehrung. In: Ders., Religio. Studien zu Kult und Glauben der Römer. Nürnberg 1960, S. 39-93.

König, Marie: Das Weltbild des eiszeitlichen Menschen. Marburg 1954.

König, Marie E.P.: Am Anfang der Kultur. Die Zeichensprache des frühen Menschen. Berlin 1973.

Koller, H.: Die Mimesis in der Antike. Nachahmung, Darstellung, Ausdruck. Bern 1954.

Kraft, Georg: Der Urmensch als Schöpfer. Die geistige Welt des Eiszeitmenschen. Berlin 1942.

Kramer, Samuel N.: Geschichte beginnt mit Sumer. Berichte von den Ursprüngen der Kultur. München 1959.

Kramer, Samuel N. und Redaktion der TIME-LIFE-Bücher: Mesopotamien. Frühe Staaten an Euphrat und Tigris. Reinbek 1971.

Kraus, Walther: Die Auffassung des Dichterberufs im frühen Griechentum. In: Wiener Studien 68 (1955), S. 65-87.

Krause, Wolfgang: Die Kelten. Tübingen 1929.

Krische, Paul: Das Rätsel der Mutterrechtsgesellschaft. Eine Studie über die Frühepoche der Leistung und Geltung des Weibes. München 1927.

Kroll, Wilhelm: Römische Erotik (1930). In: Andreas Karsten Siems (Hrsg.), Sexualität und Erotik in der Antike. Darmstadt 1988, S. 70-117.

Kuckenburg, Martin: Die Entstehung von Sprache und Schrift. Ein kulturgeschichtlicher Überblick. Köln 1989.

312

Küchenhoff, Joachim: Das Fest und die Grenzen des Ich. Begrenzung und Entgrenzung im ›vom Gesetz gebotenen Exzeß‹. In: Walter Haug und Rainer Warning (Hrsg.), Das Fest (Poetik und Hermeneutik XIV). München 1989, S. 99-119.

Kühn, Herbert: Die Kunst der Primitiven. München 1923.

Kühn, Herbert: Der Aufstieg der Menschheit. Frankfurt/Main 1955.

Kühnert, Friedmar: Allgemeinbildung und Fachbildung in der Antike. Berlin 1961.

Laiblin, Wilhelm (Hrsg.): Märchenforschung und Tiefenpsychologie. Darmstadt 1975.

Laming-Emperaire, A.: La signifikation de l'art rupestre paléolithique. Paris 1962.

Lauer, Jean-Philippe: Das Geheimnis der Pyramiden. Baukunst und Technik. München, Berlin 1980 (orig. Paris 1974).

Lauf, Edmund: Gerücht und Klatsch. Berlin 1990.

Lavallée, Danièle und Luis Guillermo Lumbreras: Die Andenvölker. Von den frühen Kulturen bis zu den Inka. München 1986.

Lehmann, Hans-Thies: Theater und Mythos. Die Konstitution im Diskurs der antiken Tragödie. Stuttgart 1991.

Lengyel, Lancelot: Das geheime Wissen der Kelten. Freiburg i. Brsg. 1994 (orig. 1969).

Leroi-Gourhan, A.: Les religions de la préhistoire (paleolothique). Paris 1964.

Leuba, James H.: Die Psychologie der religiösen Mystik. München 1927.

Lévi-Strauss, Claude: Der Zauberer und seine Magie. In: Ders., Strukturale Anthropologie I. Frankfurt/Main 1977.

Licht, Hans: Sittengeschichte Griechenlands. Stuttgart 4. Aufl. 1964.

Lietzmann, Hans: Messe und Herrenmahl. Eine Studie zur Geschichte der Liturgie. Bonn 1926.

Liljegren, Ronnie: Die Domestizierung von Tieren. In: Göran Burenhult (Hrsg.), Illustrierte Geschichte der Menschheit: Die Menschen der Steinzeit. Jäger, Sammler und frühe Bauern. Hamburg 1993, S. 68ff.

Lissner, Ivar: Aber Gott war da. Das Erlebnis der letzten unerforschten Wälder der Erde. Olten, Freiburg 1958.

Lommel, Andreas: Masken. Zürich 1970.

Lommel, Andreas: Schamanen und Medizinmänner. Magie und Mystik früher Kulturen. 2. Aufl. München 1980.

Lonsdale, Steven H.: Dance and ritual play in Greek religion. Baltimore, London 1993.

Lord, Albert B.: Der Sänger erzählt. Wie ein Epos entsteht. München 1965 (orig. 1960).

Maas, Michael: Das antike Delphi. Orakel, Schätze und Monumente. Darmstadt 1993.

Maehler, Herwig: Die Auffassung des Dichterberufs im frühen Griechentum bis zur Zeit Pindars. Göttingen 1963.

Maffesoli, Michel: Der Schatten des Dionysos. Zu einer Soziologie des Orgiasmus. Frankfurt/Main 1986.

Mannhardt, Wilhelm: Wald- und Feldkulte. 1. Bd.: Der Baumkultus der Germanen und ihrer Nachbarstämme. Mythologische Untersuchungen. (2. Aufl. 1905) Unveränd. Nachdruck Darmstadt 1963.

Mannsperger, Dietrich: Schlagwort und Leitbild auf Münzen und Medaillen. In: Hellmut Brunner, Richard Kannicht und Klaus Schwager (Hrsg.), Wort und Bild. München 1979, S. 237-247.

Marcadé, Jean: Die Griechen – »eros kalos«. Studie über die erotischen Darstellungen in der griechischen Kunst. München 1980.

Markale, Jean: Die keltische Frau. Mythos, Geschichte, soziale Stellung. München 1984 (orig. 1972).

Markale, Jean: Die Druiden. Gesellschaft und Götter der Kelten. München 1989.

Mason, J. Alden: Das alte Peru. Eine indianische Hochkultur. Essen 1975.

von Matt, Leonard: Das antike Kreta. Zürich 1967.

Maury, Lucian: Das Römische Postwesen. Eine Studie mit vorausgehendem geschichtlichen Überblick über Ursprung und Einrichtung des Postwesens bei verschiedenen Völkern des Altertums und der neueren Zeit. Bühl/Baden 1895 (orig. Paris 1890).

313

Mead, Margaret: Sex and temperament in three primitive societies. New York 1935/1963.

Meier, Christian: Zur Funktion der Feste in Athen im 5. Jahrhundert vor Christus. In: Walter Haug und Rainer Warning (Hrsg.), Das Fest (Poetik und Hermeneutik XIV). München 1989, S. 569-591.

Mellaart, James: Catal Hüyük. Stadt aus der Steinzeit. Bergisch Gladbach 1967.

Menghin, Oswald: Urgeschichtliche Grundfragen. In: Historia Mundi. Ein Handbuch der Weltgeschichte in zehn Bänden. Erster Band: Frühe Menschheit. Bern 1952, S. 229-258.

Meyer, Rudolf: Jüdische Charismatiker und Propheten in hellenistisch-römischer Zeit. In: Gerhard Wallis (Hrsg., im Auftrag der Alttestamentlichen Arbeitsgemeinschaft in der DDR), Erfüllung und Erwartung. Studien zur Prophetie auf dem Weg vom Alten zum Neuen Testament. Berlin 1990, S. 129-160.

Mildenberger, Gerhard: Sozial- und Kulturgeschichte der Germanen. 2. Aufl. Stuttgart 1977.

Moreno, J.L.: The Essential Moreno. Writings on Psychodrama, Group Method, and Spontaneity, ed. by Jonathan Fox. New York 1987.

Morgan. Lewis H.: Ancient Society. London 1978, dt. Die Urgesellschaft. Stuttgart 1891.

Münch, Richard: Dialektik der Kommunikationsgesellschaft. Frankfurt/Main 1991.

Müller, Albert: Das Attische Bühnenwesen. Gütersloh 1902.

Müller, Ingeborg: Schrift und Literatur. In: Arne Eggebrecht (Hrsg.), Das Alte Ägypten. 3000 Jahre Geschichte und Kultur des Pharaonenreiches. München 1984, S. 347-363.

Müller, Klaus E.: Die bessere und die schlechtere Hälfte. Ethnologie des Geschlechterkonflikts. Frankfurt/Main, New York 1989.

Mugerauer, Roland: Sokratische Pädagogik. Ein Beitrag zur Frage nach dem Proprium des platonisch-sokratischen Dialoges. Marburg 1992.

Murray, Gilbert: The Rise of the Greek Epic. 3. Aufl. Oxford 1924.

Nagy, Gregory: Homerische Epik und Pindars Preislieder. Mündlichkeit und Aktualitätsbezug. In: Wolfgang Raible (Hrsg.), Zwischen Festtag und Alltag. Zehn Beiträge zum Thema »Mündlichkeit und Schriftlichkeit«. Tübingen 1988, S. 51-64.

Narr, Karl J.: Urgeschichte der Kultur. Stuttgart 1961.

Neubecker, Annemarie Jeanette: Altgriechische Musik. Eine Einführung. Darmstadt 1977.

Neumann, Erich: Die Große Mutter. Der Archetyp des großen Weiblichen. Zürich 1956.

Nickisch, Reinhard M. G.: Brief. Stuttgart 1991.

Nietzsche, Friedrich: Die Geburt der Tragödie oder Griechentum und Pessimismus. In: Werke I, hrsg. v. Karl Schlechta. Frankfurt/Main 1976.

Nilsson, Martin P.: Der homerische Dichter in der homerischen Welt. In: Antike 14 (1938), S. 22-35.

Nilsson, Martin P.: Griechische Feste von religiöser Bedeutung (mit Ausschluß der attischen). Darmstadt 1957.

Nölle, Wilfried: Die Indianer Nordamerikas. Stuttgart 1959.

Otto, Rudolf: Das Heilige. Über das Irrationale in der Idee des Göttlichen und sein Verhältnis zum Rationalen. Breslau 1917.

Otto, Walter F.: Dionysos. Mythos und Kultus. Frankfurt/Main 1933, 5.Aufl. 1989.

Otto, Walter F.: Menschengestalt und Tanz. München 1956.

Otto, Walter F.: Die Götter Griechenlands. Das Bild des Göttlichen im Spiegel des griechischen Geistes. Frankfurt/Main 1961, 7. Aufl. 1983.

Ozols, Jacob: Vorgeschichtliche Tierdarstellungen und frühe Bildmagie. In: Kölner Jahrbuch für Vor-und Frühgeschichte, 11. Band. Berlin 1970, S. 9-39.

Palmqvist, Lennart: Der große Übergang: 10000 vor Christus bis 4000 vor Christus. Die ersten Bauern der westlichen Welt. In: Burenhult, Göran (Hrsg.), Illustrierte Geschichte der Menschheit: Die Menschen der Steinzeit. Jäger, Sammler und frühe Bauern. Hamburg 1993, S. 17-21.

Parke, H.W. and D.E.W. Wormell: The Delphic Oracle, vol. I: The History. Oxford 1956.

Peck, William H. und John G. Ross: Ägyptische Zeichnungen aus drei Jahrtausenden. Bergisch Gladbach 1979.

Petermann, Kurt: Tanzbibliographie. Verzeichnis der in deutscher Sprache veröffentlichten Schriften und Aufsätze zum Bühnen-, Gesellschafts-, Kinder-, Volks- und Turniertanz sowie zur Tanzwissenschaft, Tanzmusik und zum Jazz. Leipzig 1966ff.

Peters, Kurt: Abriß der (Tanz-) Geschichte. In: Kurt Peters, Günther Noll, Gerhard Zacharias, Horst Koegler: Tanzgeschichte. In vier kurzgefaßten Variationen. Wilhelmshaven 1991, S. 9-21.

Parry, A.: The Making of Homeric Verse. Oxford 1971.

Petri, Helmut: Der australische Medizinmann. In: Annali Lateranensi, vol. XVI (1952), S. 159-317, und vol. XVII (1953), S. 157-225.

Pfeiffer, Rudolf: Die Sophisten, ihre Zeitgenossen und Schüler im fünften und vierten Jahrhundert (orig. 1968). In: Carl Joachim Classen (Hrsg.), Sophistik. Darmstadt 1976, S. 170-214.

Pickard-Cambridge, Sir Arthur: The dramatic festivals of Athens. Oxford 1953, 2nd rev. ed. 1968.

Piggott, Stuart: The Druids. Harmondsworth 1974 (orig. 1968).

Pimentel, Ignacio Bernal y García, und Mireille Simoni-Abbat: Mexiko. Von den frühen Kulturen bis zu den Azteken. München 1987.

Pöhlmann, Egert: Der Schreiber als Lehrer in der klassischen Zeit Griechenlands. In: Johann Georg Prinz von Hohenzollern und Max Liedtke (Hrsg.), Schreiber, Magister, Lehrer. Zur Geschichte und Funktion eines Berufsstandes. Bad Heilbrunn 1989, S. 73-82.

Pokorny, Julius: Keltologie. Bern 1953.

Pope, Maurice: Das Rätsel der alten Schriften. Hieroglyphen, Keilschrift, Linear B. Bergisch-Gladbach 1978.

Preisigke, Fr.: Die ptolomäische Staatspost. In: Klio VII, Leipzig 1907.

Pries, Christine: Einleitung. In: Diess. (Hrsg.), Das Erhabene. Zwischen Grenzerfahrung und Größenwahn. Weinheim 1989, S. 1-30.

Propp, Vladimir: Morphologie des Märchens. Frankfurt/Main 1975.

Prümm, Karl: Religionsgeschichtliches Handbuch für den Raum der altchristlichen Umwelt. Rom 1954.

Puster, Rolf W.: Zur Argumentationsstruktur Platonischer Dialoge. Freiburg, München 1983.

Quasten, Johannes: Musik und Gesang in den Kulten der heidnischen Antike und christlichen Frühzeit. Münster 1930.

von Rad, Gerhard: Die Botschaft der Propheten. München 4. Aufl. 1981.

Rätsch, Christian: Lexikon der Zauberpflanzen aus ethnologischer Sicht. Graz 1988.

Rank, Otto: Der Mythos von der Geburt des Helden. Versuch einer psychologischen Mythendeutung. 2. Aufl. Leipzig, Wien 1922.

Raphael, Max: Prähistorische Höhlenmalerei. Aufsätze, Briefe. Hrsg. und mit einem Essay versehen von Werner E. Drewes. Köln 1993.

Ratschow, Carl Heinz: Magie und Religion. Gütersloh 1947.

Rawson, Philip: Die erotische Kunst des Ostens. Hamburg 1969.

Rebling, Eberhard: Die Tanzkunst Indiens. Wilhelmshaven 1982.

von Reden, Sibylle: Die Spur der Zyklopen. Köln 1960.

von Reden, Sibylle: Rätsel der Megalithkulturen. In: Karl Gutbrod (Hrsg.), DuMont´s Geschichte der frühen Kulturen der Welt. Köln 1975, S. 80-116.

Riemschneider, Margarete: Augengott und Heilige Hochzeit. Leipzig 1953.

Riepl, Wolfgang: Das Nachrichtenwesen des Altertums mit besonderer Rücksicht auf die Römer. Leipzig, Berlin 1913.

Ries, Julien: Ursprung der Religionen. Augsburg 1993.

Roccati, Alessandro: Der Schreiber. In: Sergio Donadoni (Hrsg.), Der Mensch des Alten Ägypten. Frankfurt/Main, New York 1992, S. 79-107.

Röder, Brigitte, Juliane Hummel und Brigitta Kunz: Göttinnendämmerung. Das Matriarchat aus archäologischer Sicht. München 1996.

Roeder, Günther: Urkunden zur Religion des alten Ägypten. Übersetzung und Einleitung. Jena 1915.

Rösger, Alfons: Lehrer und Lehrerbildung im Imperium Romanum. In: Johann Georg Prinz von Hohenzollern und Max Liedtke (Hrsg.), Schreiber, Magister, Lehrer. Zur Geschichte und Funktion eines Berufsstandes. Bad Heilbrunn 1989, S. 119-130.

Rösler, Wolfgang: Dichter und Gruppe. Eine Untersuchung zu den Bedingungen und zur historischen Funktion früher griechischer Lyrik am Beispiel Alkaios. München 1980.

Rosenberg, Alfons: Die Frau als Seherin und Prophetin. München 1988.

Rust, Alfred: Der primitive Mensch. In: Golo Mann und Alfred Heuß (Hrsg.), Propyläen Weltgeschichte,Bd. 1: Vorgeschichte, Frühe Hochkulturen. Berlin, Frankfurt/Main 1961, S. 157-226.

Sachs, Curt: Eine Weltgeschichte des Tanzes. Hildesheim, New York 1976.

Salmen, Walter: Geschichte der Rhapsodie. Zürich, Freiburg i. Brs. 1966.

Samson, Leela und Avinash Pasricha: Der klassische indische Tanz. Stuttgart, Bonn 1987.

Sandermann, Wilhelm: Papier. Eine spannende Kulturgeschichte. Berlin 2. Aufl. 1992.

Sauermann, Clemens: Die sozialen Grundlagen des Theaters. Emsdetten 1935.

Sautter, Karl: Die Post im Leben der Völker im Wandel der Zeit. In: Archiv für das Post- und Fernmeldewesen, 2. Jg. (1950), Nr. 3, S. 101-213.

Saxer, Ulrich: Medien als problemlösende Systeme. Die Dynamik der Rezeptionsmotivation aus funktional-struktureller Sicht. In: SPIEL Jg. 10 (1991), H. 1, S. 45-79.

Schachermeyr, Fritz: Die minoische Kultur des alten Kreta. Stuttgart 1964.

Schadewaldt, Hans: Der Medizinmann bei den Naturvölkern. Stuttgart 1968.

Schadewaldt, Wolfgang: Von Homers Welt und Werk. Aufsätze und Auslegungen zur homerischen Frage. 2. Aufl. Stuttgart 1951.

Scharff, Alexander und Anton Moortgat: Ägypten und Vorderasien im Altertum. München 1962.

Schechner, Richard: Theater-Anthropologie. Spiel und Ritual im Kulturvergleich. Reinbek 1990.

Schenk, Amelie: Schamanen auf dem Dach der Welt. Trance, Heilung und Initiation in Kleintibet. Graz 1994.

Schiering, Wolfgang: Die griechischen Tongefäße. Gestalt, Bestimmung und Formenwandel. Berlin 2. Aufl. 1983.

Schlette, Friedrich: Kelten zwischen Alesia und Pergamon. Leipzig 2. Aufl. 1979 (orig. 1976).

Schlott, Adelheid: Schrift und Schreiber im Alten Ägypten. München 1989.

Schmandt-Besserat, Denise: An archaic recording system in the Uruk-Jemdet Nasr Period. In: American Journal of Archeology, 83 (1979), S. 19-48.

Schmandt-Besserat, Denise: From Tokens to Tablets: a re-evaluation to the so-called »numerical tablets«. In: Visible Language, 15 (Autumn 1981), S. 321-344.

Schmandt-Besserat, Denise: Tonmarken und Bilderschrift. In: Das Altertum, Bd. 31 (1985), H. 2, S. 76-82.

Schmidt, R. R.: Der Geist der Vorzeit. Berlin 1934.

Schmidt, Siegfried J.: Die Selbstorganisation des Sozialsystems Literatur im 18. Jahrhundert. Frankfurt/Main 1989.

Schmidt, Siegfried J.: Medien, Kultur: Medienkultur. In: Werner Faulstich (Hrsg.), Medien und Kultur. Beiträge zu einem interdisziplinären Symposium der Universität Lüneburg. Göttingen 1991, S. 30-50.

Schmidt, Siegfried J.: Kognitive Autonomie und soziale Orientierung. Konstruktivistische Bemerkungen zum Zusammenhang von Kognition, Kommunikation, Medien und Kultur. Frankfurt/Main 1994.

Schmidt, Wilhelm, S.V.D.: Das Mutterrecht. Wien-Mödling 1955.

Schmidt-Glintzer, Helwig: Die Authentizität der Handschrift und ihr Verlust durch die Einführung des Buchdrucks. Nachwort zu: Denis Twichett, Druckkunst und Verlagswesen im mittelalterlichen China. Wiesbaden 1994, S. 82-103.

Schneider, Carl: Kulturgeschichte des Hellenismus, 1. Band. München 1967, 2. Band. München 1969.

Schott, Siegfried: Hieroglyphen. Untersuchungen zum Ursprung der Schrift. Wiesbaden 1951.

Schröder, Dominik: Zur Struktur des Schamanismus. In: Anthropos 50 (1955), S. 848-881.

316

Schubart, Wilhelm und Ernst Kühn: Papyri und Ostraka der Ptolomäerzeit. Berlin 1922.

Schultz, Wolfgang: Zeitrechnung und Weltordnung in ihren übereinstimmenden Grundzügen bei den Indern, Iraniern, Hellenen, Italikern, Germanen, Kelten, Litauern, Slawen. Leipzig 1924.

Schulze, Ernst: Die Schauspiele zur Unterhaltung des römischen Volkes. Gütersloh 1895.

Schunck, Klaus-Dietrich: Der Auftrag des eschatologischen Messias. Kontinuität und Veränderung im prophetischen Messiasbild des Alten Testaments. In: Gerhard Wallis (Hrsg., im Auftrag der Alttestamentlichen Arbeitsgemeinschaft in der DDR), Erfüllung und Erwartung. Studien zur Prophetie auf dem Weg vom Alten zum Neuen Testament. Berlin 1990, S. 112-128.

Schweiger-Lerchenfeld, Armand Freiherr von: Geschichte, Organisation und Technik des Postwesens. O.O., 1901.

Seidensticker, B.: Das Satyrspiel. In: G.A. Seeck (Hrsg.), Das griechische Drama. Darmstadt 1979, S. 204-257.

Seipel, Wilfried: Staat und Gesellschaft. In: Arne Eggebrecht (Hrsg.), Das Alte Ägypten. 3000 Jahre Geschichte und Kultur des Pharaonenreiches. München 1984, S. 117-195.

Sir Galahad (alias Bertha Eckstein-Diener): Mütter und Amazonen. Liebe und Macht im Frauenreich. Frankfurt/Main, Berlin 1987.

Sorell, Walter: Aspekte des Tanzes. Gestern, heute, morgen. Wilhelmshaven 1983.

Spencer, Paul (Hrsg.): Society and the dance. The social anthropology of process and performance. Cambridge 1985.

Speyer, Wolfgang: Das Buch als magisch-religiöser Kraftträger im griechischen und römischen Altertum. In: Peter Ganz (Hrsg.), Das Buch als magisches und als Repräsentationsobjekt. Wiesbaden 1992, S. 59-86.

Stefanek, Paul: Vom Ritual zum Theater. (orig. 1976) In: Ders., Vom Ritual zum Theater. Gesammelte Aufsätze und Rezensionen. Wien 1992, S. 191-237.

Steinbart, Hiltrud: Am Anfang war die Frau. Die Frau – Ursprung der Religionen. Ein Beitrag zur Geschichte der Religionen. Frankfurt/Main 1983.

Steinkopf, Gerhard: Untersuchungen zur Geschichte des Ruhms bei den Griechen. Halle 1937.

Stephan, Heinrich: Das Verkehrsleben im Alterthum. Historisches Taschenbuch, 9. Jg. (Leipzig 1868), 4. Folge.

Stöhr, Kurt: Das Nachrichtenwesen des weströmischen Kulturkreises von der Völkerwanderung bis zum Tode Karls des Großen. Halle 1933.

Stoessl, Franz: Die Vorgeschichte des griechischen Theaters. Darmstadt 1987.

Stolz, Alfred: Schamanen. Ekstase und Jenseitssymbolik. Köln 1988.

Stone, Merlin: Als Gott eine Frau war. Die Geschichte der Ur-Religionen unserer Kulturen. München 1988.

Striedter, Karl-Heinz: Felsbilder der Sahara. München 1984.

Teichmann, Frank: Der Mensch und sein Tempel. Megalithkultur in Irland, England und der Bretagne. Die drei vorchristlichen Kulturarten in ihren Grundzügen. Stuttgart 1983.

Temple, Robert K. G.: Götter, Orakel und Visionen. Die Zukunftsschau im Altertum und heute. Frankfurt/Main 1982.

Thomson, George: Aischylos und Athen. Eine Untersuchung der gesellschaftlichen Ursprünge des Dramas. (orig. London 1941) Heidelberg 1957.

Time-Life: Die blutige Herrschaft der Azteken. O.O. 1993.

Time-Life-Book: Die Kelten: Europas Volk der Eisenzeit. O.O. 1995.

Torjesen, Karen Jo: Als Frauen noch Priesterinnen waren. Frankfurt/Main 1995.

Turner, E.G.: Athenian books in the fifth and fourth centuries B.C. London 1952.

Twitchett, Denis: Druckkunst und Verlagswesen im mittelalterlichen China. Wiesbaden 1994.

Tylor, Edward B.: Primitive Culture. London 1871 (dt. Die Anfänge der Cultur. Untersuchungen über die Entwicklungen der Mythologie, Philosophie, Religion, Kunst und Sitte. 2 Bde. Leipzig 1873.)

Ucko, Peter J. und Andrée Rosenfeld: Felsbildkunst im Paläolithikum. München 1967.

317

Uhlig, Helmut: Die Sumerer. Ein Volk am Anfang der Geschichte. Bergisch Gladbach 1989.

Veredarius, O (alias Ferdinand Hennicke): Das Buch von der Weltpost, Entwicklung und Wirken der Post und Telegraphie im Weltverkehr. Berlin 1885.

Vierkandt, A.: Die Anfänge der Religion und Zauberei. In: Globus Bd. XCII (1907), Nr. 2, S. 21-25, 40-45, 61-65.

Virolleaud, Charles: Die Große Göttin in Babylonien, Ägypten und Phönikien. In: Eranosjahrbuch VI, Zürich 1938, S. 121-160.

Vorländer, Karl: Philosophie des Altertums. Reinbek 1969.

Voß, Rudolph: Der Tanz und seine Geschichte. Eine kulturhistorisch-choreographische Studie. Erfurt 1868, nachgedruckt München 1977.

Waetzoldt, Hartmut: Der Schreiber als Lehrer in Mesopotamien. In: Johann Georg Prinz von Hohenzollern und Max Liedtke (Hrsg.), Schreiber, Magister, Lehrer. Zur Geschichte und Funktion eines Berufsstandes. Bad Heilbrunn 1989, S. 33-50.

Walker, Barbara G.: Das geheime Wissen der Frauen. Ein Lexikon. New York 1983, Frankfurt/Main 1993.

Walsh, Roger N.: Der Geist des Schamanismus. Olten 1992 (org. 1990).

Webster, T.B.L.: Von Mykene bis Homer. Anfänge griechischer Literatur und Kunst im Lichte von Linear B. München, Wien 1960.

Weege, Fritz: Der Tanz in der Antike. Halle/Saale 1925.

Weidig, Jutta: Tanz-Ethnologie. Einführung in die völkerkundliche Sicht des Tanzes. Ahrensburg bei Hamburg 1984.

Weimann, Robert: Literaturgeschichte und Mythologie. Berlin, Weimar 1974.

Welch, Adam C.: Prophet and priest in old Israel. London 1936.

Wheeler, Sir Mortimer: Alt-Indien und Pakistan. Köln 1962.

Widmann, Hans: Geschichte des Buchhandels vom Altertum bis zur Gegenwart. Wiesbaden 1975.

Winter, Carsten: Predigen unter freiem Himmel. Die medienkulturellen Funktionen der Bettelmönche und ihr geschichtlicher Hintergrund. Bardowick 1996.

Wissowa, Georg: Religion und Kultur der Römer (orig. 2. Aufl. 1912). München 1971.

Wolf, Walther: Kulturgeschichte des Alten Ägypten. Stuttgart 1962.

Wolff, Hans Walter: Studien zur Prophetie – Probleme und Erträge. München 1987.

Wosien, Maria-Gabriele: Tanz im Angesicht der Götter. München 1985.

Zaminer, Frieder: Musik im archaischen und klassischen Griechenland. In: Albrecht Riethmüller und Frieder Zaminer (Hrsg.): Die Musik des Altertums. Laaber 1989, S. 113-206.

Zimmer, Heinrich: Indische Mythen und Symbole. Schlüssel zur Formenwelt des Göttlichen. München 1981, 4. Aufl. 1991.

Zimmermann, Bernhard: Stadt und Fest. Zur Funktion athenischer Feste im 5. Jahrhundert v. Chr. In: Aleida Assmann und Dietrich Harth (Hrsg.), Kultur als Lebenswelt und Monument. Frankfurt/Main 1991, S. 153-161.

Register

320

322

Die Geschichte der Medien

In dem Werk *Die Geschichte der Medien* unternimmt Werner Faulstich erstmals den Versuch, die Geschichte der Medien in ihrer kulturellen Bedeutung von den Anfängen der Menschheit bis zur Gegenwart darzustellen. Dabei geht es um die Geschichte aller Medien in ihrer Vernetzung und um die Medien als zentralen Bestandteil von Kultur und Gesellschaft. Erfaßt werden die gesellschaftlichen Funktionen und ihre Veränderungen im Zusammenhang der allgemeinen Geschichte.

Der bereits vorliegende Band 2 des Gesamtwerks behandelt das Mittelalter. Er zeigt, daß die mittelalterliche Ständeordnung, medienwissenschaftlich gesehen, als ein System unterschiedlicher Teilöffentlichkeiten, das heißt: aufeinander bezogener Kommunikationsräume zu verstehen ist. Die verschiedenen Medien und ihre historische Entwicklung werden in Einzelstudien vorgestellt. Text und Abbildungen zusammen führen vor Augen, wie groß die Bandbreite von Formen und Medien kultureller Kommunikation im Mittelalter war. Manches Bekannte erscheint in neuem Licht, eine ganze Epoche der Medienkulturgeschichte wird sichtbar.

Medien und Öffentlichkeiten im Mittelalter 800–1400

Die Geschichte der Medien, Band 2.
1996. 298 Seiten mit 111 Abbildungen und 2 Schaubildern, kartoniert
ISBN 3-525-20786-7

Vandenhoeck & Ruprecht